隐形的南方

郭汉闵　著

团结出版社

图书在版编目（ＣＩＰ）数据

隐形的南方 / 郭汉闵著. -- 北京 ：团结出版社，
2019.4
ISBN 978-7-5126-6978-9

Ⅰ．①隐… Ⅱ．①郭… Ⅲ．①中华文化－研究 Ⅳ.
① K203

中国版本图书馆 CIP 数据核字(2019)第 048994 号

出　版：团结出版社
　　　　（北京市东城区东皇城根南街 84 号　邮编：100006）
电　话：(010) 65228880　65244790
网　址：http://www.tjpress.com
E-mail：zb65244790@vip.163.com
经　销：全国新华书店
印　装：三河市腾飞印务有限公司

开　本：170mm×240mm　　　16 开
印　张：22.5
字　数：400 千字
版　次：2019 年 4 月　第 1 版
印　次：2019 年 4 月　第 1 次印刷

书　号：978-7-5126-6978-9
定　价：68.00 元

序

刘玉堂

今年阳春三月，我作为省政府文史馆专家组成员到当阳调研千年古县，得以与当阳政协做文史工作的郭汉闽先生相识。回程时，他给了我一部散发着油墨芬芳的书稿，希望我有时间就随便翻翻并写上几句话。因俗务所累，我最初只是打算利用闲暇时间慢慢看完，可未料当我看了几页以后却一发而不可收，欲罢不能！

关于华夏文明起源问题，前贤时俊从来没有停止过探索。但由于历史条件的局限，这个问题并没有解决。无论是黄河源头说，还是多地起源说，都难以解释华夏早期文明的高度统一性。可喜的是，《隐形的南方》以独特的视角，提出了华夏文明起源于南方三峡地区、两湖平原的见解，并对传说中的"三皇五帝"等华夏诸神，大禹治水、精卫填海、巴蛇食象等经典神话，以及灵巫秘境、昆仑圣山、龙凤熊图腾等华夏文明符号，乃至商人、周人的族源等，进行了全新解读，为破解华夏文明起源之谜打开了一神奇的窗口。

诚然，该书并非学术性专著。虽然该书的观点建立在大量的考古学、语言学、人类文化学等研究成果基础之上，但作者似乎更加偏重发现与讲述，执着于探寻华夏先民的足迹，于蛛丝马迹之中解密中原等地史前文明与南方史前文明的内在关联，生动再现华夏文明核心要素在三峡地区、两湖平原孕育、形成和传播的沧桑轨迹。当然，该书也非当下流行的"戏说"历史。作者对南方文明的探索发现，是基于近几十年来的南方考古大发现以及多学科的研究成果。作者发现的背后，有着坚实的理论支撑和大量的史实基础，从某种意义上说，其价值不逊色于学术性著述。

一切历史都是心灵史。《隐形的南方》既是一部华夏先民苦难深重的迁徙史，也是他们的心灵秘史。在作者看来，华夏文明孕育、形成、传播的历程，就是先民追寻光明的历程。力图走进先民的精神殿堂，感受其生命的温度，是贯穿《隐形的南方》始终的一条鲜明主线，也是作者着墨的重心所在。在作者心中，不论是太阳、火神崇拜，还是昆仑神话、龙凤图腾，抑或桑蚕文化、玉石信仰，都是先民心灵的折射，是先民精神的自我救赎。作者充满激情的讲述，让华夏诸神走下了神坛，灵巫境界、扶桑神树不再神秘，昆仑圣山也非遥不可及，飞翔的龙凤只不过是我们先民手中攥着的一只风筝……这也是《隐形的南方》的独特魅力之所在。

吸引我的还有作者另一奇特"视角"：汉字。在作者看来，那些古老的汉字，是先民的原始图腾符号，是破解华夏早期文明的最初密码，因而汉字解码使这部书读起来兴味盎然。作者不仅解码汉字的形，也解码汉字的音，可谓探幽入微，抽丝剥茧，让一个个古老的汉字变得鲜活起来，尘封已久的信息逐渐浮出水面，从而成为久远故事的讲述者。作者对"年""姜""豫""牧""熊""周""洪"等一批古老汉字的"另类"解读，令人耳目一新，这也是该书的一大亮点。

我相信，《隐形的南方》面世后，必将引起学界的高度关注和社会的强烈反响。

是为序。

（作者系湖北省社会科学院原副院长、华中师范大学特聘教授、中国民族史学会副会长）

2018 年 7 月 30 日

目 录
contents

第一部分

从东非出发

C hapter 1
第一章

隐藏的 "胎记"

在星汉灿烂、浩瀚无边的宇宙中，有一颗蓝色的星球，它的名字叫地球。这是人类在穿过漫长幽深的黑暗岁月之后发出的由衷感叹。地球所散发的浅蓝色的绚丽光彩，其实是人类理性之光烛照的结果。否则，这个昼夜交替的星球就仍然还是黑暗的。

华夏文明的始祖神燧人氏，后来也叫炎帝，就是在漫长黑暗中孕育诞生的。这位始祖神之所以叫燧人氏，就是因她发明了人工取火这一夺天工之造化的神技，为我们先民驱散了黑暗，带来了光明，而被后世尊为"三皇"之首。炎帝也就是太阳神、火神的合体，也称"火祖"。高阳氏、高辛氏、祝融，都是这位"火祖"的子孙。华夏先民遵循的文化编码规则中，凡读"燧"音的汉字，无不与黑暗有关。"燧"表示取火工具，现代指燧石，在先秦时期则指钻燧取火。"燧"的意思是在木块上钻洞取火，也就是驱散黑暗；"隧"就是开掘黑暗而幽深的隧洞；"邃"指空间或时间的幽深黑暗，如同在幽深黑暗的隧洞中一样；"遂"表示完成，也就是从黑暗的隧道中走出来了。没有对黑暗刻骨铭心的体验，也就不会有燧人氏或炎帝，以及关于他们的诸多传说。华夏文明史，也就是一部华夏子民钻燧取火、走向光明的历程。这也是整个人类的文明史。燧人氏钻燧取火的久远传说，历久弥新，是对华夏文明历程也是整个人类文明史的一种隐喻和暗示。我们很幸运地生活在阳光普照的隧洞之外，站立在人类一万年来文明成果堆砌的塔尖之上。

两千多年前的屈原，行吟于南方的江汉平原，在《天问》开头连发 27 问，置疑宇宙起源、天体结构和日月星辰运行。华夏文明的传世神话反复表现的其实就是一个母题：我们从哪里来。从某种程度而言，屈原对这个世界的置疑，也是对人类起源孜孜不倦的探索。两千多年后的今天，困扰屈原的无数问题已经成为科学常识，不再晦涩玄奥了。我们先民视为神圣的，现在已褪去了神圣的光环，变得再平常不过了。也许，女娲用泥造人的神话传说，其实是在暗示我们，这位始祖神在每个华夏子民的身上都留下了某种记号，也就是只有母亲才能辨认的"胎记"。现代科学告诉我们，我们每个人身上的确都有"胎记"，只不过这个"胎记"的创造者并非女娲，而是地球这位造物主。这个"胎记"，就隐藏在我们每个生命个体的内部，并且无处不在。

如果说地球是宇宙的产物，那么人类则是地球的产物。人类拥有的 206 块骨头、640 块肌肉、数十亿细胞的人体，都是地球的创造物。现代科学研究成果显示，在我们的体内，记载着恒星的诞生、天体的运行，甚至时间本身的起源；我们身体的每一个部分，都与过去的陨石降落、大地震、海啸和大规模火山喷发等灾难有关。科学家告诉我们，我们每个生命个体的身体就像一张蓝图，记录着地球上所有生命从最初的单细胞生物到恐龙，一直到现代人类的发展历程。这一过程的每一阶段，都可以在我们的身体中找到痕迹。

与此同时，科学的进步也在不断颠覆我们的传统认知。我们过去一直深信不疑的观点，被一次次反复证明是错误的。华夏子民从哪里来？谁是我们最早的祖先？几千年来的答案是：所有华夏子民都是龙的传人、"炎黄子孙"。可是现代分子人类学研究成果告诉我们，我们来自遥远的非洲。东亚大陆并不是我们的故乡，黄河流域也并非华夏文明的发源地，我们只是东亚大陆的移民，并且是后期移民。

非洲是世界版图上的心脏。非洲的全称是阿非利加洲，意思是"阳光灼热的地方"。在这个光与热的王国，有着全世界最为神秘广阔的热带雨林，最长的河流，最大的沙漠，以及一望无垠的大草原，密布的河流与湖泊。可以说没有什么地方比非洲更能使人类油然而生敬畏之情的了。在这片原始而古老、神秘而狂野的大陆上，生命的奇迹与壮美无处不在。人类就是从这片阳光灼热的地方走向世界各地的。

非洲是人类的摇篮，最先是由达尔文提出来的。在此之前，达尔文以博物学者的身份在完成漫长的环球旅行后，提出了他的关于物种起源的理论。1859 年，达尔文具有划时代意义的《物种起源》出版。达尔文进化论的核心观点就是，各种生物归根结底都来自一个最原始的生命类型；进化导致物种的分化，生物不再被认为是一大堆彼此毫无联系的、偶然的、"神造的"不变的物种；每个细胞、每种生物都有自己的演变历史，都在随着时间的推移而变化，它们目前的状态是它们本身进化演变的结果；生物不仅有一个复杂的纵深层次，它还具有个体发育历史和种系进化历史，有一个极广阔的历史横幅。基于这个观点，达尔文推测，人类并不是由一个全能的神所创造的，而是由猿猴慢慢演化而成的。达尔文的自然选择进化理论，已经成为生命科学中不朽的基本思想，为科学家探究人类的起源提供了最根本的理论基础。1871 年，达尔文在《人类起源及性的选择》中进一步推测，人类的早期祖先曾经生活在非洲大陆，而不是别的地方。

自达尔文提出这一惊世骇俗的观点以来，由于人类化石的不断出土，人类的摇篮最初曾一度摇摆于非洲、南亚、中亚、北亚以及欧洲之间。但这种情况在上世纪 20 年代发生了改变。近一百年来，科学工作者在非洲找到了大量最早阶段的人类化石。上世纪 90 年代，非洲的古人类化石重要发现更是惊喜连连，并构成了一个相当完整的演化体系，不断刷新我们对人类起源的认知。人类早期阶段的演化图景开始逐渐清晰地展现在我们面前。阳光灼热的非洲之所以成为人类的摇篮，很显然与其严苛而独特的自然条件密切相关。

其实，真正为"人类非洲单独起源说"提供最有力支撑的，还是分子生物学。生物学的迅速发展，催生了分子生物学。分子生物学是在分子水平上研究生命现象的科学。分子生物学的出现，使人类对生物体的认知逐渐深入到了微观水平。分子生物学的不断进展，也使得一个新的学科脱颖而出，即分子人类学。这一学科的使命就是将分子生物学技术引入人类学研究领域，通过研究人类 DNA 中所蕴藏的遗传信息来揭示整个人类的形成与演化过程。分子生物学家在实验室用试管和其他仪器来推断人类进化的具体年代，从而将"人类非洲单独起源说"的核心理论扎实地构建在"DNA"基因分析之上。可以说，生物学家、遗传学家，都是"人类非洲单独起源说"的坚定支持者。

科学家告诉我们，每一种生物体之所以表现出各种形态学、生理学等方面的各种不同特征，都是由生物体内携带的被称为 DNA 的大分子化合物所发出的一道道遗传指令所决定的。这个 DNA 的大分子化合物，也就是我们熟知的基因。基因是决定事物发展进程和结果的基本决定因素。每个生命个体只是作为基因机器而被建造的。基因控制着每个生命个体的形态和行为，目的就是通过繁殖将它们自身遗传下去。基因的霸权，我们无法挑战。我们每个人其实仅仅只是基因延续的载体，被基因操控的傀儡。基因才是我们每个生命个体的主人，我们只是基因的奴隶。基因概念及其理论的建立，打开了人类了解生命并控制生命的窗口。

1953 年 4 月 25 日注定是遗传学史上最值得纪念的一天。这一天是分子生物学的诞生日。英国的《自然》杂志刊登了沃森和克立克的合作研究成果：DNA 的双螺旋结构模型。自 DNA 双螺旋结构问世以后，人们进一步认识了基因的本质属性，即基因是具有遗传效应的 DNA 片断，包含着一个人所有遗传信息的片段，与生俱有，并终身不变。这种遗传信息就蕴含在每个人的骨骼、毛发、血液等所有人体组织或器官中。它记录每个人的生命演化，就如同我们每一个人体内都有一份历史记录，记录了一个生命的全部奥秘和隐私。DNA 分子类似计算机磁盘，拥有信息的保存、复制、改写等功能。如果将人体细胞核中的 23 对染色体中的 DNA 分子连接起来拉直，其长度大约为 0.7 米；但若把它折叠起来，又可以缩小为直径只有几微米的小球。因此，DNA 分子被视为超高密度、大容量的"分子存储器"。分析 DNA 的多态性，也就是破译人类演化的历史记录，可以向上追溯人类的祖先。这也就意味着：用 DNA 可以解决人种起源和繁衍分支的许多问题。

华夏子民的身份密码，就隐藏在我们携带的 DNA 之中。那也就是女娲或者说燧人氏给我们留下的"胎记"。我们出生时的"胎记"，早就镌刻在 DNA 的片段之中了。华夏文明的传世神话反复叩问的我们从哪里来的终极问题，其实答案就隐藏在我们身体内部的骨骼、毛发、血液之中。屈原在《天问》中发出的头两问，也就是："遂古之初，谁传道之？上下未形，何由考之？"这个答案就隐藏在我们身体内部携带的 DNA 片段之中。这是华夏文明的诸位先贤无论如何也没有想到的事。

科学家们发现，东非人群的多样性积累得最高，并且位于各种遗传材料谱系树的根部。根据人类基因组的多样性分析，分子人类学家为我们构建起了一棵人类家谱树。根据这一家谱树，就可追踪到全世界所有族群的共同母亲和共同父亲——所谓"线粒体夏娃"和"线粒体亚当"。今天所有人类都保留有 M168 的基因变异标记，这个基因变异标记我们可称之为人类的"胎记"。就是这个"胎记"把所有的现代人追回到共同的非洲去。

1987 年，美国科学家华莱士和威尔逊分别带领两个实验室通过检测细胞线粒体内的遗传物质脱氧核糖核酸发现，现代人可以追溯其祖先到大约 15 万年前住在非洲的一个女人。那不是唯一的"夏娃"，但却是最幸运的"夏娃"。2000年11月，两个同样名叫彼德的人利用Y多态性技术，再次肯定了现代人起源于非洲，它指向一个生活在大约五万九千年前的非洲男人"亚当"。当然，他也不是唯一的"亚当"，但却是最幸运的"亚当"。DNA中的遗传密码的破译，让亚当、夏娃从此离开神话世界，成为包括华夏人在内的全世界所有人的祖先。基因研究成果表明，1400多年前，达尔文的"非洲人类摇篮"说是完全正确的。目前，人们已经普遍接受了最早的人类起源于非洲的观点。

"非洲起源说"上世纪80年代以后也被称作"夏娃假说"或"夏娃理论"，之后得到许多考古学家、遗传学家及分子生物学家研究结果的证实。近年来，我国遗传学家金力和他的同事为了证明"夏娃理论"的谬误，对一万二千名东亚男性进行取样研究，却得出与他们期望相反的结果：他们每个人都能回溯到5万年前的非洲祖先，因为每个人的Y染色体中都有M168标记。12000个东亚男人的Y染色体，讲述了12000遍同样的人类进化故事：现代生活在东亚大陆上的人类，都来自遥远的非洲。Y染色体上的M168是目前发现的一个很古老的突变位点，这是人类在要离开非洲时产生的突变，大约发生在10万年前。除了非洲以外的现代人都具有这个位点的突变。所有东亚人当然也包括现今生活在华夏大地的华夏子民都来自非洲。金力和他同事的研究成果震惊了世界，获得了全世界的认同。金力教授说："我们采取了排除法的研究方式，希望能在大范围的中国人群样本中寻找到没有M168G遗传标记的人，但迄今为止我们没有发现一例，我们认为这是目前支持'中国人非洲起源说'最强有力的证据。"曾任中国科学院副院长、国家人类基因组南方研究中心主任陈竺院士的研究成果也得出了同样的结论："夏娃理论"同样适合东亚大陆的华夏人，华夏子民都来自遥远的非洲。

基因研究者从各色人种的遗传标记的突变点新旧不同判断，黑种人最古老，白种人第二，棕色人第三，黄种人第四。科学家由此推测，在大约5万年前，现代智人开始陆续迁出非洲大陆。棕色人、白种人可能是最早走出非洲的种群，其次是黄种人。黑种人并没有走出非洲，而是选择留守人类共同的家园非洲，在危机四伏的密林中躲避各种灾难。人类之所以走出非洲，肯定是由于灾难性事件，如大洪水、大旱灾、瘟疫肆虐，当然也有可能是火山大爆发。

可以肯定的是，当时越过红海后的人类还不可能向大陆内部迁徙。因为整个大陆仍然被冰层覆盖，他们只能望而却步。海岸线显然是一条容易通行的快捷方式。考古发现也已经证实了东南亚的人类在5万年以前就开始在海边居住，并且依靠海洋资源生存。同时，对食物与盐的需求，使得人类最初也只能沿海岸线迁徙。但也有例外。有一支迁徙队伍在越过红海之后，经中亚地区深入到了高加索地区，后来成为白种人的祖先。其实，这支先行者队伍也是沿海岸线迁徙的，只不过他们选择的是里海、黑海。白种人先祖的这一选择，让这一种群后来饱受严寒的考验。黄种人的祖先走出非洲后，有可能在伊朗一带的中纬度高原上滞留了很长时间，后来分化成两支：一支选择沿陆路北上，成为北方蒙古人种的祖先；另一支则沿着海岸线向东到达缅甸沿海一带，成为南方蒙古人种的祖先。南方蒙古人种在缅甸沿海一带又分化成两支：一支继续沿海岸线东进，成为蒙古人东南亚亚种也就是南亚语系族群的祖先；另一支则滞留在缅甸沿海一带，成为蒙古人东亚亚种也就是汉藏语系族群的祖先。这是基因研究给我们初步描绘出来的人类早期大致迁徙路线图。

如果人类不走出非洲，也就没有现今的种族之分。如果说人类走出非洲后不约而同地选择生活在一个地方，也不会有现今的种族之分。达尔文的进化理论告诉我们，种族差别的形成，主要是由于不同种族在迁徙中各自适应了不同的自然环境。因此，人类种族的出现，是在完全意义上的人类形成之后发生的，也就是说现代人类源自时间上非常晚的同一祖先。也正因为如此，世界上的不同人种都是可以通婚的。

就像达尔文进化论中记载的各种动物一样，在不同岛屿、不同地区的同种同类的动物也是有差异的。现代人类也是如此。人类基因的进化具有选择性，也就是最适合当地地理气候环境的人种基因，才有可能被选择保留下来，经过一代又一代遗传进化，最后成为某一地理位置人种当中的优势人种基因。现代人类呈现出的不同种群的差异，我们只能归功于进化的力量、生命的奇迹。

最早走非洲的棕色人、白种人，迁徙路线不同，面临的生存环境迥异，因此也就走上了不同的进化道路，从而造成了两个种群在生理上的显著差异。东北欧的高加索地区，是白种人的最初家园，因此白种人也称高加索人种。在这个高纬度地区，由于光照较弱、紫外线较少，使这支种群身上的黑色素越来越少，逐步形成白色皮肤、蓝色眼睛、金色头发。他们深邃的眼窝是为了减轻寒风的侵袭，发达的体毛则是为了抵御严寒的气候，高挺的鼻梁则是一道减缓冷空气进入体内的脆弱防线。只有高大粗壮的人，才有可能在漫长的严寒气候中生存下来。白种人之所以有着高大粗壮的身材，是因为这个种群中矮小瘦弱的基因，在严酷的寒冷气候中被无情淘汰了。而生活在低纬度地区的棕色人与黑种人种群，由于光照强、紫外线，他们身体的自我保护机制促使黑色素越来越多，于是形成了他们的棕色、黑色皮肤。与热带海洋为伴的棕色人，有着最粗壮的眉弓，黑色卷发是其典型特征，巧克力肤色，眼睛呈深棕色或者黑色。这是他们长期适应海洋生活与炎热气候的结果。这支种群始终人丁不旺，他们是孤独的海洋人。

黄种人又称亚美人种或蒙古人种。他们走出非洲后，由于长期在中亚地区中纬度的高原上生活，因此肤色介于黑种人和白种人之间。鼻梁稍低、体毛不发达等种群特征，表明他们既没有经历长期严寒气候的考验，也没有经历长期炎热气候的煎熬。从这个角度而言，黄种人又是幸运的。

现代分子人类学的突飞猛进，直接催生了人类基因组计划。美国、英国、法国、德国、日本和中国科学家共同参与了这一价值达30亿美元的人类基因组计划。基因组计划是人类为了探索自身的奥秘所迈出的重要一步，是继曼哈顿计划和阿波罗登月计划之后，人类科学史上的又一个伟大工程。2001年人类基因组工作草图的发表，被认为是人类基因组计划成功的里程碑。人类基因组计划研究成果表明，今天的华夏子民占压倒性主体的是O–M175。O–M175就是汉人的"胎记"。这个"胎记"，有可能是我们先民在缅甸以及云贵高原的崇山峻岭中形成的。这个"胎记"表明，汉族来自同一个父系，是同根同源的一家。O–M175的形成之时，也就是真正血缘意义上的汉人形成之时。

基因研究成果显示，东亚地区南方人群遗传多样性非常丰富，而北方人群则相对较少，在Y染色体单倍型上仅拥有南方人群的一部分。中国南方人的基因比北方人更古老，北方人的基因都可以在南方人基因树上找到；中国南方人的基因多样性要高于北方人，北方人的基因在南方都能找到，而南方人的基因有的则在北方难以寻觅。根据这一结论，科学家推测，蒙古人东亚亚种在东亚的最早迁徙是由南向北。按分子人类学家们的看法，现今的华夏子民，无论是看起来相对个子矮、显得精明的南方人，还是相对个子高、性格粗犷的北方人，最早都是从南方来的。

虽然"人类非洲单独起源说"逐步成为主流观点，但对此的置疑也一直没有停止。持"人类多地起源说"观点的认为，世界各地的人类是独立起源的，即由各地的非洲直立人、海德堡人、尼安德特人、东亚直立人各自独立进化为现代人类的几大人种。由于华夏大地古人类化石丰富，"人类多地起源说"在我国学界仍有一定市场和影响。支撑华夏文化黄河流域源头说、正统说的理论依据是"人类多地区起源说"。中科院古脊椎古人类所吴新智院士是"人类多地起源说"的支持者。他在比较北京猿人、山顶洞人和现代人的骨骼特征时发现，70% 的现代华夏子民在头骨上有 3 个特征与北京猿人是一致的，因此他认定北京猿人是华夏子民的祖先。而事实上，30% 的现代东非人也具有和北京猿人一致的骨骼特征。

中科院昆明动物研究所研究员宿兵在查阅东亚大陆现有古人类化石后，发现了一个断层问题：这个断层大约从 10 万年前至 4 万年前，东亚大陆没有任何古人类化石出土。其实，宿兵发现的东亚大陆古人类化石断层的问题，在南亚、中亚、欧洲都同样存在。这个断层现象充分证明，从非洲走出的早期智人，在最近的一次冰川期的严峻考验中灭绝了，永远退出了进化的历史舞台。可能是东亚大陆的自然条件过于优越了，北京周口店、云南元谋、陕西蓝田、河北泥河湾、重庆巫山、湖北建始、湖南道县等地的古人类，始终在进化的道路上徘徊不前，最终没有熬过五万年前漫长的次冰河期，被严酷的自然法则淘汰出局了。之后的五万年期间，整个东亚地区基本上是无人区，直到约 15000 年前现代人的祖先踏上东亚大陆。

科学家告诉我们：现代人是单一的生物物种，只可能有一个祖先，不可能有多个祖先。"人类多地起源说"无法解释现代人各种群之间基因惊人的相似性。人类的基因有一个惊人的证据，那就是：尽管人与人之间、种群与种群之间在外观上显得千差万别，但他们的基因却有 99.9% 是相同的。在动物界中，就连果蝇的基因多样性也是人类的十倍之多。而各地发现的早期猿人差异却很大，属于不同的物种。不同的物种之间虽能婚配，却不能生育后代。如果人类是多地起源、独立进化，那么现今各种群之间的基因就不是 0.1% 的微小差异了，我们习以为常的混血人也就不会出现。

"夏娃理论"的横空出世，让几个世纪以来构建起的"人种论"与"血型论"理论彻底坍塌，黄河流域华夏文化起源学说，以及满天星斗说、多元一体说等不攻自破，标志着传统的华夏文明起源于黄河流域学说的终结。很显然，有必要重新审视华夏文明的起源。而还原华夏文明起源的历史真相，则必须以现代分子人类学的研究成果为前提。

如果把地球演化的 46 亿年时间压缩成一天，那么人类登场的 250 万年时间则还不足 1 分钟。而人类文明产生的一万年时间，也只不过零点几秒而已。宇宙和地球花费了几十亿年的时间来塑造人类，如今人类已经开始塑造地球和宇宙了。我们要感谢这颗蓝色的星球，是它造就了我们人类。虽然人类已经开始洞悉世间万物的奥秘，但在大自然面前，仍然是一个蹒跚学步的孩子。困扰屈原的诸多问题，也仍然在继续困扰现代人类。我们还只是才刚刚走出漫长幽深的黑暗隧道。

没有科技的进步，人类起源之谜、身份之谜就会一直困扰我们，让我们不得安宁。我们要感谢众多科学家的长期不懈努力，让我们知道了包括我们在内的整个人类的故乡就在东非。我们的祖先是从东非出发，不远万里来到东亚大陆的。华夏子民都是东亚大陆的新移民。因为在现代人类到达东亚大陆之前，早期智人的足迹早就遍布东亚大陆了。

Chapter 2
第二章

亚当的语言

当人类在黑暗岁月中穿行的时候，最先打破幽深而黑暗隧洞中寂静的，有可能就是人类的语言。人类在漫长的进化过程中形成的发达视觉，在黑暗的隧洞中并没有发挥多少优势。这是因为一切依赖视觉的手段，要发挥作用，离不开光线。而声音则不受黑暗的限制，并可以屡屡打破黑暗中的宁静，为在黑暗岁月中穿行的人类不断赋予生机与活力。自从有了语言，人类在漫长黑暗岁月中的穿行便不再寂寞。

与文字语言相比，人类有声语音比我们想象的要更加久远、古老。如果说人类语言只有五天的历史，那么文字的出现才三个小时而已。在文字出现之前，对于彼此之间联系紧密的事物，人类很自然地用相同或相近的音节来对其进行编码。语音的亲疏远近，意味着语义的亲疏远近，往往也就是我们先民眼中万事万物的亲疏远近。天空飘落的雨滴（雨），水中游曳的精灵（鱼），飞鸟的羽毛（羽），太阳的光芒（昱），散发着太阳光泽的玉石（玉），乃至我们说话的声音（语），之所以发出同一读音，是因为它们之间存在一种只有我们先民才知道的紧密亲近关系。这可能是人类早期语言的一大显著特征。汉语中大量的同音字以及古汉语中音近义同的规则，其实就是人类漫长有声语言的一块"活化石"。

不论是象形文字还是拼音文字，其实都是人类有声语言的"录音机"。自从人类创造发明了文字这一"录音机"，原先像在汪洋中飘忽不定的语音便从此就有了一个可以抛锚的港湾。由于其他语言相继走上了拼音文字的道路，唯有汉语还在世界的东方顽强地坚守着象形文字以及音同义近这一古老传统，怎么也走不出这一港湾了。在世界诸多语言中，唯有汉语可以让我们通穿越时空，回到过去。以往我们过于关注汉字的象形，而恰恰忽视了汉字录下的美妙声音。从古老汉字中捕捉华夏文明起源的蛛丝马迹，我们不仅要审视形，更要聆听音。

作为世界上目前使用人数最多的语言，汉语的起源一直是个困扰着我们的谜团。屈原在《天问》中并没有对汉语的起源进行置疑。这不是困扰屈原的难题，当然也不是困扰我们先民的难题。可能在屈原看来，汉语的纯净与质朴，是与生俱来的，与河流山川一样，是再正常不过的了。西方语言学家一直对东方神秘的汉语以及方块汉字充满了好奇，称汉语为"亚当的语言"。其实，西方学界只是用一种诗意的眼光打量东方神秘的方块汉字。我们之所以称汉语为"亚当的语言"，伊甸园的语言，并非仅仅因为汉字的象形，还因为汉语保留了大量的同音字现象。当然，对于这个黑暗隧洞中的谜团，也就是人类的语言起源，这个曾让东西方先哲们穷尽一生思考的问题，注定不可能有一个明确而清晰的答案了。但这并不意味着人类对此的探索就会止步。上世纪以来，由于现代语言学的兴起，汉语开始被用来和其他语言进行类比分析，有关汉语起源的种种假设渐渐浮出水面。而近年来，随着分子人类学者们对东亚人群迁徙的分析，这个谜底的答案开始变得清晰。

时至 21 世纪这一交叉学科日渐兴盛的时代，演化生物学、遗传学、分子人类学、神经科学、考古学、人类学等学科纷纷加入到语言起源与演化研究中来，取得了一系列重要成果，为探索语言起源问题提供了更多的新证据。同时，计算机建模等新研究方法的出现，为我们窥视语言起源时的场景打开了新的窗口。原本广袤而茂密的世界语言丛林，不再显得杂乱无章，而变得有迹可循。那些原本掩藏于荆棘草丛之下的路径逐渐变得清晰了。原来我们以为彼此没有关联的语言之树，它们的根部其实是相互盘根错节在一起的。

既然人类起源是单源的，那么人类语言的起源也应该是单源的；既然人类有共同的祖先，那么起初就会有共同的原始母语。从表面来看，全世界各民族语言尽管显得千差万别、多姿多彩，似乎彼此毫无瓜葛，但在语言学家看来，众多语言的语法结构是高度趋同的，并且遵循了共同的语言发展规律。虽说后来各类语言在漫长的岁月中不断演化，共同特征几乎消失殆尽，从而变得面目全非，但共同根源的事物之间总会留下蛛丝马迹，为我们还原语言的起源提供弥足珍贵的线索。

语言学研究向来是支持人类单一起源学说的。20 世纪 50 年代，美国语言学者斯瓦迪士从统计学的角度分析不同语言，得出了约 200 个核心词，几乎每种语言都包括这些核心词汇，它们具有超强的稳定性。2011 年 4 月 15 日，新西兰生物学家昆廷·阿特金森在美国《科学》杂志上发表了一篇题为"语音多样性支持语言从非洲扩张的系列建立者效应"的研究报告。他惊喜地发现，语言丛林中蜘蛛网般的小道，有一个共同的起点。他宣称：人类语言可能全部起源于非洲西南部地区，时间大约在 15 万年前的洞穴艺术开始阶段。时至今日，非洲仍然是全世界语言最丰富的地区，生活着 700 多个民族和部族。如果将方言土语计算在内，非洲约有 1500 多种语言。阿特金森通过对全球 504 种语言的分析发现，非洲各地的语言含有较多的音素，而南美洲和太平洋热带岛屿上的语言所含音素最少。因此他认为，语言的这一分布规律与人类遗传多样性的分布类似；人类遗传的多样性在非洲最高，然后逐渐衰减，所以这种相似性并非偶然，而是现代人类语言起源于非洲的有力证据。这一重要成果是对人类"非洲单一起源说"的有力佐证。

近几十年来，随着英语在我国的普及，人们惊喜地发现，汉语与英语有诸多近似性。语言学家们充分运用汉语音韵学以及印欧语古词根学的学术成果，在撩开形形色色的语音变化的面纱后，发现不少汉英古词源在语音和意义上都显示出相当的近似性！原来，汉语和英语这两大语言，一个在大西洋之滨，一个在东太平洋之滨，虽然相隔千山万水，但在语言的内在联系上却只有咫尺之遥。近几十年来，人们还惊喜地发现，古老东方的汉语与同样古老的西方美洲玛雅语在语音和语法方面也具有共同的特征，并且有相当数量的共同词根。玛雅人和华夏人之间虽然隔着浩瀚的太平洋，但从两种语言的相似性来看，这个太平洋的鸿沟并不那么辽阔深邃。

汉语与英语、玛雅语的相似性，不可能是偶然的相似，而只能是必然性的显示。因为它们有着共同的母语：亚当的语言。

有这样一则被研究世界语系的语言学家们所津津乐道的趣闻：1600 年，一艘荷兰商船路经马达加斯加前往印尼。在经过了数月的航行后，他们到达了目的地。令船员们感到意外的是，他们发现，虽然相距遥远，但当地的马来语与他们途经的马达加斯加的土著语有着惊人的相似之处。语言学家们之所以不厌其烦地讲述这一趣闻，是因为水手们无意中的发现竟然触碰到了语言的核心秘密：人类语言的亲缘关系。其实，英语、玛雅语还只是汉语的远亲，汉语的近亲在东亚次大陆，也就是藏语和缅甸语，汉语的嫡亲则是散布在南方云贵高原上的苗语与瑶语。

1786年，英国的琼斯爵士通过对比研究发现，意大利语、凯尔特语、日耳曼语以及波罗的语、斯拉夫语，与远在南亚的印度雅利安语有某种程度上的相似之处。于是，他提出了一个大胆的假设：这些广泛分布在欧洲和印度的语言有一个共同的原始母语。这个假说被称为"印欧语系假说"。

琼斯的假设，让语言学家们开始尝试着对比、分析这些有着共同关系的语言之间的亲疏远近。1861年，德国语言学者施莱歇尔在达尔文进化论的启发下，推导出语言也有着类似生物进化的过程，并给印欧语系画出了一棵"谱系树"。在这棵语言的谱系树上，原始的"印欧语"处于最底端，是"树干"，这个树干分出两个"树枝"，一枝是"斯拉夫—日耳曼语支"，另一枝是"雅利安—希腊—意大利—凯尔特语支"，这两个"树枝"再分别分出众多"小树杈"，如日耳曼语、立陶宛语、斯拉夫语、凯尔特语、意大利语、希腊语、伊朗语等语言。尽管施莱歇尔推导的这棵"印欧语系大树"并不完全精确，但他的方法立刻成为语言学家们观察这个纷繁复杂世界的利器。

既然现在全世界大约5641种语言拥有共同的母语，这株枝繁叶茂的参天大树的根在非洲，那么各语言之间就存在或近或远的亲缘关系。凡是有亲缘关系的语言，语言学家皆称之为语系。语言学研究成果表明：一个语系的形成，经过了长期不断分化发展的过程，大约需要六千年的时间。最初，原始母语分化为不同的语族，后来一个语族又分化为不同的语支乃至语群，最后是一个语支或语群再分化为不同的语言。

根据语言的亲缘关系，语言学家构建起了语言谱系分类法，其中最重要的是"发生学分类法"。历史语言学把来自一个共同原始母语的全部语言都划归到同一个语系当中。目前全世界语言学界公认的语系有：印欧语系、汉藏语系、乌拉尔语系、阿尔泰语系、闪—含语系、高加索语系、南岛语系、南亚语系等，汉语属于汉藏语系。

东亚地区语言的复杂性，远远超过了印欧语系。南亚语系既与汉藏语系相关联，同时又与南岛语系有渊源。语言学家还发现，"稻"在南岛语系、南亚语系、汉藏语系中具有共同的词根，读音大体接近。这可能是这几个语系族群共同在印度洋海滨生活的见证。东亚地区语言的复杂性同时也表明，由非洲分两次东迁的黄色人种族群，其接触、分化、融合的情况要比西行的印欧语系族群复杂。

尽管经过长达一个多世纪的研究，语言学家们大致能够接受"汉藏语系"这种假说，但其间的分歧依然很大。汉语虽然与南岛语系、南亚语系存在一定同源关系，但可以肯定的是，汉语与藏语、缅语同源词更多、语法更接近、语调也更相似，远远超过了与南岛语系、南亚语系的亲缘关系。虽然汉藏语系各语言之间发生学上的亲缘关系至今仍然存在着严重的分歧，但近百年来的初步研究表明：汉语、藏缅语、苗瑶语之间有同源关系的结论不大可能被否定。从汉藏语系和阿尔泰语系诸语种现代语言的表层质态上来看，不论是词汇、语音还是语法系统，各自均有较完整的体系，不具备同源关系。汉语只可能产生在南方，而不是传统认为的北方。

汉藏语系是仅次于印欧语系的第二大语系，也叫藏汉语系和印支语系。汉藏语系主要分布在亚洲东部和南部。汉藏语系的语种分类比较通行的有两种分类法。一种分类法以我国语言学界为代表，把汉藏语系分为汉语语族、藏缅语族、苗瑶语族、壮侗语族。另一种分类法以美国学者白保罗为代表，把汉藏语系分为汉语和藏—克伦语两大类，又在藏—克伦语下面分藏缅语和克伦语两类。两种分类法的共同之处就是都承认，汉语、藏语、缅语的原始母语是相同的，存在大量的同源词，语音结构、声调调类系统、语法类型等都非常相似，它们之间存在着千丝万缕的联系。

历史学、考古学、人类学、语言学以及民族学近百年来的研究成果证明，使用汉藏语系各族群的渊源关系可以追溯到约1万年前；现今的汉语、藏语、缅语都是原始汉藏语在不同地域上的延续与演进，它们仿佛是同一条河流的支流。如果说汉藏语系各族群在1万多年前曾有一处伊甸园的话，那么这个伊甸园就只可能在缅甸沿海一带。在这个伊甸园里，汉藏语系各族群的共同祖先也就是东方的亚当和夏娃，他们之间的对话，就是汉语的母语。现在的汉语、藏语、缅甸语之所以在表面上显得大相径庭，主要是因为书写形式的不同。藏语、缅甸语后来先后走了拼音文字的道路，而汉语则仍然保留了古老的象形文字。不同的书写形式掩盖了它们的共性。如果我们挣脱书写形式的迷惑，层层拨开一万多年来这片语言丛林中生长的荆棘藤萝草丛，我们会惊喜地发现，这片语言丛林就是从一条根上生长出来的。

汉人、藏人、缅甸人在基因上的高度相似性，与三种语言的亲缘关系是吻合的。现代分子人类学的研究成果，是对三种语族亲缘关系的有力支撑。同时，汉藏语系研究成果还间接表明，汉民族起源于南方，这也验证了现代分子人类学的研究成果。藏缅语族是目前唯一被国际语言学界确定与汉语有词汇上亲缘关系的语言群，其使用的总人口约 6000 万。早在 1823 年，德国学者克拉普罗特就发现了汉语、藏语、缅甸语的基础词汇之间有着同源关系的秘密，但他的惊人发现在当时并未引起多少人的注意，直到 20 世纪语言学家们才重新审视他的超前观点。近几十年来，语言学家们通过比较汉藏语系各语种时发现，汉藏语系语言的根部显示出盘根错节的同根迹象，汉语言和缅甸语、藏语并未被喜马拉雅山脉和茂密的热带雨林所隔开。

其实，藏语、缅语和汉语之间存在的不是一般意义的对应关系，而是系统性的一一对应。不论是声调的阴阳之分，还是语序与语法，以及对量词的偏爱，几乎如出一辙。不仅如此，汉藏语系不同语言之间不仅在现状上有许多共同的特点，而且还存在许多共同的发展规律。每个音节有固定声调，是汉藏语系语言区别于其他语系的一个鲜明标志。声调因声母的清浊之别而产生阴阳之分，这一规律在整个汉藏语系中具有普遍性。清浊由对立到不对立，是汉藏语系语言共同的发展趋势。汉藏语系各语言以词序和虚词为表达语法意义的重要手段，词序比较固定，虚词种类较多，在句中表示各种不同的语法意义。汉藏语系各语言词序的共同点是：主语都在谓语前。汉语、苗瑶语族语言是"主语＋谓语＋宾语"，而藏缅语族语言则是"主语＋宾语＋谓语"。汉藏语系各语言在词类上有一个共同点，那就是丰富的量词，并且都经历了从简单到复杂的发展过程。形容词、量词重叠，也是汉藏语系语言的共同现象。汉藏语系各语言似乎格外钟情于运用各种助词来表达复杂的语法意义，并且一般都用于句子末尾。在汉藏语系大多数语言中，我们经常看到的是单音节单纯词和多音节复合词，而多音节单纯词则很难见其踪影。

同源词是支撑汉藏语系大厦的基石。同源词也就是指在亲属语言之间音义相同或相近的语词。当然，由于汉藏语系不同语言之间一万多年来的音韵变化，以及词义变化所产生的"音韵变异"及"词义变异"的现象，导致识别汉藏语系不同历史层次有语音对应关系的同源词困难重重。经过近百年的研究，一批数量不等、过去不认为它们有同源关系的同源词相继被发现，汉语与藏缅语的亲缘关系已经基本确定，汉藏语系内部诸语言的亲缘关系也大体有了比较可信的论证。学者们发现，汉语和藏缅语之间有共同的数词一至十，但"千"和"万"却各不相同。美国人类学博士白保罗从 20 世纪 30 年代起就开始研究汉藏语言，从两种语言找出了 274 组具有对应关系的同源词。

北京大学教授汪大年的《缅甸语与汉藏语系比较研究》一书，是近年来研究汉藏语系的一部力作。该书通过缅甸语与汉藏语系语言在语音、词汇、语法、方言和文字等方面做全方位的共时和历时的比较研究，揭示了汉藏语系中诸语言变化发展的一些共同规律。汉藏语系这棵参天大树正是因为同根，所以才盘根错节、枝繁叶茂。

相比印支语系，对汉藏语系的研究探索才刚刚起步，我们现在所了解到的汉藏语系各语言之间深层次的关系，还只是冰山一角。它们起源上的共性还需要多学科的联合攻关。我们坚信，汉藏语系的研究还将不断给我们带来惊喜。

从国际学界公认的汉藏语系分类来看，汉语语族与藏缅语族是两个并列的语族，它们的母亲是原始汉藏语，它们之间的关系是姐与妹或哥与弟的关系。这个特点表明：最先从原始汉藏语分化出来是汉语，汉语是藏缅语的姐姐或哥哥；后来才是藏语、缅语从原始汉藏语的分化，藏语、缅语是汉语的妹妹或弟弟。汉语、藏语、缅语的亲缘关系充分证明，汉语的源头就是原始汉藏语。是南方的印度洋海滨、缅甸的原始热带雨林孕育了这一世界上使用人口最多的语言。汉人先民从缅甸沿海的北上之日，也就是汉语的产生之日。

语言是人类历史的"活化石"。语言虽然一直在进化，但其基本词汇和语法结构却相对稳定。语言学家们正是根据这一超稳定的特点，来确定各语言之间的亲缘关系。语言谱系关系的远近与亲疏，其实就是各族群之间关系的远近与亲疏的折射，我们从中可窥见到人类迁徙、接触、分化、融合等诸多可能发生的历史变革。

追溯汉藏语系演变分化的历史轨迹，我们可以推断：当东亚大陆上的冰川不断消融时，滞留在缅甸沿海一带的汉藏语系的祖先，为了寻找新的家园，他们中的一部分深入内陆，来到了东亚大陆腹地。这群铤而走险的人，就是我们的祖先。留下的一部分后来分化为缅人、藏人两支：留在原地的是现代缅人的祖先，由云贵高原深入青藏高原的一支就是藏人的祖先。李辉、金力两人在《重建东亚人类的族谱》一文中认为，藏人是从汉人中分化出去的。这一观点与现代语言学研究成果是相悖的。李辉、金力的跨界推测可能是错误的。

汉藏语系以及南亚语系在南亚次大陆、东亚大陆星星点点的分布，看似凌乱不堪，实则有迹可循。汉藏语系在华夏大地有二十多种语言，其中藏缅语族语支最多，有藏语、彝语、白语、纳西语、哈尼语、景颇语等，均分布在云贵高原的西南地区。在这个山脉河流密布的地区，瓶颈效应在藏人这支迁徙队伍中不断发生，往往一个河流、一条山脉的阻隔就可催生一个新的藏缅语系的语支与族群。侗台语族有壮语、布依语、傣语、侗语、佤语、布朗语等，主要分布在云贵高原的东南地区。他们是南亚语系迁徙队伍中的成员，只不过往北多走了几步。与汉语最亲近的是苗瑶语族。苗瑶语族只有苗语、瑶语两个语支，主要分布在云贵高原的东部地区。他们是从汉人的迁徙队伍分离出去的两个兄弟民族。

汉语的北方远亲就是阿尔泰语系。打破北方黄河流域几万年寂静的，应该就是伴随着牛哞羊叫的阿尔泰语系。阿尔泰语系主要分布中亚、北亚地区。华夏境内的维吾尔语、哈萨克语、乌兹别克语、塔塔尔语、柯尔克孜语、蒙古语、鄂伦春语、满语、朝鲜语等，都属于阿尔泰语系这个大家庭。汉语与蒙古语之间虽然也有大量同源词，并且蒙古语对汉语的发展也产生了重要影响，但两者并不具有发生学上的关系，而是两个民族长期接触影响的结果。汉语只可能起源于南方，而不是传统认为的北方。

从阿尔泰语系从中亚到东北亚这一绵延了近万公里的分布带来看，北方的蒙古人、满人、通古斯人，以及在历史上消亡了的匈奴人、女真人等，可能就是李辉、金力两人在《重建东亚人类的族谱》一文中推测的早期东亚人中的另一支，即历史文献记载的"北狄""鬼方"。他们可能选择了另一条迁徙路线，即在中亚地区的高原上与迁徙大军分手后，沿着黑海海岸线深入到内陆地区，后又沿着河谷地带东进到北亚。这条迁徙路线合理解释了阿尔泰语系东西绵延数万公里的分布特点。现代蒙古语仍然保留了 40% 的突厥语词汇。据传，成吉思汗西征突厥各部落时不需要任何翻译，语言完全互通。当汉人先民还滞留在缅甸沿海的时候，他们就已赶着牛羊先行到达了黄河流域。现今发现的距今 1.5 万～ 8000 年的史前遗址，就是他们留下的足迹。他们是东亚大陆最早的非洲移民。他们的到来，让北方重现生机。

至于属于黄色人种的蒙古人、满人何以与属于白色人种的维吾尔人、哈萨克人同属一个语系，的确令人困惑。唯一合理的解释只能是，这支游牧大军在黑海海岸线滞留时间过于漫长，受到了强势的阿尔泰语系种群的影响，并最终放弃了他们的母语。这支游牧兵团进入东亚大陆的时间可能比汉人至少要早 3000 年。美洲大陆的玛雅语系可能也属于阿尔泰语系。这表明，印帝安人是这支迁徙大军的先头部队。这支孤独的先头部队由中亚地区沿天山山脉一路东进，后来穿越白令海峡大陆桥，到了美洲大陆，成为到达美洲最早的现代人类。朝鲜人、日本人也是这一支迁徙队伍中的一员，只不过后来他们深受华夏文明的影响，成功转型为农耕部落。韩语和日语的惊人相似表明,这两个民族有着共同的母语:通古斯语。朝鲜语、日语后来虽然吸收了大量汉字与词汇,其阿尔泰语系的原貌变得模糊不清了,但其黏着语的阿尔泰语系特征仍然十分突出。

可以肯定的是,在由中亚地区沿天山山脉一路东进的迁徙队伍中,有一些白色人种部落。他们曾沿黄河东下,一直到达山东半岛。近几十年来,山东、河北、河南、陕西、甘肃等地相继出土了大量史前具有白种人特征的古人类遗骨、干尸及游牧狩猎部落的标识,应该就是阿尔泰语系中少数白种人部落由中亚地区冒失东进留下的遗迹。

李辉、金力两人在《重建东亚人类的族谱》一文中推测的早期东亚人,可能还包括了最早走出非洲的棕色人种中的一个部落,也就是南岛语系部落。这个部落沿太平洋海岸线北上,在环太湖流域、漳江、晋江流域生活了数千年的时间。这只部落如鸟儿鸣叫般的优美语言,一直默默等待着与另一种语言也就是汉语的邂逅。在两种语言在太平洋的西海岸相互碰撞并发出耀眼的火花之后,也就是催生出汉语的吴方言与闽方言之后,这个部落就从此走向了海洋。他们习惯于漂泊的生活,总是对蔚蓝色的海洋充满了向往。他们并没有在东亚大陆留下什么痕迹。

当长江下游的环太湖流域被南岛语唤醒的时候,当黄河流域成为游牧狩猎部落的牧场和猎场的时候,我们的先民还滞留在缅甸沿海一带,说着原始的汉藏语。那是属于东亚大陆的亚当和夏娃的语言。那时的三峡地区、两湖平原的语言,还是大象的嘶叫、各种鸟类的歌唱。

Chapter 3
第三章

一路向北

　　沿海岸线迁徙，是早期人类走出非洲后的共同选择。

　　南岛语系族群有可能是东亚大陆最早的移民。他们沿印度洋海岸线一路向东，最后在江浙闽一带安营扎寨。这支以渔猎为主、兼顾稻作的部落，就是古代文献记载的百越民族中的一支。若干年后，他们与汉人先民在环太湖流域不期而遇，他们又开始了新旅程。他们中的一少部分辗转到了日本列岛，另一部分则几经周折，最后在四川盆地西部的凉山安顿下来，成为彝人中的一支，也就是历史文献记载的"黑彝"。他们在广袤的东亚内陆过于孤独了。

　　黄色人种群在中亚高原分成两支后，大部队后来也沿着海岸线一路尾随向东，后来在掸邦高原西部沿海一带停下了东进的步伐。他们需要休养生息。不久，有一支队伍对掸邦高原上的原始森林以及众多咆哮的河流充满了好奇，于是悄然东进，中南半岛的众多河流冲积平原以及珠江流域成为了他们永远的家园。他们从此再也没有离开这片炎热潮湿的土地。他们在这里开枝散叶，后来形成了众多的南亚语系族群。当然，他们也不可能再沿海岸线东进或北上了，因为他们并不想与南岛语系族群发生什么冲突。

　　在若干年后，滞留在缅甸沿海的汉藏语系族群中有一部分人开始躁动不安了，开始计划远行，寻找新的家园和生活。他们并没有选择沿海岸线迁徙这条比较保险的线路，而是另辟蹊径，选择了充满风险的陆路北上。这支队伍就是早期汉人，华夏族群的亚当与夏娃。

自人类非洲起源说被人们逐步接受以来，对于早期汉人是沿着一条什么样的迁移线路到达东亚大陆的，学界曾有过种种推测。李辉、金力在《重建东亚人类的族谱》一文中基于古老的河姆渡文明以及华夏文明中原起源学说，为汉人先民描绘了东西两条迁徙路线图：东线即沿印度洋海岸线东进，再沿太平洋海岸线北上到达环太湖地区；西线即从云贵高原北上，到达四川盆地，然后翻越秦岭，到达黄河上游地区，再顺黄河东进，到达中原地区。东线其实就是南岛语族群的迁徙之路，而非早期汉人的迁徙之路。当汉藏语系族群沿印度洋海岸线到达缅甸滨海地带时，这条路早已杂草丛生了。西线是一条我们先民根本无法完成的天路。在李辉、金力看来，汉人与藏人的分离地点就在黄河上游地区。按照李辉、金力的观点，我们先民从东非出发的时候，似乎就有了一个明确的目的地：东亚大陆的黄河流域。这个观点其实是华夏文明中原起源说的翻版。

推测早期汉人的迁徙线路，除了山脉和水系走向这一要素之外，汉语与汉民族与其他语言以及民族的亲缘关系无疑也是一大重要考量。当然，考古学成果的印证也非常重要。只有三者的有机结合、相互佐证，我们才有可能还原出一条早期汉人的迁徙线路。

远古人类的迁徙路线往往沿着山脉和水系行走，从而形成远古部落沿山脉和水系分布的特点。这是因为，山脉和水系可以提供食物和水，山脉和水系的特殊景观还可以作为路标，从而不至于迷失方向，而且也相对安全便利。

早期汉人的北上之路，同样逃脱不了这一铁律。云贵高原大致以乌蒙山为界，分为云南高原和贵州高原两部分。西面的云南高原海拔在 2000 米以上，高原地形较为明显。而东面的贵州高原则以起伏和缓的中低山脉为主，海拔在 1000 ～ 1500 米，地势地形相对平缓。人类迁徙遵循的首要原则就是趋利避害。对北上的汉人先民而言，云贵高原的西部肯定充满了风险，要翻越的高山太多，要蹚过的河流也太多。从趋利避害的首要原则出发，早期的汉人先民不可能选择翻越云南高原，更不可能涉险翻越滇西南的梅里雪山。走平原当然是坦途，但一万多年前东亚大陆上的平原还是一片水乡泽国。因此，选择沿云贵高原东部边缘台地北上，是当时保险系数最高也是最便捷的一条迁徙线路，不仅符合人类迁徙的一般规律，也是他们深入东亚内陆后的唯一选择。

做出这一推测的理由，主要是基于汉藏语系分布所呈现出的鲜明特点：从缅甸沿海向北一直延伸到云南、西藏、广西西部、贵州，分布着众多汉藏语系的族群。就华夏境内而言，汉藏语系的亲属语言如彝语、白语、傈僳语、纳西语、拉祜语、哈尼语、景颇语、独龙语、苗语、瑶语等，全部分布在云南、广西、贵州的崇山峻岭之中。汉藏语系的这一分布特点，与汉藏语系族群迁徙、接触、分化的历史，是高度吻合的。汉藏语系族群的这一分布特点，在一万多年前就注定了。

实际上，摆在早期汉人面前的选项是极其有限的。选择陆路北上，也许并不是他们深思熟虑后的决定，但也是他们无奈中的唯一选择。紧跟南亚语系的族群沿海东进，肯定是不明智的。先行一步的南亚语系族群，已经将整个中南半岛当做家园来经营了，在掸邦高原以及伊洛瓦底江、萨尔温江、湄南河、湄公河、珠江流域，处处都是他们的身影和家园，以及像唱歌一样的多声调语言。滞留缅甸沿海地区，随着人数的增长，食物贫乏的问题日益凸显，族群内部激烈的竞争在所难免。瓢泼似的大雨、频繁的台风，更是叫人苦不堪言。是时候离开这片离天远、离海近的狭窄之地了。

如果认真分析我国西南地区汉藏语系分布状态，我们会发现，与藏缅语族更具亲缘关系的彝语、白语、傈僳语、纳西语、哈尼语、景颇语族群，基本都分布在云贵高原西部，同属南亚语系的壮语、侗语族群，主要分布在广西中西部地区以及云南南部、贵州东南部，而与汉语最具亲缘关系的苗语、瑶语、独龙语族群，则主要分布在云贵高原东部的武陵山、苗岭、怒山一带。这一分布特点，很显然与早期汉藏语系、南亚语系族群选择的迁徙线路密不可分。

这虽然是一条相对保险便捷的线路，但也充满了未知风险。他们首先要穿越的就是缅甸境内的热带丛林。缅甸北部的丛林，至今仍然是一个外人难以涉足的神秘世界，森林里犹如黑夜。其中有一个地名叫胡康。胡康在缅语中就是死亡或魔鬼的意思。我们先民北上的最初旅程，其实就是死亡之旅。死亡就是黑暗，这是他们对这段艰难旅程刻骨铭心的记忆。当他们历尽艰难穿越缅甸境内的丛林之后，原先庞大的北上队伍已是稀稀落落。

他们的噩梦并没有结束。一座高耸入云的山脉横亘在他们面前，阻挡了他们北上的脚步。这座山就是被称为东方阿尔卑斯山的高黎贡山。只有翻越了这座东方的阿尔卑斯山，才算是真正到达了东亚大陆。高黎贡山上的众多雪岭，让这支刚从黑暗森林中走出来的人群有些晕眩，不寒而栗。他们可不想涉险翻越这些雪山，只好沿高黎贡山的南麓东进。可是这座山似乎没有尽头，差点就要耗尽他们的热情与耐心。令他们稍感安慰的是，这座山的天际线越来越清晰，先前的众多雪岭也一下子消失了。他们甚至于天真地想到，在翻越这座高黎贡山之后，可能就是另一个蔚蓝色的印度洋，那里有成排的椰子树，当然也有取之不尽的鱼和食盐。他们开始尝试着翻越这座高黎贡山。他们显然并不清楚前面的风险与挑战。当他们翻越高黎贡山东南部绵延的群山之后，他们想象中的景观并没有出现，呈现在他们眼前的仍然是一座又一座的高山、一条又一条的河流。他们没有别的选择，只能继续沿着云贵高原南端小心翼翼地东进。

在翻越另一座高山也就是哀牢山之后，他们顺南盘江而下到达了广西盆地。对于习惯了在崇山峻岭穿行的早期汉人而言，平坦的广西桂中盆地可能让他们有些不适应，甚至觉得过于奢侈了。在早期汉人到达之前，壮侗语系族群的一支已经捷足先登，在右江、郁江、柳江、桂江、浔江等西江水系的岸边捕鱼捞虾、种植稻谷，已经将这里作为家园长期经营了。壮侗语系是南亚语系的一个分支。虽说经过长途跋涉的早期汉人身心俱疲，迫切需要休养生息，但他们总有寄人篱下的感觉，一直惴惴不安。他们需要的是属于自己的家园。他们在这里稍作停留后，只得继续北上，别无选择。他们的后人重返这块盆地，还是数千年以后的事。从汉语与壮侗语之间的大量同源词来看，早期汉人在这块盆地停留的时间其实也并不短暂。

在他们的前方，又一座高山在等待着他们。这座高山就是苗岭。苗岭是珠江水系与长江水系的分水岭，在5000多年前也是汉人族群与壮侗族群的分水岭。越过了苗岭，我们的先民算是深入到了东亚大陆的腹地。再往北行，烟波浩渺的洞庭湖平原，在汉人先民的视线中逐步展开了它迷人的画面。那时的洞庭湖平原，实际上还深藏于烟波之下，是一片海洋般的广阔水域，是属于鱼与鸟的世界。我们先民虽然并没有发现成排的椰子树，也没有嗅到海水一样的咸味，但他们并未因此而沮丧。每当太阳从东方升起的时候，这片海洋般的水域云蒸霞蔚，鱼跃鸢飞，充满了无限生机。这是他们进入东亚大陆腹地后所看到的最美风景了。在此以后，他们将会无数次凝望这片东方的水域。

越过苗岭之后，并不意味前方就是一片坦途。前面还有一座雪峰山，雪峰山以北还有数不尽的山脉以及众多的河流。不过这些山脉与河流，对翻越了高黎贡山、蹚过了怒江的这支迁徙队伍而言，并没有任何挑战。事实上，跋山涉水，对他们来说已是家常便饭。如果是坦途，他们还真有些不大习惯。他们慢慢地发现，山越来越低矮了，河流也不再那么湍急了。他们的旅程开始变得轻松起来了。其实，他们并没有明确的目的地。他们只是在寻找家园。这个家园首先要有充足的食盐供给，其次才是食物。这两样就是早期汉人梦想中的家园。

这支孤独北上的早期汉人先民队伍，一路前行，边走边看，仔细打量着这个陌生的大陆，步履可能十分缓慢。他们只有在对前途做出风险评估之后，才下定决心继续北上。这个陌生的大陆既让他们觉得新奇，同时又感到不安。当然，我们的先民在云贵高原东部边缘地带小心翼翼北上的时候，也会经常深入到云贵高原腹地一探究竟，去寻找食盐和天然火种。

云贵高原山高水长，很容易让人迷失方向。一座山脉、一条河流对早期人类交流的限制与阻挡，其实与海洋并没有多大差别。流传于云南的古老民歌《小河淌水》，形象表现了云贵高原一对恋人山水阻隔、相见时难的情形：有个痴情的阿妹老想着阿哥，可阿哥老是在深山，有时候好像远离人间到了月亮上，老是见不着面，阿妹只好到小河边黯然神伤。这种情况在洞庭湖平原、江汉平原、成都平原是不可能出现的，中原地区更不可产生这支忧伤动听的民歌。云南、贵州是华夏民族多元的两个省份。李辉、金力在《重建东亚人类的族谱》一文中提出的瓶颈效应在这里充分显现出来了。南亚地区多民族多元文化的奇观，正是这种瓶颈效应的产物。也正因为如此，生活在云贵高原崇山峻岭中的各少数民族，为我们保留了许多弥足珍贵的远古信息。他们的古老习俗，是华夏文明初始阶段的"活化石"。

我们假设早期汉人到达云贵高原的时间正好是初春时节。当云贵高原的积雪逐步融化，呈现在早期汉人面前的正好是一幅春回大地、万物复苏的动人景象。与其说是时间上的巧合，不如说是汉人先民给这个年轻的高原带来了温暖的春天与勃勃生机。对历经艰险的汉人先民而言，无异于到了一个天堂。这群铤而走险的早期汉人，无意中闯入了一个"伊甸园"。这是我们先民第一次发现这个"伊甸园"。等到第二次发现这个"伊甸园"，已是6000多年以后的事了。第二次的发现者是古蜀先民。身心俱疲、一路风尘的早期汉人迎来了幸运的春天，这无疑是一个好的兆头。

《旧约·创世纪》中记载的"伊甸园"有四大特征，即：四季皆春，鲜花盛开，气候宜人；狮子、大象、老虎、孔雀和人类和平相处，欢乐歌舞；有四条大河，分别向东、南、西、北流，其中一条大河贯通全境；终年积雪不化。云贵高原正好同时具备这四个特征，并且全世界也只有云贵高原同时具备这四个特征。云贵高原地处青藏高原东南部，水平方向上的纬度增加与垂直方向上的海拔增高相吻合；云贵高原境内高山深谷纵横交错，气候垂直变化比较明显，呈现出寒、温、热三带的立体气候，由此才能具备热带动物、寒带终年积雪不化、温带四季如春，鲜花盛开，气候宜人以及河流纵横交错形成东南西北流向的这些特征。当然，《旧约·创世纪》关于"伊甸园"的描述带有浓厚的浪漫成分，与云贵高原的相似只是一种巧合，也并不意味着云贵高原就是全人类的"伊甸园"。实际上，云贵高原也并非早期汉人的"伊甸园"，否则我们的先民就不会继续北上了。但是毫无疑问，这个温暖如春的"伊甸园"，让我们的先民对选择北上再一次充满了信心。前面肯定有惊喜等待着这群远道而来的不速之客。

截至目前，云贵高原腹地还没有发现一处5000年以前的新石器时代遗址，也就是说这一"伊甸园"并没有吸引现代智人的脚步。在华夏文明起源的星空中，这里还是一片星光黯淡的天空。我们猜想，汉人先民在这片神秘的云贵高原是匆匆忙忙走过的，并没有在这里给我们留下什么有价值的信息。云贵高原虽然温暖如春，四季花开，但并非我们先民理想中的家园，山重水复的小天地也不可能孕育出高度一统的华夏农耕文明。

太阳崇拜、凤图腾、占卜及易卦，是华夏文明的显著标志和核心要素。这些核心要素的源头可追溯到什么时间、什么地方？它们之间的内在逻辑联系又是什么？我们先民匆匆走过的云贵高原，可能给我们留下了弥足珍贵的线索。

对于刚度过寒冷冰川期的人类来说，再没有比太阳更让人期待的了，因为太阳带来温暖和光明。从某种角度说，人类走出非洲，就是为了寻求光明。人类迁徙的过程，也是寻求光明的过程。太阳崇拜是人类文明的原点，是人类文化的母题。但由太阳崇拜衍生出的鸡崇拜，并发挥到极致的，可能为汉藏语系族群所独有。

在这块神秘的云岭高原上生息繁衍的26个兄弟民族，有一个共同的信仰，那就是鸡崇拜。彝族视鸡为图腾，佤族崇拜公鸡，白族人则崇拜金鸡，瑶族人、白族人用鸡蛋占卜，等等，尽管呈现形式不一，但殊途同归：对太阳的崇拜，对报晓金鸡的敬畏。时光在这块神秘的云岭高原上仿佛凝固了，久远的鸡崇拜风俗，深邃而幽远。这些古老民族不约而同视鸡为族群图腾，可能还存在一个不为我们所知的久远秘密。这种让我们既陌生又似曾相识的鸡崇拜风俗，让我们自然联想到遍布华夏民间的鸡崇拜以及华夏文明的重要图腾——凤凰。凤凰图腾的起源之谜，可能就隐藏在这块神秘的云岭高原上。凤凰这个美丽的神鸟，其文化原型应该就是报晓的雄鸡。雄鸡一唱天下白。鸡一打鸣，太阳就出来了。"鸡鸣"与"日出"的因果关系，应该就是让一路北上的早期汉人将鸡视为神鸟的重要原因。也许，在缅北丛林中共同的黑暗经历，北上旅程中的艰难险阻，让这些汉藏语系各族群之间从此有了这一共同约定。这一共同约定其实是汉藏语系各族群先民的生命体验。

华夏文明最古老的文字，为我们留下了这一珍贵信息。甲骨文中的"鸡"写为"雞"，就是一种鸟。甲骨文中的"鸡"，不仅是凤凰的文化原形，也是我们先民从缅甸沿海一路北上经历的见证。只有身处这块神秘的云岭高原上，我们才有可能对凤凰图腾的起源之谜有着全新的认识。"汉"的繁体字写作"灘"，旁边也是一只报晓的鸡。汉人这个称谓，从字源上看，应该就源于早期汉人对"雞"的崇敬。从我们先民北上那天开始，这一族群称谓就一直在孕育之中。四川盆地三星堆出土的青铜鸡，江汉平原石家河出土的大量鸡形陶壶，环泰沂山地区大汶口文化的陶鸡，龙山文化中的鸡舞，都是在为这一族群称谓的出现做准备。时至今日，长江、黄河流域民间仍保留着鸡崇拜的古老习俗。这些古老习俗，与云岭高原上的神鸟——鸡，在本质上是相通的。"鸡鸣"与"日出"的因果关系，可能是景颇族用鸡鸣作为神判的根本原因，极有可能也是早期汉人占卜的雏形。云贵高原的鸡卦、鸡蛋卦，与易卦可能还不仅仅是同源异流的关系，而应是源与流的关系。鸡卦是源头，云贵高原的潺潺溪流，流经三峡地区、洞庭湖平原、江汉平原，最终在中原大地汇聚成为丰富而神秘的易卦文化。我们期待云南抚仙湖的水下考古能带给我们更多的惊喜。

虽然我国水稻的种植历史已经上溯至距今约 1 万年前，但是稻作农业的起源问题一直众说纷纭。其实，这个问题在研究语言分类学的人来看，是一个没有争论价值的问题。汉语中的"稻"，在壮侗语族、苗瑶语族、藏缅语族的语言及其方言中，有着明显的同源关系，从它们中间可以得出 14 种"稻"词的音值，广泛分布在广西中南、云南西南、越南、老挝及泰国北部和缅甸东北部。这个共同的词根表明，稻作文化起源于南亚地区，华夏的稻作文化是早期汉人从南亚顺便带过来的。

贵州威宁中水遗址的发现，是 2005 年度中国十大考古新发现之一。考古工作者发现了大量稻谷遗存。这是在云贵高原地区发现稻谷遗存年代最早的遗址，年代约相当于中原的商周时期。这个遗址表明，至少在距今 3500 年前后，云贵高原已经进入稻作农业阶段。这个稻作遗址，可能是古蜀先民南迁的结果。此前，考古学界曾有过稻作农业起源于云贵高原的说法，但一直缺乏确凿的实物证据。这个重要发现，为破解我国稻作农业起源和传播之谜带来了曙光，也填补了稻作文化传播线路的空白：由南亚进入云贵高原，再由云贵高原传播到长江中游两湖平原乃至黄河流域。我们期待在云贵高原有更多的发现，以给我们描绘一条更加清晰的稻作农业传播路线。也只有还保留有崇拜"谷神"习俗的云贵高原才堪当此重任。

虽然这个"伊甸园"四季如春，鲜花盛开，也适宜渔猎和稻作，但欠缺一个重要因素：与食物和水同等分量的食盐。从某种程度说，对汉人先民而言，食盐要比食物和水更加重要。在内陆地区，食物和水并不是稀缺资源，食盐才是稀缺资源。没有食盐，汉人先民就不可能把这里当做家园来长期经营。如果云贵高原有着适宜开采的食盐资源，汉人先民可能就会失去北上的动力。他们没有理由不生活在这个四季如春的"伊甸园"，但这个"伊甸园"绝对不可能孕育出高度一统的华夏文明。如果说云贵高原是华夏文明的"伊甸园"的话，那么东亚文明的演进可能就会走上一条文化多元的发展道路。所以，西方的"伊甸园"不适用于东亚大陆。

云贵高原为高海拔山区，平坝河谷仅占五成多一点，地势地貌支离破碎。这一特点决定了云贵高原的小格局。孕育高度一统的华夏文明，只有大江大河大平原才能胜任。云贵高原天地过于狭窄了，欠缺大平原的坦荡，也没有大江大河的向心力和凝聚力，似乎并不是汉人先民寻找的"伊甸园"。看来，云贵高原注定做不了华夏文明的大本营，只能是汉人先民漫长北上旅程中的一处驿站。他们带着对云贵高原的美好回忆继续北上。

这支孤军北上的早期汉人，一路留下了他们的深深脚印。随着近几十年来我国考古的大发现，这条早期汉人的迁徙线路越来越清晰地呈现在我们面前。距今约1万年的桂林宝积岩遗址、距今约1万年的永州道县玉蟾岩遗址，距今约9100年的澧水流域彭头山遗址，距今约8000年的湘西学堂背遗址，距今约8000年的松滋关洲遗址，距今约8000年的宜都城背溪等史前遗址，依次沿云贵高原东部边缘地带由南到北，时间上大体上逐步递减，为我们勾勒出了一条清晰的汉人先民北上迁徙线路线图。没有近几十年来考古工作者艰苦卓绝的工作，这条一万多年前早期汉人的北上之路可能还要深埋在历史尘埃的深处。我们坚信，这条早期汉人的北上之路，会随着更多的考古大发现越来越清晰。当然，这些遗址不一定全是早期汉人留下的足迹，我们并不排除其中有壮侗语系族群早期留下的足迹。

李辉、金力在《重建东亚人类的族谱》一文中为汉人先民描绘的那条迁徙天路，欠缺考古学成果的支撑。很遗憾的是，云贵高原考古发现的新石器文化遗存较少，并且整体时间上限没有突破5000年，不仅远远晚于云贵高原东部地区，也整体上晚于四川盆地，无法支撑李辉、金力为我们描绘的那条天路假说。没有考古成果支撑的假说，无疑是苍白而空洞的。并且，这一天路假说，也很难得到现代语言学研究成果的支撑。

春天是播种的季节。云贵高原的使命就是提供华夏文化形成的一些要素，播下一些文明的种子。现在既然这个使命已经完成了，汉人先民就没必要在这里滞留了。他们在这里养足了精神，收拾好行囊，准备继续北上，去寻找散发着神秘光彩的食盐，寻找适宜定居的家园，寻找一个梦想中的大平原、大河流。

在到达湘西北澧水流域的时候，我们的先民已经隐隐约约从阵阵西北风中嗅到了食盐的芬芳气息。他们加快了北上的脚步，因为他们已经有了一个明确的目的地。

华夏文明的春天在前方就要姗姗到来了。

第二部分

云雨巫山

Chapter 4
C第四章

白色精灵

　　当北上的汉人先民跋涉千山万水、身心俱疲到达三峡地区时，他们停下了前行的脚步。他们嗅到了一种久违了的类似印度洋海风的咸湿气息。这是盐的气息。他们惊喜地发现，他们苦苦寻找的散发着迷人光彩的食盐，那个白色的精灵，就隐藏在这片山高谷深地区的众多泉水之中。这些数万年来一直奔涌的盐泉，似乎就是一直在等待这支从遥远非洲迁徙过来的早期汉人。这也是东亚大陆呈献给这支不远万里、长途跋涉的早期汉人迁徙队伍的珍贵见面礼。

　　人类对盐的依赖，与生俱来。人类生活离不开盐，就像鱼儿离不开水一样。按照达尔文的进化理论，今天所有的陆地动物最初都来自海洋。因此，地球上几乎所有动物体内都含有盐分，也就是氯化钠。我们流出的汗水与泪水，其实就是大海的泪水；我们灿烂的笑容，其实就是大海的浪花。因为我们体内的氯化钠浓度几乎和海水一样。

　　盐对人类的重要性，远非我们想象的调味品那么简单。在人类文明的发展史上，盐与火有着同等的重要性。人类对盐的严重依赖，有点类似瘾君子与毒品的关系。这是由人类的生理属性所决定的。这一白色的精灵，游走于我们身体内部，几乎无处不在。她悄无声息地给我们以动能的同时，又轻轻抚摸着我们的各种器官。现代科学告诉我们，食盐中的钠离子是神经系统传递信息的必备物质，是肌肉收缩和心脏跳动的重要动力，也是人体内水分均衡分布的调节器。此外，维持细胞内外的渗透压力平衡，促使消化液的分泌，保证胃蛋白酶作用所必需的酸碱度，维持机体内酸碱度的平衡，都少不了盐。这是白色精灵在我们体内的翩翩舞姿，只不过我们察觉不到罢了。可以说，盐之于人类，正如同空气、阳光、水之于人类一样，不可或缺。不认识到这一点，就无法勘破华夏早期文明遗址分布背后的秘密。现代人之所以能成为体魄强健而智力发达的人群，与这一白色晶体密不可分。如果没有盐这一白色精灵，也就不可能有现代壮阔的人类。在今天的英语词根中，盐与薪水仍难以分割。在古罗马时代，盐就是军人的军饷。以往，我们可能过于看重熟食以及劳动对原始人类进化的重要性了，却恰恰忽视了食盐对于人类进化以及人类文明的演化所起到的重要作用。这对盐这种白色的精灵可能是不公平的。

人类迁徙的动力就是获取食物与盐。人类有逐盐而居的习惯。人类文明就是嗅着盐的气息前行的。人类文明史，从某种程度而言，就是一部人类沿水寻找盐、利用盐的历史。人类走出非洲后沿海岸线迁徙，一个重要原因就是有充足的海盐资源保障。白色人种冒险深入到欧亚大陆内陆，有可能就是为了寻找食盐。有原始人类生存居住的地方，或是上古时期人类文化发达的地方，都是自然盐产丰富的地区。只有在食盐资源丰富的地区，才有可能产生人类文明。古巴比伦、古埃及、古印度等人类文明最早诞生地区，都有充足的海盐供给。或者说，是海盐、湖盐孕育了这些人类的初始文明。这些人类古文明之花之所以次第绽放，是因为食盐提供了充足的能量，而非传统观点认为的水和食物。

适宜的气候条件，洁净的水，充足的食物保障，稳定的食盐供给，是人类文明形成不可或缺的前提条件。前三者，对地球这颗蔚蓝色的宜居星球而言，并非稀缺资源，水和食物则是唾手可得。古巴比伦、古埃及、古印度文明发生地区，均有着取之不尽的海盐资源。北方的游牧部落也不欠缺这一资源，干涸的湖泊以及湖泊中的碱水，就像牧草一样寻常。但在远离海洋的内陆农耕地区，盐就是稀缺资源，可遇而不可求。作为一种稀缺资源，这一白色精灵对内陆农耕文明的孕育、形成，起着牵一发而动全身的决定性作用。只要有了食盐这一星星之火，农耕文明就会形成燎原之势。这一白色精灵在人类身体内部的翩翩舞蹈，为人类文明的孕育、形成注入了不竭动力。可以说，这一白色精灵就是华夏初始文明的推动者、主导者。食盐在华夏初始文明形成、孕育中的重要作用和地位，以往是被忽视了，近二十年来才逐渐引起我国学界的普遍关注，成为一个热点课题。张银河先生在《中国盐文化史》一书虽然对此做了精彩而独到的阐述，还原了很多历史真相，但仍然低估了食盐在华夏早期文明的孕育、形成以及分布上的决定性作用。

　　中生代和新生代剧烈的地壳运动造就了三峡地区奇异的地貌和丰富的食盐资源。无论是传世文献的记载，还是现在的考古发现或地质钻探，三峡地区的食盐资源都是非常丰富的，可以说取之不尽。在三峡地区的盐矿资源中，万县盐盆最负盛名。这个盐盆横跨长江两岸，呈北东—南西向展开，延绵约100公里，南北宽20～30公里，盐体延伸面积2700平方公里。这些盐矿资源为自然盐泉的生成创造了条件。从史料记载看，散布于三峡地区的巫溪县宝源山、彭水县郁山镇、奉节县白盐碛、云阳县云安镇、开县温汤井、万州长滩井、忠县涂井，以及湖北建始县、长阳县，自古以来皆有盐泉。这些盐泉或从山麓流出，或从溪旁渗出，具有天然性和浅层性的地质特点，很容易被人类发现和利用，远胜四川盆地的自贡、岷江上游地区的井盐。四川自贡井盐的开采、沿海海盐供给内陆，还是春秋战国时期的事。这是造物主对三峡地区的厚爱。冥冥之中，约6500万年前的地壳运动，为华夏文明的演进埋下了重要伏笔。千万年来，三峡地区终日弥漫不散的云雨，也许就是为了守护这一东亚大陆的宝库。

　　三峡地区很早就被认为是古人类起源的重要区域，是世界上古人类遗迹分布最为丰富的地区。自200万年前到现代智人，三峡地区均有古人类化石发现。在华夏史前文明的地图上，"建始人""巫山人""长阳人""梁人"等古人类都分布在三峡地区。"巫山人"是全球迄今为止发现的最早人类，同时，河南南召人、陕西蓝田猿人的发现地，与三峡地区也只是咫尺之隔。成就这一奇观的，就是三峡地区丰富的食盐资源。如果说三峡地区奔涌的盐泉是太阳，那么这灿若星河的旧石器遗址就是围绕这颗太阳运行的星辰。北方桑干河流域、河湾盆地古人类遗址，从200万年前一直延续到4万年前，也是因为周边有取之不尽的盐碱。河套地区也有较丰富的古人类遗址，个中奥秘也是其周边的盐碱地。在盐的致命诱惑面前，早期智人与现代智人并没有什么分别。很可惜，可能是东亚大陆的条件过于优越了，这些早期移民愧对这一大自然的馈赠，没有像东非地区的早期智人一样成功进化到晚期智人阶段，遭到了自然法则的无情淘汰。这不能责怪他们。这一遗憾，只能靠从东非迁徙来的早期汉人来弥补了。

　　我们先民心中的"泉"，其实并非东汉许慎理解的从地下流出的泉水，而是泉水中隐藏的白色颗粒。在甲骨文中，"泉"字下面突出的其实是盐的颗粒，而并非洞穴渗出的水流。后来隶书将上面的洞穴写成食盐的迷人色彩"白"，可能是有意为之，而并非笔误。"泉"有可能就是我们先民对这一白色精盐最初的叫法。再后来，盐改称为咸、卤。由于盐的稀缺和极端重要性，卤、咸为最早的一批汉字。债券之"券"、政权之"权"所发出的声音，并非"泉"的潺潺水声，而是奔涌的盐泉所凸显的食盐的稀缺性、重要性，以及掌控食盐资源者所象征的至高无上的权力。如果说不是这些古老汉字所保留的最初的悦耳声响，我们很有可能就要与这个远古的秘密失之交臂。

严格地讲，龟甲上的"卤""咸"还不是汉字，只是一幅素描。在甲骨文中，"卤"就是汉人先民制盐的陶罐，考古学家称其为圜底罐。"咸"在甲骨文中字形简单明了：由一把利斧（戈）、一个人、一张口三部分组成，人则置身于斧身的下方。对于这个古老"咸"字的解读，一直众说纷纭，没有定论。"口"是解读这一古老汉字的关键。"咸"字所蕴藏的远古秘密，就隐藏在这个"口"字之中。很显然，杀人的目的就在于喝血，而喝血的目的则是获取盐分。因为血液中有盐分，所以血同盐一样也是咸的。没有食盐资源的稀缺，也就不可能有这个令人匪夷所思的汉字。"咸"字所散发的血腥之气，透露的还是我们先民对食盐资源的严重依赖，是洞穴黑暗生活的延续。

从"蚩尤血"的久远传说来看，我们的先民是知道血中藏盐这一秘密的。北方山西解州盐池的卤水，就叫"蚩尤血"。很显然，后来在篆文中才出现的"盐"，其下面的形旁并非我们通常认为的器皿之"皿"，而是我们身体中流淌的"血"。《说文解字》把"盐"字放在血部，表明东汉时期的许慎是深知血中藏盐这一秘密的。这个古老"咸"字，无意中向我们透露了一个秘密，我们的先民获取食盐的一个重要途径有可能就是喝人血。即使在三峡地区的盐泉发现之后的相当长时间内，喝人血有可能依然是蒙昧时期我们先民获取食盐的一条重要途径。如果不是儒家学说的垄断性地位，华夏文明也可能也会有大量吸血鬼、吸血族的神秘传说。正如光明总是与黑暗相伴一样，文明也总是与野蛮残酷相伴而生的。华夏文明的产生和演进，或许并非我们想象得那么美好，称其为"血色黎明"也许并不为过，只不过是历史的书写者们有意遮蔽了这一历史真相。整个人类文明的产生和演进，都是如此。

正是因为盐的稀缺和极端重要，我们先民认为盐是能通神的，很有可能像玉器一样也是祭祀品。因此，巫师也叫"巫咸"或"巫彭"。在《山海经》这部"失落的天书中"，还有一个巫咸国。这个巫咸国就在三峡地区众多奔涌的盐泉边。后来"咸"成为《周易》六十四卦之一，可以"通神明之德，类万物之情"。

不理解人类对盐的致命依赖、盐对人类文明孕育形成的重要影响和作用，就无法理解三峡地区对华夏文明起源的重要影响和作用。我们有必要重新打量这一块被云雨遮蔽了的三峡地区，重新认识和发现南方古老的巫山巫水。可以说，华夏文明的曙光，就是在三峡地区的盐泉上冉冉升起的。当这缕曙光初现的时候，也就是巫山的云雨逐步消融的开始。华夏文明的基点，就是三峡地区的盐泉。重新审视华夏文明的起源与演进，必须回到这一基点，从三峡地区出发。

对华夏文明而言，盐的气息也就是春天的气息。三峡地区奔涌的盐泉，就是这个早春的律动。

近几十年来三峡地区的考古大发现表明，我们先民由缅甸沿海北上到三峡地区的时间，比我们想象的要早得多，并且他们最初就生活在三峡地区众多幽深而黑暗的洞穴之中。上世纪 90 年代，考古工作者在湘西北石门县燕儿洞，发掘出 3 颗古人类牙齿化石和下颌骨的残片，距今大约 15000 年。2014 年 10 月，考古工作者又在黔中地区牛坡洞遗址出土了大量旧石器时代晚期以来的文物，其中，各类型打制石制品近 10 万件，骨器约 100 件，陶片 100 余片，时间跨度从距今 15000 年前左右一直延续到距今 3000 年左右。这两个遗址表明，我们先民至少在 15000 年前就在三峡地区定居了。汉人先民最初的"伊甸园"，并非云贵高原，而是三峡地区。

支撑我们先民在漫长的黑暗岁月中穿行的能量，就是三峡地区奔涌的盐泉。作为现代智人，这批三峡地区的新移民，在对盐的严重依赖上，其实与"巫山人"那些早期智人并没有什么两样。他们重新演绎了一遍"巫山人"的故事，只不过故事要更加精彩丰富。我们有理由相信，在道县玉蟾岩遗址、黔中牛坡洞遗址发现的陶器残片，可能就是盛放盐水的器具。我们先民烧制陶器的最初动力，可能就是便于卤盐的运输和保存。从直接饮用盐泉到卤盐的开采加工，其间肯定经历了一个漫长的时代。

上世纪 50 年代，考古工作者在三峡地区忠县中坝发现了大量陶片，三峡地区漫长的食盐开采加工历史由此慢慢揭开神秘面纱。中坝遗址是我国目前唯一经过正式考古发掘证实的最早的井盐生产遗址，遗址发掘的文物层厚达 12.5 米左右，抢救出土的文物总量达 20 万件。1998 年，忠县中坝被评为年度"全国十大考古新发现"。三峡地区关于盐水女神的传说一直盛行不衰。这是生活在该地区的巴人对族源的碎片记忆。巴人的这个历史记忆，可能比忠县中坝井盐生产遗址要古老得多。盐水女神的传说，不仅属于于巴人，也属于华夏族群。

命中注定了三峡在华夏文明演化进程中承担起摇篮和源头的重任。这是三峡的宿命。汉人先民深入东亚大陆后，最初的童年岁月就是在三峡地区度过的。这片广袤的高山峡谷地区，既是他们最初的家园，也是他们永远的家园。他们在这里过着以渔猎、采集、稻作为主的生活，逐步适应了这块陌生的大陆连同这块陌生的广袤土地。

大约在 10000 年前，我们先民开始走出幽深而黑暗的洞穴，出现在湘西湘江上游和潇水流域，黔东北清水江，湘西北澧水、沅水，鄂西南清江两岸的岗地上，沐浴着温暖的阳光，以及从印度洋、太平洋吹拂过来的暖湿气流。

近几十年来的南方考古大发现，其实已经让这块华夏文明的高地若隐若现、呼之欲出了。但是，南方弥漫不散的云雨，总是让我国学界感到迷惘与困惑。这弥漫不散的云雨，一是旧石器时代与新石器时代在各遗址中的历史叠压关系，二是北方黄河流域史前遗址中的游牧文明与农耕文明史的历史叠压关系。的确，这两个历史叠压关系，遮蔽了我们的视野，很难让我们做出理性缜密的判断分析。

其实，传统的旧石器时代与新石器时代划分标准，已经模糊了早期智人与现代智人的分界，对现代智人已经很不公平了。我们现在在东亚大陆发现的居今约15000 前的史前遗址，都是从非洲走出的早期智人留下的足迹。在北方黄河流域星星点点的史前遗址中，游牧文明与农耕文明虽然不乏相似之处，但两种文明因文化"基因"的不同仍然显现出迥然不同的特征：游牧文明只有用于砍削肉类的细石器，而农耕文明则是与石制农具细石器兼备。当然，这还不够。我们还需抛开成见，将华夏农耕文明的起源置于我们先民早期由南北迁的大背景之下。

如果比较华夏文明史前文化遗址的分布及时间节点，我们会惊喜地发现，湘西北、鄂西南处于最顶端。道县玉蟾岩遗址距今约 10000 年，考古工作者在这里发现了华夏文明目前已知最早的陶器制品和人工栽培稻的实物标本，是 20 世纪 100 项重大考古发现之一。近几十年来，考古工作者还在湘西北澧水流域发现距今 8000 年的史前遗址 4 处，其中彭头山遗址距今约 9100 年，李家岗遗址距今约 8200 年；在鄂西南的宜都、松滋两地发现了距今约 8000 年的城背溪文化遗址 9 处。不论是遗迹的数量、密集度，还是时间的久远及文化谱系的完整性，河套地区、环泰沂山地区，还是环太湖地区，均难以望其项背。

这个顶端位置，是由三峡地区的丰富食盐资源所决定的。这些距今约 8000 年的众多史前遗址，如众星拱月一般，环绕着三峡地区奔涌的盐泉。没有三峡地区丰富的食盐资源，也就没有华夏早期文明的星星之火。华夏文明最早的稻田、陶器、城址均发现于三峡地区，标志着华夏文化原型符号的"X"、八卦原始符号也均出土于三峡地区，绝对不是偶然。可以说，这也是食盐这一白色精灵的杰作。这些史前文化遗址，这些华夏文明的史前之最，足以让三峡地区隆起成为华夏文明的高地。所有华夏文明的核心要素，都是在这块盐泉奔涌的高地上孕育的。所有华夏初始文明的秘密，也都隐藏在三峡地区众多河流及河畔的台地之上。

顺江而下，在浩渺的鄱阳湖东南岸，有一个万年仙人洞。这是一座发育良好的石灰岩洞穴，也是我们先民北上后继三峡地区之后的另一个栖息地。这个史前遗址距今大约一万年，发现了目前已知世界上年代最早的栽培稻遗存和陶器。可惜的是，居住在这个洞穴的先民还没有走出洞穴就突然消失了，鄱阳湖地区此后再也没有发现这支迁徙队伍的任何踪迹。他们突然消失的一个重要原因，可能就是欠缺食盐资源。也许，就是一场突发的瘟疫让这支本就脆弱不堪的孤军东进部落遭遇了灭顶之灾。

除此之外，走出洞穴的先民们在阳光的照耀下，还发现了一条河流，这条河流叫长江。这条河流九曲回肠、惊涛拍岸，两岸层峦叠嶂，云腾雾绕，是一条只有在梦中才会出现的河流。当然，他们所看到的，还只是这条东方大河的一小部分。汉人先民与这条河流的邂逅，注定了这条奔腾不息的河流将承担起华夏民族母亲河的重任，也暗示了华夏文明发展历程的百转千回、命运多舛。发现盐泉带来的喜悦，让汉人先民久久注视这条河流，以及这条河流两岸的大平原。这条河流呈现出的雄奇与壮丽，让他们对未来充满了希望。这条河流变成另外一条多灾多难、充满阴影的东非马拉河或者尼罗河，还是数千年以后的事。那时华夏农耕文明逐形成，并对稻作农业产生了严重的依赖。

在这条河流的东部，是一望无垠的洞庭湖平原和江汉平原；在这条河流的西部，则是同样一望无垠的成都平原。长江三峡不仅是成都平原和两湖平原之间的一块高地，也是华夏文明的一块高地。一条大河，三个平原，再加上湿热的气候，让华夏文明的孕育与演进有了足够广阔的天地。当然，在我们先民到达三峡地区的最初岁月，这南方的三大平原还是一片沧海。在这片沧海上，有着无数星星点点的洲子。在这片沧海的边缘地带，则是成片的芦苇与野生稻。沧海变成桑田与稻田，我们先民还要耐心等上几个千年。他们似乎也有这个足够的耐心。一切似乎都在向好的方面发展。

人类文明，总是从产盐的地方首先发展起来，然后随着食盐的生产和运销，不断向外传播拓展。文明的传播或扩展的速度，往往与其地理条件和社会条件是否有利于食盐运销的程度呈正比例。至少在十七世纪以前，整个世界历史，都不能摆脱这三条基本规律。华夏文明的进程同样如此。

在华夏文明的进程中，长江串接起下游的吴越地区、中游的荆楚地区、上游的巴蜀地区。而三峡，像一个巨大的纽结，沟通了两湖平原和四川盆地，成就了完整的长江文明。由于三峡地区的独特区位条件，再加之长江及众多支流便于水运，三峡地区的盐向西可直达四川盆地，向东可直抵两湖平原，向南则通过陆路辐射云贵和湘西地区，向西北则可通过巫溪上游的若干支流河谷而翻越大巴山，到达汉中、安康和鄂西北各河谷盆地。没有三峡地区的食盐资源，也就没有璀璨的南方长江文明，也就是华夏早期文明。如果说食盐是华夏文明演化的最初动能，那么三峡地区无疑就是心脏。在北方山西运城的盐池发现之前，三峡地区喷薄的心跳，持续了七千年的漫长岁月。

不仅如此，在北方山西运城的盐池发现之前，整个中原地区乃至关中平原的食盐供应都要严重依赖于三峡地区。汉人先民北上中原并最成为黄河流域的主人，最初凭借的并非海盐，而是南方三峡地区的盐泉资源。时至今日，不论南方还是北方，人们仍然习惯性地将"盐"与"巴"联系起来，称盐为盐巴。而"巴"又总是与三峡地区紧紧捆绑在一起。称盐为盐巴，其实是华夏民族对三峡地区模糊而久远的历史记忆，是一个民族的集体潜意识。没有漫长岁月的积淀，就不会有这个华夏民族的集体潜意识。与"盐巴"相对应的，就是巴人关于盐水女神的久远传说。这个久远传说隐藏的历史真相，就是我们先民在三峡地区依赖盐泉资源持续数千年的母系氏族社会生活。当然，这个传说不仅属于巴人，也属于华夏全体子民。从汉人先民北上的那天起，在相当长的一个历史时期，从三峡地区到江汉平原、中原地区乃至关中平原，一直存在一条宽广的古盐大道。只不过是后来随着北方运城盐池也就是解盐的发现，这条古盐道才渐渐被历史尘封起来，以致荒草丛生。

盐资源分布的不平衡性和食用的不可替代性，决定了其在华夏上古时期是极其重要的战略资源。汉人先民各部落之间的最初战争，除了宗教之争，就是三峡地区的稀缺盐资源之争。我们现在所能知道的食盐之争，是殷商以后发生的。《诗·商颂·殷武》记载商王武丁南伐巴国，目的就是为了争夺三峡的盐资源。殷墟出土的一片甲骨有七个字："武丁妇好伐巴方"。妇好远伐南方的巴国，跟她的夫君武丁是同一目的：争夺三峡的盐资源。史料记载的"巴楚数相攻伐"的历史事实，原因也只有一个，即巴人挟盐自重，导致盐资源紧缺。后来发生的楚秦联手攻巴，也应该就是资源之争、卤盐之战。在史前时期，汉人各部落之间的卤盐之战应该更加频繁。武丁南伐、巴楚相攻，只不过是数千年来汉人先民各部落之间食盐之争的延续。当然，无数围绕盐资源发生的部落战争，已经随同巫山的云雨随风飘去，永远埋藏在了南方两湖平原厚重的淤泥之中。

三峡地区的盐泉，不仅孕育了华夏的初始文明，也决定了华夏文明的走向。华夏文明大一统的格局在三峡就注定了。三峡地区奔涌不绝的天然盐泉，是华夏文明发展、传播的动力之源、活力之源。如果没有众多奔涌的盐泉，三峡地区的高山峡谷就会显得孤独无助、支离破碎，瓶颈效应就会在巫山的云雨之中持续发酵，华夏文明的演进就有可能走上民族多元、文化多元、语族多元的道路。密布的河流，唾手可得的食物，再加上食盐这一白色精灵，让我们先民在三峡地区度过了最初的欢乐时光。原先稀稀落落的汉人先民，由于人口的持续增加，开始分化成为众多的部落，三峡地区众多河流边的台地开始显得拥挤了。再加之各种自然灾害，我们先民走出三峡丛林、迁徙他处，只是早晚的事。如果没有三峡地区众多奔涌的盐泉，也就没有中原地区的裴李岗文化、关中平原的半坡与姜寨文化，当然也就不会有辽西红山文化、环泰沂山地区的东夷文化，以及环太湖流域、河套地区的史前文明。可以说，三峡地区的食盐资源是华夏初始文明形成的重要凝聚因素，是华夏文明孕育形成的巨大推力，也是华夏文明高度统一的催化剂和物质基础，从而为华夏文明数千年的大一统格局奠定坚实的基础。

南方三峡地区食盐的精彩故事，不断在华夏各地讲述、回放。

北方山西运城食盐资源的发现和利用，还是大约距今 6000 年的事，比三峡地区晚了近 9000 年的岁月。山西运城盐池，又叫解池，也称河东盐池，与俄罗斯库楚克盐湖、美国犹他州大盐湖并列为世界四大盐湖。山西运城古称卤城，卤就是盐，后来因为音同改称为"潞"。"南风之熏兮，可以解吾民之愠兮；南风之时兮，可以阜吾民之财兮。"这首《舜帝南风歌》，描绘的便是河东盐池。自从有了河东盐池，中原地区不再沉寂，仰韶文化开始在黄河流域遍地开花，争奇斗艳。也正是运城食盐资源的发现和利用，才使得三峡地区的食盐黯然失色，被历史慢慢遗忘。这也是三峡地区的盐泉在华夏文明的演进与发展进程中的重要作用被后人所忽视的主要原因。

其实，河套地区史前文明在西北地区一枝独秀，红山文化在辽西地区大放异彩，也是因为广袤的盐碱地、星星点点的盐湖；环泰沂山地区、环太湖流域史前文明的井喷式发展，也是因为取之不尽的海盐。中原地区、华北平原、关中平原、江淮平原在继裴李岗、磁山、半坡与姜寨、双墩与凌家滩的昙花一现之后，沉寂了数千年，则是因为食盐资源的短缺。鄱阳湖流域的万年仙人洞星星之火之所以没有形燎原之势、过早夭折，也是因为食盐资源的短缺。

　　我们猜想，当汉人先民偶然发现三峡地区的盐资源之后，肯定是欣喜若狂，并且举行了一场祭祀活动，以感谢上天对他们的恩赐。他们认为不远万里北上是英明之举。这是汉人先民踏上东亚大陆后最重要的发现与收获，对华夏民族的孕育与形成，华夏文明的演进与发展，具有里程碑意义。事实上，当他们于湘西北的山冈上敏感地嗅到阵阵西北风吹送过来的咸湿气息时，一个伟大的民族已在襁褓中悸动了。

　　从汉人先民到达三峡地区的那一刻起，华夏文明在这片高山峡谷地区徐徐翻开了最初的篇章。华夏文明之根，开始深入地下，汲取营养，一片片嫩枝新叶从石缝中顽强地钻出地面，自由呼吸着从太平洋和印度洋吹过来的暖湿空气，沐浴着春天的阳光。华夏文明的春天正姗姗而至。这也是整个东亚大陆的春天。

　　盐，在南方的三峡地区，浓墨重彩地书写了华夏文明最初的篇章。

Chapter 5
第五章

太阳颂

日出日落，雨旱轮替，火在洞穴中熊熊燃烧，鱼在水中游曳，鸟在天空飞翔，鸡在丛林中鸣叫，稻浪在南风中翻滚……华夏文明的所有核心要素，在食盐的催化下，都在南方三峡地区的云气中孕育，在飘飞的雨点中发酵。对汉人先民而言，美好的新生活才刚刚开始，一切都充满了希望。

8000多年前的三峡地区，气候比现在更加炎热潮湿。山林间、峡谷中终日弥漫的雾气，既是云，也是雨。温暖的阳光，成了奢侈品。这片属于云雨的世界，虽然说当初给了汉人先民以惊喜，但烦恼也接踵而至。让他们最为烦恼的是，火种保管稍有不慎就会熄灭，并且干燥易燃的木柴难以寻找。发现盐泉带给汉人先民的惊喜转瞬即逝。在一天黎明时分，被洞穴中浓浓的烟气呛醒的先民们突然惊慌地发现，他们小心翼翼保存的火种熄灭了。火种之所以熄灭，并非因为掌管火种的人失职，而是三峡地区的潮湿环境所致。从某种程度而言，巫山终年弥漫不散的云雨，就是火的克星。

离开了火，人类的生存和发展将一筹莫展。如果没有火，人类可能还停留在400万年前与猩猿为伍的阶段，每天与各种灵长类动物争抢森林中有限的果实与嫩叶，时光的流逝对人类也将没有任何意义。自从有了火以后，才使人类真正摆脱了黑暗而漫长的原始蒙昧状态，开启了寻找光明的漫长旅程，同时也加速了进化的进程。人类的所有文明进步，都与火有着千丝万缕的紧密关联。

在人工取火技术发现之前，火种的熄灭，对一个部落而言就是灭顶之灾，意味着一个部落将从此走向衰败与凋落。"熄灭的火"与"熄灭的氏族",在印欧语系的希腊语中是同义语。这一史前语言的"活化石",形象表明了火对洪荒时期一个部落的至关重要,决定了一个部落的兴衰存亡。小心翼翼地保存火种,是一个部落的头等大事。直到今天,生活在澳大利亚的塔斯马尼亚土著仍然没有掌握人工取火的技术,依然像原始人类一样小心翼翼地保存着从邻近部落借来的火种。这个南太平洋上的土著部落的命运,也是一万多年前无数史前先民部落的宿命。

在人工取火技术发明之前,天然火种与食盐一样,也是稀缺资源。火与食盐,对汉人先民具有同等重要的分量,是生存的两大基础性条件。我们先民从东非东迁至缅甸沿海一带,后来又涉险北上,始终有一样神圣的东西一路陪伴着他们,那就是火种。他们之所以一路前行,就是因为有了火种。掌管火种的人,就是这支迁徙队伍的首领,也是华夏民族的始祖神。正是因为薪火不灭,他们才历尽艰险走到三峡地区。陪伴我们先民在三峡地区幽深而黑暗的洞穴中度过漫长岁月的,一是火种,二是食盐,二者缺一不可。熊熊燃烧的火焰,不仅驱散了洞穴中的黑暗,还让洞穴中停滞的时间像河流一样欢快地流淌起来。我们耳熟能详的"薪火相传"四个字,个个千钧重。如果没有太阳,我们所居住的星球将是一个黑暗而冰冻的世界,一切将不复存在。如果没有火,对我们先民而言,三峡地区就是一片黑暗与寂静,一切也将不复存在。三峡地区取之不尽的食盐,让火的重要性更加凸显了。在潮湿的三峡地区,火对汉人先民而言,就是平安、温暖、光明的象征与化身。我们先民最初在三峡地区选择蛰居洞穴,虽是不得已而为之,但可以有效逃避各种捕食动物的侵袭,更重要的是有利于火种的保护、堆积干燥易燃的木材。漫长的雨季,无处不在的雾气,湿漉漉的空气,在浇灭火种的同时,也浇灭了一个部落的全部希望与生机。

火种的熄灭,让初来乍到的汉人先民陷入了集体恐慌。没有了火种,已经习惯熟食的汉人先民,将可能重蹈茹毛饮血的老路。更现实的问题是,没有了火种,在漫长的夜晚,他们在各种捕食动物面前没有任何竞争优势,就是一群待宰的羔羊。在各种捕食动物虎视眈眈的三峡地区,熊熊燃烧的火焰,就是汉人先民的必胜法宝与生存利器。在无尽的黑暗中,我们先民惶恐而又焦虑。这是汉人先民北上到达三峡地区后所面临的最严峻的一次考验,同时也是最漫长的一次考验。正是这一次严峻考验,铺就了华夏文明的底色,催生了一群太阳之子、一个太阳民族,一个被称为"火祖"的始祖神。这个始祖神在殷墟卜辞中叫"火日"。

　　火种熄灭后的黑夜，是那么漫长！在等待日出的黑暗煎熬中，在北上征程中司空见惯的一种鸟，也就是鸡，再一次走进我们先民的精神殿堂。如果不是丛林中野鸡的一阵阵鸣叫，他们会觉得漫长的这夜晚简直就没有尽头。鸡的鸣叫，无疑就是天籁之音。这是我们先民分外熟悉也格外亲切的声音。他们在南亚的丛林中，在漫长而艰难的北迁路上，多次听到这一天籁之音。他们之所以义无反顾涉险北上，就是因为有火种的陪伴，有这天籁之音的一路相随。鸡引吭高歌，意味着太阳就快要升起来了，温暖的阳光又将普照大地，一切又会好起来。

　　科学家告诉我们，在雄鸡的大脑与小脑之间，有一个松果体，能分泌出对光线特别敏感的褪黑激素。当鸡受到晨曦刺激时，褪黑激素停止分泌，于是雄鸡醒来，啼鸣报晓。当然，我们先民无法勘破这一玄机，他们看到的只是雄鸡身上如一团火焰的鲜艳羽毛，感受到的只是"雄鸡一唱天下白"的因果联系。鸡鸣与日出的因果联系，在三峡地区黑暗而漫长的夜晚，在汉人先民心中再一次得到强化：鸡就是太阳的使者、光明的化身。鸡高亢的鸣叫声，不仅打破了洞穴中的黑暗与寂静，而且让我们先民看到了光明的希望。从"鸡"与"吉"的同音来看，鸡就是吉祥，吉祥也就是鸡。华夏民间几千年来一直以"鸡"意喻吉祥，可能要追溯到一万多年以前我们先民在三峡地区的众多洞穴之中的生命体验。

　　在鸡还没有驯化以前，在汉人先民看来，鸡就是一种会飞的鸟。甲骨文中的"鸡"就是一只鸟的速写，高冠长尾，已初具后来凤凰图腾的形象与神韵。后来在篆文中才加上表示短尾鸟的"隹"。这些在丛林中飞来飞去的吉祥鸟，之所以走进我们先民的精神殿堂，就因为她是太阳的使者，是光明的象征。在三峡地区，我们有充分的理由相信，华夏文明的重要图腾凤凰，最初的形象就是鸡。凤凰的形象完全是按照鸡的外形来设计打造的，羽毛赤红如一团火焰，因此凤凰又称丹鸟、火鸟，也是光明鸟、太阳鸟。在甲骨文中，凤与风本为同一个字，均为一只鸟的形象。在我们先民早期的认知体系中，凰与光没有任何区别，不但读音相同，意义也相同：凰就是光明，光明也就是凰。可以说，凤凰这一华夏文明的重要图腾，其内涵都是由在丛林中报晓的雄鸡所赋予的。这些在丛林中飞来飞去的神鸟，让汉人先民在无数漫长的黑夜等到黎明时分，等到太阳从东方升起来，让陷入绝境的汉人先民重拾生活的信心和希望。

　　三峡地区是这只光明鸟、太阳鸟最早展翅飞翔的地方。在湘西北沅水流域的高庙遗址，考古工作者在距今 7800 年左右的下部遗存中惊喜地发现了迄今为止华夏文明最早的太阳鸟图案。在一只白色陶罐上，这只太阳鸟好像被什么惊动了，振翅欲飞。在这只太阳鸟的颈部和肩部，还各有一只神鸟，一只朝向正面，一只侧面回首。这幅太阳鸟图案，被我国学界称为丹凤朝阳图。这也是华夏文明最早的丹凤朝阳图，比环太湖流域河姆渡遗址、辽西红山文化新乐遗址中发现的凤凰图案至少要早 500 年。高庙遗址出土的神鸟告诉我们，报晓的雄鸡就是凤凰图腾的雏形。几千年来，凤凰图徽用来象征祥瑞，象征天下太平，其源头就是汉人先民在三峡地区漫长黑夜中的生命体验与感悟。

在我们先民心中，鸡这种吉祥鸟与火、太阳有着同等重要的神圣地位，其实就是一枚硬币的两面，或者说是一根枝条上的两片叶子、两个瓜果。有证据表明，鸡有可能是我们先民最早驯养的禽类。从我们先民驯养鸡的那天开始，就注定了鸡这一太阳的使者将在华夏文明的发展演进中扮演重要角色。只要有神鸟守护，火种就不会熄灭。只要火种不会熄灭，一切就还有希望。他们驯养鸡，其实是一种肃穆的宗教行为，而非我们想象的出于食用目的。与其说是驯养，不如说是在为部落酝酿希望与光明。当然，由鸡蜕变成凤凰，有一个漫长的过程。凤舞神州，还是几千年以后的事。现在，它还只能在三峡地区的丛林中从一棵树飞到另一棵树上去。三峡地区的丛林过于茂密了，它想飞却怎么也飞不高。她现在所能做到的，就是积蓄足够的能量。

《太阳出来喜洋洋》是一首流行于四川盆地的古老民歌。这是一首从蜀人心中流淌出来的民歌。其实这首民歌的优美旋律，是在三峡地区的云雨中丛林中酝酿的。从我们先民到达三峡地区那天起，这首民歌就在传唱了。只不过这种传唱是以另外一种形式出现。上世纪九十年代以来，在三峡地区的众多考古重大发现，为太阳神、火神崇拜起源于三峡地区提供了实证。这些八角星、太阳神图案的重见天日，在冥冥之中或许早已注定。这其实是我们先民在用生命吟唱《太阳出来喜洋洋》这首民歌。面对这些洪荒时期的古老而神秘的图案，我们似乎又回到了原点。

八角星、太阳神图案的重见天日充分表明，华夏文明的太阳神、火神祭拜，最初就是在潮湿的三峡地区孕育萌芽的。1994 年 6 月，考古工作者在调查三峡工程秭归县淹没区地下文物时，在东门头遗址意外发现了距今 7000 多年的太阳神石刻。石块为长条形灰色砂岩，长 105 厘米，宽 20 厘米，厚 12 厘米。太阳人图像腰部两旁分别刻画了星辰，头上方刻画了 23 条光芒的太阳。图像呈阴刻形态，画面整体古拙质朴，具有厚重的原始宗教特点。这件湖北省博物馆的镇馆之宝，是我国目前发现的最早的太阳神石雕像。这尊国宝级的文物在三峡地区重见天日，并不出乎我们的意料。事实上，这片云雾缭绕的高山峡谷地区，还隐藏着更多关于华夏文明起源的秘密。

湘西北高庙遗址发现的八角星图纹，是迄今为止我国发现最早的象征太阳与火的纹饰，也是我国史前文化遗址中所有太阳图纹的源头，比河套地区柳湾遗址、环泰沂山地区大汶口遗址、辽西地区红山遗址的八角星纹图案，要早近三千年的岁月。高庙八角星图纹如一轮初升的太阳，照亮了潮湿阴暗的三峡地区。在离高庙遗址不远处的汤家岗遗址，也发现了距今约 7000 年的八角星图案，与高庙八角星图纹有明显的继承关系。五角星、万字纹"卐"以及 十字纹"+"等符号，一向被视为火或太阳的象征，其实都是八角星图纹的简化变体。在西陵峡杨家湾、清水滩、中堡岛等史前遗址中，考古工作者发现了大量象征太阳与火的五角星、万字纹"卐"以及十字纹"+"等符号，与八角星图纹的继承关系十分清晰。沐浴在温暖阳光之下的三峡地区，显得安详而肃穆。论太阳与火纹饰的完整性、系列性，非三峡地区莫属，也只有云雨笼罩的三峡堪担此重任。华夏高度一统的文化格局，在 8000 多年前的三峡地区就注定了。汉人先民在三峡地区用生命换来的感悟，为数千年大一统的华夏文明积蓄了足够强大的精神力量。

三峡上空的飘荡的云，都是祥云；三峡上空飘落的雨，都是瑞兆。这是因为天空的云彩意味着有可能重新找到火种。火种熄灭后，如果去找别的部落借火，实际上意味着对另一个部落的臣服，无疑是下下之策。寻找新的天然火种，可能是各部落的首选。当然，寻找新的天然火种要靠运气与天气。只有在电闪雷鸣的时候，火作为太阳的使者，才有可能借助雷电的强大力量，在三峡的丛林中化身为熊熊燃烧的火焰。他们的运气还不错。在雨季，南方三峡地区的电闪雷鸣天气如家常便饭，跟水中的鱼、天空中的鸟一样。在火种熄灭后不久，三峡地区的上空就布满了翻滚的云团，紧跟着就是电闪雷鸣、大雨倾盆。看来，他们不必向另一个部落臣服了，因为圣火降临了。正是因为雨有灵，"灵"的繁体上面才有一个大写的"雨"字。这是我们先民在不经意间为我们留下的一个信号。《诗经·风雨》中"风雨如晦，鸡鸣不已"两句爱情诗，用来形容汉人先民遇到雷雨天气时的喜出望外心情，倒是恰当的。在汉人先民看来，风雨并不如晦，乌云就是祥云，飘洒的雨滴就是在天空蹁跹飞舞的羽毛。因为鸡鸣表明就要天亮了。

甲骨文中凡与天象降雨有关的字均采用雨字头，但"云"字是个例外。"云"到了隶书才多了个雨字头。这个例外无疑耐人寻味。"云"没有采用雨字头部首，并非与下雨没有直接关系，而是"云"为汉人先民带来了圣火，其地位要远高于其他与天象降雨有关的汉字。这也正是为什么云纹一直是华夏文明吉祥图案的主要原因。直至今天，云纹仍然保留了甲骨文中"云"的形态。汉人先民对云、雨、雷的敬畏，与对太阳神、火神的崇拜，看似矛盾对立，实则统一。殷商部落称云为"帝云"，殷商卜辞中也有寮祭的记载。寮祭也就是祭云。殷商部落的祭云，肯定有着久远的传承。在楚人的诸神中，云神、雷神均占据了重要位置。殷商人、楚人对云神的祭祀，可能并非传统观点认为的祈求雨水，而是对太阳神、火神的崇拜，是我们先民祭日、祭火的另一种呈现形式。华夏文明绵延数千年的对云雨的不舍情结，其秘密就在《太阳出来喜洋洋》这首民歌优美的旋律之中。

太阳祭是这群太阳之子最重要最神圣的祭祀活动。火种的熄灭，肯定是三峡地区的潮湿环境所致，但汉人先民却归咎于他们对太阳神、火神还不够虔诚。于是，他们在每天清晨、傍晚时分，一遍又一遍地向着太阳作揖、跪拜。这可能就是汉人先民最原始的宗教仪式。这种仪式的源头就是"傩"。华夏的初始文明，尽在这"傩"之中。

"傩"可能是汉字中最神秘的一个字，也应该是最早产生的一批汉字，储存着汉人先民在三峡地区创世纪的诸多信息，是我们解读华夏初始文明的核心密码。当然，我们把"傩"仅仅看成一个普通汉字是远远不够的。因为它关乎我们的身世、携带着我们的文化基因。"傩"这个字最初可能就是一种文化符号，具有图腾的意义与价值。"傩"的繁体写作"儺"，由人、革、大、隹四个符合组成。人，也就是戴面具、持法器的巫师；革，是去毛后开膛剖腹后用于献祭的鸡；"大"就是对鸡的界定：高大的雄性鸡，羽毛艳丽的鸡，鸣叫高亢的鸡。"隹"是鸟最初的象形字，就是报晓的太阳鸟。四个符号合起来，就是对"傩"这种仪式的再现：傩祭也就是太阳祭、火神祭，也可能就是云祭。在这场仪式中，很难说鸡是主角，还是人是主角。不过这并不重要。

"傩"隐藏的信息还不仅限于此。汉人之所以称为汉人，就与"儺"这个文化符号密切关联。汉人这一称谓虽然出现较晚，但却有着某种必然性。汉人之所以称为汉人，可以追溯到三峡地区这种神秘、古老的仪式。我们先民的第一场"傩"仪，似乎就预示了这一称谓的出现。"汉"的繁体写作"灘"，并且读音与"儺"相近。二者的区别就在于"人"换成了"水"。族名、古老的地名，往往隐藏着珍贵的远古信息。四川盆地发现三星堆、金沙遗址的广汉，古名为雒城。江汉平原有条河流叫汉水。雒城与汉水这两个古老的地名，都具有图腾的意义与价值。汉朝因汉水得名，汉人则因汉朝得名。这只是表象。就字面意义而言，汉人就是太阳之子。从这个角度讲，汉人先民在三峡地区的生命体验与感悟，已作为文化基因深深融入了我们每个人的血脉。这一基因的编码就是太阳崇拜、火神崇拜、神鸟崇拜。这些核心要素，就是在三峡地区的潮湿环境中孕育的。当然，汉人、华人这两种称谓并没有什么不同，也无高下之分。这两种称谓在内涵上是相通的，其实也就是一种称谓：太阳之子。

在三峡地区，汉人先民燃烧起熊熊大火，一遍又一遍地重复这种古老而神秘的仪式。这种神秘的仪式，其实就是华夏族群孕育形成前的开场戏。从"舞"与"巫"两字同音来看，载歌载舞就是巫的主要呈现形式，舞就是巫，巫也就是舞。"傩"这一最原始的宗教仪式其实就是我们先民的一场集体狂欢。我们由现在还流行于南方湘西、鄂西、四川、贵州等地的傩戏，可对这种古老的仪式一窥端倪：汉人先民的舞蹈是狂热的，极有可能是模仿着丛林中鸡的舞步，用一种反复的、大幅度的肢体动作，面朝东方，祈求太阳的升起、圣火的降临。他们的舞步，极有可能就是"卍"字符号性纹样。他们所唱的歌谣，有可能就是楚辞《九歌》中的东君篇。因为这是一篇专门祭祀太阳神的歌谣。楚人的这支祭祀歌谣，其源头就是汉人先民最初在三峡地区河边台地上吟唱的祭祀歌曲。如果是在夜晚，这种仪式可能就在篝火旁进行，舞者要高举火把，载歌载舞。他们的嘶吼声、脚步声，在三峡地区的河谷、山林久久回荡。这其实就是《太阳出来喜洋洋》这首民歌的最早版本。

殷墟出土的甲骨文中有许多关于"宾日""出日""入日"的记载，表明殷商王朝在日出、日落时都要对太阳加以礼拜，并且有一整套礼仪体系。殷商王朝的祭日之礼，显然有着久远的传承，其源头就是三峡地区汉人先民的"傩"仪。《尚书·尧典》也有"宾日"于东、"饯日"于西的记载。这种"宾日""饯日"的习俗，同殷商王朝的祭日仪式没有什么区别。其实，无论是"傩"仪，还是改革后的各种祭祀礼仪，都是我们先民对太阳的礼赞。所有这一切，都是为了等待太阳从东方升起来，温暖与光明重现人间。

一遍又一遍的"傩"仪，也是华夏文明的"基因"孕育、形成的漫长过程。一晃数千年就过去了。随着汉人先民的陆续迁徙，这种古老而神秘的仪式出现在大江南北，整个华夏大地都是"傩"的舞台。环太湖流域的众多河洲、中原地区的岗地，辽西地区的山坡，都是这群太阳子民的祭坛。太阳祭、火祭的庄严肃穆场景，让东亚大陆一派圣洁。

凡是太阳照耀的地方，均有太阳崇拜。太阳崇拜的根本动力，来源于先民对火的严重依赖，对光明的极度渴望。太阳崇拜是人类文化的母题，也是华夏文明的母题。华夏族就是太阳之族，华夏子民就是太阳之子。华夏文明的原点，就是从对太阳神、火神的祭拜开始的。华夏文明演进的内在逻辑，最初就是由熊熊燃烧的火焰、普照大地的阳光制定的。或者说，太阳神、火神用他们的巨手，在三峡地区的云雨中书写了华夏文明演进的规则。

在一遍又一遍的"傩"仪中，有一个部落在众多部落中脱颖而出。这个部落就是燧人氏部落。汉人先民各部落之间最初的竞争，主要体现在对火种的保护上，以及干燥易燃木柴资源的掌控上。可以说，对南方三峡丛林潮湿环境的适应与应对，决定了汉人先民各部落的兴衰存亡。在这场旷日持久的竞争中，燧人氏部落成为最终的大赢家。燧人氏部落在幽深而黑暗的洞穴中度过的 5000 年漫长岁月，始终不间断做的一件事就是：钻燧取火，等待日出。燧人氏部落之所以没有成为"熄灭的氏族"，是因为这个部落居住的洞穴中，始终有一团熊熊燃烧的火焰；燧人氏部落之所以能在三峡地区的诸多部落中脱颖而出，就是因为这个部落在无数难眠的长夜中，无意中发现了摩擦力生火这一大自然的秘密，从而掌握了钻木取火这一秘密武器。正是因为这一石破天惊的发现，才有了燧人氏以及炎帝、火祖这一神圣名号。

可以说，当三峡地区的洞穴中再次被火焰照亮的时候，或者说当太阳的光线在第二天黎明时分驱散了洞穴中的黑暗时，就是华夏族群的诞生之时。当早期汉人从缅甸沿海一路北上的时候，他们与云贵原高上的众多兄弟民族其实并没有什么两样。

居住在黔中牛坡洞、鄱阳湖万年仙人洞的两支汉人部落，就没有燧人氏部落这么幸运。他们之所以从黑暗的洞穴中走不出来，除了远离食盐资源之外，恐怕还与他们始终无法掌握人工取火这一利器有关。这就注定了他们"熄灭的氏族"的悲惨命运与结局。

燧人氏部落的崛起，标志着对太阳神、火神的祭祀从此成为一个部落最为神圣的大事，同时也标志着华夏族群的形成。我们有充分的理由相信，三峡地区发现的华夏文明最早的太阳鸟图案、最早的象征太阳与火的八角星图纹、最早的太阳神石刻像，就是燧人氏部落的杰作。这既是燧人氏部落崛起的标志，也是华夏族群形成的标志。松散的汉人先民各部落从此有了凝聚力。一团熊熊燃烧的火焰，最初可能就是燧人氏部落的族徽。

没有一遍又一遍的"傩"仪，也就没有昆仑圣山。在我们先民燃烧起熊熊大火，一遍又一遍地重复"傩"仪的时候，昆仑圣山还正在我们先民寻找天然火种的过程中酝酿、积蓄力量。火种对一个部落兴衰存亡的决定性作用，天然火种的可遇而不求，决定了昆仑圣山的精神高度。我们先民一遍又一遍的"傩"仪，其实是在为昆仑圣山的出现做准备、做铺垫。

没有昆仑圣山的出现，可能就没有后来的宗教改革运动。若干年后，楚国的君主楚昭王曾与大巫师观射父有过一场著名对话。这场对话记载在《国语·楚语下》之中。这场著名对话谈的是数千年前华夏文明进程中的一件大事：宗教改革。之所以进行宗教改革，就是因为原始宗教仪式"傩"。按照具有绝地通天之能的观射父的观点，"傩"仪就是"民神杂糅"，人人都能够与神灵沟通、与天地对话，以致造成祭礼不统一，有悖于与神灵沟通的初衷。在这场对话中，楚昭王与观射父对数千年前那场宗教改革充满了向往。由颛顼发动的那场宗教改革，其实质就是垄断神权。神权由巫师垄断，巫师神权独大，其实离国家形态的出现已经不远了。

鉴于火种的重要性，或者说为了避免重蹈覆辙，在继巫师之后，汉人先民各部落又产生了一个新的神圣称谓，那就是掌管火种、保管易燃木材、钻木取火这一秘密武器的 "火正"。当然，这一决定部落生死存亡的重要职务，也只有一个部落的首领也就是巫师才能胜任。"火正"与巫师，是两位一体，"火正"就是巫师，巫师也是"火正"。殷商部落、楚人的先祖，就是火种的管理者"火正"。这也是这两个部落始终引以为荣的事。其实，华夏文明的所有始祖神，都是火种的管理者、天然火种的寻觅者、部落的火神。

楚人的先祖祝融，被后世尊为火神。先秦文献中关于祝融的记载，无不与南方有着千丝万缕的联系。传说祝融死后葬在南岳衡山之阳。南岳最高峰就叫祝融峰。祝融又叫重黎。"黎"也就是九黎部落之"黎"。在甲骨文中，"黎"由稻穗低垂的形态与刀两部分组成，意思就是收割稻谷。甲骨文中的"黎"字，其实是能说话的。低垂的稻穗看似身段柔软，实则坚韧。古老的"黎"字传达的信息十分清晰：祝融就是南方稻作部落的首领、巫师。后来北上的汉人巧妙地对这个具有南方特色的符号进行了改头换面，在金文中将稻穗低垂的形态改成了"黍"，南方的稻变成北方的粟与黍。祝融的传说及"黎"字所隐藏的信息再一次告诉我们：太阳神、火神崇拜，起源于炎热潮湿的南方，与稻作有着紧密关联。

与"黎"中低垂的稻穗相对应的，还有"傩"与"糯"。"傩"与"糯"两个汉字字形不同并不重要，重要的是两个古老的汉字发出的同样美妙的读音。

在汉字产生之前，对彼此相关联的事物，我们先民往往是用一个相同的音节再加上声调变化来进行归类。这一文化编码规则，导致了汉语的大量同音异字现象。这也是一条引领我们回到过去的秘道。这条秘道可以引领我们穿越时空隧道，回到数千年前的南方三峡地区，与汉人先民的一场"傩"仪邂逅。"糯"可能就是汉人先民对稻的最初叫法。因此，后来迁徙到北方的汉人先民称南方的稻农为"糯民"。"糯民"有可能就是汉人最初的称谓。"傩"与"糯"的同音表明，"傩"这种古老神秘的仪式与稻作农耕是紧密关联的，或者说"傩"仪原本就是南方"糯民"的一种宗教仪式，"糯民"就是"傩民"，"糯民"的日祭火祭就是"傩"仪。

垄断神权以后，"傩"仪在汉人先民各部落的上层逐渐淡出。虽然后来汉人先民各部落的精英阶层对"傩"仪不屑一顾，但它在民间底层仍然表现出了旺盛的生命活力。现在盛行于三峡地区的巴人摆手舞，应该就是这一古老仪式的"活化石"。在北方还有着顽强生命力的秧歌，也应该就是这一仪式的余绪。其实，华夏民间的所有舞蹈、戏曲，其源头都可追溯到三峡地区的"傩"仪。

也许汉人先民的浓重祭祀活动真的奏效了，三峡地区的浓雾开始渐渐消散，太阳终于出来了。当浓雾散尽、久违的阳光重现人间时，这片山高谷深的峡谷地区展现了它迷人的一面：植被繁茂，河流纵横，稻香鱼肥。火种熄灭后的烦恼一扫而光，三峡地区的河流边、台地上，充满了汉人先民的欢声笑语。在温暖阳光的沐浴下，他们对未来的日子又充满了憧憬和期待。

Chapter 6
第六章

在水一方

　　《诗经·蒹葭》是一首深得王国维喜爱的诗篇，认为它"最得风人情致"。这也是一篇被大多数人认定的唯美爱情诗篇，一直广为传诵。其实，这首2500年前传唱于秦地的民歌，还暗藏玄机。跟《诗经》中多数诗内容往往比较具体实在不同，这首诗并没有具体的事件与场景，甚至连"伊人"的性别都没有确指，无疑显得十分另类。蒹葭也就是芦苇，是生长于沼泽、河沿等湿地的一种植物。我们很难想象，半干旱的关中平原、河套地区会出现"蒹葭苍苍"的情形。这首诗描述的千回百转的水乡场景，发生在南方的湘西北、鄂西南才是正常的。我们有理由怀疑孔子将其归错了类别，以致造成了种种误读。

　　鱼意象是《诗经》意象群的重要组成部分，可以说无处不在。其实，我们把这首爱情诗理解为一首汉人先民创世纪的隐喻诗也是合适的。诗中的"伊人"可看成一条在水中不断翻起浪花的大鱼，它一会儿"宛在水中央"，一会儿"宛在水中坻"，让汉人先民苦恼不已。为了捕获这条鱼，汉人先民在水边的芦苇丛中"溯洄从之，道阻且长"，有时"道阻且跻""道阻且右"，真是费尽了心思和气力。这不就是汉人先民在南方的河边、湖泊捕鱼的生动场景吗？这也是周人的祖先早期在南方度过的欢乐时光。很显然，周人对水中的鱼充满了感激赞美之情。诗中弥漫的愁绪，是周人的乡愁，是久居北方的周人对南方欢乐时光的回忆。这也是华夏子民的儿时记忆。

　　没有众多的河流、湖泊、湿地，也就没有三峡的云雨。水，是这片云雨世界的操纵者。只有身处我们先民数千年以前的生活场景，我们才能明白我们的祖先为何以充满诗意的眼光看待湿地、看待水和水中的鱼。《诗经》的第一篇《关雎》写的是湿地："关关雎鸠，在河之洲；窈窕淑女，君子好逑……"《蒹葭》写的也是湿地。《诗经》描写的美好爱情，总是发生在水边，发生在一片雾气蒸腾的湿地。可以说，水边爱情几乎成为《诗经》里男欢女爱的固定模式，整个《诗经》就是湿漉漉的。这些远古的爱情歌谣，其源头可追溯到渔猎时代云雨笼罩的三峡地区。说到底，这是华夏文明的童年记忆。

我们先民之所以诗意地看待鱼，是因为水。水不仅仅是生命之源，也是文明之源。水一旦同人发生联系，就成为一种文化的载体。

我们人类所居住的地球，准确地说应该叫"水球"。这个被称为"诺亚方舟"的太阳系中唯一存在生命和活动着智慧动物的行星，其表面积71％为水所覆盖。地球所散发的浅蓝色的绚丽光彩，就是因为水。八千多年前的三峡地区，除了云汽蒸腾的雨林，就是河流和湖泊、溪流。我们也可以称其为汉人先民的"诺亚方舟"。三峡地区在冥冥之中似乎与我们先民有个约定，五万多年来一直在默默等待他们的到来。现在，他们不期而遇了。我们很庆幸我们的先民进入东亚大陆后，最初栖息的地方就是一处河流纵横、湖泊密布的三峡地区，并如鱼得水。正是这些三峡地区河流湖泊的水，浸泡了华夏文明的种子。从某种程度讲，我们先民就是从南方游来的鱼，湘西北、鄂西南就是一处芦苇荡。就华夏文明而言，三峡地区的芦苇荡以及水无疑具有"母体文化"的性质。就是在这片"蒹葭苍苍"的湿地，华夏文明徐徐展开了最初的精彩篇章。华夏文明的孕育与演化，从此与水形影不离，处处激荡着水的声韵。

很显然，在北方的中原地区、关中平原，这一切是不可想象的。近百年来的北方考古发现，反复向我们传递的信息就是：干旱始终是困扰北上先民的一个恶梦。考古发现的中原史前古城，无不因干旱缺水而荒芜废弃。只有在河流纵横、湖泊密布的南方，才有可能形成这种人与水的如恋人般的亲密关系。

也只有湘西北、鄂西南地区，我们才有可能对龟甲上的"水"字有着直观而深切的体会。在甲骨文中，"水"就是一幅水流动的写意画，水是竖的，立体的，呈现出飞流直下的动态之美。同为象形文字的古埃及文字中，"水"则是横的，单一的，呈现的是水面的波纹形态，水是安详静谧的。这一动一静，一竖一横，其实暗示了两个民族先民生活环境的迥然不同，以及由此带来的两个古老民族对水认识上的显著差异。古埃及先民生活在尼罗河下游的平原地区，因为地势平坦，尼罗河水早已由一匹脱缰的野马变成一只温驯的小羊，没有了半点脾气。古埃及先民看到的是宽广的河面，以及微波荡漾的水体，于是产生了横着的"水"。我们先民栖居的湘西北、鄂西南地区，西部是连绵的高山，东部的平原则是水乡泽国，我们先民所看到的大小河流，无不是从山上飞流直下的壮观景象，于是就有了竖的动态的"水"。如果我们先民最初生活在洞庭湖平原、江汉平原的腹地，而不是三峡地区东部一带，那么他们对"水"的描绘就有可能与古埃及先民没有什么差别。汉语中的"水"，不论写法怎么变，但竖的形态却一直没有改变。表现水的另一个汉字"川"，与"水"是一对孪生姐妹。从产生之日起，"川"就一直保持着站立的鲜活姿态，向我们传递着华夏之水天上来的远古信息。

在人类的童年时代，有关水生人、水生天地万物的神话具有普遍性。相比于其他民族，华夏文明要更加炫美多彩。在我们先民看来，华夏之水不仅来自天上，而且天地万物皆由水生，水乃万物之母。在华夏诸多神话中，感生神话或称贞洁受孕神话占据了半壁江山。悉心研读这些丰富多彩的感生神话，会发现两个有趣的现象：第一是在相当大一部分感生神话中，女子感应的对象尽管形态各异，但却都与水有密切关系，要么是雷、电、风，要么是月、虹、气；其次是华夏众多始祖神、帝王、圣人的出生，都与水发生联系，只有母亲而不知有父。似乎只有与水发生了关系，他们才能具有常人难以企及的神性和法力。据先秦传世文献的记载，帝舜的出生，就是因为他的母亲看见了天上的一道彩虹而感应怀上了这位始祖神。伏羲的出生，则是因为他的母亲在雷泽中踩到了巨人的足迹，不知不觉而感应受孕。周人始祖后稷的出生，与伏羲的出生惊人相似。据传就连孔子的出生，也是因为他的母亲在游大泽时而感应受孕。众多女子感水生子神话，无论是原型的还是变异的形式，都包含了两大情节母题，即女子沐浴与饮水。在华夏数千年文化的传承中，两大母题不断被复制、传承、融合，但却始终具有明示或暗喻水生命力信仰的作用。

水还不仅仅只是万物之母。在我们先民看来，水就是女性的象征，女性就是水做成的，人与水是合体的。一条条有生命的河流，无不是女神的化身，河流与女神也是二位一体的。在华夏大地，众多奔腾不息的河流，无不是由水神操控主宰的。南方众多河流的背后，都有一个美丽女神的身影。万里长江的女神是共工，峡江有一位美丽的巫山神女镇守着，清江有一个传说久远的盐水女神，湘江则属于潇湘二妃，汉水则是汉水游女的领地，北方中原地区的洛水有一个洛水女神宓妃。湘西北的沅水、澧水也是肯定有水神的，只不过这两个水神已经永远消失在了我们的历史记忆之中。我们先民祭祀河流，其实是在祭祀水神；祭祀水神，也就是在祭祀河流。其实，这些众多的水神也并非神，而是我们华夏民族的始祖神，各汉人先民部落的灵魂人物、精神领袖。只不过她们离我们太遥远，其真实历史原型已成为永远无法破解的谜团了。

任何一个文明的演化发展，总是有其内在逻辑的。没有人水合体、河流与水神的合体，也就没有后来的人鱼合体、人鸟合体、人兽合体、人蛇合体。人水合体，也就是河流与水神的形影不离，是华夏文明众多人鸟合体、人蛇合体的总源头。人水合体的观念，也是我们先民看待这个大千世界的思维原点。飞流直下的水，深刻影响了我们先民的思维方式以及对这个世界的认知。我们先民人水合体的观念，也就是水的人格化思维原型，后来被庄子总结升华为"天人合一"的观点，后来发展为天人合一的哲学思想体系，并由此构建了华夏文明的主体。

在先秦诸子中，老子、庄子两位道家的代表人物，无疑是集史前巫文化于一身的大成者。老子在自然界万事万物中之所以由衷赞美水"善利万物而不争，处众人之所恶"的品质。在他看来，水已接近神圣的道，并发出了"上善若水"的感叹。与其说这是老子个人的感叹，还不如说是我们先民的集体体验。庄子《秋水篇》一文尽显水的智慧，尽得汪洋恣肆之美、行云流水之妙。儒家代表人物孔子一生钟情于水，有着浓浓的"水情结"。因为他是智者。与儒道两家的先贤相比，三闾大夫屈原对水要更加虔诚而执着，更接近我们先民对水的本真态度。屈原选择在汨罗江的滔滔水流中结束自己的生命，其实就是回到过去，与水合为一体。

水，始终在华夏文明的演化进程汩汩流淌，川流不息。论及水词汇的丰富多彩，可能没有哪一种语言能与汉语一争高下。据初步统计，仅水字旁汉字就达到580个之多，这还不包括下面带四点的汉字。关于水的词汇则更加丰富多彩，仅成语就接近200个。没有持续数千年的与水为伴，就不可能有汉语蔚为大观的水词汇。汉语的灵动之美，我们先民原始思维的跳跃性，华夏文明的师法自然，可以说皆缘于水。自早期汉人与三峡地区云雨的邂逅，这一切就注定了。

水族是一个至今还没有从水的神奇世界中走出来的兄弟民族，也是我国56个民族中唯一保持过年祭鱼古老习俗的民族。时至今日，水族仍然沿用古老的建戌之历，也就是水历。水历没有四季之分，只有雨季与旱季之别。收获稻谷的季节，也就是旧的一年的结束、新的一年的开始。这个在数千年前从汉人大家庭中走失的水族，至今"水"与"睢"不分，水就是睢，睢就是水。时空在这个少数民族那里仿佛凝固了。他们虽然在漫长的迁徙旅程中走失了，但在神奇美好的水世界中却仍然一如既往，怡然自乐。这还真是一个如鱼得水的民族。也许，我们在这个兄弟民族那里可以找到一些关于华夏文明起源的诸多秘密。

我们由"水"的读音，自然联想到燧人氏"燧"的读音。按照王力先生总结的古汉语音同则义近的原则，"水"与"燧"可能为同一源头的分化。在中原有一条消失了的河流叫睢河，在江淮平原北部有一条河流叫濉河，这两条古老河流的读音均与"水"与"燧"接近，也有可能是同一源头的分化。我们虽然可能永远也无法窥探到那些在三峡地区幽深洞穴中发生的秘密，但我们由"水"的读音可以推断，"水"的发音应该与传说中的燧人氏部落有密切关系，或者说燧人氏的得名与水密切相关。

我们先民爱鱼及鸟，爱鱼及石。天空中自由飞翔鸟的羽毛、河滩上那些散发着太阳光泽的玉石，之所以发出"鱼"的读音，肯定是因为飞鸟、玉石与水之间、与鱼之间存在着亲密的关系。走出洞穴的燧人氏部落，视水中的鱼为空中的鸟，其实就是在开始制定华夏文明的编码规则了。在他们看来，鱼在水中游与鸟在天上飞并没有明显区分。鱼的鳍和尾巴，就是鱼的羽毛和翅膀；鱼游的深度，也就是鸟飞的高度。否则我们就无法理解这水中的精灵何以要用"羽"的声音加以标识了。而事实上，在云雨笼罩的三峡地区，水中的鱼与天上的鸟也并没有什么实质的区别。的确，在漫长黑夜中苦苦等来日出的先民们，刚走出洞穴就发现了两条在水光云影里飞翔的鱼，让他们喜不自禁，欢呼雀跃。河滩上的五彩石头之所以散发着太阳的光泽，是因为水，是因为鸟，或者说就是鱼的化身。

水与河流，在古汉语中本就没有什么分别，水就是河流，河流也就是水。在甲骨文和金文中，"川"与"水"本就没什么区别，"川"就是"水"，"水"也就是"川"。在我们先民心中，水就是一条条奔涌的河流，一处处芦苇丛生的湖泊。《山海经》全书共记述了 358 条河流和湖泊。这些河流和湖泊，最初都有一个与鸟有关的温暖的名字。可以说，华夏大地上的河流，既是鱼的河流，也是鸟的河流。这只几乎无处不在的鸟，就是报晓的太阳鸟、光明鸟。我们先民对河流山川的命名，当然也包括对部族的命名，就是一场庄严的祭祀仪式，是他们精神世界、思维方式的呈现。越是古老的地名，越是接近图腾的意义。最明显的是"江"与"鸿"两个与长江相关的古老汉字或者图腾符号了。江就是一只鸟，鸟也就是奔涌的江水，二者具有明显的同构关系。湘西北的沅水、澧水，是先秦以后的名称。在我们先民在这两条河流边捕鱼、种稻的时候，她们可能有另外美丽而神秘的名称，具有图腾的意义，只不过已经永远消失在了历史的长河中。江汉平原上有两条河流，一条叫汉水，一条叫沮水。这是楚人经常祭祀的两条河流。"汉""沮"的繁体字写作"灘"与"睢"，均与天空飞翔的"隹"不离不弃。"隹"最初就是汉人先民信奉的太阳神鸟，后来才成为短尾鸟的总称。中原地区的洛水古称雒水，也是一条属于太阳鸟的河流。环泰沂山地区有一条河流，也就是现今作为华夏南北分界线的淮河，也是一条属于太阳鸟的河流。这些河流，不仅有鸟，有鱼，也有玉。《山海经》记载的河流，都是有玉石的河流。长江、汉水、洛水、淮河，都是具有图腾意义的古老河流，散发着女性的芳香与母亲的气息，是华夏民族的母亲河。

世界上的几大古文明，由于欠缺华夏文明初始时期的特殊条件，在渔猎时代都是匆匆忙忙走过的，唯独在东亚大陆得到了充分酝酿发展。如果从一万五千年前算起，华夏文明的渔猎时代至少经历了八个千年。八千年的时空，为华夏农耕文明的出现积蓄了强大的能量。华夏农耕文明的资本足够雄厚了。华夏文明的底色除了太阳神、火神崇拜之外，还有就是渔猎文明。这两道底色都是在三峡地区东部的湘西北、鄂西南地区绘就的。也只有在神秘的三峡地区，我们才有可能破解华夏文化的这一源码文明，一窥汉人先民是如何从黑暗中一步一步走向光明的。

旧石器时代、新石器时代传统上都叫渔猎时代或渔猎文明阶段。从人类文明纵向演进的过程来看，采集渔猎时代是所有民族共同经历的一个阶段。三峡地区虽然动物繁多，但猎食动物毕竟充满了风险。而捕鱼则安全得多，并且也取之不尽，食用起来也方便。三峡地区的自然条件，决定了我们的先民最初以渔猎为主、兼以采集的生活方式。这是富饶丰腴的三峡地区带给汉人先民的另一个惊喜。《诗经·蒹葭》所描写的生动捕鱼场景，就是在三峡地区的湘西北、鄂西南地区的大小河流、众多湖泊中发生的。这个时期我们可称之为华夏文明的渔猎时代，也可以说是华夏文明的童年时代。也许，我们把先民的生活想象得过于艰难困苦了。当艰难困苦一旦成为家常便饭，艰难困苦可能就不再是艰难困苦了。这一个漫长的时代虽然充满了艰辛，但也充满了欢乐。这也是一个一直被我国学界所忽视遗忘的时代。

没有渔猎文明，也就没有后来的农耕文明。推进华夏文明前行的最初能量，就是三峡地区众多河流湖泊的鱼。华夏文明是在经历了数千年的渔猎时代之后才进入农耕时代的。我们先民在河边、湖泊旁的台地上吃着鱼、晾着渔网，一不小心就走进了农耕时代。华夏文明的曙光也就是在三峡地区的芦苇荡中升起的。这才是一场真正意义上的走向光明的庄严仪式，只不过漫长了些。

三峡地区众多史前遗址，为我们呈现出一幅持续了数千年的先民捕鱼画面。置身这些遗址，我们会突然感觉时空好像凝滞了，这个生动捕鱼场景离我们并不遥远，就在河流的那一边，就在一处长满了芦苇的湖泊边，我们依稀听到了先民在水一方的欢歌笑语。

湘西北高庙泸溪下湾遗址距今约 8000 年，地处沅水河床边一台地。在历时10 多天的发掘后，考古工作者发掘出土了一大批螺蚌壳、鱼骨、兽骨。距今约7800 年的高庙遗址，考古工作者开挖时发现了堆积如山的螺壳、鱼骨、动物骨骸，最厚达 7 米多深，且沿高台边沿向江边推进。高庙遗址石器以厚重的砍斫器和用作刮削工具的石片石器为主，很显然是用来对鱼和其他捕获的动物进行加工的工具。距今约 8000 年的鄂西南松滋关洲遗址，出土了大量的兽骨和密集成层分布的鱼骨，为我们生动再现了 8000 年前汉人先民在长江边生产、生活的场景。城背溪文化遗址距今约 8000 年，地处鄂西南长江边的岗地。在这个遗址，考古工作者发现了大量牛骨、鹿骨、鹿角和鱼骨，以及贝壳、鳖甲、蚌壳等，用作渔猎的石质网坠等，表明当时渔猎经济已经达到一定的发展水平。上述四处史前遗址，为我们揭开了三峡地区先民最初生存状态的神秘面纱。

三峡地区瞿塘峡南侧巫山大溪遗址、西陵峡秭归龚家大沟、柳林溪、朝天嘴、西陵峡中堡岛、杨家湾、青水滩等新石器时代遗址的大溪文化地层，江汉平原屈家岭文化地层，距今有 6000 ～ 5000 年的历史，都发现了大量的鱼骨，有的鱼骨坑深达 1 米多，坑口长达 2.6 米，坑内鱼鳃骨成堆成片堆积。最值得关注的是西陵峡中堡岛遗址。同松滋关洲遗址一样，中堡岛遗址不是"宛在水中央"，而是就在"水中央"。1979 年，湖北宜昌地区博物馆、四川大学历史系首次联合发掘出土大量鱼骨、兽骨及渔狩工具。1985 年，国家文物局对中堡岛进行大面积发掘，同样也发现了大量鱼骨、兽骨及渔猎工具，其中一条完整鱼骨遗骸长达近 1 米。1993 年的第 3 次大面积发掘，又发现了 5 个鱼骨坑。汉人先民最初的生存状态，在三峡核心地区变得更加清晰了，让我们触手可及。

三峡地区众多史前遗址，为我们重新回放了一遍女娲的创世神话故事。所有古文明国家的历史都是从神话叙事开始的，华夏文明也不例外。女娲补天治水的神话，才是华夏文明真正意义上的创世神话，是华夏文明的第一乐章。现在我们所能看到的华夏文明创世神话，其主角绝大多数是男性。而真实的历史却恰恰相反。这只能表明，这些创世神话是男性改造的结果，是华夏文明男权意识觉醒的产物。女娲是华夏诸神中唯一一个保持女性身份的始祖神，有着鲜明的母系氏族的色彩。很显然，女娲这个始祖神，本身就是渔猎时代的产物。华夏族群对女娲的记忆，实际上是对那个遥远的渔猎时代的模糊记忆。就人类社会发展的进程而言，是先有母系氏族，然后才是父系氏族；先有渔猎文明，然后才是农业文明。在女娲补天的神话传说中，女娲不仅补天，而且治水。女娲治水用的是芦苇烧成的灰烬。芦苇也就是《诗经·蒹葭》中提到的蒹葭，一种典型的沼泽地带植物。这个细节无意中向我们透露了一个秘密：女娲是渔猎部落的首领、女神、水神，也是部落的大巫师。

可能由于时代久远的原因，燧人氏的记忆过于模糊了，就连《山海经》对其也是惜墨如金。燧人氏真实的历史形象，已经永远消失在了三峡地区缭绕的云雾之中。而女娲则不同，她就在湘西北、鄂西南地区的芦苇荡中，在一条河流的水中央，或者说女娲本身就是一条在水中游来游去的鱼。如果说燧人氏这个名号具有后人根据传说与记忆合成的性质，那么女娲这个名号则具有母性本真的色彩。女娲之"娲"，核心在于"呙"。"呙"在甲骨文、金文中均写作 S 形，明显是在模拟水的漩涡、涡纹形态，当然也可以理解为水流的形态。这个 S 形，有可能就是老子认定的玄之又玄的"众妙之门"。"呙"这个符号所隐藏的文化密码告诉我们，女娲不仅是始祖神，同时也是女神和水神，华夏大地之母。

在甲骨文中，女娲之"娲"所呈现的 S 形态，还有一个"乙"字。传统观点认为甲骨文中"乙"字描摹的是绳的形状，当然也不无道理。从《周易》中的"天乙生水"来看，我们也将其可以理解为水的波纹，或者渔网的形态。从目前已解码的甲骨文来看，"乙"是一个出现频率非常高的汉字，同时也是与其他汉字组合频率非常多的一个字根，并且大多指向祖先与水这两大意项。祖先与水，通过"乙"字合二为一了。在殷商部落看来，"乙"字作为字根象征的就是祖先与水神，也就是华夏大地之母女娲。"乙"既是水，同时也高于水。"乙"后来在十天干中屈居"甲"之后，其实也不难理解。祖先与水神虽然神圣，但与显示天机的龟甲相比，其神圣地位就要相对逊色了。

对先民们来说，把水的各种波纹绘制在陶器上，绝不是出于审美和装饰的目的，而是具有宗教意义。这是专属于女神和水神女娲的鲜明标记，是这位始祖神的呼吸与体温，律动的生命脉搏。从川东延绵到江汉平原西部的大溪文化，以及与之连成一片的江汉平原屈家岭文化，再往北到黄河流域的仰韶文化区，可以说是水波荡漾，一片蔚蓝，几乎快要将华夏大地给淹没了。如果把这些深埋地下几千年的水波纹饰陶器摆放在一起，那么众多条纹、涡纹、三角涡纹、漩纹、曲纹的水波就一定会形成一片湖泊、一条河流。而我们正是从这些湖泊、河流出发，用了万年的时光才蹒跚走到今天的。

在华夏大地，女娲遗迹众多，可以说是神州处处有女娲。这是因为我们都是女娲这位华夏之母的子孙，我们身上流淌着女娲的血脉。据初步统计，华夏大地女娲遗迹竟达 37 处之多，其中影响较大的有七处地方：一是陕西平利，二是河南周口，三是山西太行山地区，四是山西赵诚侯村，五是甘肃秦纪，六是山西晋城泽州，七是湖北竹山。女娲这个始祖神并没有分身之术，但她却儿孙满堂、后人繁荣昌盛，走遍了华夏大地，处处留下女娲的印迹。女娲遗迹遍布华夏大地，与快要被水波纹饰淹没了的华夏大地，是高度一致的。谁叫女娲是华夏大地之母呢？

鱼在水中是自由的。汉朝时期的《乐府江南曲》将鱼在水中的灵动自由描写得十分传神："江南可采莲，莲叶何田田，鱼戏莲叶间。鱼戏莲叶东，鱼戏莲叶西，鱼戏莲叶南，鱼戏莲叶北。"水仿佛就是为鱼存在的。虽然说是在描写鱼，但我们更愿意理解为那是汉人先民看到鱼后的无奈。因此，要捕获更多的鱼，仅仅用鱼叉这个简易工具是不够的，汉人先民还得另辟蹊径，苦觅良策。

就在这个时候，一个叫彖兹的能人在他们中间奇迹般出现了。就是这个叫彖兹的人发明了绳索。从字面的形与意来理解，"彖"就是合二为一，表示两股线合成一根绳子；"兹"是两个玄字并列，意思是很多的绳子。同燧人氏一样，彖兹这个名号也具有后人合成的生硬色彩。彖兹也是一位女神、水神，绳就是她的形象和标识。或许，彖兹就是女娲的化身，彖兹与女娲本为同一始祖神。绳不仅仅是劳动工具，也可能是最早的记事工具。那条最初的绳索，我们可看成是华夏文明的第一道曙光。这个看似简单的发明，却开创了华夏文明传说中的结绳记事时代，标志着华夏文明新纪元的到来。有了绳索，自然也就有了渔网。史前陶器纹饰除了最常见的水波纹，其次就是绳纹了。与其说是绳纹，还不如说是鱼网纹。我们在长江流域、黄河流域以及辽西地区，经常可以看到绳纹和渔网的图案。这个文化符号是渔猎时代的鲜明标志，其源头就在三峡地区。

发明绳和渔网的人，可能有两个人：一个是鲧，另一个是伏羲。从字面意义来看，"鲧"应该就是最初发明渔网的那位圣贤。组成"鲧"的鱼和系两个字，形象地记载了他的历史功勋。在甲骨文和金文中，"系"就是两根绳索合在一起的象形。从鲧发明渔网到这个古老汉字的产生，其间可能经历了数千年岁月，但她的子孙始终无法忘怀这个祖先。我们可以肯定，汉人先民创造这个汉字的动力与灵感，就来源于对这位先祖神伟大发明的感恩与怀念。但在我们所能看到的历史文献中，并没有鲧发明渔网的任何记载。在华夏诸神中，鲧的形象可能是最模糊而混乱的一个神。在周、秦、汉三代的历史文献记载中，鲧就是一个负面形象，有时就是一个恶神。但在以屈原为代表的南方文化系统中，鲧的形象又有很大不同：鲧治水取得了成功，至少是取得了阶段性成功，或者说快要成功但却受到了惩罚。很显然，在漫长的历史流传过程中，鲧的形象经历过多次改造后，到先秦时期鲧的形象与其真实的原始形象已经相去甚远了。

比较女娲治水与禹鲧治水这两则神话，我们可以发现，女娲与鲧在治水的方式及材料上是惊人相似。鲧用的方法是堵，用来堵水的土被称为"息壤"，息壤也就是草木灰。女娲用的方法也是堵，用来堵水的也是"息壤"，也就是芦苇烧成的灰。这种高度一致性的背后，肯定隐藏了一个还不为我们所知的秘密。这个秘密与华夏文明的起源密切相关。同女娲一样，鲧也是女神、水神，或者也是一条在水中游来游去的鱼。或许，女娲与鲧、弇兹三神本就是同神，是同一历史原形的不同分化。

伏羲发明渔网的传说，是有历史文献记载的。《周易·系辞下》说："（伏羲）作结绳而为网罟，以佃以渔。"《史记·补三皇本记》的记载，也是伏羲这个人教会了部族用绳结网捕鱼。与鲧的遭遇截然相反的是，伏羲的形象在历史文献中一直是作为"三皇"之首的定位来量身定做的。在华夏诸神中，伏羲是一个名号繁多、神话传说最多的一个先祖神，他不仅教民结网、渔猎畜牧，还创制了影响后世深远的八卦、文字和古琴。正是因伏羲的无所不能，包罗万象，反倒使我们对这一记载的可信度产生了疑问。其实，《周易·系辞下》的这一记载，远不如"鲧"这一古老汉字所蕴藏的信息真实而丰富。本应是鲧的功绩，却记在了伏羲名下，无疑令人倍感迷惑。伏羲与鲧，一个是华夏人文初祖，一个是治水失败的历史罪人。伏羲与鲧的貌合神离，肯定存在着一个还不为我们所知的秘密。

伏羲女娲二神合体，是儒家以后的事。伏羲女娲两个始祖神走到一起，伏羲是作为男神形象出现的，代表的是阳；而女娲则只充当了配偶神的角色，代表的是阴。儒家经典只提伏羲而不提女娲，显然是刻意回避。儒家似乎是有选择性地遗忘了那个遥远的女权时代。无论伏羲女娲"兄妹"说，还是"夫妇"说，都只不过是男权社会的产物。在华夏文明的女权时代，在三峡地区这个"伊甸园"中，只有夏娃，没有亚当。伏羲与女娲二神合体，一阴一阳，化生万物，构成一种象征或隐喻，倒也别有深意。

女娲或许就是我们苦苦寻找的那位在水一方的"伊人"。只不过由于父系氏族社会的崛起，让这位女神的形象变得模糊不清了，一会儿"宛在水中央"，一会儿"宛在水中坻"，一会儿"宛在水中沚"。毕竟那个以女性为中心的时代离我们太过遥远了。

Chapter 7
第七章

涅槃之门

　　当汉人先民的脚步踏上三峡地区后，这片广袤的高山峡谷地区终年升腾的云雾就一直在华夏文明的进程中飘来飘去。这片云雾就是神秘的巫文化。

　　这片高山峡谷密布的广大区域，现在叫三峡，过去则叫巫山。巫山山脉，诞生之初的地域概念是比较模糊的，今天川陕贵渝鄂交界的一大片山地，在远古都通称为巫山，现在主要指横贯鄂渝湘交界一带、呈东北－西南走向的连绵群峰。

　　"巫山"之名始见于《山海经》。在《山海经》这部奇书中，有一个字出现的频率竟高达24次之多，这个字就是"巫"。并且，这部书中还出现"巫山"4次、"巫咸"3次、"灵山"3次。我国学者们普遍认为，《山海经》里出现的灵山和巫山，其实就是一座山。在甲骨文和金文中，灵与巫是两个互通的字，灵也就是巫，巫也就是灵。在正是因为这片高山峡谷地区一直巫风弥漫，因此后人称这一云雨的世界为巫山。神秘的灵巫世界，与浓得化不开的云雨，的确是相得益彰。巫文化的得名可能就缘于这一古地名"巫山"，或者说巫山就是因这一带浓得化不开的巫文化而得名。由此，我们推测，《山海经》的最初创作者，极有可能就是远古三峡地区的巫师们；《山海经》的历史底层记忆，就是汉人先民在三峡地区的创世纪伟业。

　　《山海经》所呈现的神秘世界，天荒地老，波谲云诡。书中那些奇禽异兽，是栖息于三峡丛林的实有之物还是浮游于先民梦魇中的精魅幻影？也许只有洪荒时期的巫师才能为我们指点迷津、拨云见日。我们可以确定的是，虽然这部书经过后人不断加工，但这部书的底层部分以及神秘的内核，却保留了大量汉人先民的原始思维模式，留下了诸多关于华夏文明起源的秘密。华夏文明的基因，就隐藏在《山海经》的片言只语之中。破解华夏文明的起源，除了考古发现外，我们还需要在《山海经》的神秘语境中寻找答案。

《山海经》就是我们的先祖为后世子孙留下的"藏宝图"和精神迷宫。因此，《山海经》又被称为"一部失落的天书"。破解这部天书的诸多秘密，关键就在于一个"巫"字；破解华夏文明的起源，关键也在于一个"巫"字。不仅如此，走进汉人先民的精神世界，关键也还在于这一个"巫"字。

文明，从巫文化开始。一切人类文化均来源于早期巫文化，这几乎是全球人类学家的共识。100多年前，英国学者弗雷泽在其人类学名著《金枝》中判断，人类历史经历了大体三个阶段：先是巫术统治的阶段，进而发展到宗教，更进而发展到科学。弗雷泽的判断，对西方文明是适用的。就华夏文明而言，巫与宗教之间并没有明确的分界线，巫就是华夏子民的原始宗教。如同世界上的其他民族一样，华夏民族也经历了一个延续数千年且对后世影响深远的灵巫时代。

"巫"有可能是汉人先民最早创造的一批文字，远比我们想象的要更加久远。早在殷商甲骨文之前，"巫"字就作为图腾符号出现了。江淮平原含山凌家滩4号墓发现的刻纹木版、环太湖地区出土的良渚文化陶罐，已隐含"巫"的图案。这些图案可能就是甲骨文中"巫"的原形符号。大量的"巫"字原始图案，以及甲骨文中反复出现的"巫"字，是由巫师的至高无上的地位所决定的。"巫"字就是巫师的符号与象征。巫师，也就是通神的人，能聆听天神旨意的人。金文中的"灵"，就是一个天空飘雨的画面，其实就是对"巫"字最初意义的最好诠释：巫师在率领她的部落举行祭日、祭火、祭云的庄严仪式。我们先民的祈祷应验了，天空的云与雨为他们带来了熊熊燃烧的圣火。漫天的雨滴，到处弥漫的云气，的确是巫山的写照。现在简化的"巫"字，其祭日、祭火、祭云的庄严仪式已消失殆尽了，演变成上下两横、中间一竖、竖左右各一人。当然，如我们视上面的横为天，下面的横为地，中间一竖为传说中的天梯，人在天地之间，可能也不无道理。这种诗意的理解，其实也大体吻合"巫"字最初的深意。人在天地之间，就是我们先民的生存困境。我们先民之所以在昆仑之巅燃起熊熊大火，载歌载舞，就是因为身处黑暗之中，彷徨无助，脆弱而孤独，要寻求天神的护佑。万物有灵，似乎就是唯独不包括人类自身。

殷商时期的巫，是男巫女巫的通称，后世女巫才称为巫，男巫则叫觋。而在此前的女神时代，巫师则属女性专有，所有巫师都是女性。我们所熟知的众多华夏圣贤，如隧人氏、女娲、颛顼、尧、舜、西王母、共工等，都是巫师，同时也都是女性。她们不仅是部落的酋长，也是我们先民的精神领袖。他们的一言一行，一笑一颦，无不深刻影响部落的全体子民。华夏文明，就是由众多的女巫开创的。

三峡地区的山，都是巫山；三峡地区的水，也都是巫水；三峡地区的先民，也都是巫民。《山海经·大荒南经》有一段文字提到了一个巫民之国："有民之国。帝舜生无淫，降处，是谓巫民。巫民盼姓，食谷，不绩不经服也，不稼不穑食也。爰有歌舞之鸟，鸾鸟自歌，凤鸟自舞。爰有百兽，相群爰处。百谷所聚。"这段文字告诉了我们三个明确信息：围绕这些巫民飞来飞去的鸟，就是太阳鸟，是他们的精神象征，也是他们的图腾；巫民所食之"谷"即南方的稻米，而不是北方的黍；巫民之所以"不稼不穑"而食，是因为有食盐交易。综合这三个信息，我们可以断定，巫山就是三峡地区的群山；华夏文明的灵巫境界，就是由三峡地区的云雨所孕育的。

这是一个全民为巫的时代。《山海经·大荒西经》有一段文字提到了灵山十巫："大荒之中……有灵山，巫咸、巫即、巫盼、巫彭、巫姑、巫真、巫礼、巫抵、巫谢、巫罗十巫从此升降，百药爰在。"《山海经·海内西经》有一段文字提到了峡江地区的六巫："开明东有巫彭、巫抵、巫阳、巫履、巫凡、巫相，夹窫之尸，皆操不死之药以距之。"这两段文字，与《国语·楚语下》中的记载是高度吻合的："民神杂糅，不可方物；人人作享，家为巫史。"这段文字的意思也就是，人人都能够与神灵沟通、与天地对话。我们的先祖，人人可做巫师，人人也是巫师。当然，这个全民为巫的时代，也有大巫小巫之分，并没有对部落大巫师的神权形成挑战。虽然人人为巫，但大巫师对一个部落仍具有一言九鼎的权威。

其实，《山海经》为我们描述的这个灵巫世界，离我们并不遥远。华夏文明的巫时代，比巫师们的记忆更加古老久远。从我们先民举行的第一场"傩"仪开始，华夏文明的巫时代就已登台亮相了。从汉人先民北上到达三峡地区那天起，一直到儒家学说的崛起，这一持续了8000多年的漫长历史时期，我们可称之为华夏文明的巫时代。巫山就是因为"巫"和这个时代而从自然之山升华为华夏文明的灵山、神山。"曾经沧海难为水，除却巫山不是云。"巫山是华夏文明真正意义上的圣山，也是我们现在所知道的众多华夏文明圣山的主山。

这种"民神杂糅"、人人是巫的时代，从汉人先民北上到达三峡地区那天起就开始了。可是有一天，在三峡地区发生了一个称为"绝地通天"的重大事件，宣告了人人为巫时代的终结。数千年之后，楚昭王曾与楚国大巫师观射父有过一段著名对话，谈到这起重大事件。很显然，这一重大事件对华夏文明发生了深远影响。这个"绝地通天"的重大事件，按现代语境来说，也就是宗教改革，就是神权垄断的出现。这个时期，出现了一批专门沟通天地、与神对话的巫师。我们对华夏文明众多圣贤的历史记忆，也就是在这个时期突然变得清晰起来。颛顼、共工、西王母、禹等华夏文明的始祖神，就是在这个重要历史拐点如雨后春笋、脱颖而出的。从此，神权不再属于全民所有，而是被少数精英阶层垄断了。他们既是大巫师，彼岸世界的神鬼代表，也是世俗部落的领袖、长老。神权垄断的出现，标志着国家形态在华夏大地就为期不远了。或者说，这起重大事件就发生在国家形态产生的前一夜。那一夜，巫山的天空仍旧飘飞着雨，到处云雾弥漫。

从《山海经·大荒西经》"帝令重献上天，令黎邛下地"这两句晦涩难懂、似是而非的记载来看，重和黎这两个人就是隔绝天地的始作俑者。这两人既是巫师，也是火正、木神。在金文中，"重"字中有大写的"东"字。"重"与"东"本为同源字，在金文出现之前，"重"与"东"是不分的。在金文中"重"才从"东"这一母体中独立分化出来。徐中舒在他的《甲骨文字典》里指出："东"的繁体字就是三峡东部平原地区汉人先民的米袋子。两湖平原汉人先民所需的食盐，只能靠稻米与巴人进行交换。"重"的本意是一个人背着米袋子的负重之形。"黎"这个字就是一幅我们先民在稻田收割稻谷的欢乐场景。《山海经·大荒西经》的这两句话，在不经意间透露出一个秘密：那就是"绝地通天"这一重大事件是在南方的三峡地区发生的，可能就在湘西北、鄂西南地区。颛顼、共工、禹、重、黎等圣贤，不仅是巫师，也是农业神、稻作之神，湘西北、鄂西南众多河流的女神。

作为华夏始祖神之一的颛顼，对社会宗教秩序的大整顿，被后世理解为把天地神与人之间的联系通道给断绝了，其实是个误会。在这次宗教改革之后，我们的先民仍然是人人可以为巫、人人也是巫民，只不过他们的祭日祭火仪式要听命于大巫师，祭祀的礼仪更加规范严格了，原来人人为巫变成了人人为巫民。

三峡地区并不存在升天的天梯或秘道。即使有这个传说中的天梯或秘道，也只存在我们先民心中。我们先民之所以认定这片云雨世界与天相接，是因为他们对大巫师的高度信赖。只要我们先民心灵仍然是孱弱的，不管是颛顼还是禹等圣贤，都不可能拆除这一升天的天梯。

没有昆仑圣山，也就没有灵巫境界。灵巫境界的神秘，尽在昆仑之巅。在颛顼部落主导推行的那场宗教秩序整顿之后，我们先民各部落祭祀活动从此有了一个专门固定的场所，那就是祭坛——昆仑圣山。

如果说巫山是一座迷宫，那么昆仑山则是这座迷宫中的迷宫。昆仑山，被称为华夏第一神山、万祖之山、万神之山。东晋以来，无数志士仁人展开了长达一千八百多年的漫长探索，但昆仑一词的真正含义至今仍然是千古悬谜。昆仑之所以神秘，是因为昆仑之巅有一座升天的天梯。昆仑出处最多的是《山海经》，全书提到昆仑一词达二十次之多。昆仑在《山海经》反复出现，显然大有玄机。《山海经》与其他先秦文献中提到的昆仑，其实并非张骞出使西域所见到的那座山脉。那座横贯新疆、西藏之间，延伸至青海境内的山脉，后来被汉武帝钦定为昆仑山，显然犯了一个历史性错误。昆仑山的历史原型只能在三峡地区特别是湘西北鄂西南地区的众多巫山灵山中去寻找，在我们先民的灵巫世界中去寻找。昆仑应该就是巫山中的巫山、灵山中的灵山，是我们先民灵魂升天的地方，也是传说中有着天升天天梯或秘道的圣地。

当太阳驱散缭绕在三峡地区上空的云雨后，我们会发现，昆仑山其实并不神秘、遥远。昆仑山就是我们先民的祭坛、灵魂栖息地，就是一处寻寻常常的低矮圆形山丘。

"昆仑"两个字的繁体上面都有个"山"。从龟甲上"昆"字透露的原始信息来看，"昆"字上面是"日"，下面是"比"。"日"显然是指太阳神。"比"的本意为等列、个个相同。两个符号组合在一起，意思就是日下众生，也就是巫师和她的部落成员聚集一起祭祀太阳神、火神。"仑"表示次序、条理。巫师和她的部落成员聚集在一起，有条不紊地进行祭祀活动，仪式更加庄严肃穆，这是"绝地通天"这一重大事件带来的最大变化。可以肯定，巫师们祭祀的场所就在一座低矮的山丘上。在我们先民看来，山是离天神最近的地方。当然，要方便举行祭祀活动，这座山也不可能直插云霄。《山海经·海内西经》描述的昆仑"高万仞"，《史记·大宛列传》中记载的昆仑高度达到二千五百多里，《淮南子·地形训》中的昆仑高度则达到了三万多里，只是昆仑在我们先民心中的精神高度。恰恰相反，昆仑的实际高度比三峡地区的大多数山都要低矮而平缓。昆仑又称昆仑虚。丘和虚是同一个本义，虚也就是山丘。太阳是圆的，天也是圆的。圆形在汉人先民心中最简单、最完美也最具有包容性。因此，这座叫昆仑的祭日祭火之山也应该是圆形的。昆仑的历史原型就是先祖们在一座圆形山丘上建立的祭坛。

它既不是清江流域的天柱山，也不是峡江的神女峰。这两座山虽然离天很近，但我们的先民并非登山爱好者。昆仑的历史原形应该就在湘西北、鄂西南一带的众多低矮山丘之中。

从近百年来的考古发现来看，所有华夏先民的祭坛都建在低矮圆形山丘之上。在高庙遗址发现的一处大型祭祀场所，就是一座低矮的山丘。这个祭坛，就是我们的先民与天地对话、与神灵沟通的神圣殿堂，是先民的精神家园。这个距今7800多年的祭坛，是截止到目前我国发现的最早一处昆仑圣山。《山海经》及其他先秦文献所苦心构建起来的昆仑神境，其实就隐藏就在我们先民心中。这个祭坛虽然只是一个小山丘，但它在先民心中却高耸云端、与天相交，是我们先民的涅槃之门。

灵巫境界的所有秘密，就隐藏在"灵"字下面的"火"之中。我们先民之所以选择低矮圆形山丘作为祭坛，很可能与他们寻找并发现天然火种的重大经历有关。虽然三峡地区雷电频发，容易引发山林燃烧，但天然火种仍然是可遇而不可求。虽然如此，在8000年前的某一天，在踏遍无数山冈之后，我们先民终于在湘西北、鄂西南的一处低矮圆形山丘之上，意外地看到了一团熊熊燃烧的山火。这一重大发现带给我们先民的惊喜与震撼，并不亚于当初发现盐泉。可以说，这一重大发现改变了一个部落的命运，甚至成为这个部落走向强大的转折点。发现这处圣火的，很有可能就是炎帝也就是燧人氏部落。在此之后，我们先民在这一低矮圆形山丘上一遍又一遍燃烧木柴，就是在感谢圣火降临、祈求圣火不灭。这是"帝"这个古老汉字向我们还原的一幅庄严场景，也是灵巫的最高境界。

也许我们永远也不可能理解昆仑神境的深邃、高远。但我们在屈原身上或许可以找到一窥昆仑神境及巫界秘境的钥匙。屈原有一种超越世俗、追求神圣的人格倾向和深刻的宗教情怀，是华夏文明最后的大巫师。屈原身上蕴含着一种炽热而深沉的西域昆仑情结。他在其作品中屡屡眺望西部群山，多次神游昆仑。他在《九歌·河伯》中写到："登昆仑兮四望，心飞扬兮浩荡。"屈原在《离骚》中有过三次飞升，而且三次飞升就有两次神游昆仑。在这种天马行空般的逍遥中，屈原一会儿令羲和在日落之山盘桓休息，一会儿命龙马把缰绳系在扶桑树上，于咸池饮水徜徉。屈原神游昆仑，其实是在寻求解脱、寻求涅槃，在神圣精神家园获得前行的力量。这也正是昆仑之所以是我们先民圣山的秘密所在。

在昆仑之巅，除了熊熊燃烧的火焰、巫师们的载歌载舞，还有巫师们创造的神秘符号，也就是后来的汉字。历代巫师就是汉字的创造者。如果真有传说中的仓颉这个人的话，他只可能是一个部落的巫师。最初的汉字，都是为宗教活动服务的，是灵巫境界的重要组成部分。我们往往误以为汉字只是一种文字工具，是用来记录语言的，这其实是一个误解。所有的象形文字最初都是背负宗教使命和含义的，是巫师用来与天地对话的神秘符号，汉字当然也不例外。没有最初的图腾符号，可能也就没有后来的汉字。巫师的占卜符号，就是汉字的雏形。最早的一批汉字，本身就具有图腾的价值与意义，或者说早期汉字本身就是我们先民的图腾符号。只有当图腾符号与我们先民的声音建立稳固对应关系的时候，也就是形音义三者紧紧捆绑在一起的时候，图腾符号才具有了文字的性质与功能。当鱼还在水中游的时候，当鸟还在天上飞的时候，他们就还只是鱼和鸟。汉语之所以没有和其他语言一样走上拼音文字的道路，可能就是这些古老图腾符号的强大力量所致。方块汉字的神奇魔力，并未因岁月的流逝而淡化。时至今日，我们仍然能感受到这些古老图腾符号的强大惯性与蓬勃生命。汉语之所以被西方学者称为亚当的语言和人类最初伊甸园的语言，是因为汉语的书写形式保留了较多人类最初语言的纯净与质朴，而非汉字音同义近的编码规则。汉字的进化过程，与其说是一个不断简化的过程，不如说是一个漫长的去图腾化过程。

上世纪八十年代以来，在峡东地区的杨家湾、清水滩、中堡岛等新石器遗址，陆续出土了大量陶刻符号。其中，杨家湾陶刻符号达到 170 多种。杨家湾陶刻符号距今约 6000 年，比环泰沂山地区的大汶口遗址陶刻符号要早 1000 年，与关中平原姜寨遗址陶刻符号时间大体接近。与大汶口与姜寨的陶刻符号相比，杨家湾陶刻符号更接近殷墟甲骨文，部分符号更是形似，如渔网、火、卟、数字等刻符，与甲骨文没有任何区别。杨家湾陶刻符号是华夏文明目前已知最早的象形文字。中原地区的贾湖契刻符号虽然要比杨家湾陶刻符号早一千多年，但论与殷墟甲骨文的相似度，则远不如南方的杨家湾陶刻符号。因此，我国学界普遍认为，三峡地区的杨家湾陶刻符号才是最早的汉字。

如果说汉语是一条灵动的溪流，那么汉语的字、词就是三峡地区一块块的石头、一座座的山峰、一朵朵的云彩、一滴滴的雨点、一片片的桑林、一块块的稻田，汉语的神秘色彩就是三峡地区上空飘来飘去的云雨。汉语的字、词在形成之初，就被巫师们在刻下占卜符号时顺手给下了蛊，从此浓浓的巫意就一直在汉语言的丛林萦绕不散。从 8000 年前巫师们将占卜符号刻在陶器上的时候，就已经为汉语的字、词蒙上了一层神秘的色彩。汉语的灵动之美、感性之美，是三峡的云雨与历代巫师共同发力的结果。

　　巫文化融汇了当时汉人所能掌握的一切关于天文地理、人文数理、医卜星相、五行八卦等方面知识的总和，直接孕育和影响了后来的阴阳学说、屈原诗歌、庄老思想，是华夏文明文学艺术、科学技术的源头。这是近几十年来研究巫文化的学者所达成的共识。被奉为中华正统文化经典的"六经"——《诗经》《书经》《礼记》《易经》《乐经》《春秋》中的《易经》，就是一部部集巫文化之大成的卜筮之书。《礼记》全书贯穿巫教的礼教思想。《诗经》三百篇中，许多诗作就是祭祀的歌词。《周易》是一部卜筮之书，是数千年来巫师们从事巫术活动的整理记录，是他们集体智慧的结晶。"河出图，洛出书"，是流传了两千多年的谎言。巫师代表了早期汉人所能达到的最高智慧。他们是巫师，同时也是思想家、科学家、医生、舞者。最早的天文历法，是巫师的创造。最早的医生大多也是巫师。巫与医同源，医最初写作毉，直到周朝时巫和医才分家。巫与舞在读音上都是一声之转，因为手舞足蹈是巫师与神灵沟通的主要形式。可以说，巫文化对华夏文明的影响，对华夏子民思维方式以及价值观的影响，是洗髓伐骨式的。

　　华夏文明起源的时间，应该就是巫师率领部落的子民登上昆仑圣山的庄严时刻。最初的神权也就是巫权。玉器是部落权力的象征，同时也是神权的象征。因为巫师与天地对话时都是佩戴玉器的，因此玉与王两个古老汉字具有明显的文化上的同构关系。由巫权诞生王权，顺理成章，水到渠成；由祭祀制度而发育成礼乐制度，是十月怀胎，瓜熟蒂落。历代殷商王朝的君主，既是部落领袖，同时又是群巫之首，都是集神权和王权于一身的大巫。周人的先王也是如此。

　　人在天地之间，意味着受苦受难。这是我们的先民无法挣脱的一道枷锁、桎梏。这个生存困境，既是我们先民的困境，也是整个人类的困境。一万多年来，当神话都已经斑驳点点、长满青苔，人类的处境并没有发生根本性的变化。我们所面临的生存困境，与洪荒时期的先民们并没有什么不同。我们虽然初步窥探了天地之间的很多秘密，心智变得逐步强大，但我们仍然是渺小的。我们想要变得更加强大，想要挣脱、超越无奈的现实，与我们先民沉溺于狂热的灵巫境界，并没有什么本质不同。我们穿越太空，在宇宙中飞翔，与我们先民苦苦寻求灵魂升天的天梯，在昆仑圣山之巅与天地对话，其实也并没有什么区别。从某种程度讲，我们可能仍然生活在灵巫境界之中。人类要昂首挺立在天地之间，似乎要走的路还很遥远。

　　在东进北上的汉人先民中，有一部分人在三峡地区停下了脚步，他们迷恋于巫山的云雨和白色的卤盐，失去了东进北上的动力。他们因盐而兴，过上了一种不耕不织、不狩不猎却丰衣足食的幸福新生活。这支在三峡地区盐资源上崛起的部落，就是我们熟知的巴人。

巴人之谜一直是华夏历史上的一大悬案。这一悬案现在可以解开了：巴人就是滞留于三峡地区的一支汉人部落。准确地讲，这支山地汉人部落可能是从颛顼部落分离出来的，并忠诚地继承了颛顼部落的蛇图腾。虎后来成为巴人部落的图腾，是因为廪君死后"魂魄化为白虎"。在我们先民的认知体系中，白虎象征着威武和军队。这一认知，可能与廪君的骁勇善战有着关联。廪君与盐水女神的缠绵爱情故事，只是巴人对男权时代取代女权时代的模糊历史记忆。他们从云贵高原北迁到此后，就再也没有走出过这片山高谷深的地区。从《山海经》对巴人世袭的记载来看，巴人与蜀人、楚人等汉人部落是同源的，都是太阳神的子民和后裔。他们跟蜀人、楚人一样，只是汉人的一个区域性部落。巴人只是走出三峡地区的汉人对他们的称呼。殷商甲骨文已有"巴方"的记载。现居住在三峡地区的土家人，一直是我国史学界所认定的巴人后裔。

由于自然条件的制约，这支滞留于三峡地区的汉人部落，并没有像东进北上的汉人一样走上农耕的道路，而是一直保持着汉人先民最初以渔猎为主的生活方式。三峡的群山限制了他们生命的活力。他们的视野及胸襟，远不如平原上的汉人部落。他们虽然骁勇善战，但在华夏文明的演进发展中却止步不前。他们的使命就是守护汉人先民曾经生活过的这片群山，守护巫山上终年不散的云雨以及神秘的巫文化。巴人出色地完成了这一神圣使命，成为一个以巫文化著称的山地民族。

甲骨文中的"巴"，东汉许慎释为"虫"或"蛇"。从文献统计和语法分析我们可以确定，许慎对"巴"的解释缺乏依据。先秦传世文献中的"巴"没有一处可释为"虫"或"蛇"，现今使用的"巴"的义项也没有一项与"虫"或"蛇"有关。从"巴"在甲骨文中的字形看，更像一种爬坡、淌河时伏身爬行的状态。生活在高山峡谷的巴人，无论是走水路还是走陆路，都要凭借前肢的帮助才能顺利到达目的地。伏身爬行是巴人的显著行为特征。这也是早期汉人从缅甸沿海一路北上旅程中的经典姿势。巫师们正是根据这一行为特征，创造了"巴"这一方国或部族的称谓，然后作为其长期居住地的名称，并逐步引申出"紧贴""粘附"等相关意义，这些意义涵盖了"巴"的几乎全部常用义。这一演进线索非常清晰，有充分的文献材料和语用材料的支持。更为重要的是，"巴"这一古老汉字也在无意中暗示了华夏文明发展历程的命运多舛，是华夏民族的底层记忆。

　　行走于这片山水，听到四起的猿鸣声，的确容易迷失自我。恍惚间，我们会感觉到，历史文献所记载的灵山十巫、巫咸国，宋玉在《神女赋》《高唐赋》中所描绘的巫山女神，奉节白帝城供奉的白帝，也许是真的吧。

　　巫山也有风轻云淡的时候。这时候，我们如果像一千两百多年前的诗人李白一样，乘一叶轻舟在两岸猿鸣声中顺江而下，在恍惚间就翻越了万重山，我们也一定会生出一些感悟，感觉好像穿越了数千年的时光。

　　华夏文明的巫时代虽然足够漫长，但也只是华夏文明发展进程中的一个索引、序曲。

Chapter 8
第八章

女神创世纪

　　殷商以前的诸位圣贤，似乎都是没有父亲的，或者说"父亲"的形象总是若隐若现的。在殷商部落、周人的历史记忆中，他们的始祖也是没有父亲的。早在《春秋公羊传》等先秦文献中，我们的先哲们就曾发表过"圣人皆无父，感天而生""知其母，不知其父"的感慨。这种感慨不仅是庄子等先哲们的无奈，也是他们历史的局限性。华夏早期文明"父亲"形象的隐藏，隐藏的恰好是一个持续了数千年之久的女权时代，也就是母系氏族社会。正是母系氏族社会的群婚制或走婚制，造成了这一令古代先哲困惑不解的无父现象。

　　美国学者摩尔根根据他对北美印第安人的研究认为，在远古时代，无论亚洲、欧洲、非洲、美洲、澳洲，其古代社会几乎一律采取母系氏族组织这种制度。世系一般以女性为本位，即母系氏族。母系氏族组织给我们显示了人类的一种最古老、流行最广的制度。他认为，原始的母权制氏族是一切文明民族的父权制氏族以前的阶段，从而建构了原始社会的发展体系。

　　摩尔的这一理论，在国际学界一直有着质疑的声音。因为绝大部分游牧狩猎部族似乎并没有遵循这一历史定律，从一开始就走上了父权制氏族社会的道路。华夏文明持续了数千年之久的母系氏族社会时代表明，这一理论在农耕部族具有普遍性。摩尔的这一理论，似乎就是为华夏农耕文明的演化量身定做的，对于北方游牧狩猎文明则水土不服。

　　那个遥远而漫长的女权时代，在我们先民长期形成的一整套编码体系中为后世留下了如影像般的鲜活记录。"姓"这一古老汉字中的"女"与"生"两个符号，凸显女性与生殖两大主题。这两个主题，其实也是一个母题：部落的繁衍。这个古老汉字向我们传递的远古信息就是女性崇拜和生殖崇拜。殷商甲骨文的惊世大发现表明，华夏最古老的姓氏大多有一个显著的标志：女。姜、姬、姒、嬴、妊、妫、妃、姚等古老姓氏中的"女"字旁或"女"字底，向我们揭示了"姓"氏的产生与女性的紧密关系：后代子孙均从母姓。这一大批华夏最古老的姓氏，是那个漫长的女权时代留下的历史沉淀。

近一百多年来的考古成果表明，从汉人先民到达三峡地区那天起，一直到仰韶文化时期，华夏文明的母系氏族社会持续至少 8000 多年的漫长岁月。仰韶文化时期及以前的众多史前遗址呈现一个共同特点：那就是女性墓葬地位明显高于男性。这种情况与摩尔的女性在血缘氏族社会中占据支配地位的观点，是高度吻合的。辽西地区红山文化遗址大量发现的女神庙、女神像，是对这一推断的有力佐证，更加坐实了摩尔的女性本位说。

毫无疑问，我们所熟知的"三皇五帝"及所有的始祖神，无论是炎帝还黄帝，都是女性，同时也是女神。这一观点最早由闻一多先生提出，后来郑慧生先生在《上古华夏妇女与婚姻》一书对此有着详细论证，可惜并未引起学界足够的重视。近一百多年来，大量考古学成果以及文化人类学研究成果，印证了闻一多先生的这一先见之明。

江汉平原鄂西地区的马家垸古城，距今约 4500 年，是截至目前我国发现的最早的也是唯一一座女巫之城、女神之城。这座介于汉水与漳水之间的古城，出土了大量陶器纺轮。陶器纺轮的主人显然是女性，是女巫、女神。这是一座以女性为王的古城。与马家垸古城仅汉水之隔的屈家岭，也陆续发现了大量陶器纺轮。同马家垸古城一样，这些陶器纺轮都是随葬器物，与玉器有着同等的价值。这些陶器纺轮既是生产工具，也是神圣的宗教器物。马家垸古城这座女巫之城、女神之城有力证明，华夏文明曾经历了漫长的女权时代，我们所熟知的"三皇五帝"都是女神、女巫；直至 4500 年前，南方的江汉平原还徘徊在女权时代。

母亲二字，在华夏文明中始终具有至高无上的神圣地位。在古汉语中，祖就是母，母就是祖，两者是通用的。也就是说，华夏文明的祖源记忆或者说早期"祖"的概念，是母亲而不是父亲。华夏文明的众多女神，与其说是女神，不如说是圣母。华夏文明关于女神的记忆，准确地讲就是关于母亲的记忆。我们所熟知的"三皇五帝"及所有的始祖神，都是华夏之母。令人匪夷所思的是，在华夏文明的历史记忆中，华夏之母只有屈指可数的两个：一是女娲，二是西王母。就是这仅有的两个伟大的母亲、两个女神，也被三峡地区的云雨遮蔽了真实的历史形象，神龙见首不见尾。

女娲是众多女神中的女神，母亲中的母亲，是华夏文明的"祖神"。这应该就是女娲补天造人神话传说的隐喻或者暗示。老子的"道生一，一生二，二生三，三生万物"，这一著名宇宙生成说中的"道"，应该就是对原始母神的隐喻表达。由于时代久远，在屈原所处的时代，我们先民对那个遥远的渔猎时代的记忆已非常模糊而零碎了。《楚辞·天问》《礼记》《史记》《山海经》等传世文献关于女娲的零星片段记载，是华夏文明关于渔猎时代、母系氏族阶段硕果仅存的珍贵历史记忆。华夏文明的所有传世神话，均如三峡的云雨一样神秘莫测。这是巫师们为后人设置的一座座迷宫。关于女娲补天治水造人的神话也是如此。女娲作为一个寻寻常常的女性，不可能补天治水，更不可能用泥来造人。作为华夏民族的母亲，她关心的只是如何维系部落生存繁衍的问题。只要我们心存敬畏，屏气凝神，就会在女娲补天治水的神话传说中发现一些线索。女娲用来堵水的土被称为"息壤"。其实，息壤并非传统观点所认为的一种可以无限生长的神奇土壤。"息壤"之"息"，也就是熄。息壤也就是草木灰，是芦苇烧成的灰烬。女娲所堵之水，其实并非洪水，而是产妇的大出血。女娲的治水其实就是止血，挽救孕妇的年轻生命。用草木灰止血的秘方，有可能是女娲的首创。这个秘方，至今还在民间流传。正是这个秘方，让我们先民在三峡地区的最初岁月得以艰难生存并开枝散叶。女娲之所以补天，也并非因为"淫雨不止"，而是产妇的出血不止。女娲补天治水的传说，与其说是神话，不如说是寓言。它隐喻的主题就是我们先民生殖、繁衍的问题。这也是所有人类文明的母题。女娲由一个寻寻常常的女性、母亲升华为女神、华夏之母，要感谢芦苇烧成的灰烬，或者说，女娲就是在芦苇烧成的灰烬中涅槃的。

西王母无疑是华夏文明最神秘的一个始祖神。《楚辞·天问》《山海经》虽然对女娲只有零星片段的记载，但对西王母的历史记载则相对清晰详尽。这一现象其实是在暗示我们，西王母离我们并不遥远，很有可能是与黄帝、颛顼、大禹、共工等诸神同时代的一个女神。这位华夏文明的始祖神身上可能隐藏诸多华夏文明起源的秘密。

西王母的真实历史形象其实已被后世仙化或者说妖魔化了。西王母这一神圣称谓的重心，尽在"母"字。同女娲一样，西王母也是华夏民族的母亲。"母"

字既是西王母这一女神神格的核心，也是我们先民对这位女神的原始记忆，同时也是我们先民对那个遥远而模糊的女权时代的记忆。如果说女娲是渔猎阶段的女神代表、母亲代表，那么西王母则是农耕时期的女神代表、母亲代表。《山海经》中记载的西王母，在殷商卜辞中叫"西母"，住在昆仑的绝顶之上，是一个半人半兽的形象。其实，西王母的真实历史形象就隐藏在《山海经》记载的"牛首玉身"四个字上。牛是两湖平原稻作部落的图腾与标志，"牛首"二字清楚表明西王母就是稻作部落的女酋长；"玉身"则表明了她部落女祭司的身份与地位，同时也是巫权、王权的象征。

"西"这个方位词，是东迁到两湖平原的汉人先民对这位首领与巫师的模糊历史记忆。1998年，考古工作者在忠县长江边的中坝遗址陆续发掘出一些造型独特的陶制器皿。考古学家称其为圜底罐。在后来的发掘中，这种圜底罐仍层出不穷，堆成了一座小山。或许是一种巧合，甲骨文中盐卤之"卤"的造型，就与这种陶罐极其相似。已故古文字学家唐兰很早就发现，"西"与"卤"同为一字，"卤"就是盐罐，"西"也是盐罐。山西运城解池之盐远晚于三峡之盐，所采用的制盐工艺是大面积日晒，迥异于南方使用圜底罐的制盐工艺，所以迁徙到北方的汉人不可能发明"卤"字，也不可能创造"西"字。汉人先民最初的东西方位观念，除了日出日落之地外，恐怕还与东部两湖平原与西部三峡地区数千年的米盐贸易有关。在东部两湖平原稻农心中，"西"就是代表有着取之不尽的食盐资源的三峡地区。很显然，西王母的历史原型就是南方湘西北、鄂西南地区稻作部落的首领与巫师。殷商部落、楚人之所以一代又一代讲述这位圣母的故事，肯定是因为西王母对部落的繁盛出了卓越的贡献。这个不朽历史贡献，我们恐怕只能在"牛首"二字中去寻找。

在女娲与西王母的背后，站着更多的女神。华夏文明底色是女性铺就的，是无数的女神用她们柔弱而坚强的身躯托起了华夏文明的曙光。炎帝、黄帝以及众多华夏文明的始祖神，我们之所以误以为是男性，是父系氏族社会悉心改造的结果。男权意识的觉醒、膨胀，让华夏文明漫长的女权时代变得模糊不清了。在先秦传世文献包括后来司马迁的《史记》中，女权时代被悄悄替换成了男权时代，众多女神也因此改变了性别。可以肯定地讲，先秦传世文献包括后来司马迁的《史记》关于华夏诸神的历史记忆，并非都是信史。如仅凭先秦传世文献与《史记》中的《五帝本纪》来研究考证炎帝、黄帝及其他华夏诸神，可能永远也找不到真相。

那是一个以女性为中心的时代，是一个女性具有绝对话语权的时代，也是一个女神独尊的时代。虽然这些声音被后来的父系氏族社会层层过滤，但是男性群体总免不了粗心的毛病，总是给我们留下一些蛛丝马迹。当然，也有可能是女性的生命活力过于张扬顽强了，以至于在经历了近万年时光后，她们的声音仍旧在华夏大地久久回荡。

历史记忆总是随着时间的流逝而不断衰减。那个属于众多美丽女巫、女神的时代毕竟过于遥远了。华夏文明关于女神的碎片记忆，总是与河流有关，与滋润大地的水紧密相联。女神是水神，水神也是女神，二神是一体的。华夏文明的这个集体潜意识，蕴含着丰富的历史信息。关于女神的记忆，南方明显多于北方。洞庭湖平原有潇湘二妃，清江有个盐水神女，峡江有个巫山神女，江汉平原有个汉水游女。巫山的云雨就是她们的神秘面纱。而北方则黯然失色，只有一个洛水女神宓妃。出土了大量女神像的辽西地区，其文明进程如不被北方游牧部落打断，也可能有着关于女神的传说与记忆。黄河水神河伯是男性，应该是父系氏族社会的产物，标志着华夏文明男权时代的到来。南方的楚文化关于潇湘二妃的记忆，巴人关于巫山神女以及盐水神女的记忆，是华夏文明早期历史记忆的零星碎片。相比于华夏文明漫长的女神独尊时代，她们只是冰山一角。潇湘两个女神的历史原型有可能就是尧舜二帝。盐水神女专属于巴人部落，对整个华夏民族是不公平的。尧舜二帝变为潇湘二妃，只能是男权时代的"杰作"。清江盐水神女的历史原型有可能比潇湘二妃要更加古老久远。巫山神女的历史原型有可能就是西王母，那个生活在昆仑之巅的女巫、女神。女神记忆南多北少的情况本身就表明，华夏文明漫长的女权时代是在南方众多河流两岸度过的。

华夏文明的曙光，所呈现出来的就是女性的光辉。从某种程度而言，华夏文明具有鲜明的女性色彩。汉人先民的女性群体，在东亚大陆的洪荒时期开创华夏新世纪，不是"半边天"，而是整个天。她们说话绝对是一言九鼎。这是由她们担负起的生育儿女、抚养后代的天然使命所决定的。我们有必要以女性视觉来重新审视华夏文明的产生与演进。女性生育后代的艰辛与痛苦，对家庭与部落的责任担当，使她们较之男性对生命有着更加深刻的感悟与认知。女神们最初就是用她们的身体来感知这个世界的。她们对生命的感悟，直接决定了华夏文明的走向；她们的思维方式，也决定了华夏文明的基本面貌。我们现在耳熟能详的华夏文化符号，就是汉人先民女性群体对生命认知的结晶。她们的呼吸与体温，历经万年而仍旧鲜活生动。她们生命所达到的高度，我们后世子孙只能仰视。

　　在那个遥远的洪荒时代，被三峡地区的云雨遮蔽了的漫长时代，部落生存繁衍才是第一位的。而这一重任是由女性担负起来的。她们不仅是水神，也是生殖女神。女性的生育能力决定了家庭的人丁兴旺、部落的繁衍昌盛。我们猜想，丰乳肥臀，应该是这些女神的鲜明特征。这是因为丰乳肥臀象征健美强悍、生育能力出众。在母系氏族社会，只有生育能力出众的女性，才可能带来家庭的人丁兴旺、部落的繁衍昌盛，从而获得族人的拥戴。我们所熟知的"三皇五帝"以及其他始祖神，无不是丰乳肥臀的生殖女神。如果没有这一出众能力，她们就没有资格做华夏文明的始祖神。

　　在湘西北、鄂西南地区，形单影只的汉人先民肯定对众多河流、湖泊、湿地跳跃着的青蛙惊叹不已。遍地的青蛙，让我们先民看到了部落繁衍昌盛的希望。女娲之娲，古音读"呱"，正是青蛙发出的悦耳声音。可以说，女娲也就是女蛙。如再联系女娲造人的神话传说，我们可以肯定，女娲就是一个像蛙一样的生殖女神。这也是女娲在灰烬中涅槃的秘密所在。湘西北高庙遗址出土了一具女性人体骨架，使我们得以窥见 7800 年前这些生殖女神的风采。这具骨架保存完好，呈侧身屈肢姿势，右手托着右腮、下巴，是一位成年女性。很显然，这是一位身份显赫的女性，我们可称之为沅水女神。从骨架长度为 153 厘米来看，这位女性生前身高不会低于 160 厘米。从骨架的盆骨较大来判断，这位女性属于丰乳肥臀类型的女性。她在部落的显赫地位，应该归功于她出众的生育能力。欠缺这个能力的女性，注定做不了女王，也做不成女神，更不可能成为伟大的母亲。也许，这位长眠于湘西北沅水河畔的女性，有可能就是传说中的华夏文明的始祖神女娲。

　　在辽阔的北方，我们先民虽然再也听不到蛙声一片的生殖奏鸣曲，但对部落繁衍昌盛的希望似乎比在南方要更加强烈。辽西地区红山文化遗址发现的大量女神像，个个体态丰腴，乳房饱满，腹部高高隆起。关中平原、河套地区、中原地区的女神，则大多雕刻在陶器上，大多是孕妇裸体形象，少部分为丰乳肥臀类型，凸显的是生殖这一重大主题。

　　华夏众多女神不仅是水神、生殖女神，也是农业神或者稻神。全世界各民族的农业神无一例外全是女性，华夏文明也不例外。西王母、炎帝、蚩尤都是"牛首玉身"的形象。"玉身"是她们女巫身份的标志，"牛首"则是南方稻作部落首领的象征。蚩尤除了"牛首"，还有一个突出的特征：獠牙。獠牙既是象牙，也是野猪伸出在外的长牙。因为她们成功驯服了野生大象和水牛，让华夏文明的稻作农业进入了牛耕时代。那位长眠于湘西北沅水河畔的女性，也许就是成功驯服了野生水牛的女性传奇英雄。因为在她长眠的地方，就是一幅持续了一万多年的风吹稻浪的美景。

华夏文明最早的巫都是女巫。每一个女神，都是各个部落的大巫师，享有与天地对话、与天神沟通的特权。女神们沟通天地的主要手段就是舞蹈。她们是华夏文明最早的舞蹈家、艺术家。甲骨文中的"舞"字，生动再现了女神们两手持牛尾而舞的艳丽身姿。持牛尾而舞，在现在看来似乎显得古怪而滑稽，不可思议。其实，牛就是稻作部落的重要象征。野生水牛虽然桀骜不驯，但在这些女神面前也还是乖乖就范。如果没有对野生水牛的成功驯服，也就没有南方稻作农耕的突飞猛进，部落的开枝散叶。女神们持牛尾而舞，一方面是宣示她们在稻作部落的神圣地位，另一方面也有祈求稻谷丰收的意思。"舞"与"巫"同音，表明最初"舞"与"巫"是不分的，"舞"就是"巫"，"巫"也就是"舞"。

女神大巫师的至上地位，决定了她们在部落的话语权。她们不仅是华夏文明原始宗教的创始人，宗教符号和宗教礼仪的制定者，同时也是汉字的发明者、创造者。在现今的湘西、云贵川地区，经常有发现"女书"的报道。之所以称为"女书"，是因为这种文字就是女性发明的，也只有当地的女性才能认识和使用。这种"女书"现象，无疑具有强大的历史惯性，其源头可追溯到遥远的女巫时期。这也在一定程度验证了女性是汉字创造者这一历史真相。汉语的灵动之美、感性之美，其实是华夏诸位女神散发的芳香。

如果我们沿着这一思路来探寻那些古老汉字的初始意义，可能会有意想不到的收获。比如"帝"字，郭沫若认为源于"花蒂说"，学界普遍持"祭祀说"，而西安民间学者唐汉却认为是源于女性祖先。唐汉认为，在甲骨文中，"帝"字上部倒三角形是女阴的象征，下部下垂部分表示繁衍分枝的子子孙孙，中间的一横两短竖表示血缘由此一脉相承。整个字形，以会意的方式表示族群的女性祖先，是对生命繁衍方式的高度概括。唐汉还认为，十二地支形象地描绘了一个孩子出生的全过程。"子"非常生动地描绘了一个婴儿刚刚从母体中露出头来的样子；"丑"是婴儿出生后紧攒的小拳头；"寅"字上部的"三角"是胎盘，中间两边各有一手，表示小心翼翼接引胎盘的下落。与学院派相比，唐汉的全新解读，确实让人有耳目一新、乾坤朗朗之感。

从某种程度而言，女神们就是用她们的身体感知、认识这一世界。她们仰观日月运行、岁月交替，俯察江河奔流、花开花谢，在冥冥之中顿悟这个世界与她们身体的微妙关系。月是阴，日是阳，女为阴，男为阳，是一种以女性为本体的认知。阴阳是可以轮回甚至可以合体的；万事万物皆有阴阳，不可割裂，相互依存。这是女神们对这个世界的认知，简洁质朴而又博大精深。而这一认知正好是华夏文明文化编码规则的基石，华夏子民诗性智慧的源头活水。如视阴为 0、阳为 1，正好就是支撑现代数字化技术的二进位制。月经的一个周期，正好是月亮阴晴圆缺的一个轮回；从受孕到新生命的诞生，也正好是旱季、雨季的一个轮回，也就是一年。我国最早的夏历，一年只有 10 个月，所以又称为 10 月历，正是 10 月怀胎的时间。夏商两朝的天干地支纪日法，无疑就是母亲们悉心呵护新生婴儿时对流逝岁月深切体验的结晶。现今的苗族、瑶族、水族、彝族仍保留了华夏女神们创造的 10 月太阳历，只不过苗人叫龙历。

　　女神们对生命的理解与礼赞，深刻影响了华夏文明。《周易》被尊为"群经之首，诸子百家之源"，被誉为东方的《圣经》，对中国后来历代的政治、经济、文化等诸多方面都产生巨大而又深远的影响，乃至影响到华夏民族性格与民族精神。《周易》的作者并非周文王，而是历代巫师集体智慧的结晶。女巫师对《周易》的影响可以说是无处不在。《周易》的灵魂，就是女神们对生命的认知与感悟。生殖崇拜是《周易》的一条鲜明主线。《周易》在阐述阴阳变化万物的过程中，将性器官和性行为用作比喻，深刻地反映了生殖文化的内容。《周易》把男女交媾推及到天地交合的宇宙领域，是对女性生命力的讴歌与升华。《周易》就是在这种广泛意义上的生殖崇拜中，形成了更具有深刻意义的阴阳文化和人类生殖文化。

　　"阴阳"一词，阴在前、阳在后，女在前、男在后，这种排序在汉语中显得相当另类。父系社会建立以后，男性群体为凸显男性的权力与地位，慢慢建立起了一整套男性话语体系，但仍有所疏忽与遗漏，一不小心就给我们留下了母系社会的一些蛛丝马迹。"阴阳"这个汉语中的特例，我们只能理解为是华夏诸女神的强悍生命力所致。也许是苗人男性群体的权力意识没有汉人那么强烈，苗语至今仍然保留了较多的母系社会的话语。黔东南的苗语方言，父母为母父，夫妻为妻夫，儿女为女儿，仍然是四五千年前的女在前、男在后的序列，正好与汉语的语序相反。

　　汉人先民最初在广袤的东亚大陆开疆拓土的使命，就是由众多女神承担完成的。我们现在很想象的是，华夏民族在东亚大陆纵横万里的疆土、幅员辽阔的版图，在 8000 年前就已初显轮廓了。近一百多年来的考古成果表明，在 8000 年前，我们先民的足迹就深深镌刻在了东北平原、内蒙古草原、河套地区、中原地区、环泰沂山地区、环太湖流域。红山文化的创造者，就是一批又一批的女神。惊艳的红山玉器，是这些女神蓬勃生命所散发的迷人光彩。在河流湖泊密布的环太湖流域，早期汉人先民如鱼得水，欢快畅游。因为她们既是女神同时也是水神。她们在沐浴着太平洋暖湿气流的同时，为灿烂的吴越文化铺就了一层浓厚的女性底色。从8000年前汉人先民到达关中平原、河套地区、中原地区的那天起，在来自西伯利亚寒流的严峻考验中，开始了漫长的驯化粟与黍的艰苦历程，并从此成为黄河流域的新主人。在环泰沂山地区，我们先民面朝大海，久久注视着太阳升起的东方，浮想联翩。太阳鸟崇拜，被齐鲁先民在这太阳最早升起的地方演绎得淋漓尽致。我们很难想象，就是这些丰乳肥臀的生殖女神，完成了这一不可能完成的艰巨历史使命，奠定了华夏文明数千年高度一统的格局。她们是女神，同时也是像商王武丁夫人妇好那样能在战场上纵横驰骋的女汉子。华夏民族的殷实家底，就是这些女神在8000年前打下的，后来崛起的男性群体只不过是守成者。

鱼是华夏文明最早的神圣符号。随着女神开疆拓土的足迹，鱼这一华夏文明的重要符号，这一跳跃在我们先民心中的精灵，也从三峡地区，一路欢歌，游到了华夏各地。在几大古老文明中，似乎只有华夏文明如鱼得水、年复一年地延续到今天，每一道年轮都清晰得像刻出来的。鱼的轮廓，更准确地说是双鱼的轮廓，与女阴的轮廓相似；鱼腹多子，繁殖力强，象征着部落的繁殖、生育，也象征着男女情爱、交欢。作为生命的符号和象征，是女神们给鱼赋予的深刻内涵。当鱼组合成太极阴阳双鱼图、蜕变为伏羲女娲的鱼鳞状的身躯，这一精灵从此嬗变为华夏文明的重要基因。鱼的生命象征，已积淀为华夏儿女的文化心理。直到今天，在华夏大地上，鱼仍然活蹦乱跳，显示出强大的生命力。

被称为水神并在一怒之下头触不周山的共工，也只可能是女性，当然同时也是女神。共工不仅是水神，更是百工之首，身兼水正、木正、工正三职。由共工这一女神我们推断，众多女神不仅是纵横疆场的勇敢将士，同时也是陶艺大师、玉器雕刻大师、舟船的发明者。我们现在所能看到的史前精美白陶、彩陶、黑陶，南方的众多史前古城，以及巧夺天工的玉器，可能绝大部分出自女神之手。是她们用生命的温度熔化了大地，并将她们对生命的认知与感悟镌刻在陶器上，化为永恒。有学者认为，陶器上的鱼纹、蛙纹、鸟纹，象征的是女阴，而蛇纹、龙纹等纹样象征的则是男根，以此祈求部落子孙的繁衍，或许不无道理。当华夏文明史前玉器惊艳亮相后，就连山河也为之永寂，因为它们就是天地之间的精灵，是女神蓬勃生命的化身。如果说玉器是华夏文明的奠基石，那么女神就是华夏文明的奠基者。

华夏文明母系氏族社会之所以持续如此漫长的历史岁月，与我们先民的生产生活方式息息相关。在渔猎时代，女性以捕鱼、采集为主，男性则以狩猎为主，也就是女主内、男主外。决定部落繁衍生息的，是母亲而不是父亲，是女性而不男性。即使进入农耕文明以后，由于稻和黍的低效，男性仍以狩猎为主，女性在血缘氏族社会中的支配、主宰地位并没有发生显著变化。男性在这个漫长的时代是沉默和晦暗的群体，至少我们无法聆听到他们的声音。我们所能听到的，只有女性群体在河流、稻田、桑林发中出的率真而欢乐的声音。在游牧狩猎部落，男性的孔武有力会更加重要，更容易在血缘氏族社会中占据支配地位。而在农耕部落，男性的孔武有力是无关紧要的，女性的优势则更加凸显。因此，华夏文明进入父系氏族社会的时间，要比北方草原上的游牧狩猎部落晚上数千年。

但是，对于这遥远的持续了数千年的华夏母系氏族社会，我们已经十分陌生了。儒家学说的创建，除了给华夏文明注入理性色彩、让理性之光烛照华夏子民心灵这一重大意义外，其实还有一个重大意义被后世忽视了，那就是华夏文明男性话语系统的正式确立。这一两千多年来被不断强化、以至牢不可破的男性绝对话语权，让我们无法挣脱它的强大引力和束缚。母系氏族社会被遗忘、深埋在历史最底层，似乎是必然的事。

在春秋战国时期，也就是各诸侯国的王室成员以及史官试图重构家国历史的时候，父系氏族社会在华夏大地已经走过了至少三千年的沧桑岁月。北方的先秦诸子显然无法想象那个女性光芒四射的时代，他们对那个以女性为绝对中心的时代已经十分陌生了。在他们看来，男性主宰这个社会，是理所当然的，也是与生俱来的。的确，在广袤而厚重的北方，男权社会具有天然合理性。于是，他们根据世代相传的部落史，将众多女神、母亲神改造成为男神，并为他们量身定做了一个血脉正统的谱系。我们现在所遇到的华夏诸神形象移位、重叠的问题，既是我们的困惑，也是他们的困惑。

宋玉在《高唐赋》《神女赋》中所描绘的巫山神女，已远远偏离了历史真相。巫山神女的原型，就是盐水女神、生殖女神、大巫师。宋玉的辞赋只是制造了一个他怎么也没有料想到的文化后果，那就是华夏文明从此有了一个男女交合的隐喻性代码。这个隐喻性代码就是"巫山云雨"，它象征的只是男性霸权。一首《洛神赋》吟唱两千余个春秋。三国时期曹植眼中的洛水女神，其实就是一个不食人间烟火的仙女，是另一个林黛玉。的确，后世对华夏诸多女神有着无尽的想象。身姿绰约，长发飘飘，裙裾飞扬，风情万种，是这些女神共同的标签，当然这也是男性强加给女神的标签。只有那些强健的女性才有可能适应严酷的生存环境。梳妆打扮，对她们而言太过侈奢了。蓬头垢面，可能就是她们的真实形象。像林黛玉这类的美女，连生存都是问题，更谈不上生儿育女了。这样的女神，只可能带来部落的凋零消亡，只能是昙花一现，惊鸿一瞥。包括宋玉、曹植在内的后世对女神的无尽想象，我们只能理解成刚刚崛起的男性群体的集体不自信。他们对女性蓬勃旺盛的生命张力，在内心深处有种深深的恐惧，甚至有些自卑情结。

对于母系氏族或者说女神时代而言，的确就像三峡巫山上的云和雨，我们永远没法看清。当我们仰望巫山的时候，巫山神女是不属于这个尘世的。她仍然是花样年华，仍然在昆仑之巅，仍然在高唐时代。天长地久，这个女神就化身为一座山峰，也就是我们现在所看到的神女峰。陪伴她的姐妹们，也随之化作了现在的巫山十二峰。

这可能是华夏文明最美的一个传说了。当然，这个最美传说的象征意义也是明显的，那就是：女神离我们并不遥远，还在影响、护佑着她的子孙们。

Chapter 9
第九章

龙抬头

一切历史都是心灵史。"龙"爬遍了华夏大地的东南西北，从石器时代直到今天。龙这个华夏文明最重要的图腾，其演变史就是一部华夏民族的心灵秘史和苦难历程。

从汉人先民自南方印度洋海滨北上到达三峡那天起，另一场更加艰难的旅程就又重新开始了。在人工取火技术发明之前，他们与无处不在的毒蛇以及躲避在丛林中的虎、熊等捕食性动物相比，其实并没有多少竞争优势。在这片陌生的土地上，危机无处不在，处处是死亡的陷阱。稍有不慎，就可能导致一个家庭、一个部落的消亡。他们的生存处境，就像风中的烛光，随时可能熄灭而陷入万劫不复的黑暗之中。他们如履薄冰，步步惊心，在惊恐不安中度过了短暂而苦难的人生。他们几乎每个人都是苦难的宿主，受苦受难是他们每个人的宿命。

不理解苦难，就无法理解华夏文明的起源。我们寻找华夏文化的标志性图腾——龙，也只能从这个原点出发。三峡并非天堂，而是炼狱。龙这个图腾，就是这所炼狱的产物。

我们现在是无法感知我们先民的孤独和痛苦了，我们也注定无法理解他们精神世界的多维和丰富。如果说苦难是无边无际的黑暗，那么希望则是先民在黑暗中突然看到的远处的篝火。它就在河流或湖泊的彼岸。与环伺周边的捕食动物相比，要说我们先民最初有什么竞争优势的话，那就是信仰的力量。他们坚信，在冥冥之中，肯定有一种不可知的力量在保护他们。只要足够虔诚，他们就能到达彼岸。

　　华夏文明的龙图腾，最初就是在三峡地区的河流、湖泊中孕育的。龙图腾最初的形态就是在水中游来游去的鱼。水和鱼是龙图腾的底色。

　　水，最好地体现了华夏文明的智慧。早在春秋时期的管子就曾说过，"龙生于水"。水性，是龙的基本属性。龙图腾的灵动，是水所赋予的。龙的骨架与魂魄，就是S形水纹。这些美丽的S形水纹，不仅仅是《诗经》所记载的众多爱情故事的文化背景，也是龙这个图腾永恒不变的形态。龙图腾经过新石器、夏、商、周至战国的发展，在秦汉时期基本成形。纵观历代龙的造型，我们不难发现，龙虽然变幻无穷，却万变不离其宗，即它的S状结构是永远不会变的。从任何时代龙的造型上，我们都很容易找到S状结构的主体特征。凡是俯视的，皆呈双S状；凡是侧视的，皆呈S状。不管龙是深潜于水中，还是升腾到云空，总脱离不了水的属性。龙生存和施展神通的空间主要是在云水之间。离开了水，龙腾云驾雾、呼风唤雨的本领也就徒有虚名。自古以来，民间舞龙时，巨龙就一直像水波仙子一样，仿佛是在水波上翩翩起舞，上下翻滚，或呈S形轨迹，或呈双S形螺旋状轨迹。这是华夏民族的集体潜意识，是我们的始祖神女娲在后世子孙身体上刻下的一道铭文。因为女娲的"呙"在甲骨文、金文中就是S形。

　　华夏文明最初的图腾就是水中游来游去的鱼。鱼是水中的精灵，也是汉人先民的精神伴侣。从他们到三峡地区的那天起，人鱼之恋就开始了。在三峡地区的大溪文化遗址中，考古工作者发现了普遍的鱼葬现象：有的把鱼摆放在死者身上，有的把鱼放在死者口边，还有的把鱼放在两臂下，更典型的是有的死者口咬两条大鱼尾，把鱼放在身上。北方的仰韶文化遗址也出土了大量鱼纹彩陶，而且造型风格极其相似，都绘于陶盆之内。从"鲁"字中的"鱼"来看，环泰沂山地区的以鲁为国号的部落，也应该是一个以鱼为图腾徽帜的氏族。

　　传说中的夏部落也是以鱼为图腾的。《史记·夏本纪》记载："禹之父曰鲧，鲧之父曰颛顼。"司马迁男权本位的立场，让他犯了一个错误，将这三人的女性性别换成了男性。不过这不要紧，我们至少从司马迁的记载里知道他们三代都与水和鱼有紧密关联。颛顼是水神，当然也是女神，具有蛇与鱼的形象。根据《山海经·大荒西经》的记载，颛顼死而复生，变成了鱼妇。颛顼化鱼的传说，后来在周人始祖后稷身上又发生了一次。从"鲧"字的构成来看，鲧与鱼关系要更加亲密，鲧可能就是一条大鱼。禹也具有鱼的特征。在古汉语中，"禹"与"鱼"读音相同，意义也相近。传说大禹是鲧被杀时从鱼腹中取出来的。同鲧一样，大禹也可能是一条在水中游来游去的大鱼。

就是这条水中游来游去的鱼，陪伴我们的先民度过了漫长的黑暗岁月。它们在水中翻起的浪花和激起的水声，打破漫长黑夜的宁静，无疑就是河流或湖泊彼岸的篝火。鱼，对汉人先民而言，就象征着希望，象征着光明。

人面鱼身很显然就是人首龙身或人首蛇身的最初版本。没有人面鱼身，也就没有后来的人首蛇身或人首龙身。关中平原半坡遗址、姜寨遗址彩陶上的人面鱼纹、人面鱼身，既有人类的明显特征，又有鱼类躯体；是鱼，还是人，是鱼，也是人。人面一般作圆形或卵圆形，五官形象用直线、曲线等简单线条表示，比较特殊的是在嘴的两边衔着两条鱼，或者直接描绘鱼的形态。这种富有代表性的鱼纹装饰，数量多，变化大。特别是双鱼复合图案，让我们影影绰绰地看到太极图中的原始要素。这也是我们现在所能看到的最早的人面鱼身图腾形象，也是汉人先民最初的图腾形象。

鱼这个华夏民族"标记"的代码，在龙图腾上保留了下来。从童年到成年，总是有些变化的，我们不必大惊小怪。但不管怎么变化，童年的大致轮廓是不会变的。龙图腾后来变来变去，但鱼的鳞和须始终没有变。鱼的鳞和须就是龙图腾的胎迹。我国民间鲤鱼跳龙门的故事，也许就是在间接暗示我们，龙图腾的原型就是鱼。这个神话传说我们也可以理解为是这一重大转折的暗示和隐喻。成为祥瑞和生殖的象征，是鱼图腾最好的归宿了。

"龙"现在的读音我们已司空见惯，但在殷商时期并不是现在的读音，而是读作"萌"。这个异读在今天的遗迹是龙的一个异体字："龙"。"龙"现在仍读为 máng。龙的古音还藏有一个至关重要的信息，那就是龙和黾的特殊关系。"绳"在篆文中就是由绳子和蛙组合在一起的。"黾"在甲骨文中就是蛙的象形，也读作"萌"。我们先民创造汉字是有一整套形音意编码系统的，读音相近的意思也往往是相近的。很显然，古人在创造"龙"这个汉字时，联想到了集女神和水神于一身的女娲，借用了蛙跳跃升空的姿态和黾的读音。鱼自始至终都游动在隐喻之中。女娲不仅是一条游弋在三峡地区河流湖泊中的鱼，也是一条始终游弋在华夏文明发展演化进程中的鱼。在先民看来，女娲是无所不能的，就是保护他们的神在苦难人世间的化身。鱼图腾的背后，隐藏的不仅是龙图腾，还有祖先图腾、生殖图腾。

蛇是龙图腾的另一个原型。最早提出这一观点的是闻一多先生。他在《伏羲考》一文中认为，作为华夏民族象征的"龙"的形象，就是蛇加上其他各种动物而形成的，它是以蛇身为主体，"接受了兽类的四脚，马的毛、鬣的尾、鹿的脚、狗的爪，鱼的鳞和须"。这一观点后来成为龙图腾起源的主流看法。蛇图腾的出现，标志着华夏文明进入成年时期，同时也标志着龙在华夏大地开始抬头了。相比鱼图腾的祥瑞与欢快，蛇图腾则是华夏子民背负的一座沉重的十字架。

与华夏民族一样，世界上其他民族早期大多经历了以蛇为图腾的时期。据摩尔根《古代社会》中的记载，在美洲印第安人里面，就有9个部落中有蛇氏族，有的甚至以响尾蛇作为氏族的图腾。澳大利亚大陆的一些原始部落，也是以蛇为图腾。可以说，在史前社会的一切动物崇拜里面，对蛇的崇拜是最广泛最普遍的，在大多数原始氏族的宗教信仰中，蛇曾经占据一个突出的地位。世界上众多民族不约而同地以蛇为图腾，并非巧合，是由人类的共同处境所决定的。

蛇是爬行动物中最年轻的一个分支，同时也是爬行类动物中最辉煌的一个家族。毫无疑问，蛇是非常成功的进化者。蛇之所以走进我们先民的精神世界，并非蛇能死而复生，在冬眠后醒来，也非蛇的敏捷与机智，更与性爱、财运等无关。恰恰相反，蛇是因为其邪恶、恐怖，才进入人类神圣精神殿堂的。这也是人类自我意识觉醒的开始。

蛇与人类的关系，远比我们想象和认知的要复杂和密切。人类对蛇的恐惧，是与生俱来的，是先天就有的。人类对蛇的恐惧感，是进化的结果。蛇在人类进化中形成的恐惧信号，是险恶的生存环境赋予人类的礼品。蛇、从高空坠落，是人类梦境永远不变的主题。这两个永远不变的梦境，要追溯到人类在非洲的树居时代。严格地讲，那时的人类还不能称之为人类，还只是灵长类动物的一种。在蛇口丧命、从树上掉下摔死，是随时发生的事情。从那时起，蛇、从高空坠落两个主题就牢牢占据了人类的梦境，使我们无数次地在梦魇中突然惊醒。这两个梦，人类已做了几十万年，并且还将继续做下去。

一项研究成果表明，比较其他生物，人类大脑在进化过程中变得更能注意到蛇的存在，因为蛇是人类最早的掠食者之一。在漫长的与蛇抗争的黑暗岁月中，人类的大脑永远留下了对蛇的恐惧本能，并成功进化出了天生对蛇的特别感觉。心理学家发现，即使从来没见过蛇的成年人和儿童，也都能在各种不恐怖的物体中迅速发觉蛇的图像，远比发现青蛙、花卉或毛虫要快得多。于是科研人员提出了一种假说，即广泛存在的人类对蛇的恐惧，可能反映了这些物种之间共同的长期进化史。对蛇的恐惧，使人类进化出了更好的视力和更大的大脑。为了分辨蛇，人类的视觉进化得更好了，能快速捕捉到灌木中的小东西，从而更好地适应树林中的生活。迅速发现蛇的能力，使人类更具生存的优势，更容易传下他们的遗传基因。研究人员称，即便蛇对现今的大多数人来说不再具有危险性，但这种对蛇的高度戒备却深深印入了人类大脑的神经回路中。对于蛇的恐惧，已深深地扎根在了人类的进化史中。

当汉人先民北上到达三峡地区后，实际上并没有出现期待中的美好新生活，而是继续与蛇抗争，与各类捕食动物竞争，一切照旧如常。

那时的三峡地区还是一片狂野的热带雨林，平均气温比现在要高 2℃～3℃，只有雨季与旱季之分，并没有现在的春夏秋冬四季。那时对先民的主要威胁，并不是各类捕食动物，而是蛇。蛇对我们先民的攻击，悄无声息，而且无处不在，往往一击致命。在《山海经》这部"失落的天书"中，蛇几乎无处不在，整部书俨然就是一个蛇的世界和王国："多怪蛇，多怪木，不可以上""其广千里，鸟兽莫居""是山也，多木无草。鸟兽莫居""是山也，四方，不可以上""广圆二百里，无草木，有蛇"等等。《山海经》描述的处处是蛇的恐怖情景，只可能是炎热潮湿的南方。三峡地区的云雨以及所孕育的茂密植被，就是蛇的天堂。

从现今华夏境内蛇的分布情况来看，蛇类达到 216 种，其中毒蛇 65 种，并且绝大多数分布在南方地区。在干旱的北方地区，出现这种遍地是蛇的恐怖情境是不可思议的。世界上凡以蛇为图腾的部族，无不地处炎热潮湿的中低纬度地区。没有一个游牧部落是以蛇为图腾的。透过《山海经》中众多对蛇描述的字里行间，我们看出了巫师们对蛇的忌惮与恐惧。在四川盆地三星堆出土的青铜神树上，每株神树都缠绕了一条蛇。这可能是历代巫师对那个遥远时代的恐怖记忆，也是华夏子民的集体潜意识。韩非在他的《韩非子·五蠹》一文中有过记载，"上古之世，人民少而禽兽众，人民不胜禽兽虫蛇"。韩非的记忆，实际上也是零碎模糊的。

甲骨文里并没有蛇字，只有"虫"与"它"。这两个字其实是同一个字，都是指蛇。北上后的殷商部落，仍视蛇为灾祸、挥之不去的梦魇。殷商甲骨文中有"亡它"的占卦记载，意思就是没有蛇、没有灾祸。这是我们先民延续了一万多年的思维惯性。蛇从草丛间走进汉人先民的精神世界，是建立在我们先民对蛇的恐惧这一心理基础之上的。

可以肯定的是，蛇是我们先民梦境永恒不变的主题。这个噩梦如影随形，挥之不去，沉重如山，令人窒息。在先民看来，蛇象征着恐惧与死亡，黑暗与罪恶；蛇就是灾难、邪恶的化身，就是代表死神的魔鬼。与他们的祖辈一样，他们无数次地从噩梦中惊醒，一身冷汗，在黑暗中发呆，盼望着清晨的到来。

黑夜虽然漫长，但黎明终将到来。既然噩梦如影随形，挥之不去，那么就不如试着与它抗争。蛇所蕴含的强大神秘能量，我们先民也是可以拥有的。借助蛇的强大神秘能量，就有可能减少噩梦，摆脱黑暗与苦难，像梦中一样在天空自由地飞翔。蛇之所以成为先民的图腾，并不是因为敬畏蛇，而是为了战胜蛇，克服对蛇的恐惧。这并非我们先民的自我安慰。在我们先民看来，大象、野牛既然能成功驯服，蛇也是可以征服的。意识到人类自身的力量，是华夏文明演化发展的关键一步。事实上，从这一支孤独北上队伍成功穿越缅北死亡森林、翻越高黎贡山的时候起，就注定这一点。我们先民自我意识在漫长黑夜中的觉醒，也就是龙图腾抬头的时候。

在传世的远古神话中，华夏诸神似乎都与蛇有关。《山海经》一共记载了454 个人物，其中与蛇形有关的人物就达到了 138 个，占到了总数的三分之一。女娲就是人面蛇身，颛顼帝同时兼具了鱼和蛇的特征，共工氏则是蛇的身躯，火神祝融有时也化身为蛇的形象。华夏诸神的手臂、耳朵或其他一些部位总是盘绕着某种蛇形，这也是华夏文明有别于其他文明的一个鲜明特征。《山海经》中直接写到了许多饰蛇者，如夸父、雨师妾、胡余神、于儿神等等，这些神大都两耳饰蛇，双手也擎蛇。他们的身份就是大巫师。《山海经》多处描述一些部落"珥两青蛇"，或"珥两黄蛇"。"珥蛇"，就是在人脸的两边，吊上蛇形的耳坠。在辽西红山文化遗址，也发现了用玉做的耳坠蛇。这些我们现在看起来匪夷所思的珥蛇者、操蛇者、饰蛇者，就是我们的先民在努力尝试借助蛇的神秘力量，克服对蛇的恐惧，摆脱无边的黑暗与苦难。蛇图腾代表的是苦难与黑暗，是抗争与解脱。如果说鱼是龙图腾的底色，那么蛇就是龙图腾的灵魂。

西方学界认为，图腾是原始人试图保证自己安全、保全自己生命的制度。从我们先民的实践来看，这个观点并不准确，图腾更像是史前人类安抚自己灵魂的制度。万物虽然有灵，但人类才是真正的天地之间的精灵。这是我们的先民无数次从噩梦中惊醒才慢慢悟出的一个道理。这个道理看来简单，但我们的先民却思考了数几千年的时光。

蛇之所以走进我们先民的精神世界，当然还不仅仅是出于对苦难与黑暗的抗争与解脱。我们先民除了对蛇的恐惧，还有敬畏。这是因为蛇有一种神奇的本领：死而复生。从春末到秋末，特别是在炎热的夏季，蛇游走于草丛、溪旁、洞穴，如鱼在水中游、鸟在天上飞，尽情释放生命的活力。可是，一到冬季，蛇就开始不吃不喝，并相继入洞蛰伏过冬。这在我们先民看来，蛇的生命其实已经结束了。

可是，出乎他们意料的是，到了第二年春天，当春暖花开的时候，蛇又奇迹般地死而复生，在蜕皮之后又开始游走于大地之上，如入无人之境。其实，冬眠是由蛇的趋温特征所决定的，是其体内的化学反应催化剂——酶作用的结果。可是我们先民并不这样看。他们认为，蛇之所以能死而复生，是因为其打通了生与死的边界，可以自由游走于阴阳两界。蛇一年又一年地向我们先民生动演绎了生死循环、阴阳轮回的真实故事。我们先民在蛇的身上看到了人死而复生、长生不老的希望。虽然这一希望有如海市蜃楼般缥缈，但给了他们战胜苦难生活的信心与力量。当蛇冬眠的时候，肯定就盘踞在我们先民的心中。

蛇与蚕、蝉有一个共同的特征：蜕皮。"蜕"这个汉字似乎就是专为这些南方虫子量身定制的。从这个汉字产生之日起，这个义项就一直没有变化。在我们先民看来，蜕皮就是重获新生。蛇、蚕、蝉等些可以随意转换生命形态的南方虫子，无疑让深陷死亡阴影、万念俱灰的他们喜出望外、重振精神。这是大自然对人类脆弱心灵的安慰。凡是具有这个神奇本领的动物，似乎都受到了我们先民的膜拜。我们先民之所以坚信人可以生死轮回、阴阳循环，蛇与蚕、蝉无疑发挥了重要作用。

除了冬眠的神奇本领之外，蛇游走大地时的水波纹姿态，也就是 S 形，静止不动时的水漩涡形态，以及同报晓的鸡一样的卵生方式，也可能是我们先民对其油然而生敬畏之情的重要原因。不论是动态的 S 形螺旋状轨迹，还是静态的水漩涡形态，肯定都让我们先民浮想联翩，将蛇与水自然联系在一起。蛇与水的亲密关系，与其说是蛇与生俱来，不如说是我们先民所赋予的。女娲之所以是人面蛇身的形象，共工氏之所以是蛇的身躯，就因为她们是水神。

可能再没有哪种动物像蛇一样让我们先民既恐惧又敬畏的了。如果仅仅只是恐惧，蛇就不可能游走于华夏文明演化的进程之中；如果仅仅只是敬畏，当蛇游走于我们先民精神殿堂的时候，可能会经常冬眠。只有两者兼备，同时发力，才有可能让"龙"抬起头来。如果说恐惧与敬畏是一对孪生兄弟，那么孕育它们的只能是苦难。在历史的长河中，人类所有的图腾都不过是昙花一现，只有苦难才是永远的图腾。我国学界一直有一个通行的观点：与西方文明相比，华夏文明在表现苦难悲怆这一人类永恒的主题上乏善可陈，相形见绌。其实，这是一种误会与偏见。我们先民对苦难的表达，比欧洲大陆的先民要更加隐晦与曲折。在面对苦难时，他们似乎更习惯于长歌当哭。《山海经》神秘诡谲的背后，就是我们先民无尽的苦难。与其说《山海经》是一部巫书，不如说是一部我们先民的苦难秘史、一部史前时期的"黑暗传"。蛇图腾的出现，其实是饱经苦难折磨的我们先民的一场自我救赎行动。龙图腾之所有具有强大的生命力，是因为有华夏子民无穷无尽苦难养料的浇灌。的确，我们先民似乎不敢直面苦难。

对太阳、火、神鸟的祭拜，在汉人部落中可能是共同的，并没有地域之分。但对蛇的崇拜，最初可能就是颛顼部落所独有。蛇图腾的出现或者说龙图腾的抬头，标志着颛顼部落的崛起。也可以说，蛇图腾的崛起或者说龙图腾的抬头，就是颛顼部落主导的。颛顼以及她的子民，集体为我们演绎了一遍鲤鱼跳龙门的故事。按照《山海经》的记载，颛顼帝既是鱼，也是蛇。《山海经·大荒西经》是这样描述的："有鱼偏枯，名曰鱼妇。颛顼死即复苏。风道北来，天及大水泉，蛇乃化为鱼，是为鱼妇。颛顼死即复苏。"而颛顼的后人大禹，那位传说中的治水英雄，既是鱼，也是蛇。"禹"在甲骨文中就是一人手中抓着一条蛇的样子。从《山海经》为后人设置的语言迷宫来看，巫师们实际上是在暗示我们：颛顼部落就是以蛇为图腾的部族。

龙在华夏大地的抬头，标志着华夏文明一个新纪元的到来。这是一个我们先民自我意识被蛇唤醒的时代，也是一个汉人各部落权力意识开始觉醒并不断膨胀的时代。颛顼部落何以在众多汉人部落中脱颖而出，只能是个历史之迷了。战争肯定只是外因。巴蛇食象、羿斩巴蛇两个分属不同部落的传世神话，互为对立，同时也互为补充，是对颛顼部落崛起的旁证。这两个神话其实是在暗示我们：蛇图腾崛起的背后，是部落之间的宗教信仰之战，是血雨腥风，是无尽的苦难。蛇图腾的出现，就像潘多拉的魔盒打开了，权谋、战争等黑色烟雾开始弥漫华夏大地，遮蔽华夏子民的心灵。蛇图腾的出现以及颛顼部落的崛起，为华夏文明的演进与发展埋下了诸多伏笔。

龙图腾的演进，是一个道生一、一生二、二生三、三生万物的过程。从我们先民到达三峡那天起，龙图腾就已经在黑暗幽深的洞穴中、满布芦苇荡的湿地中开始孕育了。龙图腾在其漫长的演化过程中，一直被不断定义。龙这个汉字在甲骨文、金文、小篆中多种写法本身就表明，汉字来源于图腾，古老的汉字最初就是图腾；我们先民对龙图腾的认识也在不断发生变化。我们现在所知道的华夏文明的所有史前图腾，都参与到了龙图腾漫长的演化进程之中。这也是龙图腾原型在我国学界一直争论不休的症结之所在。龙图腾的形成，可能是多线并进、综合发力的结果，鱼图腾－蛇图腾只是其中的一条线。在颛顼时期，鱼图腾－蛇图腾这条演化线路，与其他的演化线路可能还是平行的。但我们可以肯定的是，从鱼图腾到蛇图腾，是龙图腾演进诸多线路中的一条主线。我们先民对黑暗与死亡的恐惧，对光明与永生的寻找，是推动龙图腾演化的根本动力。在华夏文明的众多史前图腾中，唯有蛇图腾淋漓尽致地体现了我们先民对黑暗与死亡恐惧的挣扎与超越、对苦难与不幸的救赎与自救。这也可能是颛顼部落何以在众多汉人部落中脱颖而出的一个秘密。

伏羲女娲人首龙身或人首蛇身图案是在汉代才出现的。从人面鱼身到人首蛇身，其间的时间跨度4000多年。4000多年的时间，可以发生的或已经以发生的事实在是太多了，南方的很多湖泊已变成了桑田，蛇图腾也早已风头不再。4000多年的时间，可能就是在为这个神秘图案的出现做准备。我国大多数学者将该图解读为伏羲女娲交媾图，认为该图表达的是古人对生殖的崇拜。这显然是对华夏文化本末倒置的误读。伏羲女娲蛇身缠绕的形态，我们可以视为两条蛇或龙，也可以视为两根打结的绳子。不论是蛇或龙，还是两根打结的绳子，其实都是两条S形曲线，是湍急的水流。甲骨文、金文的"玄"字，就是两根绳子合在一起，也就是双螺旋结构。这个图案所隐藏的秘密，可能就是先贤老子所认为的"众妙之门"的"玄"。当报晓的金鸡化身为一阵风，或者说一束飞升的光与影，金鸡就不再是鸡，而是凤凰。凤凰之所以称为玄鸟，是因为凤凰是不死鸟，可以在火中涅槃重生。太阳运转的轨迹之所以被称为玄道，是因为太阳运转的轨迹呈S形曲线。这幅图其实是蛇图腾的演变与升华。在巫师们与神灵对话时制作的这幅符图中，蛇已不再游走于大地了，而是蜕变为在空中飞腾的龙，具有了无比神奇强大的力量。

联合国教科文组织杂志《国际社会科学》1983年试刊号的首页插图，就是一幅我国西域吐鲁番地区出土的伏羲女娲画像。这幅画像有可能是西行的商人或者戍边的军人带在身边的护身符。因其与人类生物遗传结构——脱氧核糖核酸分子的双螺旋线结构非常相似，被题名为"化生万物"。当然，伏羲女娲人首蛇身图案中的双S形与脱氧核糖核酸分子的双螺旋线结构的相似，也许只是巧合。但是，东方古老智慧与现代科技成果的这种巧合，又似乎具有某种必然性。

如果说这个护身符真的具有"化生万物"能量的话，那也只能是苦难所蕴藏、迸发的强大力量。当龙抬头的时候，华夏民族的苦难并未因此而结束，而是一切如旧。

Chapter 10
第十章

走出三峡丛林

对汉人先民而言，三峡既是天堂，也是炼狱。

说三峡是汉人先民的天堂、伊甸园，其实一点也不为过。众多的河流湖泊，为汉人先民提供了取之不尽的鱼类；热带雨林气候，万物生长，植被茂密，足够他们过上采集、狩猎的安居生活了。食盐唾手可得，上空频繁的雷电使得天然火种的获取不再是可遇而不可求。可是，华夏文明不可能止步于渔猎时代，高山峡谷也不可能孕育出农耕文明。华夏文明的演化，需要更加宽广的舞台。这个宽广的舞台就是大河流、大平原。而事实上，那个太阳升起的东方，烟波浩渺的两湖平原上众多芳草萋萋的小洲，以及时有大象身影出没的成片的芦苇荡，早就在召唤他们了。

长期生活在高山峡谷，我们先民的视野毕竟过于狭窄了，心胸也不可能开阔。三峡地区上空弥漫不散的云雨，在浇灭他们火种的同时，也浇灭了他们的希望；在遮住他们视线的同时，也遮蔽了他们的心灵。更为重要的是，三峡地区炎热的气候，造成各类蚊虫肆虐，病菌猖獗，再加之各类凶猛的捕食动物，无处不在的毒蛇，使得我们先民的生活如履薄冰，遍体鳞伤。也许，三峡地区上空经久不散的云雨，就是那些无数被疾病、毒蛇、自然灾害夺取年轻生命的冤魂所化。如果人死后真的有灵魂的话。他们的生命之树过早夭折、凋谢，因此他们是带着万般不舍猝然离开这个世界的。

在经过持续数千年的稳定生活之后，有一天，我们先民突然发现，原先空空荡荡的三峡地区，似乎变得狭窄而拥挤了。他们开始向往更加广阔的天地。我们先民走出三峡丛林，是迟早的事情。汉人先民在三峡开枝散叶，也是必然的。三峡的使命就是为华夏文明的演进发展积蓄足够多的能量、培育文明的因子。现在这一历史使命既然完成了，那就要再一次出发远行了。其实，当他们在湘西北、鄂西南的山冈上无数次凝望东方的时候，他们内心早就蠢蠢欲动了。

从某种程度而言，三峡地区就是汉人先民的另一个非洲。汉人先民走出三峡，与人类走出非洲是惊人相似。不断迁徙，是人类的宿命，当然也是汉人先民的宿命。从缅甸沿海北上到三峡那天起，汉人先民走出三峡丛林的脚步就一直没有停止过。这是一场持续了数千年的渐进式的大迁徙。这一场渐进式的大迁徙，成就了华夏文明。

学界传统的旧石器时代与新石器时代之分，其实混淆了早期人类与现代智人之间的界线。云南元谋人、重庆巫山人、湖北郧县人、陕西蓝田人、河北泥河湾人等，其实是从非洲走出来的直立人、早期智人留下的足迹，不能纳入现代人类的大历史范畴。如仅以现代智人也就是早期汉人在华夏大地的足迹而论，三峡地区的湘西北、鄂西南无疑处于最顶端位置，是华夏史前文明的圣地与辐射源。

近几十年来，湘西北、鄂西南地区每一次考古发现，无不是颠覆性的大发现，不断刷新我们对华夏史前文明的认知。在华夏灿若星河的史前文化遗址中，湘西北、鄂西南地区无疑是最为灿烂的一团星云。

在这块文化高地、圣地，有几处标志性的史前文化遗址：距今约 15000 年的湘西北石门燕儿洞遗址，距今约 15000 年的黔中地区牛坡洞遗址，距今约 10000 多年的道县玉蟾岩遗址，距今约 9100 年的澧水流域彭头山遗址，距今约 8000 年的皂市下层文化遗址，距今约 8000 年的松滋关洲遗址、宜都城背溪遗址。玉蟾岩遗址发现的稻谷遗存，刷新了人类最早栽培水稻的历史纪录；出土的黑褐色陶片表明，早在一万年前的华夏文明就已昂首迈进了陶器时代。彭头山遗址时间跨度近一个世纪，被学界公认为长江中游地区年代最早的新石器遗址、华夏文明稻作农业起源的显著标志。湘西沅水中上游地区的高庙文化遗址，从大约7800 年前一直延续到距今大约 5300 年，时间跨度达两千多年之久。

华夏文明所有核心要素，均可在三峡地区找到源头。无论是史前文化遗址分布的密集度，还是序列的完备性，以及文明的原创性，三峡湘西北、鄂西南地区堪称完美，是当之无愧的华夏史前文明的高地，中原地区、环泰沂山地区、环太湖流域，均难望其项背。这一团最为灿烂的星云，是由三峡地区奔涌的盐泉、弥漫不散的云雨造就的。湘西北、鄂西南在华夏史前文明演化史中高高在上，俯视着华夏大地如同星星般的史前文化遗址，不免有点寂寞。这个格局从我们先民发现三峡盐泉那天起就注定了。

如果审视华夏文明史前遗址的分布情况，我们就会发现，由湘西北、鄂西南这个华夏文明的辐射源头位置往东、西、北三方向，史前文化遗址在时间上总体呈现逐步递减的态势。就目前考古发现而言，距今 1 万年以前的文化遗址，湘西北、鄂西南达到 3 处。虽然说江西万年仙人洞遗址也是近几年来的重大考古发现，并且时限比湘西北彭头山遗址还要早近千年，但这个仙人洞始终是一花独放、星星之火。当湘西北、鄂西南地区的汉人先民在用祭祀仪式、刻画图像讴歌太阳的时候，这支孤军东进的汉人先民队伍似乎惧怕普照大地的阳光，一直没有走出那个幽深的洞穴。距今约 9000 年的遗址，只有湘西北的一处，其他地方尚付阙如。无论考古工作者多么努力，其他地方恐怕也不可能填写这个历史空白了。因为这个时期的汉人先民还没有开始他们在东亚大陆的迁徙旅程。距今 8000 年左右的文化遗址，湘西北、鄂西南不下 5 处，而中原地区、华北地区、辽西地区、环泰沂山地区、环太湖流域、河套地区都只有 1 处，而且时间上限均没有突破 8000 年；距今 8000 ～ 7000 年的文化遗址，三峡地区更是不下 8 处。

如果审视黄河流域早于 8000 年的新石器时代文化遗址，我们会发现，他们无不带有北方游牧狩猎文明的浓厚色彩。如果剔除北方游牧狩猎部落的因素，从大的范围来看，中原地区史前文化遗址时间整体上明显晚于南方的三峡地区。裴李岗文化遗址是中原地区时间最早的，也并未突破 8000 年的上限。继裴李岗文化独领风骚之后，中原地区在沉寂了两千年后，才迎来了光芒四射的仰韶文化时期。华北地区的磁山遗址、环太湖流域的跨湖桥遗址、环泰沂山地区的后李遗址、辽西地区的兴隆洼遗址，以及秦岭以北的河套地区大地湾遗址，还只是星星之火，没有三峡地区的燎原之势，其时间上限也均没有突破 8000 年，无法撼动南方湘西北、鄂西南的龙头地位。

华夏大地史前遗址的这一分布规律，其实已经为我们初步勾勒出了一幅粗线条的汉人先民早期走出三峡丛林的大致时间以及迁徙路线图。

在南方的两湖平原、四川盆地，这条迁徙路线图的线条要更加清晰、精准。在三峡核心区域，最早的是距今约 7500 年的重庆玉溪下层类型遗存，其次是距今约 7000 年的秭归东门头遗址，再往后就灿若星河的 200 余处大溪文化遗址。大溪文化遗址普遍距今在 6000 年到 5000 年之间。从湘西北往东到洞庭湖平原，依次是距今约 7000 年的石门皂市遗址和松滋桂花树遗址、距今约 6500 至 6800

年的汤家岗遗址，直至洞庭湖平原腹地。从鄂西南松滋江心洲关洲遗址、宜都城背溪遗址沿长江东下，就是距今约7800年的潜江林鸟台遗址。从江心洲关洲遗址、城背溪遗址越过长江，往东北方向依次是距今约6000年的沮漳流域关庙山遗址、距今约5500年的汉水流域屈家岭遗址、距今约4500年的汉水流域石家河遗址。由这一核心区延伸到西北，就是汉水上游地区距今约7500年的龙岗寺遗址和距今约7000年的李家村文化遗址；由这两处遗址往南，就是距今5000～3000年的古蜀文明的众多遗址。这是近几十年来南方考古大发现为我们描绘出来的一幅汉人先民的迁徙路线图。

可以肯定，华夏大地各处最早的先民，都是从三峡的丛林中走出去的，都是三峡的移民。最早的燕赵人、中原人、齐鲁人、吴越人、关中人、河套人，都是三峡人、巫山人。也正是这场大迁徙，形成了现在华夏版图的基本格局。这场大迁徙，对华夏文明的演进发展具有决定性意义。

最大规模的一次迁徙，大约发生在8000年前。几乎在大致相同的时间，我们先民疲惫的身影几乎同时出现在中原地区的裴李岗、华北地区的磁山、辽西地区的兴隆洼、河套地区的大地湾、环泰沂山地区的临淄后李、环太湖流域的跨湖桥。导致这次大规模迁徙的原因目前尚不清楚，很有可能是一次罕见的灾难性事件或一场大瘟疫打破了往日的宁静，迫使我们先民走出三峡，走出巫山的云雨世界。

我们先民8000年前的这次大迁徙，传递的信息是十分丰富的。火种的稀缺性，决定了我们先民早期只能过着大家庭式的部落生活。他们之所以勇敢地往前迈出这一大步，肯定是掌握了人工取火这一秘密武器。火种不再是稀缺资源，严重依赖天然火种的时代已经一去不复返了。人工取火技术的发明，让大家庭式的部落生活逐步解体，一个大部落开始分化出更多的小部落。开始新生活的小部落，有了更多的自主选择。走出三峡，另觅新的家园，无疑是其中的一个选项。一场灾难性事件，让部分先民勇敢地往前迈出了这重要的一步。这一重大事件表明，由于稳定的火源以及食盐资源，三峡地区的汉人先民人口数量有了明显增长，大部落解体分化为更多的小部落。华夏文明这株参天大树，在三峡地区云雨的滋润下开始分枝散叶了。

沿山谷河流走向而行，始终是我们先民迁徙的优先选项；风险可控，始终是我们先民迁徙的首要原则。他们分成三支、朝着三个不同的方向前行。到达环太湖流域跨湖桥的这一支，自然是朝着太阳升起的东方顺长江而下。东北方向的一支，应该就是沿着鄂西山地边缘北上。在汉水中游地区，这支北上队伍又分成两支：一支经鄂北岗地东进，一支则沿汉水河谷西进。东进的这一支在到达淮河上游舞阳贾湖后又分成两支：一支沿淮河河谷东进，最后到达环泰沂山地区的临淄；另一支则继续往东北方向行进，经华北平原，最后到达辽西地区的兴隆洼。沿汉水河谷西进的一支，有可能是在到达南阳盆地后，再西进到达关中平原，最后深入到河套地区。按照风险可控这一底线，关中平原、河套地区的先民不可能涉险翻越秦岭，更不可能走峡江这条天路。当然，也不排除少数先民由三峡地区沿巫溪河谷，翻越大巴山、秦岭东部的低矮山脉，到达关中平原，最后深入到河套地区。就目前而言，这种推测还欠缺考古成果的支撑。

　　在天空飞翔的鸟，其实并不自由。它们飞翔的目的，就是寻找大地上的食物。大地才是鸟的家园。我们先民之所以跋涉千山万水，原因只有一个：寻找有着食盐味道的家园。因为他们一旦走出三峡地区，就意味着失去了稳定的食盐供给。如果没有食盐这一白色精灵在他们身体内部的翩翩起舞，他们的生命就如同风中的烛光，随时可能熄灭。靠近三峡地区的两湖平原，在这个时期还是一片汪洋，是鱼和鸟的天堂和乐园，他们只能绕道远行。两湖平原成为华夏文明的中心舞台，还要等待几个千年的岁月。他们这次远行其实并没有明确的目的地。哪里有食盐，哪里就是他们的最后归宿地。而事实上，他们最终到达的地方，无论是濒临海洋的环泰沂山地区、环太湖流域，还是遍布盐碱地的河套地区、辽西地区，都有取之不尽的食盐。江淮平原、中原地区、华北平原、关中平原之所以没有留住他们前行的脚步，是因为食盐资源的欠缺。

　　在华夏文明早期的演化历程中，食盐始终是一双隐形的巨手。继裴李岗文化、磁山文化独领风骚之后，中原地区、华北平原在沉寂了近两千年后，才迎来了光芒四射的仰韶文化时期。中原地区的春天之所以姗姗来迟，就是因为食盐资源的制约。如果没有北方解盐的发现，那么中原地区就是平庸的，甚至连"中原"这一词语都不可能产生。秦岭以北的关中平原，虽然水草丰茂，但早期文化遗址只有两处：距今 7000～6000 年的半坡遗址，距今 6600～6400 年的临潼姜寨遗址，与北方河套地区相比黯然失色。河套地区的秦安大地湾遗址，其历史年代从距今 8000 年一直延续到距今 5000 年，再往后就是距今在 5700～4000 年的临洮马家窑遗址。在距今约 4000 年的时候，河套地区更是异军突起，出现了让关中平原自惭形秽的齐家文化。个中秘密其实也是食盐。江淮平原本应在华夏史前文明的演化中大放异彩，可就是因为欠缺食盐资源，让这一肥美之地错失了五个世纪的宝贵时间。汉中盆地、南阳盆地之所以没有成为西进北上先民的"伊甸园"，也是因为食盐资源的制约。

我们之所以认定裴李岗、磁山、兴隆洼、大地湾、后李、跨湖桥的先民都是三峡地区的汉人移民，而非北方游牧部落与南岛语系部落的先民，是建立在考古成果基础之上的。这是因为，从三峡地区走出的先民身上散发出一股浓浓的三峡味道。不论他们走到哪里、身处何方，他们所携带的由三峡云雨孕育出的文化基因都不会改变。

这个文化基因主要体现在陶器的形制、色彩与纹饰上。作为泥与火的结晶，从诞生之日起，陶器就一直是我们先民心灵的倾诉对象、精神的载体，不厌其烦地与之娓娓而谈。而事实上，陶器也是我们先民的忠实倾听者，并且忠实地记录下了他们生命的律动。

圜底器和三足器两种陶器，最早出现在江西万年仙人洞遗址，在湘西北、鄂西南地区的彭头山遗址、城背溪遗址、关洲遗址、高庙遗址均多次发现。我们先民对这两种器形的偏爱，是他们对太阳崇拜的悄然流露。大地湾遗址一期出土的200多件陶器，主要为三足钵、三足罐、圜底钵等，贾湖遗址、磁山遗址陶器则多为三足钵。泰沂山地区后李遗址一期只有圜底器，到了二期才大量出现三足器。跨湖桥遗址陶器以圜底器、圈足器为主，制作工艺采取泥条盘筑法，与湘西北、鄂西南地区如出一辙。最早的人面鱼纹图案，就出自关中平原半坡遗址、姜寨遗址的陶器。在这两处关中平原最早的史前遗址中，处处是游动的鱼、跳跃的鱼。姜寨遗址一期第159号墓出土的彩陶大盆内，刻画了排列为一圈的5条鱼。如果我们能将这些早期的陶器排列在一起，我们会发现，红陶、褐陶、灰陶、黑陶这几种太阳光芒与火焰的色彩始终是主色调，绳纹、水波纹、鱼纹、鸟纹、太阳纹、蛙纹这些祖源符号始终是主旋律。虽然各地的早期陶器均不乏地方特色，但共性远大于个性，形制、色彩、纹饰各地高度一致。三峡地区的云雨，决定了其所孕育的文化因子蕴藏的巨大辐射力与穿透力。兴隆洼先民制作的陶器似乎相形见绌，但他们用玉器、猪葬习俗以及石塑龙弥补了这一缺憾。

走向远方，我们先民是义无反顾、步履铿锵。但走向东部的两湖平原，则是步步为营、步伐迟缓。洞庭湖平原、江汉平原、成都平原与三峡也就一步之遥、咫尺之隔，但我们的先民却用了数千年的时光。这是因为在五六千年之前，这三个大平原就是一片泽国，是汉人先民迁徙的一道天然屏障。现在的洞庭湖平原、江汉平原，就是先秦文献记载的云梦大泽。

远处虽然水天一色，但毕竟不是我们先民向往的天堂。芦苇荡深处虽然有大鱼，但也隐藏着凶险无比的大鳄；在大泽的不远处，有一个水汽蒸腾的小洲，虽然草木丰美，但却毒蛇遍地。沧海变桑田，是以千年为单位的。走向平原，只能是水退人进，走一步看十步。在澧水流域，汉人先民从高庙走到汤家岗，用了近一千年；在鄂西南，汉人先民蹚过长江，走到沮漳流域，用了两个千年；在汉水流域，汉人先民从大洪山南麓的屈家岭往南走到石家河，用了一千年；在四川盆地西部的岷江流域，汉人先民从宝墩村走到三星堆、金沙，也用了两个千年。这也正是三大平原腹地基本上没有发现早期史前文化遗址的合理解释。我们先民虽然无限向往天空的鸟、水中的鱼，但他们毕竟不是天空的鸟、水中的鱼。我们先民走向平原，虽然是十面埋伏、步步惊心，但却铿锵有力、意义深远。这一过程，其实是华夏文明从渔猎采集时代走向稻作农耕时代的标志。

巴蜀楚一体，同气连枝，有着大量的考古成果佐证，也是我国学界达成的共识。三峡地区发现的巴人淳于上的"神树"，在楚帛画中频频现身，在成都平原的三星堆文化遗存惊艳亮相，就连江汉平原与成都平原的史前古城址结构也是惊人相似，这绝对不是偶然。西进的这一部分汉人先民，就是蜀人的祖先。蜀人在成都平原开疆拓土，延续了三峡地区的渔猎文明和神秘的巫文化，形成了璀璨的古蜀文明。东进的这部分汉人先民，就是最早的湘人、楚人。代表了南方文明的楚文化，至今还散发着南方灼热的气息和神秘的巫文化色彩。没有经历北方严寒与干旱贫瘠考验的巴人、蜀人，都是华夏初始文明的守望者。

这些众多史前遗址，就是我们先民走出三峡丛林过程中留下的深深脚印。这也是近一个世纪以来考古工作者为我们描绘的一幅汉人先民走出三峡丛林的时间及路线图。我们相信，随着考古的不断发现，这幅路线图会越来越清晰，并最终还原我们先民在东亚大陆持续数千年的大迁徙，以及他们的心路历程，连同大迁徙背后所发生的惊心动魄的传奇故事。单一的考古发现无疑具有偶然性和局限性，但众多的偶然性和局限性聚集在一起，就透露了某种必然性。这个必然性就是被遮蔽了数千年之久的历史真相：汉人先民早期从三峡丛林走向华夏大地的艰难历程。现在到了该还原这一历史真相的时候了。

迁徙方向不同，发展道路自然也迥异。稻作文化在四川盆地先天不足。四川盆地虽然也有野生稻，有大江大河大平原，而且土地肥沃，水量充沛，但欠缺野生稻生长的足够光照时间。这个欠缺是致命的，使四川盆地在华夏文明的演进中错失了一个机遇。稻作没有发展成四川盆地汉人先民的主要生产方式，这是由四川盆地的特殊气候条件决定的。这是四川盆地的最大遗憾。西进的这一支汉人部落，只能继续延续三峡地区的渔猎文明。四川盆地的遗憾只能留给洞庭湖平原和江汉平原来弥补了。向东的这一支汉人部落，在江汉平原、洞庭湖平原走上了稻作农耕的道路。在这以后的数千年，在华夏文化演进舞台上领衔主演的，始终是这支东进的队伍——南方从事稻作的汉人。其实，环太湖地区的稻作农耕并不逊色于两湖平原，但这块地方太过偏僻，区位条件远不如两湖平原，其辐射力受到了长江这道天堑的限制，做不了华夏文明演进的中心舞台。华夏文明的中心舞台，区位当然要居中，便于人口的迁徙流动，还要有大平原、大河流，以及适合稻生长的温度与光照。只有江汉平原、洞庭湖平原才具备这一苛刻条件。也许，这两个平原已为之等待了数千年的时光。这也是我们先民在湘西北、鄂西南的岗地上无数次注视这两个平原的原因之所在。

经南阳盆地西上的汉人部落，在半干旱的关中平原、河套地区走上了漫长而艰苦的粟作之路。南方三峡地区赋予他们的文化基因，使他们始终保持着农耕的本色，做不了游牧人。距今约 8000 年前的河套地区大地湾遗址一期出土的大量石制农具，充分验证了这一点。他们在经受严寒考验的同时，也饱受西北方向游牧部落的骚扰，用鲜血与生命划出了一条农耕文明与游牧文明的分界线。红山文化遗址发现的大量石制农具及聚落遗迹告诉我们，深入到辽西地区的汉人部落，在严寒气候的考验中，始终过着定居的农耕生活，为东北亚文明的走向埋下了诸多伏笔。北上中原地区、东进环泰沂山地区的先民，吓跑了零零星星的北方游牧部落，原先广袤的牧场从此变成一块块的稻田粟地桑林，为后来汉人的大规模北上打下了殷实的家底。关中平原、中原地区的早期汉人先民，可能做梦也没想到，北方游牧部落视为牧草的粟与黍，后来会成为他们的主粮，并深刻影响了华夏文明。只不过他们需要的是漫长的积累与等待，足够的耐心与坚韧。事实上，他们也做到了。

华夏史前时期从来就不存在所谓的黄河中上游地区的炎黄集团、环泰沂地区的少昊集团或东夷集团、南方两湖平原的苗蛮集团。如果说有，他们也都是炎帝的后人。炎帝的"牛首"形象，与黄河中上游地区水土不服。从我们先民到达三峡地区那天起，华夏文明始终就是一源：燧人氏一手缔造的华夏部族。北上东进的早期汉人先民，都是燧人氏的子孙，三峡地区的移民。近一百多年来的考古成果表明，在南方三峡地区的云雨中孕育形成的太阳崇拜、火崇拜、玄鸟崇拜，在华夏大地具有万有引力，而不是阵阵涟漪。东亚大陆没有能改变早期智人的生理基因，同样也无法改变走出三峡丛林汉人先民的文化基因。

苗人和瑶人是汉人的孪生兄弟，苗语和瑶语也是与汉语最具亲缘关系的语言。

这对孪生兄弟，也是从三峡地区走出去的。与裴李岗、磁山、兴隆洼、大地湾、后李、跨湖桥的先民相比，他们走出三峡丛林的时间可能晚了近四千年的悠悠岁月。准确地讲，苗人和瑶人可能就是从南方两湖平原走出的。

"苗"这个古老汉字所隐藏的信息，可以还原苗人的族源。在甲骨文中，"苗"就是一幅野生稻的速画，后来才引申为收割稻谷的意思。古老的"苗"字告诉我们，先秦文献记载的"三苗""九黎"，就是南方的众多稻作部落。这显然是西周时期具有话语权的北方人对他们的称呼。伴随"三苗""九黎"这两个称呼的，还有"南蛮""苗蛮"另外两种称呼。那个时候，久居北方的掌控着话语权的汉人对南方以及南方的稻已经很生疏了。

苗人原先可能就生活在湘西北、鄂西南一带。他们从汉人大家庭另立门户、分家出走，可能与"九黎乱德""蚩尤失德"这一重大历史事件有内在关联。"九黎乱德""蚩尤失德"事件，先秦传世文献多有记载，并且均指向"绝地通天"这一宗教改革，也就是颛顼发动的对宗教秩序的整顿。现在看来，这场宗教改革可能不仅仅是宗教秩序与礼仪的整顿这么简单，其背后还包括神权之争。

蚩尤作为一个汉人部落的女酋长、灵魂人物，可能对这场集中垄断神权的改革明显持抵制态度，仍然我行我素。这在颛顼部落看来，无疑就是"乱德""失德"，大逆不道。这场本应发生在颛顼与蚩尤之间的战争，却发生在黄帝与蚩尤之间，的确令人匪夷所思。这场黄帝与蚩尤的"涿鹿大战"，是华夏远古历史上的一个重大历史事件。这个黄帝，有可能就是颛顼。如果视黄帝与颛顼为同一神，这种混乱的历史记忆就容易理解了。这场战争，实际上就是汉人各部落之间的宗教战争。这场宗教战争应该就发生在南方两湖平原的西部地区，也就是湘西北、鄂西一带，而不是传统观点所认为的北方冀州一带。冀州包括现今张家口的涿鹿，一直是粟作兼游牧区，只有可能发生粟作部落之间的战争，或者粟作部落与游牧部落之间的战争。稻作在这块地方先天不足。这场宗教战争，也就是南方两个稻作部落之间的神权之争，发生在南方的稻作区，才是符合历史真相的。

不管蚩尤与黄帝还是颛顼发生战争，蚩尤都是失败者，并引发了九黎部落的大逃亡。少部分就近逃到了西边武陵山一带，大部分则辗转到了北方汾水流域、燕赵地区以及环泰沂山地区，并在那里留下了关于蚩尤的诸多传说。可能还有一部分战争难民逃到了环太湖流域。大山的阻挠作用，让瓶颈效应再一次发生，就近逃到武陵山中的部落，从此脱离了汉人这一大家庭，形成了现今的山地民族——苗族。

苗人的族源记忆始于蚩尤。数千年来，苗人一直薪火相传，视蚩尤为图腾、始祖神，祭祀先祖蚩尤的活动并未因时间的流逝而有所衰减。在苗人的历史记忆中，蚩尤可能就是那个创造发明牛耕的传奇女英雄。苗人的这一珍贵历史记忆，也许可以帮助我们补齐关于华夏文明远古记忆的"历史拼图"。

与"苗"这个古老汉字不同，"瑶"在篆文中才开始出现。"瑶"这个字由"玉"和"遥"两个符号构成，其本义就是远山采集的原始玉石。由"瑶"这个字的本义我们推断，瑶人的祖先可能就是负责远行采集并运输原始玉石的汉人。后来，他们在一次远行采玉路途中，可能发生了一场不为我们所知的灾难性事件，阻断了他们回家的路，从此与汉人大本营失去了联系。从瑶人现在分布于云贵川大山中的情况来分析，他们当时采玉的目的地可能就是云贵川群山中的某一个地方。这次突发的灾难，成就了一个古老的南方山地民族。

这两支在湘西北、鄂西南地区走失的人群，一直保留着史前汉人先民的祭祀形式和信仰传承，是华夏史前文明的守望者。从某种程度讲，苗人瑶人就是生活在高山上的楚人、蜀人、巴人。同楚人、蜀人、巴人一样，他们觉得天地万物都是有灵性的，人与自然是有某种默契的，崇拜山神、谷魂、风神、雷神、雨神、太阳神、月亮神等。他们对祭祀活动表现出异乎寻常的热情，热衷于占卜祭鬼、神明裁判等。从汉人大家庭掉队那天起，苗人、瑶人就一直生活在史前巫文化的秘境之中，怎么也走不出来了。

苗语、瑶语是古汉语的"活化石"。苗语、瑶语虽然也在不断发生变化，但时间长河在苗人、瑶人的村寨、稻田的流淌似乎格外缓慢。由于高山的阻隔与限制，生存环境的相对稳定，这两种语言保留了较多古汉语的本真面貌。汉语中许多被强劲而凛冽的西北风吹散稀释的南方特征，在苗语、瑶语中得以幸运地保留下来。特别有趣的是，屈原《九歌》中的一些词语，用现代汉语难以解读，而用瑶苗语解读则要容易得多。如用苗语来解读屈原《离骚》中的"离骚"两个字，那就是"要放声歌唱"。这可能是更加接近当时语境及原意的一种解读。

在几个千年之后，一个叫李白的诗人，在关中平原，望着高耸入云的秦岭，曾发出了"蜀道之难，难于上青天"的慨叹。同样也是这个诗人，在后来乘一叶轻舟，从蜀地穿越三峡，发出了"两岸猿声啼不住，轻舟已过万重山"的惬意感叹。李白两种不同的心境以及感叹，用来象征三峡的过去与现在，倒是十分贴切。当我们先民的足迹尘封已久、巫山上的历史云雨散尽之时，三峡呈现给我们的，其实已是另外一种风情了。

第三部分

江汉奔流

Chapter 11
第十一章

南方有嘉禾

早期汉人在三峡地区度过繁花似锦的春季后，炎热的夏天终于到来了。

峡尽天开朝日出。当一群汉人伫立在江汉平原和洞庭湖平原上时，一轮红日正从东方喷薄而出。这无疑是一个历史性时刻。

实际上，从三峡到两湖平原，只有一步之遥。挡住他们前进步伐的，可能是洞庭湖、云梦两个大泽的沼泽地带。当他们在湘西北、鄂西南的岗地上生活的时候，就一直关注这两个大平原。随着两个大泽水系的不断萎缩，他们尝试着往前迈进了一小步。这一小步，也是华夏文明发展的一大步。这也是汉人先民进入东亚大陆之后往前迈出的最重要的一步。它标志着华夏文明农耕时代的到来。华夏民族的历史在南方的千里沃野徐徐展开了她的华丽篇章。

早期汉人从到达三峡地区的那一刻起，似乎就已经习惯了大洋暖湿气流的吹拂。当他们疲惫的身躯出现在两湖平原上的时候，首先迎接他们的就是从太平洋上吹送过来的暖湿气流，他们的确没有理由不高兴。从这一刻起，水稻这一碳水化合物便在南方的洞庭湖平原、江汉平原发生了奇妙的催化作用，成为推动华夏文明进程的强大力量。

文明的基础是人口，而人口的生存要靠食物。从世界史的背景来看，亚非地区早期原生文明的发生地，都在北纬 26 ～ 32 度的亚热带湿润气候区，而 32 度以北地区的文明化时间则较晚；同时，农业的发祥地与大文明的发生地，皆是在同一个大的自然区域内。所有古代文明都是在农业发达到一定阶段的基础上发生的。古巴比伦、古埃及、古印度等人类文明最早诞生地区，均地处亚热带，气候温暖，有丰沛的降水，大河流域，土地肥沃，地形平坦，适宜耕种，且有稳定的盐资源保障。人类今天所拥有的很多哲学、科学、文学、艺术等方面的成果，都可追溯到这些古老文明的贡献。

南方的两湖平原正好符合这一苛刻条件。这是一片膏腴之地。《诗经·驺虞》曾对南方的两湖平原有这样的精彩描述："彼茁者葭，壹发五豝，于嗟乎驺虞！彼茁者蓬，壹发五豵，于嗟乎驺虞！"意思就是说，在这片植被茂密的土地上，我们先民一箭射去，居然能够同时射中五只野猪。这就是南方的长江、汉水、沅水、澧水千万年流淌过的土地。这种情况，在北方的关中平原、伊洛地区、郑汴地区是不可想象的事情。这是长期生活在秦岭以北贫瘠土地上的周人对南方这片膏腴之地由衷的赞叹和羡慕，也是周人对南方故乡的美好回忆。南方这片膏腴之地，几万年以来就一直在默默等待汉人先民的到来。在人类未进入铁器时代以前，半干旱的北方显然不具备创造发达农业的基础条件。

长江中游地区在过去一向被认为是蛮荒之地，与华夏文明的起源没有任何关系。迁徙到北方的汉人，随着岁月的流逝，对南方家园的记忆也越来越模糊、越来越陌生，于是有了"南蛮"这一泛称。近一百年来，随着南方一个接一个的考古大发现，人们惊异地发现，以洞庭湖平原、江汉平原为中心的长江中游地区才是我国稻作农业最早发生的地区，也是稻作农业最发达的地区。华夏文明5000多年前的辉煌就隐藏在这片膏腴之地的深处，并未因南方的云雨随风逝去。

古气象学研究成果表明，新石器时代长江中下游的气候较现在要更加温暖潮湿，平均温度比现在高3℃～4℃，降雨量多出800毫米，大致接近现在南岭以南珠江流域的亚热带气候。这一时期长江中游的地理、环境、气候特点，不仅适合水稻的栽培，而且有野生稻的广泛分布。科技工作者的田野调查表明，我国野生稻均分布在秦岭淮河以南，洞庭湖平原、江汉平原均有野生稻的发现。

稻谷是大自然给予汉人的慷慨馈赠。现代植物学、遗传学、农学的研究已经揭示出，栽培稻是由野生稻经人工培育驯化而来的。长江中游不仅有华夏文明最早的稻作遗存发现，而且有仅次于这一发现年代的稻作遗存的普遍发现。一项考古统计表明，我国新石器时代稻谷遗存120处，其中长江流域90处，黄河流域12处。在长江流域90处稻谷遗存中，长江中游占了57处，而且均具有标志性意义。华夏大地目前发现最早的两处稻谷遗存，均处于长江中游地区：一处是江西万年仙人洞和吊桶环遗址，距今约1万年；二是湘西道县玉蟾岩遗址，距今约

1 万年。华夏大地目前发现最早的人工稻谷实物及稻田，也处于长江中游地区，即距今 9100 年左右的湘西北澧水流域的彭头山遗址。

华夏文明的稻作农耕也经历了一个从采集到有意识培育驯化的漫长过程。如果说种桑养蚕是出于宗教目的，那么培育驯化野生稻则完全是生存的需要。两湖平原虽然是一片膏腴之地，但对我们先民并不十分友好，有时甚至表现得十分吝啬，特别是在旱季。因为在漫长的旱季，他们面临着食物短缺的严重问题。要度过漫长的旱季，单靠狩猎、采集获取食物是远远不够的，必须另觅良方。在长期与稻谷打交道的过程中，我们先民还惊喜地发现，与肉类、果类以及块茎类食物相比，稻谷外面包裹的一层坚硬外壳，让稻谷可以长时间保存而不变质，帮助他们度过漫长的旱季。除了想方设法培育驯化那些顽强生长于沼泽地、河边的野生稻，饥肠辘辘的先民也没有其他更好的选择。按照我们先民的意志把野生稻培育驯化成栽培稻，也就是在改变其遗传的性状，无疑是一个漫长的过程。

考古工作者在江西仙人洞遗址发现了野生稻植硅石，在湘西玉蟾岩遗址则出土了具有野、籼、粳稻综合特征的古栽培稻类型。这两处稻作遗存表明，在 1 万年前，我们先民还处在采集食用野生稻的原始阶段。玉蟾岩遗址是华夏目前已知最早的栽培稻遗址，也是世界上发现最早的人工栽培稻实物标本。到了距今 8000 年左右的时候，这种情况已发生了改变。考古工作者在湘西北彭头山遗址出土了数以万计的栽培稻谷实物，已具备原始栽培稻的特征，颗粒已接近现代稻种。我们现在种植的水稻，就是湘西北先民从野生稻中驯化而来的人工栽培稻。彭头山遗址的考古成果，为确立长江中游地区在中国乃至世界稻作农业起源与发展中的历史地位奠定了基础。2011 年，美国华盛顿大学和纽约大学联合开展了一项大规模的水稻 DNA 研究工作。这个团队选择了水稻的 630 个基因片段进行分析，最终得出的结论是：栽培稻是单次起源的，起源时间很可能在 8500 年前。这个时间节点与湘西北彭头山遗址的时间大体是吻合的。在湘西北城头山遗址发现的水稻田遗址，是当今世界上发现的历史最早、保存最好的水稻田遗址，此外还发现了人造稻田、水塘、灌渠等接近现代农业的配套基础设施。城头山遗址向我们很好解释了人工栽培稻何以出现在湘西北的原因。

到了距今约 5500 年的时候，江汉平原的关庙、屈家岭先民种植的水稻已基本接近现代栽培稻。中国社科院考古研究所在发掘屈家岭遗址时，在大片红烧土遗迹中惊喜地发现了炭化的稻谷颗粒，颗粒比湘西北、鄂西南地区要大，品种也要更加优良，已呈现出粳稻籽粒粗、短的显著特征，与今天在长江流域普遍栽培的稻种已相差无几。这一考古成果，正好验证了华盛顿大学和纽约大学联合科研团队得出的另一结论：粳稻和籼稻的分化在 3900 年前。完成这一杰作的，就是华夏先民。屈家岭遗址中含稻谷壳的红烧土非常普遍，在各遗址均有发现。这表明屈家岭水稻种植面积以及收获量都已相当巨大，稻作农业在江汉平原已进入快速发展阶段。屈家岭文化遗址出土了大量的农业生产工具，其种类有石铲、石刀、石斧、石镞等，表明屈家岭稻作农业已由原始的"刀耕火种"进入到"石器锄耕"阶段。

从仙人洞、玉蟾岩，到关庙、屈家岭，其间经历了近五个千年的漫长岁月。两湖平原稻作文化谱系不仅清晰完整，而且具有野生稻培育驯化时间上的连续性。一幅华夏文明稻作农业起源、演化的图景，在我们面前逐渐变得脉络清晰。这一清晰脉络，也是汉人先民从三峡地区向两湖平原腹地不断挺进的路线图。

我们先民一旦掌握了稻作生长的秘密，两湖平原就变得更加慷慨起来。从彭头山到屈家岭这一文化谱系墓葬物的变化有一个明显的特点：那就是，陪葬的渔猎工具、动物骨骼逐步递减。湘西北的彭头山墓葬均发现了渔猎工具、大量动物骨骼，表明谷物收成有限，还需要依靠渔猎、采集获取大量食物。大溪文化区墓葬渔猎生产工具、动物骨骼数量明显减少，表明我们先民对渔猎的依赖性大大降低了。但到了屈家岭、石家河文化时期，则慢慢演变为几乎全部随葬陶器。在屈家岭遗址前后三次发掘的 14 座墓葬中，陪葬的全部是陶器。同样的情况也出现在邓家湾 68 座屈家岭、石家河文化墓葬中。从江汉平原屈家岭、石家河文化墓葬随葬品几乎为陶器可以推测，当时江汉平原的稻作农业已有较多的剩余。这些考古成果充分表明，我们先民通过数千年的探索，已初步掌握了稻作生长的秘密。到了江汉平原，稻作农业已十分发达，风吹稻浪、稻花飘香的美景处处可见。屈家岭遗址出土的大量动物陶器还向我们透露出一个重要秘密：生活质量的明显改善，甚至激发了汉人先民艺术创作的冲动；酒器小陶杯则说明当时的汉人除了将稻谷作为主食外，还将它用来作为酿酒原料。荆楚地区后世成为华夏著名的鱼米之乡，可谓源远流长。远古时期长江中游农业的发达成可见一斑。

与北方的粟作相比，南方稻作的优势是显而易见的。有水即可种稻，种植水稻的土地不需要休耕。而粟则要大量消耗土地肥力，种一季就得休耕一两年。这就意味着在这些地区每年大约只有三分之一到二分之一的土地能够收获粮食。再加上水稻常年浸泡在几十厘米深的水中生长，避免了粟田反复灌溉使水分大量蒸发造成的盐碱化问题，地力衰老的周期大大延长，无形中也延长了农业生产衰落的周期。与此同时,南方松软的土地,对农具的要求也不苛刻,石头、木棒均可成为农具。而干旱半干旱的北方,板结的土地对农具的要求则要十分苛刻。在铁制农具出现之前,北方显然不具备形成发达农业的先决条件。这也是人类早期发达文明均地处北纬 26 ~ 32 度的亚热带湿润气候区的重要原因。

据研究华夏古代农业专家的测算,商周时期稻的亩产量约为 350 斤,而粟只有 80 斤左右。在铁制农具出现之前,粟的亩产量可能更低。考虑到粟作休耕的实际,稻作的效益至少是粟作的 5 倍。低效的粟作农业,只能勉强维持有限人口的基本生存,不足以产生人口迁徙、扩张的动力。而稻作农业则可以获得稳定的食物来源,而且第一次有可能生产出超过维持劳动力所需的食物并进行储存。这就使人口得以较快增长,并可使一部分人去从事维持生存以外的活动,从而产生新的社会分工和物品的交换。这些都是北方的粟作难以望其项背的地方。

从世界范围来看,人口多寡的分布基本上与产粮区丰薄的分布是重合的,农业发达的地区必然也是人口密集的地区。稻作农业的周期性劳动,要求人们较长时间居住在一个地方,以便播种、管理、收获。这样,人类从石器时代的迁徙生活逐渐转为定居生活。定居的农业部落发展到一定程度,城镇便应运而生。

当南方的两湖平原凭借水稻孕育出庞大人口的时候,北方的黄河流域还在依靠狩猎和粟作勉强维持着有限的人口生存。北方中原伊洛地区二里头遗址人口、聚落的密度,无论是新石器时期还是青铜时代早中期,均远远低于南方江汉平原的屈家岭、石家河。古老的江汉平原在华夏大地最早揭示了粮食产量的丰歉与人口数量的消长关系。

伴随着水稻的大量种植,洪荒时期的两湖平原呈现出一派欣欣向荣的景象。在大约 6500 年前,当城头山古城出现在湘西北澧阳平原的时候,北方中原地区仅有零零星星的小型聚落。在铜石并用的早期阶段,当长江中游地区崛起以屈家岭为中心的城址群的时候,北方中原地区的西山古城还只是一个大型村落。屈家岭遗址如繁星般的城址和村落表明,随着稻谷产量的增长与富余,江汉平原人口呈现井喷式增长,已经是遍地炊烟的喜人景象了。4000 多年前的夜晚,当华夏大地其他地区还是一片漆黑的时候,江汉平原已是万家灯火了。以石家河为中心的卫星城址群连绵成一片,城址多达 20 多个,俨然一个城邦共和国。而此时北方中原地区的西山古城才初显规模,在北高南低的邙山岭上形影相吊。到了铜石并用的晚期,中原地区才出现了 5 个颇具规模的古城,但仍不及铜石并用早期阶段江汉平原古城的半数。这是稻谷这一碳水化合物在南方所迸发的惊人力量。

伴随稻作农业技术发展，稻作管理的精细化，特别是水利设施的建设，都促使社会日益变得复杂化。水利设施的建设，仅靠单个家庭肯定无法完成任务，只有举全部落之力才能完成。不论是应对水灾还是旱灾，都需要集体的智慧与力量。这决定了南方稻农对"群"的巨大依赖性。以血缘为纽带的社会关系，在大自然面前显得有些脆弱了，在南方的两湖平原第一次遭遇到了危机。如果说之前的各汉人部落是靠血缘关系维系的文化共同体，那么在经历稻作农耕文明的洗礼之后，这个文化共同体开始嬗变为严重依赖"群"的命运共同体。没有这个重要前提和基础，也就没有公共权力的产生和国家形态的出现。这也是江汉平原史前古城密布的内在逻辑。华夏文明最早的王朝或者说国家形态产生在南方的稻作区，是由人类社会发展的基本规律所决定的。

伴随稻作农业发展过程的，是文明的孕育和发展。华夏文明最初的天文学知识和历法，可能就是在南方的两湖平原长期积累的。在两湖平原，稻作农业是最大的经济支柱，他们的全部希望都寄托在稻谷的收成上。因此，汉人先民开始对日月星辰的运行、气候现象进行观察，积累经验，从而产生了初步的天文地理和数学知识，将华夏文明推到一个新的高度。

湘西北澧水流域城头山遗址的祭坛，是严格按照三宿星象设置的，表明在9000年前南方的稻农已在有意识地观测天象了。《山海经》记载了6座日出之山和6座日入之山，应该就是我们先民观测日影的坐标山。夸父追日的神话，可能是南方稻农观测太阳、追踪日影的曲折反映。羿射九日的神话，也可能是南方稻农对旱魃的无奈与诅咒。基本可以确定的是，至少在4300年前，汉人先民就已经确定了阴历二十四节气中的"春分、秋分、夏至、冬至"等重要节气。这个时间节点与石家河文化的时间大致吻合，与黄帝纪年4700年也大致重合，与屈家岭文化发现的太极图和阴阳鱼也是对应的。石家河古城东南的罗家柏岭祭天遗址，实际上就是南方稻农的观象台，比北方襄汾陶寺遗址观象台至少提前了五个世纪。

天文学是人类摆脱野蛮和蒙昧状态而真正具有社会意义最重要的标志。华夏古代天文学在许多领域曾长期在世界上处于领先地位，在世界天文学史和华夏文化史上都写下了光辉的篇章。更为重要的是，天文学对华夏文明与传统文化的形成产生了深刻影响，形成了独具东方特色的传统宇宙观。没有南方的稻作农业，这一切都是不可想象的。

华夏古代天文学具有官营性质、王权特点。这一特点其实是我们先民各部落大巫师垄断神权的延续与再现。观象授时是神权的象征，也是王权皇权的象征，也是支撑神权、王权、皇权政治的支柱。儒家经典中有尧、舜、禹把历法作为禅位的记载，可见观象授时是公共权力中的核心权力。观象台在石家河的出现，无疑具有标志性意义，表明江汉平原已经诞生了更大的区域性命运共同体——国家政权。有了稻作农业，一切都似乎水到渠成、顺理成章。这在江汉平原一点都不奇怪。

稻作农业的发展，推动了两湖平原陶器生产技术的不断革新及陶器数量的增多。世界上最早的陶器诞生于湘西地区，此后，白陶、黑陶、蛋壳陶、彩陶又率先在两湖平原惊艳亮相，表明了长江中游地区制陶业的领先地位。

白陶是华夏文明史前制陶工艺中的杰出代表，或认为是瓷器的前身。从目前考古资料看，它首先出现于湘西北沅水流域的高庙遗址，距今约7400年，是目前所知我国最早的白陶。全国各地白陶的图案、制作技法、形态与风格，均可在高庙找到源头。磨光黑陶是龙山文化的标志性器物，但黑陶的起源地却在江汉平原。屈家岭文化早期黑陶比环泰沂山地区的黑陶早了一个世纪。蛋壳彩陶、蛋壳陶是陶器制作的一大成就，其厚度薄如蛋壳，故称蛋壳陶，其技术要求极高。迄今为止，考古发现的蛋壳陶只见于两个文化区：江汉平原屈家岭文化和环泰沂山地区龙山文化。以时间早晚而论，屈家岭蛋壳陶至少比龙山蛋壳陶早1000年。在这一时期，大型陶缸与红陶杯在屈家岭、石家河大量出现。在8000年前，我们先民对太阳、火焰的色彩已表现出异乎寻常的热情，夹砂红陶已遍布湘西北、鄂西南地区。虽然说最早的彩陶发现于河套地区的大地湾，但彩陶的源头却是南方的夹砂红陶。南方两湖平原在制陶领域的领先性，无疑是稻作的强大力量所致。

"稻"这个古老汉字在甲骨文、金文中有着几种不同写法，表明我们先民对"稻"这一神奇农作物有一个认识不断深化的过程。"稻"在甲骨文中最初的写法就是我们现在看到的"稻"字的右下角：臼。臼也就是一种舂谷的石具。这种写法有可能是采集阶段我们先民对"稻"的认识。后来在这种石具上加了手，表示用手将臼中舂好的稻米掏出来。有的甲骨文直接将上方写成"米"，强调了舂谷取米。这是我们先民对"稻"认识的发展。到了欠缺水的半干旱中原地区，"稻"与水的依存关系一下子凸显出来了。我们先民突然发现，"稻"是须臾离不开河边也离不开水的，就像鱼离不开水一样。于是"稻"写成了"禾"，读河流之"河"的读音。这一读音，是我们先民对"稻"认识的升华。到了金文，便形成了现在的"稻"。也许，我们先民创造发明汉字，与其说是为了沟通，不如说是为了解释他们眼中的这个世界。

如果说火、太阳、玄鸟是华夏文明的显形基因，那么稻就是华夏文明的隐形基因。道是华夏哲学的最高范畴。在我们先民看来，天地万物都是由"道"生出来的。根据我们先民遵循的编码规则，"道"与"稻"既然读音相同，那么两者之间就应该有着紧密的内在关联，有着还不为我们所知的秘密。到目前为止，甲骨文中还一直没有发现"道"的踪影，但在金文中却频频出现，并且有多种写法，其共同之处是外侧的"行"、中间上部的"首"、中间下部的手，导引的意思十分明显。也许，这一指引方向和道路的场景，最初就发生在稻田边。我们现在可以肯定的是，没有"稻"，可能就没有后来的"道"，自然即是道。稻与水、阳光的依存关系，稻所带来的繁花似锦的景象，肯定引起了我们先民的深思。春天的一粒稻，到了秋天就变成了成千上万粒的稻，可能就是我们先民最初理解的"道"。的确，如果没有稻，南方两湖平原的一切都不会出现。没有南方的稻，就不会有南方汉人先民的大量北上。"道"之所以发出与"稻"同样美妙的声音，是因为我们先民在长期的稻作农耕中逐渐领悟了大自然的秘密。"稻"之"道"，其实已蕴含了老子的"道生一，一生二，二生三，三生万物"的观念。

如果说盐是推动华夏史前文明前行的一只隐形的巨手，那么另一只隐形的巨手就是稻。推动华夏文明前行的最初巨大能量，一是三峡地区的盐，二是两湖平原的稻。三峡地区的盐像磁石一样吸引我们先民在此聚集，两湖平原的稻则带来了我们先民人口数量的大幅增长。随着北方解盐以及四川井盐的相继发现，特别是海盐开始进入内陆，盐的稀缺性已是明日黄花，最初的那只隐形巨手其实已经废了。但是稻不同。稻这只隐形巨手的推力，在华夏文明的演化历程中始终无处不在、无远弗届。

人，始终是文明演化的基础。如果没有一定数量人口的维系与支撑，江西万年仙人洞的悲剧就会在华夏大地不断重现。如果南方两湖平原上只是稀稀落落的人口，即使发生洪灾和其他灾难，也不会有大规模的人口迁徙。没有南方大量稻农的北迁，就不会有北方黄河流域仰韶文化的后来居上，大放异彩。如果没有南方汉人先民的北迁，北方岗地上的粟与黍，就还只是一种寻寻常常的野草。粟与黍之所以蜕变为农作物，要感谢南方的稻。是大量汉人先民的北迁，成就了粟作农业，同时也成就了中原地区的繁华。

稻和麦是世界粮食的两大支柱，同样也是华夏粮食的两大支柱。但在周秦以前，华夏粮食的两大支柱却是稻和粟。麦从中亚地区引进华夏还是西汉以后的事。也就是说，在漫长的史前时期，推动华夏文明进程的两种粮食作物就是南方的稻和北方的粟。

北方毕竟不是南方。稻在干旱半干旱的北方水土不服。我们现在在北方看到的稻作遗迹，是南方稻农北迁的结果。干旱半干旱的北方与耐旱耐寒的粟与黍，具有天然的亲合性。这是粟与黍长期适应北方气候的结果。

从我们先民北上那天起，就已经开始在干旱半干旱的北方土地上重新演绎南方的故事：培育驯化粟与黍。粟与黍不是稻，但也是稻。我们先民是带着对稻的深厚感情看待粟与黍的，从一开始就为北方的粟作赋予了浓厚的南方稻作色彩。在南方长期的稻作农耕，我们先民已创造并形成了系统、精密的南方稻作"语言文化"与"文字符号"。在甲骨文中，"禾"就是指结穗的稻子，"米"就是结满了谷子的穗梗。"禾""米"等字可以说都是典型的南方"稻作语言"的特定符号。而北方黍、粟、稷等农作物，都是从"禾"、从"米"，是依附于南方稻作语言而存在的派生性文化符号，而并非另起炉灶的原生型"语言符号"。稷、粟也俗称谷子。其实，"谷"在甲骨文、金文中就是指两山之间狭长而有出口的低地，也就是适宜稻生长的洼地，后来才引申为两山间的夹道或流水道。而粟与黍则生长于岗地，低洼潮湿的地方才是稻的天堂。粟与黍之所以称为谷子，也是北上的汉人先民用南方的"稻作语言"改造的结果。这也并非我们先民有意为之，而是一种强大的思维定式。

从汉人先民在三峡地区分手那天，南方的稻和北方的粟就开始了对峙与竞争。这是一场持续了8000年之久的对峙与竞争。这场旷日持久的对峙与竞争，幕后操盘手就是南方的稻。从某种程度讲，稻和粟在华夏文明发展演化舞台上的消长表现，就是一部浓缩了的华夏文明史，是一个大写的"道"。

自殷商以来，华夏几千年历史的波澜壮阔演出，在一定程度再现了稻文化与粟麦文化的消长兴衰表现，凸显了稻作的强大力量。

有学者做过一项有趣的统计，在北宋以前的10个朝代，历时1180余年，平均每个朝代只有100多年的时间。而这个时间段正好是我国以粟麦为主要粮食作物的时代。如果把南北朝和五代十国几个短命王朝分开计算的话，这个数字还要更小。大自然馈赠给人类的水稻，在我国的第二个千年里爆发出了惊人的力量。从唐朝开始，特别是北宋以后，历代王朝更加注重水稻生产，水稻从此接掌了华夏农业的重任，王朝的更迭周期比过去延长了一倍，平均每个王朝接近二百年。从历史上的人口数据来看，北宋以前中国人口从未超过6000万，但是北宋以后人口急剧增加，首次突破1亿大关，到清朝末年更是达到了4亿。发生巨大变化的力量，就是稻作农业。粮食产量的丰歉与人口数量的消长关系，在更宏观的视野下再一次得到验证。

下面两项统计数据，形象地再现了稻文化与粟文化在华夏文明进程中的消长表现。自唐宋以后，有关稻的文献量激增，遥遥领先于其他的粮食作物，其情况同唐宋以后历代王朝更加注重水稻、经济文化重心逐渐南移完全一致。

有两项统计数据，形象地再现了稻文化与粟文化在华夏文明进程中的消长表现。清代的《古今图书集成》收录有各种作物的历史文献，计90页，约136500字，其中水稻占30页，46500字，占了总字数的34.06%；麦29页，43500字，占了总字数的31.86%；粟12页，18000字，只占了总字数的13.18%；黍10页，15000字，仅占总字数的10.89%。上世纪五十年代，中国农业遗产研究室出版的《中国农学遗产选集》，把收集的时间延伸至民国初年，收集到的文献远远超过了清代的《古今图书集成》。《选集》中稻的总字数达24.7万字，占四大类作物总字数的45.91%，稻的地位更加突出；小麦总字数为1.15万字，占2.31%；其他麦类（大麦、燕麦、荞麦等）为11.7万字，占21.74%；黍粟类为16.25万字，占30.91%。这两项统计数据，也是对稻作强大力量的生动诠释，也是对四千多年前江汉平原万家灯火、遍地炊烟繁荣景象的一个旁证。

当麦子从中亚地区引进华夏并在北方的广袤土地生根发芽那天起，粟在华夏文明进程中的地位就已每况愈下，日益尴尬了。粟作的低效，决定了其被淘汰的必然命运。南方的稻，作为这场持续数千年对峙与竞争的幕后操盘手，最初是胜利者，最后也还是胜利者。汉人之所以成为世界上人口最多的种群，汉语之所以成为世界上使用人数最多的语言，都是因为稻。我们的确要感谢大自然对我们民族的这一慷慨馈赠——稻。

我们假设三峡地区没有便于开采利用的盐泉资源，或者说类似三峡地区便于开采的盐泉资源在北方的河西走廊，汉人先民便会闻着盐的气息一直追寻到黄河上游。他们完全可能与稻谷这一大自然的慷慨馈赠失之交臂，甚至有可能成为骑着骏马在北方草原上奔驰的游牧民族，那么华夏文明的进程肯定就会以另外一种面貌呈现。从这个角度讲，华夏文明的形成与演进，是由多种偶然性因素促成的。我们要对大自然的慷慨馈赠——稻，说一声谢谢。

长江下游地区的环太湖流域，也有着发达的稻作农业。西部两湖平原所发生的一切，在东方环太湖流域又重新演绎了一遍。两个地方故事的主角都是稻；两个地方的故事都很精彩，也是因为稻。

Chapter 12
第十二章
远去的大象

　　1959 年，一代伟人毛泽东回到久别的湖南时，走在故乡的阡陌小道上，听到四起的蛙鸣声，曾发出"喜看稻菽千重浪，遍地英雄下夕烟"的由衷赞叹。其实，毛泽东对家乡的赞美，放在五六千年前的潇湘大地也是合适的，只不过那时可能还没有像菽这样的豆类作物。从汉人先民踏上两湖平原那天起，风卷稻浪的美景就一直是南方两湖平原一道永远不变的风景线。这道风景线在长江之南的这块神奇土地上已经持续了一万年的漫长岁月。那些最初培育驯化野生稻的汉人先民，就是华夏文明的奠基者、华夏民族的创世纪英雄。时至今日，湖南也还一直是全国最大的水稻生产省份，一万年来的强大惯性在三湘大地依旧强大。

　　同江汉平原一样，三湘大地一向被认为是华夏文明的蛮荒之地。一直沉寂的三湘大地，在华夏民族的近现代史上，曾突然爆发惊人能量，发出旷世绝唱般的宏大声音，让世人刮目相看。研究湖湘学说的，将其归结为岳麓书院的巨大能量。湖湘学说的核心是程朱理学，岳麓书院是南方儒学的集大成者。近代以来，三湘大地人才辈出，岳麓书院的确居功至伟。但这只是表象。这块稻花飘香的神奇土地，才是造成这一现象的原动力。当华夏文明最早的稻田、陶器、城址在三湘大地悄然出现的时候，就已预示着这个年轻气盛的冲积平原会不断产生奇迹。有关尧舜的传说之所以在三湘大地经久不衰，标志着华夏文明五行观念之滥觞的重要符号"X"、八卦原始模型八角星符号之所以在这块神奇土地相继发现，这一切都可追溯到一万年以前华夏文明稻作农业的起源。

　　"象耕鸟耘"是华夏稻作农业起源的一个传说，也是一个历史之谜。这个传说告诉我们，汉人先民通过观察，领悟到大象和水鸟在沼泽里的踩踏能使野生稻丰产的奥秘，因而总结出了一套"象耕鸟耘"的耕作方法。每一个古老的汉字，都是一幅鲜活的远古画面。古九州之一的豫州之"豫"、河南简称之"豫"，在甲骨文中就是一个人牵着大象在稻田踩踏的生动画面。踩踏就是在为播种做准备，是一种原始古老的稻作耕种方式。"豫"这个古老汉字，象征着我们先民对大象的征服。它向我们传递的远古信息十分珍贵，表明我们先民曾有过持续了数千年与大象共舞的历史。东汉的许慎已不相信这个虚无缥缈的传说，将其解释为和谐、安宁的意思。"象耕鸟耘"的历史传说以及"豫"的象征意义，有可能是破解华夏文明起源诸多迷团的一把钥匙。

　　从缅甸沿海地区北上的汉人先民，对大象并不陌生。汉语中的"象"，与南亚语系中布依语、傣语、水语、毛南语中的"象"读音接近，具有同源关系。汉语中的"牙"原专指象牙，也与南亚语系中越南语、孟高棉语、壮语中的"象牙"一词具有同源关系。甲骨文中的"象"，是对这种长鼻子巨型动物的生动描绘。

　　从历史文献的记载以及当时的气候植被条件来看，六七千年前的长江流域是有过大象的，并且极有可能是与汉人先民同时北上到达长江流域。《山海经》所记载的远古时期有象活动的区域，大致在现今长江流域的四川、重庆、湖北、湖南及以南地区。从长江流域多次发现大象骨骼来看，《山海经》的记载还是真实可信的。当然，也并不排除少数大象为觅食而冒失北闯到了黄河流域。洞庭湖平原、江汉平原的沼泽地带，无疑就是大象的天堂。种种迹象表明，"象耕鸟耘"的传说可能是真实的。只不过后来随着气候的变迁，大象逐渐在长江流域消失了踪影，牛耕代替了"象耕"，这个传说也就变得虚无缥缈了。

　　我们现在已很难想象，在六七千年前的洞庭湖平原、江汉平原，汉人先民牵着大象在稻田踩踏备耕的情形了。如果没有大象的踩踏，两湖平原持续一万多年的风卷稻浪的美景可能要晚上千年才能出现，或者要相对逊色暗淡一些。"象耕鸟耘"在汉人先民看来，就是神意、天象。我们的先民肯定充满了对大象助耕的感恩之情，进而萌发了对大象的崇拜与敬畏。大象可能就是汉人先民到达两湖平原时产生的最早图腾之一。

　　在稻作发达的长江中下游地区，我们曾多次看到汉人先民这一最初的图腾——我国学界称之为獠牙神兽或兽面纹。这种图案最早出现在距今约 7800 年的沅水流域高庙遗址的陶罐上，一种为两只獠牙，一种为上下四只獠牙。这个图案，既是大象的象征，也是最初成功驯服大象女神的象征。现今在沅水上游五溪地区少数民族用于祭神仪式的傩面具图案，其中兽面獠牙的构图方式与高庙獠牙神像有着惊人的相似。作为南方稻作部落的象征与标志，后来随着我们先民的迁徙，这种图案在江汉平原石家河、六合遗址，四川盆地三星堆、金沙遗址，环太湖流域良渚、河姆渡遗址，环泰沂山地区龙山文化遗址，中原地区仰韶文化遗址多次出现。神兽纹作为玉器纹饰最早出现在良渚玉器上，以玉斧和玉琮上的纹饰最为典型。江汉平原六合遗址出土的兽面纹玉片饰，已初具立雕人兽面雏形。中原地区从仰韶文化时期一直到商周时期，均有这类纹饰的陶器、玉器出现。这绝不是一种偶然，而是一种承传有序的系列。后来这个图案成为商周时期青铜器上的主要纹饰，但已失去了当初图腾的意义。

手牵着大象，象征的不仅是我们先民对大象的驯服，更象征着稻作部落首领、巫师的权力。正因为如此，象牙最初成为巫师神权的象征，后来又成为历代王朝权力的象征。对大象的崇拜，直接催生了象牙雕刻。我们先民选择象牙雕刻品作为祭祀礼器，祭祀的就是大象这一图腾以及驯服大象的始祖神。这与后来我们先民选择陶器、玉器、龟甲、牛骨作为祭祀礼器，在本质上是相通的。可以说，没有"象耕鸟耘"的久远传说，也就没有象牙雕刻品这一祭祀礼器。照亮华夏大地的玉石文明是多种因素促成的，象牙雕刻有可能是其中一股重要的推力。

传说中的华夏文明的始祖神舜的弟弟就叫象。先秦文献中象的历史形象，是被儒家改造过的形象。象的真实历史形象，应该就是南方稻作部落的女首领、女巫师，这也是这个女巫之所以叫象的原因。也许，象与舜，本就是同一女神。象与舜，可能既是部落的名称，也是部落首领的代言词。在历史传说时期，部落的名称与部落首领的名称，可能并没有明确的分界线。我们说燧人氏，其实也是在说燧人氏部落；我们说蚩尤，其实也就是同时说蚩尤所代表的稻作部落。

还原了"象耕鸟耘"这一历史真相，蚩尤的真实历史形象也就浮出了水面。蚩尤的字面意思就是草丛中的野猪。从字面意义来看，蚩尤这一神圣名号与野猪有关，无疑令人困惑。如果考虑到野猪的一对獠牙与大象一对獠牙的高度相似性，那么我们就会恍然大悟：蚩尤就是大象的化身，也就是南方稻作部落的女神、巫师、首领。大象、野猪的獠牙，以及獠牙，是南方稻作部落也就是九黎部落特有的文化标签，有着久远的传承。对野猪以及其獠牙的崇敬之情，其实是南方稻农对大象崇敬的延续与升华。蚩尤的名号暗示我们,在蚩尤所处的历史时代,大象的足迹、嘶鸣声已淡出了长江流域,长有一对獠牙的野猪于是填补了大象的空白,成为南方稻农情感寄托的对象。蚩尤二字,在我们先民心中的分量重如千钧。

蚩尤名号蕴含的深意,让我们对遍布华夏大地的史前猪葬习俗豁然开朗。在华夏文明的史前丧葬习俗中,随葬猪骨的现象屡见不鲜,甚至可以说是一种重要的丧葬习俗,从距今 8500 年一直延续到 4000 年前。中原地区、辽西地区、环太湖地区、河套地区、关中平原均时有发现,最集中的地区当推环泰沂山地区和汉水中游地区。这是蚩尤的稻作部落在战败后溃逃到各地留下的文化标记。当然,猪葬习俗不仅属于蚩尤部落,也属于所有的南方稻作先民。我国学界传统观点一向认为,随葬猪骨旨在为死者提供食物。现在看来这一观点失之肤浅了。不论是南方的长江流域,还是北方的黄河流域,各地猪葬习俗均有一个共同点,那就随葬猪下颌骨。据有的学者统计,随葬猪下颌骨在史前猪葬习俗的比例高达 80% 以上。与大象的一对獠牙相同的是,野猪的一对獠牙正好长在下颌骨。我们在各地史前墓葬中所看到的猪下颌骨,其象征意义十分明确:长长伸出的一对獠牙。它既不是为了炫耀财富,更不是为了食用,而是南方稻作部落的文化符号与标志:对大象的崇敬,祖先与族源的符号。

作为我们先民早期的精神图腾,象还不仅仅只是祖先与族源符号这么简单。与太阳、火、木、鸡、蚕一样,象也是华夏文明的一个原型符号。但是,象这一文化符号与其他符号有着本质的区别,它更偏重于我们先民对这个大千世界的观察与思考。象可能是华夏文明一个有些另类的原型符号。我们先民在南方两湖平原沼泽上看到的"象耕鸟耘"这一天象,对他们造成的影响可能是洗髓伐骨式的。这一天象,就是他们在茫茫黑夜中看到的一星灯火。从此以后,这一天象同无处不在的水一样,成为他们观察这个大千世界的一扇窗口,一个原点。他们将看到的、感受到的一切现象,都称之为"象"。先哲老子理解的无形的大象,就是天象、天机。《周易》中的六十四卦,也就是六十四种"象"。数千年来,我们先民乐此不疲地占卜,也就是试图在龟背、牛骨的裂纹中寻找到难得一现的天机、天象。如果说科学的尽头是数学,那么数学的尽头就是象学。没有我们先民数千年对天象的观察与深思,也就没有后来的《周易》。我们现在所能看到的陶器、玉器、青铜器上的文化符号,都是我们先民"观象制器"的结果。"象"所蕴含的深邃历史文化意韵,以往可能被我们所忽视了。

对大象的崇拜及祭祀，很可能没有走出两湖平原。从历史文献的记载来看，唯独三湘大地多处曾建有象祠、象庙、鼻亭。唐朝诗人柳宗元在永州当司马时，认为道州民众祭祀大象是淫祀之风，有伤风化，听说地方官拆除了当地的一座象庙，便写了一篇教化民众的《道州毁鼻亭神记》的文章。这表明至少在唐朝以前，三湘大地民间祭祀大象的遗风犹存。如果没有龙图腾的崛起，三湘大地民间祭祀大象的遗风可能会一直延续下去，柳宗元也不会多此一举。上世纪以来，洞庭湖平原曾多次发现象尊。1975 年，醴陵出土了一具铜象尊，高 22.8 厘米，长 26.5 厘米，为商周时期的造型，是洞庭湖平原远古时期以象为图腾的实证。现收藏于美国弗利尔美术馆和法国吉美亚洲艺术博物馆的两座象尊，也出土于洞庭湖平原。我们有理由相信，在三湘大地的深处，肯定还埋藏着更多关于稻作起源及大象崇拜的秘密。

越是古老的地名、部落名，越是接近图腾的意义，保留的原始信息也越本真，隐藏着华夏文明起源的诸多秘密。汉人先民对河流山川的命名，对部落的命名，是另外一种神圣的宗教仪式。与他们在陶器、玉石、牛骨、龟背上刻下的符号，在价值上是等同的。三湘大地的诸多地名和名胜古迹，大多与大象有关，与"象耕鸟耘"这一华夏稻作农业的起源有着千丝万缕的联系。

"湘"是湖南的别称，因湘江而得名。楚辞曾反复提到这条纵贯三湘大地的河流。湘江何以称为湘江？联系到远古时期汉人先民对象的崇拜，我们可以推断，湘江最初就叫象江或者说象水，后来才慢慢变成了湘江。洞庭湖中的君山古称湘山，也应由"象"字演变而来。我们由此推断，湘水女神湘夫人称为象夫人才更准确。岳阳境内有个湖泊叫象湖，岳阳和临湘县西北有座山叫象骨山，都是古老的图腾地名。宁乡县之沩山、沩水，也是与象图腾有关的地名。繁体字的"为"，跟河南简称"豫"一样，都是对一人手牵大象在稻踩踏场景的生动描绘，均指向"象耕鸟耘"这一原始的稻作耕种方式。

汉人先民不仅对大象的长鼻子崇拜有加，奉之为长鼻神，还爱鼻及舌，对其善于卷物的舌头也心存敬意。因此，三湘大地地名带"善"字的特别多。长沙在宋代曾因其地有善化港、善化驿、善化桥而分置善化县。常德南郊有座山叫善德山，常德最初的地名就叫善德，后因音相通而慢慢变为常德。现常德市区还有以善卷命名的中学和小学。安化县东北有条河流，叫善溪，源出武陵山。苍梧、九嶷、零陵、嘉禾、耒阳，均为华夏大地最古老的地名。从某种程度讲，整个洞庭湖平原，就是曾被大象反复踩踏过的一片湿地。

在湘江上游广西境内，古今有象郡、象州、象县、象江、象山等诸多具有图腾价值的地名。这可能是两湖平原稻作文化扩张、影响的结果。江汉平原的襄阳等诸多与象有关的地名，以及中原地区豫州的得名，也应该是南方稻农北上后不小心为后世留下的一些蛛丝马迹，为我们隐隐约约透露出了一些汉人先民北迁历程的线索。

华夏文明的古史传说，曾先后出现了伏羲、女娲、炎帝、黄帝、蚩尤、颛顼、帝喾、唐尧、虞舜、大禹等始祖神，传统上称之为"三皇五帝"。比较通行的五帝之说是指黄帝、颛顼、帝喾、唐尧、虞舜这五位。五帝中的唐尧、虞舜是被大多数人认同的。儒墨两家虽然针锋相对，但对待尧舜却看法高度一致。民国时期"疑古派"的代表人物顾颉刚先生也认为尧舜二帝是真实存在的历史人物。尧舜是唐尧和虞舜的并称，是儒家经典最为推崇的两位古代圣贤，尤其是唐尧、虞舜相继禅让，历来为儒家学者所称颂。孔子崇尚尧舜，孟子言必称尧舜。孟子明确主张人皆可以为尧舜。尧舜时代的"垂拱而治、天下清明"，无疑就是他们心目中的理想国。当然，这是儒家按照他们理想国的价值观重新改造过的尧舜，而并不是历史上真实的尧舜。尧舜是不可能也无法超越他们那个时代的。在人类早期以血缘为纽带的氏族部落，一个部落神权的继承只可能是母传女、女传孙女。只有在部落发生内难的情况下，神权有可能旁落。尧舜禅让之说，其实就是儒家虚构出来的一个乌托邦。

从舜的弟弟叫象这一我们先民的模糊历史记忆来看，尧舜传说时代可能比传统观点所认为的要更加久远。尧舜二帝很有可能就是成功驯服大象并牵着大象在稻田踩踏备耕的部落女首领。如果说蚩尤、西王母属于牛耕时代，那么尧舜二帝则属于象耕时代。传统观点认为，尧舜传说时代已是铜石并用的时代，大约在距今 4000 年至 4500 年之间。现在看来，这一观点与历史真相相去甚远。儒家可以重塑尧舜的形象，但他们却不可能改变这两位圣贤的名号，以及我们先民对那个遥远时代的模糊记忆。甲骨文中已有"尧""虞""舜"三字。"尧"在甲骨文中，就是一个人顶举陶坯的样子。汉字初期的同音字意思都是相近的。从"尧"和"窑"的同音现象来看，尧可能就是那个擅长制作陶器的汉人先民，或者说部落。尧又称陶唐，"陶唐"也就是烧制陶器的意思。尧的部落叫陶唐氏，也就是表明尧的部落是一个擅长烧制陶器的部落。在甲骨文中，"舜"就是一个人手持火炬在舞蹈。在金文中，"虞"就是巫师戴着兽头面具在祭神。从字源来看，虞舜就是一个部落的女巫师。传说中虞舜的眼睛有"重瞳子"，所以后世又给他加了个"重华"的名号。我们在四川盆地三星堆看到的青铜面具上突出的双眼，可能就是虞舜在祭祀活动中所戴面具的突出特征。

《山海经》这部奇书保留了部分尧舜二帝的历史记忆，但着墨并不多，甚至可以说是比较吝啬。这足以表明，尧舜二帝要比颛顼、蚩尤、西王母等诸神所处的时代要加古老久远。近一百多年来的考古发现和研究成果，已经使我们可大致窥见相当于尧、舜传说时代社会的真相。距今 7800～7400 年的沅水流域高庙文化，距今 6400～6200 年的澧水流域的城头山文化，应该就是尧舜传说的时代。城头山古城是目前我国所发现的最早的古城，部落联盟、酋邦社会的特点已十分明显。高庙白陶是目前我国发现的最早白陶，制作工艺已接近现代瓷器，同时也是全国各地白陶的源头。从两个遗址的种种迹象来看，这一时期的汉人先民已进入定居农业阶段，女性以从事稻作为主，男性主要从事狩猎，母系氏族社会的特征十分明显。传说中的尧舜二帝并不神秘。他们就是生活在被大象反复踩踏过的洞庭湖平原上的稻作先民，就是集南方稻作部落首领与巫师于一身的女神。

在全国诸多舜庙中，湖南九疑山舜庙的历史无疑是最久远的，是华夏各地舜庙的祖庙。考古发掘表明，九嶷山舜帝陵庙遗址是我国目前发现的始建年代最早的五帝陵庙，也是全国唯一有文献可考的舜帝庙。据李学勤先生的回忆，他在上世纪七十年代参加整理长沙马王堆汉墓帛书时，曾看到复原了的两幅西汉古地图，在其中《地形图》九嶷山的旁边，标注着"帝舜"二字。九嶷山舜庙之所以源远流长，肯定不是偶然的。很可惜王国维、顾颉刚等先贤没能看到这幅古地图，也没有等到三湘大地高庙遗址、城头山遗址的惊世发现，否则就不会认为尧舜是环泰沂山地区的东夷人了。

舜耕历山是尧舜故事的核心内容之一。华夏大地处处皆历山。因为我们都是尧舜的后人。据统计，全国有 21 个历山均与舜耕传说有关。这 21 个历山的源头就在南方的三湘大地。这一现象是尧舜统领的稻作部落不断东进、北上的结果，是尧舜的传人给我们留下的鲜明文化标记。

也不知是有意还是无意，司马迁在《史记》中的《五帝本纪》《秦始皇本纪》两次写到尧舜与湘山、湘江的不解之缘：尧帝有二女，名娥皇、女英，同嫁舜帝。舜南游死于苍梧，即葬其地。二妃寻舜至湘江，悼念不已，泪滴竹上而成斑点，称为湘妃竹。在司马迁的笔下，三湘大地充满了阴柔的女性色彩，行文间满是淡淡的惆怅和忧伤。司马迁对尧舜的记载虽然深受儒家影响，将女权时代悄然替换成了男权时代，但他的直觉无疑是敏感的，并未完全被儒家学说所左右。在司马迁看来，无论是尧舜二帝还是娥皇女英二妃，都是属于南方三湘大地的。

扑朔迷离的神话传说"巴蛇食象"，就发生在三湘大地。这一神话传说最早见于《山海经》。《山海经》两次记载这个神话：一是《海内南经》，二是《海内经》。《海内南经》的记载是："巴蛇食象，三岁而出其骨，君子服之，无心腹之疾。其为蛇青黄赤黑。一曰黑蛇青首，在犀牛西。"《海内经》的记载是对这个神话的进一步补充："有巴遂山，绳水出焉。又有朱卷之国。有黑蛇，青首，食象。"这个神话无疑是最令人匪夷所思的一个。如果不还原当时的语境，这个神话的确显得匪夷所思，甚至于荒诞不经。

由于"象耕鸟耘"的传说以及从事稻作的汉人先民对大象的崇拜过于久远，就连战国晚期的三闾大夫屈原也百思不得其解，在《天问》中对此发出疑问："一蛇吞象，厥大何如？"这个神话以其谲秘诡异，从战国晚期的屈原开始，两千多年来吸引着无数学者殚精竭虑破译，留下了种种误读。

这个神话表面上沿袭了华夏文明传统吞食图腾致孕的感生神话模式，但其内核却与感生并无多少关系，而是关乎汉人先民各部落的图腾信仰之争。食象的蛇为"青首黑蛇"，颛顼部落的标迹显露无遗。蛇是颛顼部落的图腾，而"黑"也正好是颛顼部落视为神圣的色彩。蛇这个图腾后来为滞留在三峡地区的巴人所继承。迁徙到两湖平原从事稻作的汉人部落对遍地的毒蛇可能并没有多少感情，但对大象却视若神明，并奉为部落的图腾。这在奉蛇为图腾的颛顼部落看来，无疑就是大逆不道，就是"乱德""失德"，引起了巫师们的极大震怒。颛顼及其部落肯定无法理解一些稻作部落对大象的深厚感情，正如同蚩尤无法理解颛顼部落对蛇的深深敬畏之情一样。于是就有了表面看来这个荒诞不经的神话。这个神话的背后，反映的可能就是两个部落之间的信仰之争、图腾之争。这也是我们现在所能知道路的华夏文明演化进程中最早的一次宗教战争。也许，这个巴蛇食象的神话与"九黎乱德""蚩尤失德"这一历史之谜可能是重合的。因为不管是九黎还是蚩尤，稻作文化的指向都十分明确。如果这一推测成立的话，那么黄帝与蚩尤的涿鹿之战，更有可能就是颛顼部落与蚩尤部落之间的信仰之争、图腾之争。巴蛇食象神话所隐喻的，就是这一华夏文明远古历史上的重大历史事件。这一匪夷所思、荒诞不经神话的背后，是血淋淋的战争，是华夏文明的血色黎明。

其实，在洞庭湖平原上还有另一个神话，那就是羿斩巴蛇。岳阳古称巴陵，正是因为这个神话得名。羿这个勇士不仅斩杀巴蛇，还有射日的神话传说。羿射九日的神话传说，是从事稻作的汉人部落对干旱的抗争。很显然，羿是稻作部落中的另一个传奇女英雄。她之所以斩巴蛇，是在捍卫稻作部落象图腾的神圣地位。羿斩巴蛇的神话，为我们解读巴蛇食象这一神话提供了宝贵线索。巴蛇食象神话的创作者、叙述者，只可能是颛顼部落的后人。羿斩巴蛇神话的创作者，也只可能是洞庭湖平原上的稻作部落。巴蛇食象与羿斩巴蛇，是同一重大历史事件在不同部落的两种版本。

联系到《吕氏春秋》及历代文献记载的"商人服象，为虐于东夷"的真实历史事件，巴蛇食象神话的象征隐喻意义就更加明确。这一历史事件明确告诉我们，中原地区殷商部落的祖先是南方的稻作部落，他们崇拜大象有着久远的传承。久居北方从事黍作部落的周人，肯定无法理解稻作部落对大象的崇拜。周灭商后，视环泰沂山地区祭祀大象之风为心腹大患，于是周公一路东征，将祭祀大象的殷商遗民驱赶到了南方。这其实是"巴蛇食象"的西周版本。大象这一祖源符号之所以在华夏文化中没有取得龙凤图案的主体地位，除了大象的南迁，还与黍作部落——周人入主中原有直接关系。道州拆象庙，与周公东征的意义是等同的，是大唐版的"巴蛇食象"。

随着大象渐渐淡出长江流域，华夏稻作农业的牛耕时代到来了。环太湖流域河姆渡、良渚遗址的陶器上反复出现的獠牙神兽图案，不知在什么时候獠牙的头上逐渐长出了一对牛角。这一变化表明，至少在 7000 年前，牛耕率先在环太湖流域出现，牛耕已开始代替 "象耕"。河姆渡、马家浜等遗址出土的大量水牛骨遗存，是这一重大转折的实物证据。

牛耕，俗称"牛踩田"，又叫"踏耕"或"蹄耕"，是由几个人驱赶水牛在水田来往踩踏，直至把泥土踩得烂熟。牛踩田或蹄耕是犁耕以前的一种古老耕作方式。这种古老的习俗至今还残存于海南岛黎族地区的稻田作业中。东南亚的印尼、菲律宾、泰国和琉球群岛至今蹄耕遗风犹存。以稻作为主的苗族，水牛至今仍被视为神物，妇女梳牛角髻的古老风俗在苗寨随处可见。这也是这个民族族源记忆的上限了。传说中的炎帝、伏羲、西王母，被描绘成"牛首人身"的形态，表明了他们是农业神也是稻神的双重身份，可能就是牛耕代替象耕后的产物。在甲骨文中，"牧"就是一人手牵着牛在稻田踩踏的生动情形，也是我们先民成功驯服野生水牛的象征。"牧"这一具有图腾意义汉字的出现，象征着"象耕鸟耘"时代的终结。从此以后，"象耕鸟耘"那个遥远的时代逐渐被历史尘封起来，成为一种传说。

　　据传，大象发出的声音是一种次声波，可以传到很远的地方。七八千年前，大象的脚步声以及呼唤同伴的声音，肯定与湘江、汉水两岸的千重稻浪形成了某种默契，产生了一种可以穿越时空的强大声波，以至在洞庭湖平原、江汉平原久久萦回，不能消散。这也是我们先民在这两个平原培育驯化野生稻时发出的旷世绝唱，是那些华夏民族的创世纪英雄们不经意间发出的宏大声音。

Chapter 13
第十三章

为玉痴狂

从踏上东亚大陆的那天起，汉人先民就一直忐忑不安，充满焦虑与惶恐。特别是在漫长的夜晚，当他们被无边的黑暗包围的时候，这种焦虑与惶恐就更加强烈。他们不请自来，这块新大陆容得下他们安身吗？北上旅程充满风险，危机四伏，他们会不会遭遇不测？他们蹚过的一条条河流，会不会像故乡的马拉河、尼罗河一样发生滔天洪水？在这块陌生的土地上，汉人先民尝试通过各种途径与天地对话、与神灵沟通，不厌其烦地举行各种祭祀活动，以减轻内心的焦虑不安，获得心灵上的慰藉。这种对话与沟通，伴随了汉人先民北上的整个进程和他们生命的全部过程。

但是我们先民觉得这还远远不够。在他们看来，只有当他们的内心诉求固化为物质形态，与天地山川融为一体的时候，才是与天地对话、与神灵沟通的理想境界，他们才有可能得到神灵恩泽的眷顾，聆听到上天美妙的声音。我们现在所能看到的史前陶器甲骨刻符、精美玉器，都是我们先民精神世界的呈现，是他们内心诉求的物质形态，是他们与天地对话、与神灵沟通的媒介。这也是汉字起源的原始力量。汉人先民的生命本能和遭遇危机时的应急反应，催生了华夏的初始文明。这也是人类文明发展演进的一条基本规律。

由于种种原因，汉人先民并没有选择北方游牧部落的崖摩方式，也没有走上欧洲文明的石器雕刻之路，而是走上了一条迥异于其他文明的玉石雕刻道路，并由此衍生出了玉石崇拜、玉石信仰这一华夏文化奇观。这是由各自的生存环境所决定的。

玉是华夏民族永远不解的情结。世界上没有哪个国家哪个民族像华夏民族一样和玉石有着如此深厚的渊源。《山海经》讲述的一百四十座山，都注明了出产玉石的情况。《说文》的玉部，共收录以玉为偏旁部首的汉字一百二十六个，外加从珏的字三个，从而玉部成为《说文》五百四十个部首中拥有字数最多的一个部首，蔚为大观。玉文化在华夏大地绵延近万年，至今魅力不减，不能不说是世界文明史上的奇迹。玉器对华夏古代的图腾、宗教、信仰、政治、礼仪乃至生活习俗和审美情趣所产生的深刻影响，是其他任何器物无法相比的。可以说，一部玉器发展史就是一部华夏文明史。玉文化被费孝通先生称为"玉魂国魄"，一点也不为过。玉器可以当之无愧地被誉为华夏文明的奠基石。

现在的问题在于，全世界所有文明都经历了数千年的石器时代，何以只有汉人先民独尊玉石，并孕育出了玉石信仰、玉石文明？玉石走进我们先民的精神殿堂，难道仅仅只是玉石的瑰丽和珍贵吗？或者说，玉石成为华夏文明的奠基之石，难道纯属偶然吗？玉石成为华夏文化之根和国脉，除了玉石的令人动容之外，肯定有深层次原因。玉器有可能是我们破解华夏文化起源的另一把金钥匙。

我们曾试图在山高林密的三峡地区找到答案，但巫山飘来飘去的云雨，模糊了我们的视线。或许，我们在洞庭湖平原、江汉平原会发现一些有价值的线索，寻找到玉石走进汉人精神世界的一些蛛丝马迹。

玉不琢，不成器。在华夏文明的演化历程中，玉石炫目的迷人光彩是逐步散发出来的，历经了数千年岁月的打磨。没有岁月的沉淀与打磨，也就没有玉器的斑斓光彩、熠熠生辉。玉器的雕琢者与其说我们先民，不如说是漫长的岁月。与石器、陶器相比，玉石文化可以说是后来居上、大器晚成。

华夏文明的史前时代，其实并不存在如一些学者所称的所谓玉石独尊的文化现象。如果说有一个玉石独尊的时代，那也还是殷商王朝以后的事。我国学界对史前各地玉器的研究成果表明，各地的玉器均是就地取材，我们先民视为精神皈依的玉石也并非现在矿物学意义上的玉石。"西玉东输"也就是大量使用昆仑玉的情况，到了殷商时代才初见端倪。玉石文化也并非传统观点认为的特立独行，一花独放，而是始终与珠贝、象牙、石头、陶器形影不离，竞相生辉争艳。傩、帝、舞这些古老的汉字告诉我们，在以玉事神之前，还有着以鸡事神、以火事神、以牛事神的漫长时期。我们先民的精神殿堂，是由华夏文明的所有核心要素构成的，玉石只是其中的一块石头、一块砖。玉石后来居上，独放异彩，独撑华夏文明精神殿堂，是由多种因素促成的。

我们先民最初视为神圣的，只是寻寻常常的石头，而非玉石。在六千多年前，玉的斑斓光彩还隐藏在石头之中。在华夏初始文明中，石神观念与太阳神、火神观念是密切相连的。我们先民崇拜石头的秘密，其实就隐藏在炎帝击石生火的神话传说中：石头之中蕴藏着火焰和太阳的光芒。石头之间的撞击迸发出的火花，肯定让我们先民灵光一现：石头，蕴藏着太阳的光芒、火的秘密。这一天机的发现，让寻寻常常的石头不再是生硬的石头，而是成为有生命、有温度的石头，成为孕育光明和温暖的母亲。漫山遍野的石头，从此有了灵性和神性。这一天象或者说启示，直接催生了炎帝击石生火的神话传说。这一神话代代相传的秘密，就是我们先民对石头的崇敬，对光明的追寻。万物有灵的最初，可能就是水有灵、云有灵、石有灵。在祭坛摆放石头，从距今约7800年的湘西高庙遗址一直延续到距今约4000年的河套地区石峁遗址。华夏文明的传世神话，如盘古开天地、女娲补天、精卫填海等，石头不可或缺，并在其中扮演了重要角色。

南方两湖平原稻农最初的原始图腾就是石头。湘西地区的考古大发现，证实了国内外学界关于石母观念、石母崇拜起源于湘西北地区的推断。距今约6800年的城头山古城，在250平方米的祭坛上面，有三个排列整齐的祭坑，每个祭坑里都埋有一块大白石。这三块白石应该就是汉人先民祭拜的石母、石神。老子"道生一，一生二，二生三，三生万物"的观点，可追溯到城头山古城的这三个祭坑、三块白石。我们先民对三这一数字的迷恋，可能缘于女性对生命之树的深切感悟。

吸引我们先民眼球的最初玉石，可能就是那些在河滩上闪耀着光泽的五彩卵石。那时玉的斑斓光彩与水天一色是联系在一起的。"玉"之所以与"鱼"发出一致的动听声音，可能就是因为水，因为河流，因为水中的鱼。在我们先民看来，河滩上那些闪耀着光泽的石头，就是鱼的化身，或者就是鱼的面具。我们先民对水以及鱼的偏爱，决定了河滩上五彩卵石的独特魅力。爱水及石，爱鱼及石，可能就是玉石成为华夏文明奠基之石的最初动力。"玉"与"鱼"的相同读音暗示我们，玉石崇拜、玉石信仰最初就是在南方两湖平原的众多河流中孕育的。"玉"在甲骨文中，就是一根丝绳串着四块宝石，丝绳上端打了一个绳结。"玉"这个古老汉字向我们传递的信息十分明确：最初的玉可能就是河滩上的五彩卵石，而非在山中采掘的大型玉石。

玉从诞生之日起即与石器共存，玉石不分，或者说玉最初就是依附于石头的。

城头山遗址、大溪文化多处遗址、屈家岭遗址，均发现大量各类石器、玉器和陶器。它们殊途同归，共同发力，都是我们先民感情的载体。玉源于石、玉石不分，玉石崇拜源于石头崇拜，在湘西北、鄂西南地区及江汉平原众多史前遗址得到了充分验证。

西辽河流域的兴隆洼遗址距今约8000年，一直被学界公认为是华夏玉石文化的源头，也是"北玉南传"说的主要依据。考古成果表明，这一时期的兴隆洼玉器仅有简单的玉坠饰出现，还处在玉石共存、玉石不分的阶段。后来在兴隆洼基础上发展起来的红山文化玉器，才出现以玉事神、以玉为葬的文化现象，算是真正的玉石信仰、玉石文化。在这期间的三千五百多年，南方汉人先民因为水灾或战难陆续北上，深入了辽西地区，并顺便带去了南方的玉石文化，才成就了北方红山文化玉器的辉煌。

距今8000年的中原裴李岗文化遗址，距今约6500年的辽宁阜新查海遗址，以及中原地区早期的仰韶文化遗址，环太湖流域的河姆渡遗址、马家浜遗址等，所发现的玉器造型简单而且零碎，玉石共存、玉石不分的特点也十分突出，只能算是一种彩石或者说美石文化，是玉石文化的雏形。那个时期，玉石信仰还在南方的襁褓之中，正在两湖平原上的稻田、河流、桑林以及灼热的阳光中孕育。

玉与石器的分离，是一个渐进的过程，至少经历了四千年的漫长岁月。这也是女娲炼石补天神话酝酿创作的过程。东汉许慎在《说文》释玉时说，"玉乃石之美者"，虽不符合现代矿物学意义上的玉石标准，却完全符合历史真相。玉从石器中逐渐分离出来，是因为我们先民透过那些光洁、坚硬的玉石，看到了天空的色彩，离天堂也更近了。叶舒贤先生对此有过精彩的阐述：打磨后的玉器呈现出来的五彩缤纷之色，特别是青绿色或青白色的玉石在色彩上的确与天空的颜色无二，让汉人先民自然联想到天空之色，深青色的玉石则被联想为夜空的颜色。在汉人先民看来，天空本就应是玉质的。他们坚信，那些散发着天空色彩的精美石头，就是一种天象；玉石就是从天上降临到凡间的精灵。苍天与玉石之间的同质对应关联，在女娲炼石补天神话中得到了生动诠释。因为女娲补天用的五彩石，就是玉石。这个神话传说，其实就是专为我们先民"玉石天空"观念量身定做的。水的色彩与天空的色彩本就没有什么区别。孔子认为，玉石的五彩之色就是水的色彩，是对"玉石天空"观念的进一步拓展与丰富。无论是天空的色彩还是水的色彩，在我们先民看来，都是天堂的色彩，说到底，就是太阳的光芒。

玉石这一天地之间的精灵，既是水中的鱼，也是天空的鸟、天空飘落的雨。

这也是"玉"之所以与"鱼""羽""雨"发出同一悦耳声音的秘密所在。我们先民选择玉石与天地对话、与神灵沟通,是再正常不过了。

玉器之所以让我们动容,阶了其色彩的绚烂之外,更重要的是其所呈现的我们先民的精神世界。离开玉器,我们就无法理解巫文化,难以打开灵巫境界的神秘大门。从大量的考古成果来看,我们先民以玉事神不会早于5000年前。我们现在所能欣赏到的史前以及商周时期的精美玉器,均可称之为巫玉、灵玉。可以说,巫师既是玉器的设计者、加工者,也是玉器的使用者、掌控者。各类玉器都是巫师用来聆听上天意旨的神器。巫师以玉事神占卜,是汉人先民心中最高的礼仪。"礼"的繁体"禮",在甲骨文中为我们还原了这样一幅场景:用器皿盛着两串玉拜祭神灵。许慎在《说文解字》中对"礼"的解释是:"履也,所以事神致福也。"不少学者认为,"巫"字像两块交错的玉形,是不无道理的。

甲骨文中的"玉",也就是一根丝绳串着几片宝石,可能是各部落巫师在昆仑圣山祭拜时的通行装饰。后来,一根绳子串三片宝石,"玉"字摇身一变,成为"丰"字。"玉"的变体"丰"字暗示我们,巫师们在昆仑圣山不仅仅只是沟通天地,还要祈求稻作的丰收。这表明,在南方稻作部落,祭祀活动、以玉事神与稻作的丰收是紧密联系在一起的。风调雨顺是虔诚事神的结果,稻作的丰收则是上苍的恩赐。这也是玉石文化起源于南方两湖平原的一个间接证据。

玉器既是部落权力的象征,也是巫师身份的象征。在甲骨文和金文中,"玉"并没有一点,与帝王的"王"为同一个字:玉就是王,王就是玉。这是因为,掌玉者就是部落的王,部落的王就是掌玉者。"玉"不仅和"王"有着紧密的联系,与"皇"字也是前因后果的关系。"皇"由"白""王"两个符号组合而成。"白"在甲骨文中,既不是有些学者所认为的"火盏",也不是有些学者所认为的"拇指之象形",而是指白色的稻米,即稻种萌发状态的籽粒。"白"这一稻谷种子生长的起始阶段,后来引申为伯仲之伯、王伯之伯,可以说水到渠成、瓜熟蒂落。华夏文明最早的白陶,产生于最早出现獠牙神兽像的湘西北地区,显然不是偶然的。"白璧无瑕"是国人心目中完美无缺的价值观表达模式。在近万年的华夏玉文化史上,白玉独尊的现象是颇耐人寻味的。这种现象表明,汉人先民最初崇尚的色彩,除了红与黑之外,还有白色。因为白意味着白天的到来,意味着光明。这与火的色彩、太阳的光芒,在本质上是相通的。"白""王"两个符号组合成"皇",意思就是:得玉者即安享稻作丰收的喜悦,得稻作者则得天下,得天下者才可称皇。玉、丰、王、皇这些古老的汉字构成的环环相扣的语义链,进一步向我们揭示了隐藏在玉器背后的秘密：玉石文化的起源与南方稻作农业是相互关联的。

上古第一人称代词除了最常见的"我""吾"以外，还有"予"和"余"。后面两个第一人称代词都发出"玉"的动听声音。这一玉石的声音，其实就是部落巫师权力的一种宣示。因为只有巫师才能佩戴玉石。这是巫师的特权。同时，"予"和"余"与"玉"同音也表明，巫师在部落中具有绝对的话语权。华夏文明最初的第一人称代词应该就是巫师的自称，"我""吾"可能是男权时代才出现的词语。"豫"与"予"读音相同，其实也还是玉石发出的动听声音。"豫"的美妙声音启示我们，成功驯服大象，并牵着大象在稻田踩踏备耕的，就是南方稻作部落佩戴着玉石的女巫师。当然，"豫"的美妙声音，可能也是女巫师在稻田对大象发出的指令。

种种迹象表明，在距今5700～5000年这个时间段，在经过数千年的积蓄后，华夏玉石文化来了一次惊人大爆发。江淮平原巢湖流域、北方西辽河流域、南方环太湖地区、长江中游，在玉石光芒的照耀下，显得一派圣洁。其中最耀眼的是红山文化、良渚文化、凌家滩文化、大溪文化，其次是环泰沂山地区的大汶口文化和龙山文化。这些地方的玉器，已完全从石器中分离了出来，不仅制作精美，而且已形成了一整套的玉礼器体系。此时的中原地区、关中平原和河套地区，则是一片黯淡。这是两地玉石资源的短缺所致，并不怪罪于这些地方的先民。

到了距今4500～4000年这个时间段，华夏大地已到处闪耀着玉石的炫丽光芒，可谓遍布大河上下、大江南北。距今约4500年的江汉平原石家河玉器异军突起，出土玉器数量之多让人惊喜，工艺水平之高超令人震撼，再一次改写了国人对华夏玉文化的传统认知。石家河玉器普遍使用地阳刻技术、浅浮雕线刻技术，圆雕、透雕技艺让红山玉器和良渚玉器相形见绌，工艺水平远超红山文化和良渚文化，代表了史前华夏乃至东亚范围内玉器加工工艺的最高水平，被誉为我国史前玉器的一座高峰。这座高峰矗立在江汉平原，无疑具有标志性意义。继石家河之后，河套地区的齐家玉器也异军突起，大放异彩，并让西北地区肆虐的风沙为之失色。稍后，四川盆地的三星堆、金沙玉器横空出世，惊艳亮相，并让四川盆地的浓雾开始消散，为殷商王朝的出现做足了准备。四川盆地是目前我国发现玉器最多的地方。仅金沙遗址就出土了2000余件玉器，是迄今为止我国出土玉器最多的遗址之一。不论是体积、重量、材质，还是造型、纹饰、工艺，红山文化、齐家文化、良渚文化的玉器，均无法与三星堆、金沙玉器媲美。可以毫不夸张地说，它无可挑剔的完美，达到了华夏文明玉器史上的顶峰。这座无法逾越的顶峰矗立在南方的巴蜀地区，是再正常不过了。这一时期，中原地区、关中平原、环泰沂山地区相对黯然失色，玉器乏善可陈。看来，这些地方的先民只能在陶器制作上弥补这一缺憾了。

这一时期的玉器，除保留早期的品种外，还新创造了反映后期观念特征的五大代表性品种：璧、琮、斧、钺、刀，更出现了玉人像、玉神像、玉动物形象、玉制器用物品、宗教器皿等等。这一时期的华夏大地，已被我们的先民营造成了一片玉质的天空，或者说一汪玉质的水域。

关于华夏玉石文化的起源，我国学界一向有"北玉南传"和"东玉西传"说。也许是红山与良渚的玉器太过惊艳了，其闪耀的光彩太过炫目了，以致遮蔽了我们的双眼。事实上，西辽河流域到了距今约5500年的红山文化时期，玉器才大规模出现。这个时间并不比南方湘西北地区早。以低效黍作和狩猎经济为主的辽西地区汉人部落，也欠缺传播玉石文化的内在动力。环太湖地区到了距今5300～4500年这一时期，良渚玉器的春天才姗姗来迟，这个时间节点也并不比长江中游的大溪文化早。如果仅以玉石出时间为唯一标尺，那么这个观点在几十年前无疑具有迷惑性。近几十年来南方两湖平原的考古大发现，让"北玉南传"和"东玉西传"之说顿时陷入了尴尬境地。

2005年3月上旬，考古工作者在再次对高庙文化遗址进行抢救性考古发掘时，在探方3米左右深处挖掘到一对夫妻墓，发现了祭祀用品玉钺，此外还发现了玉璜、玉玦等精美玉器。据碳十四测定，该墓距今在5700年前。可能是此前的红山玉器、良渚玉器和三星堆、金沙玉器太过惊艳了，这一考古成果并未引起学界格外重视。事实上，这是一项具有标志性意义的考古发现。玉钺是巫师手中的法器，也是大巫师权力的象征。高庙玉钺是迄今为止我国发现的最早玉钺。这座墓葬以玉为葬、以玉为祭的鲜明特点，表明玉礼器体系在5700年前的南方湘西北地区已经形成。这个时间节点比良渚文化提早了400年，比红山文化提早了200年。这是玉石文化起源于南方两湖平原的有力证据。我们坚信，在稻作发达的两湖平原，一定还会有石破天惊的大发现。

玉石的瑰丽和珍贵，注定了其作为祭祀礼器的功用。汉人先民治玉，就是一个跟神沟通的过程。正如叶舒宪先生所言，每一种史前玉器的形成都隐约潜含着某种神话观念。最初出现的玉玦、玉璜是这样，随后出现的玉璧、玉琮、玉璋、玉圭等也皆是如此。玉龙、玉鸟、玉蝉、玉龟、玉虎等器物，无不具有图腾意义，承担着神圣的宗教使命。

　　华夏史前先民在不同地域不约而同地生产和使用玉礼器，这种巨大传播力的核心动力来自汉人先民共同的玉石信仰。玉石文化虽然呈现出多中心的分布，但在发展走向上却高度一致，玉器体系也是高度统一。无论是早期的珏、璜、珠、坠，还是属于晚期的璧、琮、斧、钺、刀，或其他类别的玉器品种，尽管各地出土的玉器千差万别，但大类品种和总体形制则是完全统一的。我国学界公认的红山、龙山、仰韶、大溪、良渚五种文化区系，其差异性更多地体现在平民使用的陶器上，而部落精英阶层使用的玉器则基本没有差别，遵循的是同一文化价值系统。

　　至少在 7000 年前，玉玦几乎同时出现在塞北的兴隆洼和南方的河姆渡；在时隔一千多年后，玉玦又出现在湘西北的城头山。红山文化的勾云形玉器在中原地区、河套地区反复出现。最早的玉璜是在洞庭湖平原发现的，它不仅是后来长江下游良渚玉璜的祖型，也是各地各式玉璜的祖型。江汉平原、江淮平原、环太湖地区、环泰沂山地区，均留下了大溪文化玉器的踪迹。环泰沂山地区的玉器，可以说就是江汉平原石家河玉器的翻版。中原地区发现的绿松石不仅出自鄂西地区，而且大多数玉器与江汉平原的玉器如出一辙。陕北神木石峁玉器，既有中原二里头的影子，也有江淮平原凌家滩和南方大溪文化的神韵。石峁的玉璇玑和玉牙璋最早出现于环泰沂地区，而又早于中原地区二里头出土的牙璋。4000 年前在西北异军突起的齐家文化玉琮，与金沙遗、三星堆遗址的玉琮是相似的，而金沙遗址的玉琮与长江下游的良渚玉琮，无论从材质、形制、工艺还是纹饰方面，又都是神似的。不仅如此，三星堆遗址发现的玉器和玉葬习俗也是良渚文化的典型特征，而其中出土的玉锥形器，更是良渚文化的代表性器形。晋南陶寺遗址玉器，既有良渚的影子，也有山东龙山文化的影子。只有一个源头，才能解释这种高度统一的文化现象。这个源头只可能是南方的两湖平原。

　　学界公认的华夏文明玉器的四座高峰，即红山、良渚、石家河、三星堆和金沙，三座在长江流域，两座在长江中上游地区，看似偶然，实则具有必然性。两湖平原发达的稻作农业和近乎狂热的巫文化，加之周期性泛滥的洪灾，才是玉石文化传播的根本动力。玉石文化多中心的分布，正是两湖平原汉人先民不断迁徙的结果。各地玉石文化发展走向高度一致、礼器体系高度统一的格局，早在稻香鱼肥、巫风弥漫的两湖平原就注定了。"南玉北传""西玉东传"才是符合华夏文明演进内在逻辑的。

　　三峡地区、两湖平原的史前文化遗址一再表明，在华夏文明的史前时代，玉器与珠贝、陶器、象牙雕刻品具有同等重要的价值，并没有高下尊卑之分，都是汉人先民心中最神圣的法器。这一现象，在环太湖流域、江淮地区、中原地区、环泰沂山地区、辽西地区一再得到验证。华夏文明后来玉石独尊现象的形成，显然另有玄机。

距今 7800 ～ 7400 年的高庙遗址，是一座典型的淡水贝丘遗址。在鄱阳湖流域、云南滇池、广西桂中盆地、环泰沂山地区，均发现了类似高庙的贝丘遗址。贝丘遗址的形成，与先民大量食用水中软壳贝类动物有关。其实，众多贝丘遗址还有一个被我们所忽视的共同点，那就是以贝为葬。高庙遗址发现的蚌塑龙，不仅是华夏文明最早的龙形图案，也是早期汉人先民的一种丧葬习俗。这一习俗可能与我们先民人水合体、水天一体的观念有着内在关联。后来，这一古老丧葬习俗出现在北方中原地区的濮阳西水坡遗址 45 号墓中，同样也是"蚌塑龙"的形式。这两处史前遗址表明，比以玉为葬习俗更为古老的是以贝为葬。那个时候，玉石可能还就是寻寻常常的顽石，而不是灵石。四川盆地三星堆、金沙遗址出现的大量海贝，殷商王朝对珠贝的渴求，反复告诉我们，在玉石独尊之前，华夏文明还有一个玉石、珠贝竞相生辉的时期。

玉石大器晚成，独放异彩，同时也与汉人先民大量北迁密不可分。确切地讲，与北方干旱半旱的气候密切相关。被我们先民视为神圣的珠贝，在河流湖泊密布的南方并不难寻求，但在干旱半干旱的北方，则是可遇而不可求，能发现珠贝就是天大的运气。汉人先民的大量北迁，气候的变迁，是导致珠贝与玉石在华夏文明演化历程中此消彼长的重要原因。珠贝的严重欠缺，导致玉石在我们先民心中的地位与日俱增。没有了珠贝的艳丽光彩，我们先民突然发现，经过打磨后的玉石闪耀的光彩，并不比象牙、珠贝逊色，其闪耀的缤纷五彩甚至让象牙、珠贝有些黯然失色。我们先民为玉痴狂，也是不得已的选择。其实，从我们先民开始北迁那天起，就注定了华夏文明玉石大放异彩这一天的到来。

沅水流域高庙遗址和汉水流域屈家岭遗址的象牙和象牙雕刻品，并没有引起人们足够的关注和重视。在史前文化遗址发现象牙和象牙雕刻品，两湖平原的高庙和屈家岭遗址并不是孤证。迄今为止，华夏文明发现最早的象牙制品出土于环太湖流域河姆渡遗址最下层，数量有 20 件之多，距今已有 7000 年的岁月。这个时期，玉石闪耀的光泽在华夏大地还只是惊鸿一瞥。距今 5000 年的环泰沂山地区大汶口文化遗址，多次出土象牙梳、筒、珠、管、片等器物。四川盆地的金沙遗址出土的象牙多达一吨多重，三星堆的两个器物坑中也发现了数量较多的象牙。此后，在四川盆地、江汉平原、环太湖流域，多次发现象牙、象牙权杖和大量象牙雕刻器物。这一普遍象现表明，在漫长的史前时期，我们先民对象牙、珠贝、玉石三者，没有厚薄亲疏之别，也并非对玉石情有独钟。这个时期，玉石五彩缤纷的光泽已闪耀华夏大地了，我们可视之为象牙与玉石、珠贝的并存时代。我们先民用象牙、象牙雕刻品作为祭祀礼器，应该与"象耕鸟耘"这一稻作农业的起源密切关联。

江汉平原石家河遗址可能是象牙与玉石交相辉映时期终结的一个暗示。石家河仅出土了大量陶塑象、玉器，并没有发现象牙雕刻品。因为这个时期大象在长江流域已经难觅踪影了。气候变化导致大象南迁，逐步淡出长江流域，已经隐隐宣告了华夏文明属于玉石的时代的到来。这是华夏大地的玉石苦苦等待了数千年的结果。

从时间来看，象牙雕刻品呈现从 7000 年前往后逐步递减的特点。从象牙雕刻品发现地点的分布情况来看，则呈现从南往北逐步递减的特点。秦岭以北的河套地区、关中平原至今难觅象牙雕刻品的华丽身姿。北方除了中原地区妇好墓，长城内外再也没出土过象牙雕刻品。之所以出现这种情况，只能是象牙材料紧缺的问题。两个逐步递减的背后，是气候的变化，大象的南迁。由于大象淡出长江流域，象牙材料于是告急，成为稀缺资源。这应该就是玉石置身华夏器物谱系中心的直接原因。玉石在华夏文明的演化历程中，后来居上，独放异彩，气候的变化是幕后的推手。

没有象牙材料，汉人先民只能找替代品补缺。由于玉石与象牙一样光洁、坚硬，相比象牙更容易获取，玉器在祭祀法器中的地位更加突出。时间一长，在汉人各部落用玉器作为祭祀法器就形成了惯例，象牙材料本身倒并不重要了，以至玉器后来跃升为主要法器，逐步成为华夏文化之根、国之重脉。由于象牙的珍贵，象牙后来成为历朝权力的象征。

华夏文明的曙光，可能就是汉人先民用数千年的时光打磨后的玉石所绽放出来的五彩缤纷之色。当玉从石器中分离出来后，当玉在象牙、珠贝所闪耀的光彩中脱颖而出的时候，其在华夏文明演进中的地位与日俱增，其五彩缤纷之色更加绚烂，如太阳光芒不断驱逐汉人先民心中的黑暗，引导他们不断前行。只不过这条道路太过漫长、崎岖了。

Chapter 14
第十四章

母亲记忆

　　大约在公元前 1200 年的时候，也就是殷商王朝的晚期，商王和他的众多巫师们可能是隐隐约约感觉到了王朝四处潜伏的危机，于是想起了他们的母亲，一个叫戊的女性。于是，他们倾一国之力，为这位叫戊的母亲制作了一个青铜鼎。这个殷商王朝之重器，因其腹部铸有"后母戊"三字，我们称之为后母戊鼎。这个由青铜制作的大方鼎，高 133 厘米，重 875 公斤，口长 110 厘米，宽 78 厘米，足高 46 厘米，壁厚 6 厘米，是迄今为止世界上最雄伟庄严的青铜器。

　　这个青铜鼎，被深埋在北方漳河流域地下达三千多年之久。其实，在每个华夏子民内心深处，都深埋着一个这样关于母亲记忆的厚重的鼎。

　　我们视祖国、大地为母亲，视长江、黄河为母亲河，而不是父亲与父亲河，是由母亲在华夏文明中至高无上地位所决定的。当我们每个人像晚期的商王一样，在遇到猝不及防的某种危机时，我们总会脱口而出：我的妈呀！我们想到的是母亲，而不是父亲。我们心中的母亲似乎是无所不能的，总是能在她的儿女身处危难之时如约而至，解救他们于危难之中。

　　母亲以及母亲甜蜜的乳汁、远行时母亲的叮嘱，是我们这个民族的集体潜意识。集体潜意识这一概念最早由瑞士心理学家荣格提出来，也叫集体无意识。荣格认为，集体潜意识并非来自个人的经验，而是人类在历史进化过程中长期积淀下来的，处于人类精神的最底层，属于深层心理结构，人类普遍拥有。

　　如果比较华夏子民与西方人遇到危机时脱口而出的一句话，我们可能会对荣格的集体潜意识这一概念有着更加直观而深切的体会。西方人在突然遇到某种危机时，他们总会不假思索地脱口而出：我的上帝呀！这些基督的子民想到的不是母亲，而是天，是上帝。而我们华夏子民想到的则是无所不能的母亲。东西方人的两种无意识反应，也是东西两大文明的一大显著区别。只不过，这一显著区别，往往被我们忽视了。

不理解母亲形象，就不能理华夏诸神的深刻含义。"母"这个古老的汉字，经过数千年的演化，至今仍然保持着最初图腾符号的痕迹：两个象征母亲乳房的大点。不仅如此，我们先民由母亲生育后代推及生育万物的土地，将大地与母亲紧密联系在了一起。对于大地，我们先民有一种神圣的称呼：后土。在甲骨文中，"后"就是一个母亲半蹲着产子的形状，"土"则直接描绘母亲的乳房，上面的几个点象征母亲的乳汁。可以说，华夏文明所有关于族源、祖源的记忆，都是关于母亲的记忆。母亲形象是一切神的原型。可以说，华夏诸神无不弥漫着母性的温暖，都是母亲形象的转换。我们追忆历史，其实就是在追忆母亲。华夏文明记忆中的"三皇五帝"，与其说是始祖神，不如说是母亲神。只不过，她们作为母亲的历史形象，被历史的云雨遮蔽了。

我们现在所熟知的炎帝形象，是男神，父亲神，而非女神、母亲神。其实，这只是表面。关于炎帝的所有历史记忆，都是温暖而甜蜜的。温暖是因为母的胸怀，甜蜜则是母亲的乳汁。因为在我们潜意识深处，炎帝就是我们共同的母亲：华夏之母。

几千年来，炎帝一直是作为华夏文明的始祖神被供奉在华夏民族的精神殿堂。从某种程度而言，炎帝并不在人世间，而是在传说中的昆仑之巅，在云端。他的神圣形象，似乎就是为后世子孙仰视而存在的。炎帝戴着一副始祖神的黄金面具，以至我们根本无法看清炎帝的真实容颜。其实，炎帝这一神圣称谓，其外延与内涵远比我们想象的要丰富而深邃。炎帝这一神圣称谓丰富而深邃的外延与内涵，是数千年岁月的积累与沉淀。可以说，炎帝这一始祖神，承载了我们这个民族太多的东西。在一代又一代炎帝子民不断讲述与书写的漫长过程中，炎帝形象历久弥新、多姿多彩。

在炎帝称谓出现之前，炎帝是以燧人氏、火祖的形象在华夏族群中代代相传的。从八千年前开始陆续迁徙到各地的汉人先民，可能对母亲临行时的谆谆叮嘱记忆不深了，但他们对母亲所给予他们的温暖与光明却始终记忆犹新。燧人氏这个合成痕迹明显的神圣称谓，就是各地的汉人先民对这位母亲的记忆。不过在殷商部落燧人氏并不叫燧人氏，而是"火日"，更接近后世对炎帝的另一称谓：火祖。"火日"这一祖源符号曾在甲骨文中反复出现。燧人氏、火日,既是炎帝的早期叫法,也是炎帝的真实历史原型,更是我们先民对炎帝这位伟大母亲的历史底层记忆。燧人氏中的"氏",还依稀保留了氏族社会的印迹。那时我们先民"帝"的观念还在北方广袤的土地上孕育,或者说根本就还没有"帝"的观念。

从三峡地区、两湖平原迁徙到各地的汉人先民,特别是中原地区的汉人先民,在长期的漂泊生活中遗忘了很多事情,唯独对"钻木取火"这一惊天大发现的记忆历久弥新,对勘破这一天地奥秘的那位始祖神念念不忘。从哪里出发,他们记忆犹新;沿途经历了哪些地方,似乎并不重要。于是,燧人氏、火日这两个神圣称谓就出现了。

人工取火在当时就是最先进的生产力和技术。不管是钻木取火,还是击石生火,都是一种摩擦生热,是自然力在刹那间的突然迸发。从炎帝击石生火、炎帝钻燧、燧人氏钻燧生火等神话传说的蓬勃生命力来看,人工取火这一石破天惊的大发现,对我们先民心灵造成了巨大震撼,对华夏文明影响无远弗届。这些神话传说反复讲述的故事其实只有一个:人工取火的惊天大发现。这也是华夏文明最早的神话传说之一。这些神话传说,实际上并不能视之为严格意义上的神话,因为这些传说可能就是对真实重大历史事件的记录,也是我们先民对族群的历史底层记忆。这个底层记忆后来被儒家用"以木为德"进行了升华。

人工取火的发明,是人类文明演进历程中关键性的一步,其意义超过了蒸汽机的发明。熊熊燃烧的火焰,就是一团永远不会熄灭的火种。哪个落部一旦掌握了这一利器,就一定会矗立于各部落之林,成为王者。炎帝在无意之中窥破了这一强大自然力的秘密,一举奠定了这个无名女英雄在整个部族中无法撼动的领袖地位,使炎帝部落在汉人先民各部落中成为王者。也正是这一重大发现,让原本松散的汉人先民各部落更加紧密地联系在一起,成为一群太阳之子。炎帝部落在汉人先民部落中之所以一呼百应,是因为炎帝部落手握了一种秘密武器:人工取火;炎帝至高无上的神圣地位,也是因为这一秘密武器。如果说炎帝部落是太阳,那么其他部落则是围绕太阳运行的日月星辰。这一团熊熊燃烧的火焰,既是炎帝部落形成的标志,同时也是华夏民族形成的标志。汉人成为东亚大陆的主人,在炎帝发现这一自然力秘密的那天起就注定了。炎帝无疑是华夏文明演化历程中谁也无法取代的一位巨人。

火的极端重要性和神秘性,决定了东西方的原始初民在对火的认识上惊人相似:火是圣火,它只是偶尔才会降临人世间;火所散发的光芒和带给人的温暖,是太阳神对他们的恩赐。炎帝发明人工取火的诸多传说，是东方版的普罗米修斯盗火故事。炎帝就是东方的普罗米修斯，东方的太阳神。这也是世世代代炎帝子民将炎帝击石生火视为神话的重要原因。太阳神、火神崇拜，是人类文明的原点，也是华夏文明的原点。炎帝就是站在华夏文明原点上的一位巨人，数千年来一直在高高的云端俯瞰我们这些后世子孙。

种种迹象表明，华夏文明的这关键性一步，是在南方的三峡地区、两湖平原完成的。在华夏民族的集体潜意识中，炎帝就是属于南方的神，而非传观点认为的北方神。五行观念是我们先民的重要哲学观念和思维方式，与华夏民族的起源、形成以及迁徙有着千丝万缕的联系。五行观的东西南北中空间观念，其色彩组合就是东方主青色、西色主白色、南方主赤色、北方主黑色、中央主黄色的五行；它与金、木、水、火、土五行相配，就是木为青、金为白、火为红、水为黑、土为黄的五行色彩组合。在五行观念中，火就是代表南方的，红色就是南方的色彩。赤帝是炎帝的另一个称谓，在华夏文明中本身就是南方神的代表和象征。在以楚文明为代表的南方文化记忆中，炎帝隐隐约约就在南方。屈原在《远游》中神游时写道："指炎神而直驰兮，吾将往乎南疑。"这里的炎神也就是炎帝，南疑也就是南方的九疑山，又叫苍梧山，位于湘西永州境内，也是传说中舜帝南巡的地方。其实，舜帝就生活在南方的两湖平原，整天在为稻作的丰歉发愁，为部落的繁衍而犯难。这个女神没必要也无暇"南巡"。

火种的稀缺性，决定了我们先民只能过着以部落为单元的大家庭式的集体生活。离开部落也就意味着离开火种，将寸步难行。大量的考古成果表明，大约在8000年前，我们先民曾经有过一次大规模的迁徙。他们之所以勇敢迈出这一步，义无反顾走向远方，很有可能就是他们掌握了人工取火这一秘密武器。由此我们推测，我们先民很可能在大约8000年前就已洞悉了这一自然界的奥秘。当然，这个理由并不充分。我们先民在什么时间发明人工取火，可能永远是个不解之谜了。这个秘密可能已经随着炎帝的逝去而永远消逝在了南方的云雨之中。不过这并不重要了，我们只要知道这一改变我们先民命运的重大事件发生在南方的两湖平原就足够了。华夏文明的序幕，可能远比我们想象的要更加精彩。

炎帝这一称谓的出现，可能还是男权时代"帝"的观念形成以后的事。从炎帝发明人工取火，到炎帝称谓的出现，至少经历了五千年的漫长岁月。如果说燧人氏突出的是钻木取火的过程，炎帝则凸显的是钻木取火的结果。两个火字叠加，就是一团熊熊燃烧的火焰。用"炎"来描绘炎帝的形象，是再合适不过了。可以说，炎帝就是华夏民族一团永不熄灭的火焰。

不论是"火日"，还是燧人氏，以及最后出现的炎帝称谓，其实都是我们先民对这位功勋卓越的华夏始祖神的纪念。其实，这位始祖神、华夏文明的圣母，就是一个无名女英雄、无名母亲。如果说这位始祖神有一个名称的话，那就是母亲。殷商王朝重器"司母戊"的背后，其实就是这位母亲。华夏民族深层心理结构中的母亲情结，最初就来自这位伟大的母亲。

母亲的形象应该是温暖慈祥的。炎帝如一团熊熊燃烧的火焰，显得刚烈如父，似乎与母亲的形象大相径庭。可如果这团熊熊燃烧的火焰出现在寒冷的北方，出现在饥肠辘辘的旅程中，或者出现在漫长的黑夜，这团火焰就有了母亲的温暖与慈祥，转化为温暖慈祥的母亲形象。而事实上，在东亚地区各民族的记忆中，无论是北方的游牧民族，还是南方的农耕民族，火神无一例外都是女性、都是母亲。我国民间的灶神最初就是一个留着长髯、身着赤衣的美女。炎帝这团熊熊燃烧的火焰，永远不会熄灭的火种，就是华夏女性的蓬勃活力和生命之光，是母亲如大地般宽广、海洋般深沉的胸怀。

炎帝的诸多传说，最初可能就是炎帝部落的代代口头相传，再后来成为整个华夏族群的历史记忆。正是因为炎帝太过久远，《山海经》等先秦文献对炎帝着墨不多，甚至于到了吝啬的地步。先秦文献关于炎帝的种种记载，虽然大多数后来被证明为伪史，但仍然隐藏着关于炎帝的一些蛛丝马迹。诸多记载有一个共同点，那就是炎帝的姜姓和望地姜水。这可能是关于炎帝的民间底层记忆。这个珍贵的底层记忆，也是炎帝部落的后人——南方稻作部的族源记忆。这个族源记忆从此将炎帝与稻作部落紧紧捆绑在了一起。

如果说关于炎帝的底层历史记忆就是"炎"字中燃烧的"火"，以及击石生火、钻燧生火和钻木取火的众多传说，那么，在这一历史底层之上，还有一个南方稻作部落的族源记忆，也就是"姜"。炎帝诸多秘密其实就隐藏在这一"姜"字之中。还原炎帝的真实历史原形，关键在于还原"姜"字的本义。

长期以来，我国学界将"姜"字解读为西北地区的牧羊女，可能犯了一个历史性错误。这也是我国学界一直视炎帝为北方神和男性的主要原因。北方众多关于炎帝的传说与遗迹，无不是炎帝后人北迁后的创造。

"姜"这个古老汉字隐藏的信息明确无误地告诉我们，炎帝就是南方稻作部落的女神。炎帝作为华夏之母、南方稻作部落始祖神的秘密，都隐藏在这个古老的"姜"字之中。甲骨文中"姜"字下面大写的"女"，就已经向我们传递了十分明确的信息：炎帝就是华夏之母。还原炎帝华夏之母的历史形象，我们还要在"姜"字之中寻找蛛丝马迹。

"牛"和"羊"两个字在甲骨文中就是一对孪生兄弟，几乎可以说是一个字形，很难分清彼此。两个字构图手法高度一致，都是用示意线条对头部特征的写意描绘，一样都是凸显了角和鼻子的形象。特别是鼻子的部位，"牛"和"羊"字的图形都是用 v 字形表示，画在文字图形的最下端。水牛与黄牛除了体形习性差异，还有一个显著差异：那就是牛角。水牛有一对长长的牛角，而黄牛的牛角则较短。很显然，甲骨文中有着一对长长牛角的"牛"，指向的就是南方的水牛，而非北方旱地的黄牛。我们现在看到的炎帝雕像中突出的一对牛角，也只可能是水牛的牛角。传世文献中记载的众多"牛首"的始祖神，也只可能是水牛的"牛首"。

水牛也叫印度水牛，目前野生水牛只活动在南亚的孟加拉国、印度、尼泊尔、泰国等地。根据外貌和习性不同，水牛分为沼泽型和河流型两大类型，我国水牛属于沼泽型。从环太湖流域河姆渡等遗址的水牛遗骸来看，我们先民至少在 7000 年前便已成功驯化了野生水牛。甲骨文中的"牧"字，是一幅一人以手执鞭驱牛的素描。这个"牧"字就是南方稻农驯化、饲养野生水牛的语言学证据。如果说"豫"象征的是我们先民对大象的征服，那么"牧"象征的就是我们先民对野生水牛的征服，都是我们先民关于母亲的记忆。在甲骨文和金文中，"犁"字里面都有一个"牛"的符号。没有南方稻农几千年的牛耕实践，可能就不会有这个带"牛"的"犁"字。华夏文明的牛耕史比我们想象的可能要更加久远。北方干旱而板结的土地，只有在铁器时代才有可能进入牛耕时代。而在南方的沼泽地，牛在稻田的踩踏就可视之为牛耕。甲骨文中的"舞"字，就是一人两手持牛尾而舞的形态。女巫的翩跹舞姿，其实是水牛在南方稻田踩踏时的律动节奏。"舞"向我们传递的信息十分明确：牛对南方稻作部落而言，具有图腾的价值与意义。而这一切，都发生在南方的两湖平原。很显然，汉人先民最早认识的是水牛，最早驯化的也是水牛；甲骨文中有着一对长长牛角的"牛"，指向的就是南方的水牛，而并非羊；"牛"是比"羊"要更加古老的汉字。

无论"姜"，还是"牛"和"羊"，其中都有一个鲜明的女性标志：倒三角形字 v 字。v 字符号不仅是"牛"和"羊"中的鼻子，也是女阴符号的象征，是华夏文明早期生殖崇拜的象征符号。当然，这一符号我们也视为母亲的象征。可以说，倒三角形字 v 字这一文化符号，既是女性特有的标志，也是女性权力的宣示。

甲骨文中 "姜"字中的 v 字符号，凸现的就是女神和女神的神圣地位，母亲形象的至高无上。除了这个 v 字符号，甲骨文中的"姜"字下部还凸显、大写了一个"女"字，也就是一个"踞居的女人"。"踞"也就是长跪，两膝着地、挺直上身的姿态。"姜"字下部"踞居的女人"，其实我们同样也可以理解为驯化、饲养水牛的南方女性。牛对于南方的稻作部落，具有图腾意义与价值。按照部落的社会分工，男性以狩猎为主，女性以农耕为主。女性对于助耕的水牛心存感激，视之为神灵，乃至长跪不起。一个"踞"字，将我们先民对牛助耕的感激、对成功驯服野生水牛先祖的崇敬，表现得淋漓尽致，跃然纸上。这应该就是"姜"字最初的意义，也是南方稻作部落的女酋长、女巫师创造这个文化符号的本意。

在甲骨文、金文和大篆中，"姜"字上部的"牛"和"羊"其实是不分的。"姜"字由驯化、饲养水牛的南方女人衍生为西北地区的牧羊女，是汉人先民北上以后的事。到了小篆阶段，也就是秦人一统华夏的时候，"姜"字上部才写成"羊"，"姜"这个关于母亲记忆的汉字从此也就打上了北方的痕迹，多了些北方的苍凉与壮阔。这可能是中原地区汉人对"姜"字的有意改造。其实，羊是不值得西北女性"踞居"的。即使"踞居"，也应该是男女共同"踞居"，这才符合游牧部落的实际。"姜"字初义的转变、衍化，实在是有点牵强和生硬。

先秦文献关于炎帝是男性的记载，只不过是男性依照父系氏族社会的权力构架进行的主观想象，显得过于苍白和单薄了。在女权独尊的母系氏族社会，炎帝作为始祖神和火神，只可能是女性。

"姜"字所描绘的炎帝女神形象，与另一个古老汉字"帝"也是对应的。"帝"是《山海经》里出现频率最高的神。"帝"在甲骨文中，除了"花蒂说""祭祀说""女性祖先"之外，更通行的是柴火说，也就是捆成一束的正在燃烧的柴垛，通俗地讲就是火把。实际上，"柴火说"与"祭祀说""女性祖先"说在本质上是相通的。"帝"这个神秘汉字最初的意义就是火把，是一团熊熊燃烧的火焰。这在炎帝的另一别称"高辛氏"那里得到了验证。"高辛氏"之"辛"，本字也就是"薪"，也就是柴垛。楚人的先祖祝融，也是给部落带来光明的火神，在我国民间一直被祀为灶神，可能是炎帝形象的转换。《山海经》中单独出现的"帝"，虽未明确指向炎帝，但总是让我们自然联想到高处云端的炎帝。可以说，是炎帝的惊天伟业，造就了这个象征火的"帝"字。

事实上，凡是与母亲有关联的事物，其相对应的汉字中总有一个象征母亲形象的倒三角形 v 字。根据我们先民的编码规则，也就是音近义通的音韵学规律，

"帝"与"地"既是同音字，也是同源字，象征的都是母亲、生育、根底、始祖等。从字形构造看，"地"字中的"也"在甲骨文中也有着"牛"和"姜"一样的倒三角形 ∨ 字。而"帝"字的基文也是一个倒三角形 ∨ 字。这个倒三角形明确告诉我们："帝"字就是专为始祖女神、火神量形定做的一个文化符号，而并非我们通常认为的上帝、天上诸神。炎帝称谓由燧人氏、火日转变为炎帝，其实已赋予了这一神圣称谓的母性色彩，炎帝也就是华夏族群之母。"帝"由女性变为男性，并由人神变为天神，是男权时代的事。

"江"与"姜"两个古老的汉字，尽管形体不同，但相同的读音让这两个字紧紧捆绑在了一起。根据我们先民遵循的音同则义近的编码规则，炎帝的姜姓也就是江姓，炎帝的望地姜水也就是长江之水，炎帝就生活在南方长江两岸，或者长江中游的某一条支流。《帝王世纪》是这样记载炎帝传说的："炎帝神农氏姜姓……人首牛身，长于姜水……以火承木，住南方"。这可能是先秦传世文献中最接近历史真相的一处记载。《山海经·海内经》曾简略记载了炎帝的族谱。这个族谱虽是按照父系氏族社会的权力构架打造的，但其中"处于江水"一句却无意中透露了一个天机：炎帝就生活在南方长江两岸。这与南方楚文化的记忆高度一致。炎帝的望地姜水、姜姓之所以不是江水、江姓，是炎帝的后人颛顼部落有意改造的结果，目的就是为了切割那个头撞不周山的共工女神。

"姜"这个古老汉字隐藏的信息告诉我们，炎帝不仅是一位女神、母亲，同时也是一个农业神。如果说钻木取火是华夏先民对这位母亲的底层记忆，那么炎帝作为稻神、农业神，就是表层记忆。

全世界各民族的农业神无一例外都是女性。这是由女性在母系氏族中的社会分工所决定的。华夏民族的农业神也只可能由女性担当。"牛首人身"的形象，在我国学界一直被视为神农氏的象征。在《帝王世纪》等众多传世文献中，炎帝的形象高度一致："牛首人身"。直到今天，炎帝的雕像头上还有两个突出的牛角。甲骨文中的"姜"字，就是对炎帝"牛首人身"形象的高度概括。"姜"这个古老汉字向我们传递的信息十分明确：炎帝就是那个成功驯服野生水牛的传奇女英雄。这个女英雄之所以成为后人拥戴的神农氏，主要是因为她成功驯服了大象与野生的水牛，而非先秦文献记载的"始教天下耕种五谷"。相比于温驯的大象，野生水牛更难驯服。能让狂野不羁的野生水牛乖乖就范的女汉子，自然就能担当一个部落的重任。

也许，"牛首人身"本就是"姜"这个图腾符号最初的意象。正如众多古老汉字最初都是图腾符号一样，"姜"最初也是肩负宗教使命的重要图腾符号，是我们先民精神世界的呈现，而非我们所想象的文字。"姜"这一古老的图腾符号，在《山海经》一书中，在北方辽西地区的红山文化遗址，曾以"牛首人身"形象反复出现。在《山海经》这部失落的"天书"中，"牛首人身"形象出现的频率仅次于人鸟组合和人蛇组合的形象，仅《西山经》就有7个"牛首人身"之神。《山海经》频频出现的"牛首人身"形象，似乎是在向我们暗示什么。这7个"牛首人身"之神，其实都是南方稻作部落的女巫、母亲神，是北上先民对祖源与族源的模糊历史记忆。红山文化玉器中大量的"牛首人身"玉雕，是对"姜"这一古老图腾符号的一次具象化集中展示，也是远行游子对祖先、故乡的思恋。是弥漫在西辽河流域的乡愁，赋予了这些玉雕"牛首人身"像的精美和震撼。否则我们就无法理解这些迁徙到塞外先民的良苦用心了。

我们先民在稻田牵牛助耕的生动场景，其实离我们并不遥远。从南方稻作部落分离出去的苗族，至今还保留着浓厚的牛崇拜的古风。在苗人心目中，牛是祖先的象征，也是力量与美的象征、种族繁衍与延续的象征。苗人儿童、妇女头上戴的，身上、脚上穿的，亭台楼阁上画的，无不是牛的图案。可以说，无牛就不成苗寨。从南方稻作部落分离出去的瑶族，他们的春节可以说就是牛节，瑶人称之为"舞春牛"。在瑶人看来，在春节只要触摸了牛的眉心，一年就会顺风顺水、无往而不利。时光在苗族瑶族的村村寨寨似乎凝固了，他们从远古时期怎么也走不出来了。这一最具苗族瑶族特色的民俗文化现象，是对洪荒时期南方两湖平原上稻作部落牛崇拜文化的有力佐证，具有"活化石"的意义。

很显然，传说中的神农氏，只可能是南方稻作部落的神农氏，而非北方粟作部落的神农氏。周人的始祖后稷是北方的农业神，也是后起的农业神。北方广袤的神圣土地，只属于男性。拥有众多河流与湖泊的南方，是属于女神的。

在华夏传统文化中，牛耳象征着领袖与权力，其源头可能要追溯到大约六千年前南方两湖平原的稻田。那个成功驯化野生水牛的母亲、女巫，最初就是牵着牛的耳朵在长江边的稻田踩踏助耕，在炽热阳光的照耀之下投射出长长的身影。牛能跻身十二生肖之列，是有深厚历史文化渊源的。

也许，那个驯化野生水牛的传奇女英雄，只是炎帝部落的一个后起之秀，而并非炎帝本人。事实上，在遥远的炎帝时代，华夏文明还处于渔猎阶段，稻作农耕还像南方沼泽湖泊中的荷花一样，才在水面露出一个尖角、几片叶子。炎帝人牛合体的形象，只可能是南方稻作部落巫师的创造，同时也是南方稻作部落的族源标志，而非炎帝本人。这一族源标志，将炎帝与稻作部落以及传说中的神农氏紧紧捆绑在了一起。在南方的稻农看来，炎帝就是神农氏，神农氏也就是炎帝，炎帝、神农氏两神是一体的。司马迁在《史记》中虽然按照父系氏族社会的权力构架为华夏诸神量身定做了一个族谱，将母亲形象改造为父亲形象，但他将炎帝与神农氏视为一神无疑是明智之举。东汉以后，历代文献将炎帝、神农氏、烈山氏三神视为一神，是有内在逻辑的。烈山，就是放火烧山，也就是孟子在《滕文公》中所说的"烈山泽而焚之"的烈山，一种最原始的刀耕火种的农耕方式。正如炎帝、太阳神、火神三神一体一样，炎帝、神农氏、烈山氏也是三位一体的。将这三神紧紧捆绑在一起的神秘力量，只可能是母亲形象。

我们现今所看到的刻在牛肩胛骨上的图腾符号或者文字，几乎同甲骨一样古老和珍贵。迁徙到环泰沂山、关中平原、河套地区的汉人先民，将图腾符号或者文字刻在牛的肩胛骨上而不是羊骨上，并非随意为之，而是出于宗教意义的考量。如果说龟是永生的象征，那么牛就是始祖神、母亲神的象征。龟甲虽然是上上之选，但由于干旱的环泰沂山地区、关中平原、河套地区龟甲资源的紧缺，因此他们走了一条与三峡地区、两湖平原和中原地区汉人先民不同的道路：在牛骨的裂纹上寻找天象，并将图腾符号或者文字刻在牛骨上。材质不同，但宗教意义是相同的，两者可以说是殊途同归。

恍恍惚惚之中，我们总觉得在炎帝、神农氏的身后，还站着一位美丽的女性、一个超然的女神。这个女性、女神就是西王母。因为西王母同炎帝一样，也是一位长着牛角的稻作部落的女神。豹尾、虎齿、牛角，是《山海经》中西王母最原始的形象。数千年来，她一直居住在那个传说中的昆仑山上，掌管天下芸芸众生的命运。撩开这位人兽合体怪神的神秘外纱，其实我们不难看出巫师的良苦用心：豹尾、虎齿，显然是为了增强这位女神的威仪，牛角才是画龙点睛之笔。神秘的西王母其实并不神秘，她就是南方稻作部落的女神、女巫师，一个伟大母亲。

如果说炎帝身处高高的云端，那么西王母就在昆仑之巅。西王母也许就是我们先民记忆中的最后一位女神、最后一个母亲神。西王母这一称谓的重心就是"母"。西王母的"牛角"形象，可能就是我们先民对炎帝记忆的延续与拓展，或者就是炎帝的化身。传说中的昆仑山，可能并非历代文献所渲染的那么神秘莫测、虚无缥缈，它就矗立在稻田边，长江边。昆仑山之所以高耸云霄，直插天际，是因为华夏民族的另一位圣母——西王母。在《山海经》一书中，原本属于西王母的昆仑山，后来悄然变成了"帝"的都城，成为了"帝丘"。在甲骨文中，姜、女、每、母四个汉字，并没有本质区别，彼此可以通用，代表的都是母亲、女巫、女神、始祖。炎帝不仅是火神，也是华夏之母。西王母这一始祖神，似乎就是专为承担凸显炎帝的母亲形象而出现的。也许，在编撰《山海经》的北方巫师们看来，西王母就是炎帝、神农氏的化身、再现。

"姜"这个古老的汉字所蕴藏的丰富信息，让我们得以走近高处云端中的炎帝，一睹这位巨人的真容风采。

在《山海经》和楚辞中，我们已经隐隐约约窥到了华夏文明史前有一个庞大的帝王系统。由于华夏文明的断层，特别是儒家对上古史的大规模改造，导致这个帝王系统混乱不堪，诸神彼此重叠甚至于移位。近代以来，无数仁人志士试图勾勒出一个清晰的史前帝王系统，以重构华夏文明古史，但收效甚微。当我们无意中得以走近高处云端中的炎帝时，我们突然发现，这个庞大的帝王系统其实是就是由炎帝主导掌控的，炎帝就是诸圣之圣、母亲中的母亲。

这个庞大的帝王系统有一条鲜明的红线，那就是对太阳神、火神的崇拜。这条鲜明的红线，也是华夏先民对母亲的历史记忆。圣坛上的华夏诸神，无不散发着炎帝这位女神的芳香，无不散发着太阳和熊熊燃烧火焰的光和热。她们都是太阳的子民，华夏圣母。

那位发动宗教改革的领袖人物颛顼，是"五帝"之一。颛顼两个字都突出了"页"，也就是头。"颛"表示头在山顶，并且这座山像太阳一样浑圆，后引申为圆头胖脑的意思。"顼"表示头戴玉冠。仅从字面上看，颛顼就是一个女巫。她在那座低矮浑圆的山丘以玉为祭，祭祀的就是太阳神、火神，那个给华夏族群带来光明与温暖的炎帝。因此，楚人一直将这位先祖称为高阳氏。从字面意义来看，高阳氏也就是高高在上的太阳。另一个一直与炎帝相提并论的始祖神黄帝，其实也是一个女巫。甲骨文中的"黄"字保存的原始信息十分清晰完整：上为系，中间是并联的双璜，合起来就是表示一人佩戴玉璜的样子，下面低垂的谷穗则点明了这是一个稻作部落的女巫。黄与光古音相同，表达的都是光明的语义。同颛顼一样，黄帝这个稻作部落的女巫祭祀的也是太阳神、火神，这也是她们至上权力的合法性来源。另一位谜一般的神性人物帝俊，在先秦文献中仅在《山海经》中多次提到，并隐然有凌驾于西王母之上的意味。帝俊之"俊"，在甲骨文中就是"夋"，也就是鸟的形象。这只鸟就是太阳鸟，我们先民的光明使者。其他如太昊、少昊、重华、华胥氏、伏羲氏、祝融、羲和等诸神，都是太阳神、火神在我们先民各部落的不同叫法。

可以说，这支由炎帝统领的华夏诸神，就是一群美丽的女巫。她们拥有一个共同的名字：太阳神。她们如群星闪耀，在华夏文明的上空形成一道璀璨的星河。其中最耀眼的，非炎帝莫属了。如果说华夏诸神是一群在南方稻田上空飞来飞去的太阳鸟，那炎帝就是那一轮光芒万丈的太阳。尽管她们所处历史时代各不相同，但她们所肩负承担的神圣使命却是共同的：让部落的那团熊熊燃烧的火焰永不熄灭。而事实上，她们用燃烧的生命做到了。

没有这些华夏圣母，没有这群女巫女神，也就没有华夏文明这株深深扎根于东亚大陆的参天大树。华夏诸神形成的过程，也就是华夏民族孕育、形成的过程。

事实上，华夏之"华"，并非传统认为的"章服之美"；华夏之"夏"，也非"礼仪之大"。华夏之"华"，既是火焰燃烧发出的声音，也是不断升腾的火焰；既是火光耀眼的色彩，也是太阳的万丈光芒；华夏之"夏"，既是遥拜太阳的姿势与礼仪，也是南方方位的象征。"夏"在金文中共有八种写法，其中七个带有"日"字符号，且均在一侧。字形虽略有差别，但祭拜太阳的姿势却是始终不变的。何新先生认为，华夏族就是崇拜太阳和光明的民族，无疑是真知灼见。在南方两湖平原熊熊燃烧的篝火旁，在长江两岸的稻田桑林边，华夏诸神早已为"华夏"这一族群量身定做了一套衣服和一套礼仪：太阳之子，太阳民族。这套衣服就是太阳的色彩，不断升腾的火焰；这套礼仪就是祭祀太阳神、火神的礼仪，也是华夏民族形成和认同的标志。华夏民族的故乡，就在炎热潮湿的南方。

正如女娲、尧舜遗迹遍布华夏大地一样，炎帝的遗迹与传说在华夏大地也是无处不在。在华夏大地，凡是太阳照到的地方，就一定会有炎帝的传说。黄河流域和长江流域虽然相距遥远，但各地有关炎帝的传说与遗迹几乎如出一辙，颇有异曲同工之妙。中原地区商丘古称燧明国，可能是燧人氏部落北上后打下的烙印。华夏大地诸多炎帝传说与遗迹，可能就是为了让我们后人感受炎帝这位华夏圣母数千年前在华夏大地的脉搏、呼吸与体温。正是炎帝部落持续数千年的大迁徙，才成就了多姿多彩的华夏大地。

以炎帝为首的众多母亲，这群美丽的女巫，炽热而又温暖，明媚而又忧伤。或许，她们并没有离我们远去，一直在蔚蓝色的天空注视着我们。我们之所以世世代代礼赞讴歌太阳，那是因为母亲在儿女远行时再三叮嘱；我们之所以仰望星空，是因为母亲来自远古时期的深情召唤；我们之所以被称为炎黄子孙，那是母亲在我们身上留下的文化"胎记"。

Chapter 15
第十五章

熊出没的女人河

在炎帝发明人工取火以后的很多年里，一拨又一拨的汉人先民怀揣梦想和永不熄灭的火种，走出了三峡地区、两湖平原。他们有的北上中原，有的东进长江下游、环泰沂山地区，不断开辟新的家园。他们在用脚步丈量华夏大地的同时，向他们经过的河流、湖泊、山峦、平原致敬，并镌刻上了炎帝部落的文化色彩。他们既是迁徙者，也是传教者。

在时光流逝中，两湖平原也由以前的雨旱两季变成了春夏秋冬四季，原先水天一色的沧海也大部分变成了稻田桑园。种种迹象显示，华夏文明的一个新纪元已悄然而至。这个新纪元的标志就是我们先民华夏族群意识的觉醒与认同。

久居北方的汉人先民，始终在追忆他们家国的历史。边际效应递减规律同样适应于历史记忆，时代越远则越模糊，时代越近则越清晰。《山海经》是一部巫书，也可以说是一部另类的"史记"。可能是过于久远了，《山海经》整部书对炎帝或者说燧人氏可以说是惜墨如金，只有寥寥几句，而且与炎帝本身无关。但对于另一始祖神黄帝，《山海经》不仅叙述详尽，而且构建起了一个庞大的黄帝谱系。此外，《山海经》对另外一个"五帝"之一颛顼的记载也很详细，总共有十八条之多。种种迹象表明，我们先民的历史记忆到了黄帝和颛顼时代，开始变得清晰。编撰《山海经》的巫师们对华夏文明的源头记忆似乎就是从黄帝和颛顼这两位始祖神开始的。黄帝和颛顼有可能是这个新纪元的标志性人物。

从西周到整个春秋战国时期，北方各诸侯国的史官、士人们都一直沉浸在对他们家国历史的追忆之中。差不多与《山海经》同步，《国语》《左传》《老子》、《庄子》《管子》《韩非子》《吕氏春秋》《竹书纪年》等先秦文献，也在遥想当年那些隐隐约约发生的一些故事，不约而同地记录了那个遥远时代隐隐约约发生的一些故事，以及关于黄帝和颛顼的一些零星而模糊的历史片断。与此同时，在南方，具有悠久巫史传统的楚人也在追忆他们王族的历史。楚人的祖源记忆也并不比北方汉人早，炎帝时期毕竟太过遥远了，他们只依稀记得颛顼这个先祖了。在南方文明的历史记忆中，是没有黄帝这个神的。又过了很多年，到了南方楚人执掌王权的西汉时期，太史公司马迁在写作《史记》时，明言"神农以前吾不知己"，而选择黄帝开篇立威，在《五帝本纪》中把黄帝列于颛顼、帝喾、帝尧、帝舜五帝之首，从此确立了黄帝作为华夏文明始祖神的地位。

先秦文献的历史记忆，实际上也就是由神话传说和部落领袖传闻构成的口述史，是迁徙到各地的汉人部落对遥远时代的模糊记忆。这些在各地各汉人部落代代相传的传说和传闻，我们只能视之为华夏历史的记忆碎片、零星拼图。历史记忆的枝叶虽然在过去，但根却深扎在现实之中。在孔子看来，历史就是为现实服务的，这也是历史记忆的价值所在。一切历史都是当代史，孔子可能是始作俑者。

我们之所以不停地追忆历史，就是因为我们经常困惑，急于从这位沧桑老人那里寻找到关于我们自身以及现实处境的谜底。我们先民对炎帝、女娲、西王母、黄帝、颛顼等始祖神的历史记忆，实际上也是族群认同的现实需求。也正因为如此，各地各部落的现实处境际遇不同，他们的历史记忆就会有所差别，甚至出现截然不同的记忆。就黄帝这位始祖神而言，各地各部落的记忆是不一样的。在中原地区、关中平原上崛起的商人和周人，并没有关于黄帝的记忆，因为在他们祭祀先祖的甲骨刻辞和铭文中一直寻找不到黄帝的蛛丝马迹。这种现象表明，在商周时期，我们先民并没有关于黄帝的任何记忆。黄帝有可能是五行观念出现后在中原地区产生的一个新封号。在此以前，黄帝可能另有名号、另有其人。在黄帝封号出现以后的春秋战国时期，即使在大一统的中原地区，关于黄帝的记忆也存在着诸多不同版本。先秦诸子对黄帝的态度也是千差万别。在老子、庄子这些圣贤心目中，黄帝就是负面形象。在以楚人为代表的南方文化系统中，他们只认同颛顼这位始祖神，对他们而言黄帝是完全陌生的人物。

事实上，司马迁对把黄帝列于五帝之首也并不自信，甚至有些心虚。他在该篇结尾道出了心结："百家言黄帝，其文不雅驯，荐绅先生难言之。余并论次，择其言尤雅者，故著为本纪首。"可以说，《五帝本纪》是司马迁的最大败笔。

司马迁的心结，也有可能是我们先民的共同心结。他们的历史记忆发生了错位、混淆，万世景仰的黄帝很有可能与另一位始祖神的身份重叠了、篡位了。华夏诸神的重叠、移位现象，首推黄帝与颛顼二神。其实，在北方先民的记忆中，黄帝与颛顼的形象还不仅仅是重叠、移位的问题，而是紊乱的问题。在《山海经》《史记·五帝本纪》等文献记载的黄帝、颛顼世系中，黄帝是颛顼的祖父，颛顼是黄帝的孙子。也正因为如此，自殷墟甲骨发现以来，我国学界对黄帝的质疑声音从来就没有停止过。黄帝可以说就是在几千年的争议声中在华夏文明"三皇五帝"中逐步占据显赫地位的。

楚辞代表了典型的南方文化，北方巫师加工整理的《山海经》则更多代表了北方各汉人部落的意志。两者不但在记忆祖先神方面有很多共同点，有着诸多共同的神话原型和原始思维模式，而且神话材料也表现出高度相似的特点。从文化学观点来看，南北方在始祖神的互证以及神话材料上的趋同性，反映了南方文化与北方文化在文明渊源上的同源关系。只有一个源头，才会出现两者的高度一致性。这个源头，就在南方的两湖平原。

虽然各地汉人部落对祖源的记忆不尽相同，而且零星而模糊，但已弥足珍贵了。也许，我们很少关注甚至已经遗忘了我们先民的另一图腾——熊，以及熊出没的那条叫姬水的河流，可以帮助我们将这些零星而模糊的记忆碎片凑成一幅相对完整的拼图，还原黄帝的历史真相。

在南方的河流边，在桑林中，在稻田劳作的先民经常看到熊的身影。可是他们并未因此而惊慌，恰恰相反，他们将熊的出现视为部落及家庭的祥瑞之兆。在熊的身上，可能隐藏着关于华夏文明起源的一些秘密，并且至今并未引起我们足够的重视。

熊作为我们先民的精神图腾，有着充分的考古学证据和文献资料。叶舒宪先生的力作《熊图腾：中华祖先神话探源》，采取四重证据法，以大量的实物图像，为我们还原了一个被历史的云雨遮蔽、湮没和遗忘了的熊崇拜时期，重构出华夏文明失落已久的熊神崇拜文化传统，无疑具有开创性意义。叶舒宪先生对殷墟妇好墓出土的铜斗上蝉熊组合图案解读为六个月生命循环的图像叙事，充满了睿智。但是，对熊是如何走进我们先民神圣精神殿堂的，叶舒宪先生可能失之偏颇了。

熊成为我们先民的精神图腾，其秘密就隐藏在"熊"这个字下面的四点。这四点也就是一团熊熊燃烧的火焰。火才是破解熊图腾之谜的关键，同时也是还原黄帝真实历史形象的关键。

那些在南方的河流边经常出没的熊，学名叫亚洲黑熊，也就是我们俗称的黑瞎子、狗熊。在黑暗中，世上万物都是黑色的。在我们先民看来，唯有熊例外。熊虽然没有一双明亮的眼睛，与盲人并没有什么两样，但却能敏锐感知光明，昼夜行动自如。在黑暗中，熊既是黑的，同时也是白的。一身的黑色，既能与夜色融为一体，也能与光明交相辉映。在熊的身上，黑与白、黑暗与光明是如此和谐完美。从对熊感知光明的神奇以及一身的黑色中，我们的先民豁然开朗：那些在他们的稻园、桑林、河流经常出没的熊，就是火神的化身，是光明的使者。这就是熊走进我们先民神圣精神殿堂的秘密所在。

"能"是"熊"的本字。"熊"的甲骨文字形就是一头熊的侧面，后来表示熊嘴的部分变化为肉也就是月的形态，再后来熊的四肢演变成了两个匕形，就成了我们现在看到的"能"字。在"能"字出现以后，我们先民仍然意犹未尽，总觉得这个"能"字还不足以表达他们对这一神奇动物的敬畏之情。于是，在金文中，"能"字下面增加了一团熊熊燃烧的火焰，也就是后来的四点，成为我们现在所看到的"熊"字。

在我们先民对动物的命名中，唯有熊这一动物加了四点。这四点就是火的象形。汉字中凡是下面加四点的，无不与火有关。"黑"字下面也有四点。黑的色彩，就是火燃烧后留下的色彩。"黑"字下面的四点其实就是我们先民价值观的一次悄然流露。在我们先民看来，黑也就是火，是火的转化和变形。颛顼部落以及传世文献记载的夏王朝，有崇尚黑色的文化传统。他们崇尚黑色与崇尚红色，其实是一枚硬币的两面，都是太阳崇拜、火崇拜的另一种呈现形式。很显然，我们先民对光明的向往缘于对黑暗的恐惧，对黑色的感悟则缘于对火的体察。

"能"字在下面补加四点后，熊这一神奇动物就始终与火焰共舞，须臾不离，直至今天。熊似乎对星星之火总是不屑一顾。只有在火焰照亮大地，才会出现熊的身影。火焰越大，熊的舞姿就越加奔放激昂。就是到了现代语境，我们对大火的表达，总也离不开熊熊二字。这并非汉语词汇的贫乏，而是因为熊熊二字之于大火，既有历史的纵深感，又有现实的横断面。除了熊熊二字，我们似乎没有更好的选择了。这可能是华夏众多只有炎黄子孙才能心领神会的词汇之一了。熊这种神奇动物，似乎就是专为火焰而生的。

"能"字下面补加的四点，是我们先民对熊形象的再造和还原，也是对熊图腾的补充和完善，可谓点睛之笔。"能"字下面的四点，象征的就是一团燃烧的火焰，以及火焰所带来的光明与温暖。他们对熊的特殊感情，实际上是太阳神、火神崇拜的延伸和升华。熊图腾其实就是太阳神、火神的另一呈现形式与隐形符号。

熊崇拜传统在欧亚大陆特别是北半球广泛存在。但是，华夏文明的熊崇拜传统的确显得有些另类，与北方游牧狩猎文明的熊崇拜有着本质的区别。华夏文明的熊图腾象征的是光明，而西方文明熊图腾象征的是黑暗。殷商部落蝉熊组合图案不仅象征生命轮回，也象征黑暗与光明的转换，与北方游牧狩猎文明熊图腾象征力量有着明显区别。

读过美国盲聋女作家、教育家海伦的《假如给我三天光明》这部书的人，一定会对光明有全新的认识，也一定会对我们先民对太阳、火以及光明的向往有深切的体会。海伦在书中想象自己如果有三天光明，那么第一天她会去拜访所有的亲朋好友，去看一看她最敬爱的老师；第二天她会亲眼见到"黑夜变白昼"的奇景，去参观历史博物馆；第三天她会以自己的家为起点开始她多姿多彩的旅程。海伦对这三天光明的追寻，向我们这些拥有视觉光明的人展示了光明的全部意义。从某个程度讲，我们先民的处境与海伦并没有本质区别，他们人人都是海伦，都是睁着眼睛的盲人，也是一群在黑暗中苦苦追寻光明的孩子。也正因为如此，他们在熊的身上看到了有着最为光明的精神世界。熊从此也就走进了我们先民的精神世界，在华夏文明的演化历程中占据了重要的一席。

熊出没的背景就是昆仑圣山。神圣的昆仑，始终是与始祖神相伴的。没有始祖神，也就不称其为昆仑。或者我们也可以这样认为：昆仑是属于始祖神的，始祖神在我们先民心中的高度决定了昆仑的高度。"熊"下面的四点，也就是一团熊熊燃烧的火焰，也就是昆仑圣山的象征。当然，这四点也是对昆仑圣山的进一步补充与完善。

还原黄帝的历史真相，必须回到昆仑圣山这一原点。

在这一原点，我们会发现，频频亮相的其实是另一位始祖神颛顼，而非黄帝。

从《史记》的记载来看，江汉平原的楚人、中原地区的殷商人、关中平原的秦人、燕赵地区的赵人，有着共同的先祖。这个先祖就是颛顼，那位头戴玉冠、在一座浑圆的山丘上仰望天空的女巫。头上戴着的玉冠，是这个女巫神权的象征。这座浑圆的山丘就是昆仑圣山，我们先民的神圣祭坛。这个美丽而神秘的女巫，不仅在《山海经》和其他先秦文献中浓墨重彩，而且在《史记·五帝本纪》中位居五帝第二。很显然，颛顼这个女巫是我们先民的共同记忆。从颛顼与昆仑圣山的紧密依存关系来看，颛顼就是一个女巫师，部落的女酋长。

从屈原在楚辞中频频西望的心结来看，颛顼这位楚人的始祖神掌管的具体地方可能是湘西北、鄂西某处的一条河流、一座山丘，而非先秦文献记载的北方。那里有稻田、桑林、河流，在稻田桑林的不远处是起伏的群山。颛顼在一座像太阳一样圆形的山丘上聆听着太阳神的旨意，她头上的玉冠在阳光的照射下发出耀眼的光彩。她是那里的王者。光明、温暖、美丽、神秘，在这位女巫身上竟是如此和谐完美！当然，在屈原所处的时代，我们先民对颛顼的记忆可能已经比较模糊了。屈原的频频西望，我们恐怕只能理解为楚王室的祖源记忆。

在南方的屈原频频西望的时候，北方的巫师们也在频频眺望南方的昆仑山。那是他们心中的圣山，是他们灵魂的故乡。在《山海经·西山经》中，北方的巫师们心中升腾起的昆仑是："南望昆仑，其光熊熊，其气魂魂。"这也正是我们先民在昆仑之巅祭日时的庄严场景。这与屈原在《大招》中描绘的昆仑是高度吻合的："熊熊赫赫，天德明只。"这一高度吻合向我们暗示：神秘的昆仑就在南方的某一条河流旁边，并且始终燃烧着一团熊熊燃烧的火焰。

从南北巫师对昆仑追忆的高度相似来看，这个始祖神应该就是同一源头，或者说同一始祖神。这个始祖神应该就是颛顼。颛顼这位始祖神、女巫师似乎并不掌管北方，她只管南方的昆仑山，以及昆仑山下的一条河流。同炎帝、西王母一样，颛顼也是属于南方的女神。

熊穿行的地方就是一处桑林，出没的地方就是一条蔚蓝色的河流。没有桑林在华夏文明中的神圣地位，也就不会有熊的出没。我们先民记忆中的始祖神，既是女神，同时也是水神。熊出没的地方之所以是一条河流，是因为我们先民对始祖神的记忆总是与河流联系在一起。

传说颛顼生于若水、生活在空桑。"若"在甲骨文中就是桑树之"桑"。若水与空桑其实也就是同一意思，即灵魂升天的地方。若水，也就是一条两岸满是桑林的河流。从桑林在华夏文明中的神圣地位来看，这条属于颛顼的河流，似乎并不确指哪一条河流。按照《山海经》的记载，华夏大地处处皆若水、处处皆桑林。在《山海经》中，颛顼是唯一一位能转换生命形态、死而复生的神。从某种程度讲，颛顼就是桑林中的一条蚕。颛顼之所以能在阴阳之间转换，像蚕一样化身为蝶，翩翩飞到一个叫天堂的地方，是因为她头戴玉冠、生活在通天神树——桑树环绕的昆仑之巅。颛顼死而复生的传说，承载的是我们先民寻求永生、灵魂不灭的重负。先秦文献记载的颛顼封号以及出生地和生活的地方，其实是对华夏文明的圣山——昆仑的进一步阐释和补充，是我们先民阴阳轮回、生死循环观念的生动载体。

现在看来，我们先民阴阳轮回、生死循环观念，其实与熊图腾并没有什么内在关联。的确，熊能随季节而循环变化，特别在冬眠后醒来的神奇，与我们先民阴阳轮回、生死循环的观念是高度吻合的。可是，南方的熊并没有冬眠的这一习性，只有北方的熊才有这一习性。蚕这种南方的虫子，已经让他们找到了灵魂升天的秘道和捷径，让他们对生命的意义顿悟了。这位女巫之所以能"死而复生"，就是因为她通过蚕看破了生死，打通了阴阳轮回的通道，而非因为熊。熊成为体现生命与再生女神能量的象征以及季节循环的象征，在华夏大地可能有些水土不服。

在南方那条熊出没的女人河边，黄帝与颛顼两位始祖神邂逅。属于颛顼的那条若河，黄帝为我们给出了答案。

姜既是炎帝的姓，也是一条河流。姬既是黄帝的姓，同时也是一条河流。这两条女人河，是真正意义上的华夏文明的母亲河。

在甲骨文和金文中，"姬"的写法是一脉相承的：一个女人及两个硕大的乳房，也就是生殖女神、母亲神。甲骨文和金文中的"姬"给我们提供的信息十分清晰：黄帝是女神、水神，同时也是一个生殖女神、一个伟大的母亲。姬水就是一条女人河，一条属于母亲的河流。如果说属于炎帝的河流是长江，那么属于黄帝的，则很有可能就是江汉平原的某一条河流。部分学者认为陕北黄陵的沮河就是姬水。其实在江汉平原，也有一条叫沮水的河流。这是一条比陕北沮河更加古老的河流，也是楚人经常祭祀的一条河流。这条河流在东汉以前写作"雎"，东汉以后才改写为"沮"。在与屈家岭文化、石家河古城仅一条汉水之隔的沮漳河流域，近几十年来相继发现了关庙史前遗址和荆州阴湘城、荆门马家院城两座史前古城。南方江汉平原的沮水，本身就是一条属于女神的河流，显然更有资格与条件充当黄帝的河流。陕北的沮河，有可能就是南方江汉平原沮水地名的复制。

事实上，在传世的先秦文献记载中，颛顼也是姬姓。颛顼的姬姓与黄帝的姬姓，并非偶遇，而是二帝历史形象的重合。黄帝的姬水，也就是颛顼的若水；颛顼的若水，也就是黄帝的姬水。这一条熊出没的女人河，让两个始祖神走到了一起。如果说南方是属于女神的，那么北方则是属于男神的。北方的黄河、渭水是属于男神的河流。姬水这一女人河、母亲河，只可能在南方的两湖平原。

熊在穿过一处桑林之后，最后来到了一块稻田边。因为环绕昆仑山的，不仅仅只是桑林、河流，还有成片的稻田。

历代文献记载的古六历和南方苗族、瑶族、水族至今沿用的古历，给我们提供了一条宝贵的线索。颛顼历与黄帝历、夏历、殷历、周历、鲁历被合称为古六历。古六历的共同之处在于用天干地支记日记月，主要区别在岁首的月建不同，岁首也就是正月。古六历不仅带着强烈的女性色彩，而且散发着南方稻花的芳香。颛顼的后人秦人虽然长期生活在北方，但仍然沿用了南方故乡的颛顼历，坚持以亥月也就是冬十月为岁首。汉初的历法基本上沿用了秦以来的颛顼历，直到汉武帝太初二年才改正月为岁首。四季分明的北方选择农历10月或者11月作为岁首，显然是不可思议的。冬十月在北方意味着寒冬的到来，但在南方却正好是一年中稻谷收获以后旱季的开始。

南方的水族，与苗瑶两族一样，也是一个从南方稻作部落中走失的一支队伍。他们至今还保留着远古时期以天干地支记日记月的传统，以收割稻谷的季节也就是农历8月为岁末，以农历9月为岁首，比秦人的颛顼历提前了一月。在水族人看来，收割稻谷就意味着一年的终结，旱季的到来就是又一年轮回的开端。现今的苗族瑶族仍然保留了以天干地支记日记月的古老传统，以十月为岁首。

古六历以及南方的苗历、瑶历、水历，虽各有差异，但大体相近，明显有着共同的源头。这个源头可能就是颛顼历，直指颛顼这个女巫以及南方两湖平原一望无际的稻田。这也是对北方巫师之所以频频眺望南方的另一个解释。颛顼不仅仅是一个女巫师，而且是南方稻作部落的女酋长。

我们如果将黄帝的"姬"姓与"黄"放在一起，我们会发现，黄帝与颛顼的历史形象惊人地相似，就如一对孪生姐妹。"黄"字告诉我们，黄帝还不仅仅是生殖女神，也是像颛顼一样佩戴玉璜的女巫。玉璜就是巫权的象征。在甲骨文中，"黄"的上面是"系"，中间是并联的两个玉璜，下面则是一束低垂的谷穗。"黄"字下面低垂的谷穗传递的原始信息十分明确：黄帝就是一个南方稻作部落的女巫。因此，姬水这条属于女神的河流，只可能在南方的稻作区，不可能在北方的粟作区。

真正将黄帝与颛顼两位始祖神紧紧捆绑在一起的，还是熊图腾。

黄帝有一个响亮的名号：有熊氏。据先秦文献的记载，在史前的中原地区，曾有一个有熊国。按照现代语境，这个有熊国也就是光明国。从《山海经·西山经》的记载来看，有熊国也就是一个崇火的部落，视熊为英雄的部落。这个神秘国度的标志就是昆仑之巅祭坛上熊熊燃烧的火焰。这也是华夏族群的鲜明标志。这个光明国度的创建者就是黄帝。

从先秦文献的记载来看，颛顼本人似乎与熊图腾并不搭界。颛顼同样也有一个响亮名号，叫高阳氏。如仅从字面意义来看，高阳氏这一名号与熊图腾似乎没有什么联系。可是事情并非我们想象的这样简单。因为高阳氏这一名号就是华夏族群的祖源符号，也就是一团熊熊燃烧的火焰，直指炎帝这位华夏圣母。"熊"字下的四点，其实也是华夏族群的祖源符号。有熊氏、高阳氏两个名号所蕴含的深刻含义是相同的，并没有任何区别，有熊氏就是高阳氏，高阳氏也就是有熊氏。

虽然颛顼并没有有熊氏的名号，但她的后人却个个都是有熊氏，一代又一代传承着熊图腾的"基因"。在后世为颛顼打造的谱系中，其后人鲧、禹死后都化身为熊。《山海经》《史记·夏本纪》等文献均有记载。夏王朝的开国君主启传说为大禹之子。这个王朝就是一个崇熊的王朝。上海博物馆珍藏的战国竹简《容成氏》，为我们提供了夏人崇熊的珍贵信息。《容成氏》记载禹听政三年制作了东、西、南、北、中五方之旗，其中熊是最重要的"中正之旗"，由此可见熊在夏人心中的崇高地位。这也是夏人崇尚黑色的深层次原因。

熊图腾的"基因"之于楚王室和秦王室，可能不如夏人直截了当，但其隐形叙述也同样精彩。楚人是颛顼部落的后人，有着熊图腾的文化基因。楚人的先祖祝融之墟又称有熊之墟。据《史记·楚世家》的记载，自穴熊至考烈王熊元止，楚王族共46代君王，其中以熊为名的有29位，前后绵延千年。熊这个象征光明的图腾，可以说就是楚这一族群的文化标志。我们现在在楚出土文物中看到的"酓"，其实是周王室赐封的姓氏，而非楚王室本来的姓氏。与楚同源的秦人，其王室的"嬴"姓，在"金文"中就是"能"字与"女"字的组合变体，到了小篆才写为"嬴"。《孟子》记载的楚成王吃熊掌后慷慨赴死传说，其实与鲧、禹死后化身为熊没有什么区别，与颛顼"死而复生"的传说是同一象征意义：人死后化身为一束光，在一团火焰中如凤凰般涅槃了。这也是对殷商部落蝉熊组合图案象征意义的另一种阐释。相比楚人而言，秦人的族姓源头更加明确，直指那位美丽的女巫颛顼和熊图腾。可以说，熊就是夏人、楚人、秦人的文化"胎记"，也是所有走出两湖平原汉人先民的文化"胎记"。

如果先秦文献记载的这个有熊国在历史上是真实存在的，那么这个有熊国的开国领袖由颛顼或颛顼的后人担当无疑是顺理成章的。但是，先秦文献记载的这个有熊国却并非颛顼建立，而是黄帝。黄帝与颛顼形象重叠、移位的问题，其实是在暗示我们：黄帝与颛顼二帝实为一帝，黄帝就是颛顼，颛顼也就是黄帝。

之所以出现这一现象，除了汉人先民各部落历史记忆的偏差，一个重要原因就是黄帝这一新称谓的出现让人们猝不及防。没有五行观念与北方汉人先民日益膨胀的王权帝权意识，也就没有黄帝这一神圣称谓的出现。给颛顼戴上黄帝的黄金面具，显然是出于现实政治的考量。北方分崩离析的众多方国，让有着家国情怀的巫师们忧心如焚，更是让少数有着一统中原大地的部落领袖如坐针毡。广袤的北方土地，迫切需要一个超越部落利益、统摄万邦的神。于是，在合适的时间、合适的地点，颛顼以黄帝形象适时"死而复生"了。当然，黄帝作为华夏始祖神的形象要深入人心也不可能一蹴而就，至少在老子、庄子所处的春秋战国时代还不可能。黄帝要像炎帝一样万世景仰，还需要岁月的沉淀。

北方发生的一些故事，似乎并没有对南方的汉人先民有多大的影响。他们仍然我行我素，一切如常。有着悠久巫史传统的楚人只有对颛顼无尽的怀念，并没有黄帝的历史记忆。从某种角度而言，楚人建立的楚王朝，就是另一个有熊国。这个南方的有熊国，只有颛顼，没有黄帝。颛顼戴着的黄帝这一黄金面具，对他们并没有什么意义。这也并不能责怪楚人。当理性之光开始烛照北方大地的时候，楚人生活的江汉平原还笼罩在巫山的云雨之中。

我们深信，在史前的华夏大地，还有着众多的有熊国，因为我们先民都是追寻光明的孩子。中原地区的有熊国不是最早的有熊国，也不是最后的有熊国。北方的有熊国，只可能是南方颛顼部落的后人北迁以后重建的一个光明国。

昆仑圣山既是华夏文明的原点，也是黄帝、颛顼两个始祖神的原点。在昆仑圣山，我们会发现，黄帝颛顼两个始祖神的形象其实是重合的。

黄帝因居住在轩辕之丘，因此又叫轩辕氏，也称轩辕帝。我国学界普遍认为，轩辕丘在中原地区核心新郑一带。如果轩辕丘在北方的中原地区，那么就无法解释轩辕星宿属于南方天空这一我们先民的共同认知了。轩辕既是地名，也是星宿名。在我们先民认知体系中，夜色中的天空就是由二十八星宿组成的，轩辕星宿是属于南方天空的。在殷墟卜辞和楚辞中，人名与星名、神名与星名是一体的，星名也是神名。这一我们先民用数千年岁月积累的认知表明，最早的轩辕丘只可能在南方的三峡地区、两湖平原。北方汉人先民称黄帝为轩辕氏，其实就是在暗示我们，黄帝是属于南方的神、是南方的巫师，黄帝也就是颛顼。轩辕这一古老姓氏源于楚人芈姓，是对黄帝颛顼本为同一始祖神的一个旁证。

在《山海经》中，轩辕丘与昆仑丘都是西山诸山中的圣山，是王者之山、帝者之山。《山海经·西山经》对轩辕丘的描述是："又西四百八十里，曰轩辕之丘，无草木。"如仅仅从字面来理解巫师们的语言，我们可能会永远迷失在巫师们设置的语言迷宫之中。如我们将轩辕丘理解为一处祭坛，上面有一团熊熊燃烧的大火，那么"无草木"的真正含义就迎刃而解了。北方巫师南望昆仑之时，所见到的就是熊熊燃烧的火焰。这其实是北方的巫师们对南方祭日祭火仪式的遥远记忆，对族源与祖原的追忆。其实，在《山海经》记录的550座山中，除了轩辕之丘，还有98座山草木不生，这还不包括另有两座山多木无草和另外一座山无木多草。很显然，这些"无草木"的山，都是我们先民的昆仑圣山，是祭日祭火仪式的庄严场所。从考古工作者近几十年来在各史前遗址祭坛发现的火燎痕迹来看，我们先民在祭坛举行祭日祭火活动时，焚烧木柴是其中最重要的环节。"帝"这个古老的汉字是对这一隆重仪式的高度概括，"熊"下面的四点则是对这一隆重仪式的补充与完善。北方巫师们所眺望的昆仑，与轩辕就是同一座圣山。可能正因为如此，在《山海经》《史记》等文献的记载中，轩辕丘、西陵氏、昆仑丘三者才总是剪不断、理还乱，正如黄帝与颛顼二神的貌离神合。

如果说黄帝与颛顼是同一始祖神，轩辕丘也就是昆仑丘，那么我们再读《山海经》时可能就会轻松许多，在巫师们的语言魔宫中找到一些华夏文明起源的真相。与其说《山海经》是一部"失落的天书"，不如说是一部关于华夏文明起源的"密码本"。

如将先秦文献记载的黄帝号有熊、建立有熊国等零星记忆碎片拼在一起，将黄帝的姬水、姬姓与颛顼的姬姓联系在一起，以及《山海经》《史记》为我们构建的黄帝、颛顼一脉相承的谱系，就基本可以还原黄帝完整的真实历史形象：黄帝就是颛顼，颛顼也就是黄帝，两位始祖神实际上就是同一始祖神、同一女神、同一母亲神。

司马迁在《史记·五帝本纪》中虽然将黄帝、颛顼列为二帝，但他却有意识地记载了黄帝"南至于江，登熊湘"的故事。黄帝所登的熊湘，可能就是北方巫师们心中的圣山——昆仑山。这是一座有熊出没的昆仑山，有一团熊熊燃烧火焰的昆仑山，当然也是属于颛顼帝的昆仑山。其实，这个模糊记忆已隐约透露了司马迁的内心情结：黄帝是属于南方的神，黄帝与颛顼二神本为一神。看来，太史公对将黄帝、颛顼列为二帝一直内心不安。

姬姓这一"万姓之祖"表明，华夏文明史前从来就不存在我国学界所认为的三个区域性集团：南方的苗蛮集团、北方的炎黄集团、东方的东夷集团或少昊集团。从汉人先民踏上东亚大陆那天起，华夏文明自始至终就只有一个源头：炎黄集团；两个始祖神，先是炎帝，后是黄帝。熊熊燃烧的火焰，寻求光明的熊，始终是华夏先民众多图腾中的元图腾。太阳、火、熊三个图腾，在华夏文明中是三位一体的。

黄帝与颛顼是同一始祖神，可以解释很多让我国学界深感困惑的历史问题，许多彼此重叠、相互矛盾的历史传说以及笼罩在华夏诸神身上的历史迷雾，可能因此而真相大白。

在很多年前，在南方那条熊出没的河流边，曾经发生了一场由颛顼主导的宗教礼制改革，也就是"绝地通天"那起重大历史事件，并由此引发了南方稻作部落内部的宗教战争。根据先秦传世文献的记载和楚人的回忆，战争的起因就是"九黎乱德""蚩尤作乱"。很显然，这场宗教战争发生在颛顼与蚩尤之间才是正常的，可却偏偏发生在颛顼与共工之间、黄帝与蚩尤之间。这并非我们先民的历史记忆出现了混乱，而是颛顼在北方以黄帝形象再一次"死而复生"导致了黄帝与颛顼二神形象的重叠与移位。如果我们视黄帝为颛顼、视颛顼为黄帝、视蚩尤为共工、视共工为蚩尤，那么这些相互矛盾的历史之迷就迎刃而解了。两场战争，实为一场。两场战争的胜利者没有变，要么是颛顼，要么就是黄帝。两场战争的失败者当然也没有变，要么是蚩尤，要么就是共工。

黄帝与炎帝之战，一向被我国学界视华夏文明的奠基之战。先秦及以后的文献对这一场战争表现出异乎寻常的热情，不厌其烦地一遍又一遍地讲述，从而让这场战争成为华夏民族家喻户晓的一场战争。战争的结局是以黄帝胜利、炎帝失败而告终。其实，此炎帝非彼炎帝。渔猎时期的炎帝并没有死而复生的本事，不可能也无法穿越时空来与她的后人发动一场战争。《山海经》这部另类的"史记"对炎黄二帝的记载，一个惜墨如金，一个浓墨重彩，形成鲜明对比。这个鲜明对比，并非厚此薄彼，而是时空距离远近的问题。

黄帝与炎帝之战向有涿鹿、阪泉二说。不论是涿鹿，还是阪泉，都是传统的粟作区。在北方的粟作区发生南方稻作部落之间的战争，无疑令人匪夷所思。这场战争，只可能发生在南方的稻田边、河流旁、桑林中。比较这两说，我们会发现，涿鹿说版本要更为详尽，并且"涿鹿"二字直接点明了这场战争的性质：争帝之战。"涿鹿"二字我们也可以理解为"逐鹿"二字。鹿在华夏文明中不仅是长寿的象征，也是王权和帝位的象征。鹿之所以成为王权和帝位的象征，在于其有如水牛一样一对长长的角。"涿鹿"有可能就是"逐鹿"之误。

如果我们将这一场战争与颛顼与共工之间、黄帝与蚩尤之间的战争做一对比，我们会发现，这三场战争其实是雷同的，可能就是一场战争。这三场战争有三个明显的共同点：一是历史时间结点相同，也就是颛顼部落崛起之时；二是胜败者相同，胜利者无一例外都是黄帝或颛顼一方，而且师出有名；失败者都是有着鲜明稻作部落色彩的共工、蚩尤、炎帝一方；三是这三场战争的讲述者、书写者都是黄帝或颛顼一方。炎黄二帝，本应是炎帝在前、黄帝在后，但这场战争的叙述者、书写者却是黄帝在前、炎帝在后。二帝排序的混乱，只能说明两个问题：一是此炎帝非彼炎帝，二是这场战争的叙述者、书写者就是胜利一方的黄帝或颛顼。黄帝或颛顼虽然也是稻作部落，但他们在叙述、书写这三场战时，似乎在有意切割他们与南方稻作部落千丝万缕的联系。很显然，三场战争其实就是一场战争，三个神话传说是同一史实的三个版本。

这一场宗教战争，虽然并非华夏文明的奠基之战，但却是颛顼部落崛起的奠基之战，并深刻影响了华夏文明的走向。没有这场战争的胜利，也就没有后来万世景仰的黄帝。

如果说黄帝是我们先民对这位始祖神记忆的表层，那么颛顼充其量也还只是表层记忆下面的一层。在这个记忆表层的下面，还有纵深的历史底层。可以说，黄帝的历史原形既是颛顼，也不是颛顼。同炎帝、燧人氏一样，黄帝、颛顼这两个神圣称谓后人合成痕迹十分明显。很显然，颛顼的历史原型还另有其人。

如果对照先秦文献以及《山海经》对帝喾的记载，我们会发现，颛顼与帝喾的历史形象其实也是重合的。在司马迁的《史记·五帝本纪》中，帝喾位居"三皇五帝"第三位，是殷商部落记忆中的第一位先祖。帝喾有一个高辛氏的名号。这个名号其实也是对"熊"下面四点的诠释，与有熊氏、高阳氏两个名号一样，遵循的是同一文化编码规则：祖源记忆，族源符号。同颛顼一样，帝喾也出生于一个叫穷桑的地方。其实不论是穷桑还是空桑，也都还是桑林。桑林在华夏文明中的神圣地位，决定了颛顼与帝喾两位始祖神的神圣地位。王国维先生将甲骨文中的"喾"解读为"夒"字，也就是蚕蛹的形态，无疑是睿智之言。女娲可以是一只蛙，帝喾当然也可以是一只蚕蛹。看来，同颛顼一样，帝喾也是具有死而复生的神奇本领的。从《山海经》以及太史公对这位帝喾的记载来看，不论是帝喾迁都于亳的历史功绩，还是帝喾的长眠之地，均与颛顼之都的范围都是重合的。颛顼与帝喾二神，实为一神，颛顼就是帝喾，帝喾也就是颛顼。司马迁《史记·五帝本纪》中的前三帝，实为一帝。

帝喾还有一个名号，叫姬俊。俊也就是《山海经》中另一位神秘的帝王帝俊。帝俊最初就叫"帝夋"。1942年9月在长沙东郊子弹库出土的楚帛书中的"帝夋"，其实就是帝俊。姬这条南方的女人河，出现在帝俊名号之中，我们一点也感到不奇怪。按照后来在北方崛起的男性群体为黄帝打造的堪称完美的谱系，帝俊就是黄帝之孙、颛顼之侄子。其实，黄帝的姬水、姬姓只是流，帝喾的姬水、姬姓才是源。没有帝喾，也就没有后来在中原地区空降的黄帝。我国学界一致认定，帝喾与帝俊二帝实为一帝，的确有着充分的依据。

如论华夏诸神在《山海经》中的地位，那么处于这个金字塔顶端的，无疑非帝俊所属。帝俊在《山海经》中出现的频率多达 16 次，远远超过其他诸神。这还不包括《山海经》反复出现的那个神秘的"帝"。从帝俊在华夏诸神中的至上地位来看，这个反复出现的神秘的"帝"，应该就是帝俊。《山海经》关于帝俊的所有记载，都是零碎的片断，并且与华夏诸神往往有重叠之处。可以说，不论是黄帝还是颛顼，均或多或少有着帝俊的影子。这一现象的背后，其实是在北方崛起的男权时代对那个遥远女权时代模糊记忆的反映，以及掌握了话语权的男性群体在重构族群历史时必然要遇到的困境。他们无法自圆其说，于是出现了华夏诸神形象移位、重叠的问题。

如论神秘程度，恐怕只有西王母才能与帝俊相媲美；如论在华夏诸神中的至上地位，也唯有西王母才能略胜帝俊一筹。西王母这位"千面女神"，最早见于殷墟祭祖的卜辞，殷商部落尊称其为西母。殷商王室之所以频频以"燎祭"的大典祭祀这位叫"西母"的先祖神，肯定是遭遇到了空前的危机。"司母戊"鼎的背后，隐藏着西王母这位华夏之母。西王母这位"千面女神"的背后，其实就是我们先民关于母亲的记忆，是华夏族群心灵深处的一座厚重之鼎。

在《山海经》的记载中，西王母就栖身于昆仑之巅。昆仑圣山似乎就是专为西王母而存在的。"燎祭"，就是燃烧熊熊大火，也就是"熊"字下面的四点。如果比较《山海经》中关于西王母与帝俊出现的地方，我们还会发现，帝俊与西王母二神的人生舞台也基本是重合的：帝俊主要出现在《大荒经》《海内经》两经之中，西王母则主要出现在《西山经》《大荒经》《海内经》三经之中。也许，处在这个金字塔顶端的帝俊也就是一个傀儡，其背后的实际操控者就是西王母。男神帝俊与女神西王母的诸多相似，只能是一种历史必然性的显示。如果说华夏文明纵深的历史底层就是无数女神女巫引领风骚的时代，所有始祖神都是母亲形象的转化与延伸，那么帝俊这个始祖神的历史原形也只可能是女神、母亲神。或许，万世景仰的黄帝，其历史原型可能就是那个栖身于昆仑之巅的西王母。最初有熊国的开国领袖，可能就是西王母。

　　从这个有熊国走出的部落，在追寻光明的漫长迁徙旅途中，熊这个象征光明的图腾始终引导着他们前行，与他们形影相伴，不离不弃。正如炎帝、女娲、尧舜遗迹遍布华夏大地一样，黄帝的传说与遗迹也同样遍布华夏大地。中原地区的有熊国传说、关中平原的黄帝陵等，可以说就是熊的足迹，是颛顼身上的玉冠和玉璜在华夏大地散发的迷人光彩，是走出两湖平原的先民对南方那条熊出没河流的追忆。

　　佩戴玉璜的颛顼在北方改称黄帝，暗示着巫权在北方开始走向衰落，王权在悄然兴起，皇权则蓄势待发。在"黄"的基础上产生的"皇"，则标志着华夏文明成熟国家形态在北方的出现。巫、玉、王、黄、皇，其清晰的语义演化脉络，浓缩了早期华夏文明发展演进的历史。

　　熊图腾出现之时，外出狩猎的男人正在回家的路上。我们先民对"豕"与"鹿"的观察与认识，可能是以"弓矢"和"尘土"进行参照对比的。因此"豕"发"弓矢"之"矢"音，"鹿"则发"尘土"之"土"音。这显然是一种男性视角。我们先民对"熊"的认识，是以"凶"为参照物的。在甲骨文中，"凶"就是狩猎男人捕获动物的陷阱。"熊"之所以读"凶"的音，原因在于熊在我们先民心中最初可能并非光明使者，而是危险的动物。这显然是在外狩猎男性的生命体验。不管是豕和鹿还是熊，都在那条南方的女人河两岸散发着浓郁的雄性气息。原先被女性的光彩遮蔽的男性群体，在华夏文明演进的舞台上终于开始有了声音，不再是悄无声息的沉默群体了。种种迹象表明，华夏文明的男权时代已曙光初现了。

　　从踏上东亚大陆那天起，我们先民追寻光明的脚步从来就没有停止过。南方那条熊出没的河流，并非起点，更不是终点。它只是我们先民的一处驿站。

Chapter 16
第十六章

伏羲伏羲

在华夏诸神中，共工、鲧、蚩尤三个神无疑是另类。在先秦传世文献中，这三个始祖神呈现给后人的就是负面形象，有时甚至是恶神的形象。光明与黑暗总是交织在一起，并伴随着文明演化发展的每一步。在华夏文明中，胜利者代表的就是正统、王道。共工缺席司马迁"五帝"之列，显然是为了维护黄帝这一正统。《五帝本纪》无疑是《史记》最大的败笔。历史往往是胜利者书写的。华夏文明的话语系统，其实就是强势的胜利者的话语系统。失败的一方是没有话语权的。他们的悲惨命运注定了只能做胜利者的陪衬，并不断被妖魔化。

可是，只要我们摆脱先秦传世文献的束缚，将共工、鲧、蚩尤三位始祖神置于南方的稻田与河流，我们就会发现，他们的形象是可以轻松切换的。只要有了水的滋润，他们的形象就会变得鲜活起来，显现出与先秦传世文献记载截然不同的另一面。

华夏文明的最初篇章，就是在南方的稻田、河流、湿地翻开的。如果没有共工这位女神和水神，华夏文明的最初篇章可能将黯然失色。

共工既是这位女神的名号，也是她的部落称号。与其他诸圣名号相比，共工这个名号似乎别出心裁，显得也很另类。甲骨文、金文中的"共"，凸显了双手，表示双手在向上顶托一方形物，也就是合作的意思。"工"在甲骨文中就是一种工具，后引申为手持工具干活的人。这种工具我们可以理解为夯筑墙或者堤坝时用的夯杵，也可以理解为制作舟船的斤斧类器具，或者制作陶器、玉器的某种工具。共工这个名号之所以显得另类，是因为它没有神秘的宗教色彩，也没有诸圣的光环，避开了我们先民的各种图腾符号。"巫"这个古老汉字中大写的"工"，虽然与女神共工并无直接关系，但仍然透露出一些隐秘信息：共工与她部落的子民都是巫民。她们无论是制作玉器还是陶器，其实都是为祭祀活动服务的。共工和她的部落不可能超越那个时代，也有着狂热的宗教执着。也许正是在共同的劳作之中，她们发现了合作的重要性，以及人本身蕴藏的无限潜能。或许在共工氏看来，人才是大自然的精灵，人类迸发出的创造力和凝聚力，才是真正地与天地沟通对话。汉语中众多带"共""工"的汉字与词汇，大写的是人本身，而不是天。可以说，汉语中所有带"共""工"的汉字与词汇，其源头可追溯到共工这位女神那里。或许，甲骨文金文中的"共"字凸显的双手其实也正是人本身，而不是远在云端的神。的确，与其他诸神相比，共工的形象要更加鲜活，率性而坦诚。其实，这也是一种隐形的历史书写和传承。这也正是共工氏之所以跨越数千年而仍然栩栩如生的秘密所在。

在大约2500年前，一个叫荀子的圣贤，曾发出了"制天命而用之"的惊世一鸣。荀子的思想以及"人定胜天"四个闪闪发光的大字，其源头就是共工。华夏文明的理性之光，远比我们想象的要来得更早。尽管这束理性之光在南方浓厚的巫文化氛围中如风中的烛光，极其脆弱，如昙花一现，但仍给我们以惊喜。

的确，与其他诸神相比，共工的形象更加鲜活，显得率性而坦诚。其实，这也是一种隐形的历史书写和传承。这也正是共工氏之所以跨越数千年而仍然栩栩如生的秘密所在。共工氏的这个名号，实际上已为她和她部落的悲剧性命运埋下了伏笔。颛顼发动的那场宗教改革，可能远比我们想象的要复杂。

种种迹象表明，共工氏部落可能是继炎帝之后崛起的另一个对汉人先民各部落有着强大影响力的部落。只不过她的光环，被后来的颛顼也就是黄帝部落取代了。共工氏部落之所以能在南方众多汉人先民部落中脱颖而出，显然有着多方面的因素。

共工既是女神，也是水神。关于共工的诸多传说，几乎都与水有关，总是与长江、洪水联系在一起。先秦传世文献记载的共工氏的传说，几乎都与水有关。这是华夏文明对共工氏的深刻历史记忆。《左传》昭公十七年记载："共工氏以水纪，故为水师而水名。"这一历史记忆表明，这个共工氏与水可以说休戚与共，水深刻影响了这个部落。共工才是一位真正意义上的水神。

准确地讲，共工这位水神应该就是长江这条华夏文明母亲河的水神，她的生命属于南方的长江。这也是颛顼与共工之间的宗教战争发生在南方两湖平原的语言学证据。同所有古老汉字一样，"洪"与"江"也具有图腾意义，带着浓厚的宗教色彩。在甲骨文与金文中，组成"洪"字的是"水"和"共"两个符号，"江"则由"水"和"工"两个符号组成。按照古汉语学的观点，"共""工"两个符号不仅表音也表义。"江从工声"与"洪从共声"，具有明显的文化上的同构关系。洪水之"洪"、长江之"江"中的"共""工"两个核心符号，就是水神共工。"江"的古音本就读"工"。现在的吴方言、闽南方言仍然保留了这一最初的读音，无疑具有"活化石"的意义。"江"的最初读音以及其中大写的"工"明确告诉我们：长江就是共工，共工就是长江，共工与长江本就一体。我们先民对"洪"与"江"这个古老汉字的精心编码，其实是对大禹治水与共工怒触不周山这两则经典神话的诠释。这位水神只要红颜一怒，就会发生滔天洪水。这一秘密就隐藏在共工怒触不周山这则神话之中。

　　共工怒触不周山这一神话大多数先秦文献均有记载，并且高度一致。《列子·汤问》是这样记载的："其后共工氏与颛顼争为帝，怒而触不周之山，折天柱，绝地维，故天倾西北，日月星辰就焉；地不满东南，故百川水潦归焉。"我国学界一向视这一神话为"水火不相容"的典故。这一神话的实质是胜利者在为自己方寻找执掌神权的合法性。这一则神话的叙述者和书写者十分明确：就是胜利的一方——颛顼部落。在颛顼部落看来，华夏大地上的滔天洪水就是由共工氏造成的，以致天怒人怨。这是颛顼也就是黄帝部落的高明之处。在这样的智谋面前，共工氏落败也很正常。其实这不仅仅只是颛顼部落的观点，也是我们先民的看法。因为共工氏是水神，掌控着洪水。在我们先民看来，长江、洪水就是共工的化身。长江之所以叫"江"，就是因为水神共工；滔天洪水之所以泛滥大地，也是因为水神共工。《山海经》反复提到的神秘人物帝江、帝鸿，很显然就是共工这位女神、水神。司马迁被正统论遮蔽了视野，视帝江、帝鸿为黄帝，完全是张冠李戴。

　　仅凭水神身份，共工氏部落还不足以震撼各汉人先民部落，并一呼百应。这个后人合成的名号清楚表明，共工氏还是一个杰出的工匠大师。共工氏之所以称为水神，很有可与她以及她的部落擅长制作、驾驭舟船有密切关联。在水中像鱼一样来去自如，才是真正意义上对水的征服，也才是真正意义上的水神。当然，并没有充分的证据表明共工氏和她的部落就是舟船的发明创造者。我们只是基于我们先民零星而残缺的历史记忆做出推测。《史记·补三皇本纪》在谈到共工时，重复了一遍共工怒触不周山的神话故事，但多了"以水乘木，乃与祝融战"一句。

这一句颇有画龙点睛之妙，为我们无意中透露了一个久远的秘密：共工氏是驾驭舟船与颛顼部落作战的，这场战争的地点就在南方的两湖平原。"以水乘木"，也就是在水上驾驭舟船。中原地区显然不具备这个条件。驾驭舟船作战表明，共工氏的确像水中的鱼一样，能在滔滔江水上来去自如。这应该就是共工被后世封为水神的秘密所在。共工也的确是真正意义上的水神。共工之所以又称帝江、帝鸿，也是因为这个水神就像天空中飞翔的鸟一样，能在滔滔江水中自由飞翔。当然，这也与共工氏部落对太阳及太阳神鸟的崇拜有紧密关联。这也是后人为共工量身定做的一件华服——华夏诸神都具有的神格。

在相对干旱的北方，我们先民欠缺制作、驾驭舟船的客观需求与内在动力。只有在河流纵横、湖泊密布的南方，才有这个可能。距今约7800年的鄂西南地区松滋关洲遗址、距今约6000年的长江西陵峡中堡岛遗址，就地处江心的洲子上。江汉平原上众多的史前遗址，最初可能就是云梦泽中的洲子。如果没有舟船，我们很难想象我们先民是如何在江心洲生活的。这些河流中的洲子，之所以得到我们先民的青睐，并非上面的芳草萋萋，而是因为其四周的水域这道天然屏障可以有效躲避捕食动物的侵袭，防范其他部落的突袭。这为后来众多古城护城河的出现埋下了伏笔。护城河的灵感，其实就来自我们先民河洲生活的体验。舟船的发明制作，也只可能发生在南方水乡。我国学界凭先秦文献的记载，认定共工部落活动区域在中原地区辉县一带，从逻辑上就说不通，与刻舟求剑的迂腐是类似的。

考古成果充分表明，至少在8000年前，我们先民就已能制作舟船了。在距今约7800年的湘西高庙遗址，出土了绘有帆船的陶器，虽不是实物，但胜似实物。距今约8000年的环太湖流域跨湖桥遗址，则发现了世界上最早的独木舟。我们有理由相信，那些居住在江心洲上的先民，以及制作绘有帆船陶器的主人，就是共工氏部落的祖先。共工氏部落显然有着久远的传承。这也是共工氏部落能在众多汉人先民部落中强势崛起的秘密所在。

按照我们先民所遵循的文化编码规则来看，舟、州、洲、周四个古老汉字既然读音相同，那么在意义上也应该有紧密的内在关联。

"舟"这个古老的符号至少在6000年前就出现了。可能正是因为这个象形字的简洁明了，而使我们忽视了它所隐藏的古老信息。盘古之"盘"，周易之"易"，在甲骨文、金文中的核心符号就是"舟"。"盘"的初始意义就是驾驶舟船沿水中小洲四周行驶，后引申为盘曲、围绕。神话传说中的盘古，有可能就是发明舟船的共工。"易"的初始意义就是舟船在水中行驶，因两岸景色不断变化，或者水流水势不断变化，后引申为改变、更改、变化。华夏文明的核心概念"易"，最初可能就是我们先民在水上乘舟而行时顿悟的。盘古之"盘"，周易之"易"，虽不带"工"与"共"字，但我们仍不妨可归之为"工""共"字族大家庭。因为没有共工氏发明制作的舟船，我们先民对周围的世界就不可能有这么深刻的体察。这既是水赋予我们先民的灵感与智慧，也可以说是共工氏这位水神的灵感与智慧。华夏文明的核心理念"易"以及阴阳文化，总源头就在共工以及她制作的舟船上。盘古开天地的神话，隐喻的可能就是共工发明舟船这一重大史事，而非传统观点所认为的创造世界。拯救苗族先祖的盘古，也非一个漂泊在水面上的巨大葫芦，而是共工发明的舟船。这个世界也根本不存在这样一个巨大葫芦。在滔天洪水中，只有舟船才能让我们先民幸免于难。苗瑶两个兄弟民族的洪水神话，实际是同一史实在不同地区的分化。

如果说关洲遗址、中堡岛遗址是一条长江中不沉的舟船，那么距今约为7800 年的江汉平原潜江林鸟台遗址则是古云梦大泽中一条不沉的舟船。乘舟的目的就是为到达那个芳草萋萋的河中小洲上，或者是有着熊出没的若隐若现的彼岸。甲骨文、金文的"州"字，像一条河流，中间的小圆圈代表河中的小洲。"州"字的本义就是指水中的陆地，后引申为住到河边、住在水中央。可以说，关洲遗址、林鸟台遗址既是舟，也是洲和州。这些最初住在河边、住在水中小洲的氏族部落，实际就是华夏文明最原始的行政区划。我们由"州"这一行政区划的雏形推测，《尚书》《禹贡》篇提到的九州，《舜典》篇提到的十二州，最初就可能分布在南方两湖平原的众多河洲上。"州"为"洲"的本字，保留了"州"原来的含义。甲骨文的"周"字，模拟的是水中小洲的形状，而非传统观点认为的田地形状。秦岭之北的周人部落，应该就与发明舟船的共工这位女神有着血缘上的族源关系。

作为长江水神的共工，同时也是南方稻作部落的首领，炎帝的后人。共工的姜姓，以及姜姓与长江的内在关系，也是对炎帝的姜姓（也就是江姓）、望地姜水（也就是江水）的一个佐证，同时也是还原炎帝（就是南方稻作部落首领）的旁证。迁徙到秦岭之北的周人部落，对共工的历史记忆虽然模糊，但传递的信息却十分清晰：共工是南方稻作部落的首领。周人的回忆见于《国语·周语》。据周人的回忆，鲧治水采用的就是共工氏的方法，也就是把高地铲平，在平坦地面上修筑堤防，其实就是筑堤蓄水、修沟引水。共工氏并非在治理水患，而是在筑堤蓄水、修沟引水。周人的回忆，其实就是湘西北澧水流域八十垱遗址重要发现的注脚。

水族被我国学界公认为是共工部落后人的一个分支，是基于文化人类学上的推测。水族文字也就是水书，仍然保留了古汉字象形的特征，而且读音也近似汉字发音。水书中的"祖"，就是汉字"共公"或"共工"二字的合体。正如用苗语、瑶语可释读楚辞一样，水书可以破解江淮平原凌家滩遗址神奇符号之谜和伏羲八卦之谜。水族的水历，又称建戌之历，也叫共工历。水历一年只有冬春或雨旱两季。华夏文明的古六历也只有冬春或雨旱两季。这种高度相似性表明：我们先民历法的基准就是稻作物候，而非北方旱地作物物候。水历的年终也就是夏历的 8 月，岁首是也就是夏历的 9 月。水族盛大的节日——端节，正好处在新旧年交替之际、雨旱两端之间，也正好是收获稻谷的季节，因此叫端节，而不叫春节。"年"在甲骨文、金文中，就是谷穗下垂的样子，象征着稻谷的成熟丰收。东汉许慎在《说文解字》中对"年"本义的释读是准确的："年，谷熟也。"水族的端节，可能就是我们先民最初的春节。在现代汉语中，年的初始意义已完全消失了，过年的时令也与年的初始意义相悖了。这与汉人先民大规模北迁、稻作变成黍作有密切关系。水书中的"年"，就是手持镰刀收割稻谷的样子。水族的端节以及水书中的"年"，为我们准确诠释了古老汉字"年"的初始意义：过年就是我们先民在稻谷成熟时节举行的庆典活动。这个在南方芦苇荡中走失的民族，给我们的惊喜实在是太多了。这个古老民族的集体记忆，让共工这个女神、水神、稻神的形象跨越数千年仍旧栩栩如生。

共工的名号后人合成痕迹明显，可能并非共工的原名。与巴蛇食象神话相对应的另一神话羿斩巴蛇中的羿，有可能就是共工的历史原形。"羿"字的核心符号就是上面的"羽"。这个与玉、鱼发出同一美妙声音的汉字，指向的就是天空飞翔的鸟，而非箭羽。羿这个传奇女英雄，既是一只天空飞翔的鸟，也是一条水中游弋的鱼。羿的这一神格，在共工身上得到了集中体现。不过共工这只鸟，是展翅飞翔的大鸟：鸿。《山海经·海外南经》《山海经·大荒南经》均记载了南方一个神秘的羽民国："羽民国在其东南，其为人长头，身生羽。""有羽民之国，其民皆生毛羽。"这两处记载其实是在告诉我们，这是一个以鸟为图腾的部落。如果将羿斩巴蛇神话隐喻的史实与共工颛顼部落之间的争帝之战联系起来，我们会发现，这个羽民国与共工部落、羿与共工其实是重合的。

如果说共工的名号是后人合成的，那么鲧这个名号则保留了最初的本真面貌。

从苗语的大量单音节词来看，华夏文明始祖神的名称最初可能都是单音节的，如"鲧""娲""羿"等。所有双音节的称谓，如"共工""颛顼""蚩尤"等，都是后人合成的。如果说共工是水神，那么鲧就是一条在水中的鱼。组成"鲧"的两个符号，其中一个就是"鱼"，并占据了左边的重要位置。鲧虽然是一条鱼，但似乎并不能在水中自由游弋。因为有一绳索或者渔网限制了这位女神。在"鱼"的右边，就是"系"。"系"这个符号告诉我们：鲧是渔网的发明者，或者与这一重要发明有密切关系。但是，创造这个汉字的巫师似乎意犹未尽，还想暗示什么。当然，我们也可以理解为鲧就是一条被困住的鱼，被限制行动自由的鱼。"系"既是鲧的卓越功勋，同时也可能是束缚鲧的一具枷锁。我们之所以这样解读"鲧"，是因为鲧本身就是一个充满了争议的始祖神，甚至可以说声名狼藉。在《史记》中，鲧列于人人得而诛之的"四凶"之列。在司马迁看来，鲧就是一大恶人。

关于鲧的历史记忆，总是与大禹治水的神话传说紧紧捆绑在一起。禹之所以成为民族英雄，是因为治水成功了；鲧之所以成为民族罪人，则是因为治水失败了。如果我们认真比较先秦文献以及《山海经》关于共工与鲧的记载，我们会发现，这两个女神惊人的相似，她们的形象在很多方面其实是重叠的。鲧与共工不仅都与治水神话相关，而且都是失败者。两个女神治水采取的方法是一致的，也就是埋堵的方法。两个女神的悲惨结局甚至是雷同的，被同一女神也就是祝融所诛杀，并且都是"入于羽渊"，所不同的是鲧化为了黄熊。在司马迁的《史记》中，共工同鲧一样也是"四凶"之一。两个女神不仅均与水有着天然的亲和关系，就连她们的名号"鲧"与"共工"在读音上也是相近的。从我们先民遵循的文化编码规则来看，鲧与共工氏之间似乎还有更深一层的内在关系。两个女神的诸多惊人相似，绝对不是我们先民的历史记忆出了问题，也非偶然与巧合，而是因为鲧与共工本就是同一女神。这一女神之所以有不同的名号，可能就是同一个女神在不同部落之间的变形与分化的结果。两个女神恶神、凶神的形象，无疑是胜利者颛顼部落苦心经营的结果。颛顼部落对两个女神的改造，显然是在为他们取代共工部落的优势地位寻找合法性。另外，颛顼、鲧、大禹三位之间的关系，也非先秦文献记载的祖孙三代的血缘关系，而是同一时代不同部落的女巫。这一后世为颛顼精心打造的谱系，父系氏族社会特征鲜明，但却漏洞百出，经不起推敲。这些南方女巫女神之间的恩怨情仇，以及在南方两湖平原掀起的滔天巨浪，都已化做滔滔江水东去了。我们只要认定她们是我们的始祖神、我们身上流淌着她们的血脉就足够了。

在华夏文明的诸神中，蚩尤名声大噪，毁誉参半，也是因为一场战争。这场战争就是黄帝与蚩尤的涿鹿之战。这场战争的起因，按照颛顼部落的解释，就是因为"九黎乱德""蚩尤作乱"。这场南方稻作部之间的战争，本应发生在颛顼与蚩尤之间，发生在河流密布的南方两湖平原，却发生在黄帝与蚩尤之间，北方燕赵一带的粟作区，先前曾让我们百思不得其解。在还原黄帝的历史真相之后，这一困惑也就烟消云散了。当然，无论谁与蚩尤发生宗教战争，蚩尤的稻作部落都是失败者。这似乎就是蚩尤的宿命。因为话语的主导权不在蚩尤这边。"蚩尤作乱"，只是颛顼部落的观点。蚩尤战败后，部落子民纷纷外逃。湘西武陵山一带，黄河以北的汾水流域，环泰沂山地区，是这些战争难民的"诺亚方舟"。

如果我们漫步于苗人的村村寨寨，蚩尤的形象就会变得鲜活起来，蚩尤的"牛首"形象以及蚩尤这一名号所蕴含的图腾意义就会显得格外直观而生动。根据苗族史诗、歌谣、传说，蚩尤就是南方苗族的祖先神。同炎帝、西王母一样，身为南方稻作部落女首领的蚩尤，头上也长着一对牛角。蚩尤的"牛首"形象，只有在视蚩尤为祖先神的苗人那里，才有最直观生动的呈现。苗人村寨，可以说无牛就不成为其村寨；苗人服饰，也可以说无牛就不成为其服饰。蚩尤就是苗人的守护神。

蚩尤这个稻作部落首领之所以以野猪命名，主要就是因为野猪具有大象一样一对长长伸出的獠牙。南方稻农对野猪的敬畏，其实就是对大象敬畏的延续与升华。当大象淡出长江流域后，有着一对獠牙的野猪、獐子自然成为填补空白的最佳替代品。我国众多史前遗址发现的猪和獐牙陪葬习俗，以及玉猪、獐牙钩形器，是南方稻作部落古老大象崇拜习俗在历经数千年岁月之后的生动呈现。大象、野猪的獠牙，以及獐牙，作为南方稻作部落也就是九黎部落特有的文化标签，的确有着久远的传承。

作为《史记》中"四凶"之一，蚩尤恶神的形象并未深入人心。北方的燕赵地区一向被称为"九黎之都"，张家口的涿鹿也一直被我国学界认定为那场战争的发生地。有着久远粟作传承的燕赵地区，之所以称为"九黎之都"，是因为这块地方是蚩尤后人的大本营。华夏蚩尤传说最多的地区，也正是这一"九黎之都"，蚩尤后人北迁后的聚居地。

如果比较在颛顼部落如日东升的关键节点发生的黄帝与蚩尤的涿鹿之战、颛顼与共工的争帝之战、黄帝与炎帝的阪泉之战，我们就会发现，这三场战争中的失败者形象其实是重合的，或者说三神本就是一神。炎帝的"牛首"与蚩尤的"牛首"象征的都是稻作部落，"蚩尤作乱"与"共工怒触不周山"都是"失德"，共工发明的舟船与拯救苗族先祖的盘古都是舟船。很显然，这些重合并非巧合，只可能是必然性的反映。

所有这一切，都是在为另一个重要始祖神的登场亮相做准备。这个始祖神就是伏羲。

若干年之后，南方那个叫东海、南海的汪洋世界，已经变成了湖泊。这个湖泊后来叫云梦大泽。当南方昔日的沧海变成一片片桑林、一块块稻田的时候，当稻米的醇香变成粟谷的清香时，各部落之间的恩怨连同战争的硝烟早已散尽了。就在这个时候，也就是战国中晚期，被誉为"三皇之首、百王之先"的伏羲，终于闪亮登场了。

伏羲这个华夏文明始祖神的出现，的确显得突兀，令我们猝不及防，没有任何思想准备。伏羲这个名号首见于《庄子》一书。在此之前的漫长岁月，伏羲的历史档案是一片空白。不仅在甲骨文和金文中没有伏羲的踪迹，在庄子以前的史籍中更是不见伏羲的身影。战国中期以前的典籍，如《墨子》《左传》《国语》《孟子》中，均无伏羲的影子。就连《山海经》竟然也没有提到伏羲。在保留了较多华夏文明初始面貌的楚辞中，也没有伏羲的只言片语。种种迹象表明，在战国中期以前，我们先民对伏羲这个始祖神的记忆是一片空白，或者说根本就没有这个始祖神。伏羲似乎就是空降到华夏文明演化的中心舞台上来的。也许，在此前的漫长岁月中，这个人文之祖一直在华夏大地的某一隐秘地方潜伏着，耐心等待一个闪亮登场的良辰吉日。

在华夏诸神中，伏羲是一个名号最多、神话传说也最多的始祖神。在甲骨文中，"伏"就是一人脸向下、身体前倾的样子，到了金文才变成从人从犬的"伏"。甲骨文中的"伏"，有可能是南方巫师的创造，表现稻农在田间为避免烈日的暴晒而低首弯腰的情形。这个初始意义后来引申出了伏天、伏季的意义。金文的"伏"，多了些男性色彩，有可能是北方巫师的再加工，意思是人像狗一样匍匐着，后引申为潜藏、埋伏。当然，这个"伏"字我们也可以理解为"凫"，因为两个字在古汉语中是可以通用的。"凫"就是正在飞翔的鸟。"羲"字保留了炎帝、共工和蚩尤的姜姓，或者说炎帝、西王母的"牛首"形象。"羲"因此后来成为驾驭太阳的羲和的专称，再往后则代指太阳。根据我们先民的文化编码规则，我们也可以视"羲"为"牺"和"易"，还可以视"羲"为"蟻"。总之，伏羲这个名号基本上将华夏文明的所有核心要素都囊括进来了，无疑是商周以后的巫官、诸子精心编织的一个文化符号。这也注定了这一文化符号的不同凡响，当然也不可能有一个公认的标准答案。

其实，我们对这个空降的华夏人文始祖并不陌生，甚至似曾相识。因为这个人文始祖与共工、鲧、蚩尤三个女神太像了，我们甚至怀疑伏羲就是共工、鲧、蚩尤三个女神的复活、再生。在《周易》等文献的记载中，伏羲就是集创世神、始祖神和发明神于一身的人文初祖。《周易》中"作结绳而为网罟，以佃以渔"，我们怀疑就是对"鲧"这个古老汉字在进行诠释；"伏羲氏刳木为舟，剡木为楫"，我们甚至怀疑这就是对共工伟业的抄袭；"仰则观象于天，俯则观法于地，观鸟兽之文，与地之宜，近取诸身，远取诸物，于是始作八卦"，我们可以理解为是对共工氏在水上乘舟时对"易"顿悟的升级版本。

同炎帝、女娲、尧舜一样，作为人文初祖的伏羲，也是遗址遍布华夏大地。伏羲遗址最多的地方，也正好是蚩尤传说最多的地方。燕赵地区河北新乐市区有一个伏羲台，环泰沂山地区的济宁、秦安、青州等地均有伏羲庙。河套地区的伏羲遗址并不逊色于燕赵地区和环泰沂山地区。天水市区的伏羲庙、卦台山的伏羲庙至今仍保存完好，并且是全国伏羲庙中规模最大的两个庙宇。而天水正好是共工的后人——周人北迁以后曾经生活过的地方。从伏羲在西南地区苗瑶两族民间广为流传的情况来看，两个兄弟民族其实也是视伏羲蚩尤二神实为一神的。在苗瑶两个民族的洪水神话中，拯救他们部落的，可能并非闻一多先生考证的葫芦，而是共工氏发明的舟船。只有舟船，才能拯救洪水中绝望的先民。

伏羲与共工、鲧、蚩尤三个女神之间剪不断、理还乱的复杂关系，其实是在暗示我们：四神本为同一始祖神，伏羲就是三个女神的合体与再生，只不过戴上了男性的面具。伏羲这个始祖神在华夏文明中心舞台的突然空降，可能是权力意识日益膨胀的男性群体蓄谋已久的一件事，目的可能就是为了整合共工、鲧、蚩尤三个女神的形象。同时，三个女神改头换面后重新以男神伏羲的形象出现，也可以说是父系氏族社会对母系氏族社会的一次颠覆与改造。这场颠覆与改造无疑取得了巨大的成功。因为伏羲这个始祖神已经深入人心了，其神圣地位再也难以撼动了。这应该就是伏羲这幅黄金面具背后的真容。

再造一个始祖神，可能也是周人的意志。《周易》之"周"，凸显的是周人的意志和王权。从《周易》对伏羲浓墨重彩的记载来看，周人很有可能就是这场声势浩大造神运动的谋划者、推动者，至少是幕后的操盘手。作为商周之战的胜利者，周人可能并没有多少胜利者的喜悦。入主中原之后的喜悦转瞬即逝。中原地区、燕赵地区、环泰沂山地区众多的方国，让周人有些惶恐不安。周人之所以要再造一个始祖神，显然是出于统领华夏各部族的政治需要。周人多次自称夏人，一方面是宣示其统治的正统性、合法性，另一方面可能也是在刻意掩饰内心的不安。周人之所以惶恐不安，是因为执政的合法性并不充足。作为燧人氏或炎帝的后人，殷商部落在中原地区众多方国中的龙头地位，无疑具有血缘上道统上的合法性。周人迫切需要的就是如殷商王朝一样的血缘、道统上的合法性，也就是周人再三宣称的"天命"。共工、鲧、蚩尤三个女神，有可能就是周人的祖先。整合三个女神的形象，再造一个始祖神伏羲，或者说重塑一个北方粟作版的始祖神，无疑是上上之选。这是周人的高明之处。的确，周人也做到了，并且很成功。

　　伏羲或许并非我们想象的空降。在《天问》中，屈原就曾对鲧治理洪水发出过置疑。从共工氏或者蚩尤在汉人先民中的重要影响来看，颛顼主导的那场宗教礼制改革，实际上在一定程度造成了华夏族群心理上的裂痕。在颛顼部落的叙述书写中，共工、蚩尤已化身为颛顼部落成员中的鲧，两个部落之间的恩怨情仇已刻意淡化了。这可能也是颛顼部落为化解华夏各部族的心理裂痕而精心策划的一场苦肉戏。颛顼升级为黄帝，是有种种预兆的。迁徙到北方的汉人先民悄无声息地将颛顼替换成黄帝，用伏羲代替共工、鲧、蚩尤三个女神，有可能是弥补这道裂痕的尝试。在四川盆地盛行几千年而不衰的变脸绝活，我们先民其实早就驾轻就熟了。

Chapter 17
第十七章

大禹治水的江汉底色

　　神话与传说是人类文明的一个永恒话题。这是因为神话与传说深深烙印着一个民族的魂灵、精神的本原，是一个民族的文明之根和理性之源。按照荣格的神话观，作为集体无意识的神话具有和梦类似的特性：一方面它是不可捉摸、超越逻辑的，但另一方面它又同我们的经验息息相关，并且潜在地影响到我们的思维模式、文化结构。如果拨开神话世界的层层迷雾，我们会惊喜地发现，历史的鲜活身影其实离我们并不遥远。

　　楚辞和《山海经》所构筑的昆仑神话世界，实际是一套独特的隐喻系统和精神符号，是世世代代汉人先民心灵深处对久远历史记忆的沉淀，是对远古时期重大事件和历史人物的层层文化编码。诚如有些学者所言，如果没有远古神话蕴藏的丰富信息，那么史前考古挖出的就只是一堆支离破碎的陌生世界。这个由历代巫师们所构筑的神话世界，是华夏文明的神圣殿堂，也是一片温暖的天地。这也是华夏传世神话的魅力所在。也许，我们一直在误读这些神话，这个神秘世界一定有许多密码是我们今天无法解读的。但这并不妨碍我们走近神话世界，因为我们携带着这些神话所注入的文化基因，使我们与这个神秘世界具有一种天然的亲和性。

　　在华夏文明的传世神话中，大禹治水有可能是影响最深远的一个神话。关于大禹治水的传说，先秦文献中几乎都有记载。遂公盨是目前为止所知我国最早也最为翔实的关于大禹的可靠文字记录。遂公盨是国家一级文物，于 2002 年春天由北京保利艺术博物馆专家在海外文物市场上偶然发现。遂公盨虽只是西周中期的一件食具，但其内底所铸 98 字铭文却珍贵无比。铭文开篇记述了大禹治水的故事："天命禹敷土，随山浚川……"铭文与《尚书》《山海经》等古文献关于大禹治水的记载大体吻合，是目前为止我国最早的关于大禹治水的文献记录。遂公盨的发现，将关于大禹治水的文献记载一下子提前了六七百年。如果执拗的顾颉刚先生有幸看到西周遂公盨的话，那他对大禹可能是另外一种截然相反的态度。

其实，大禹也并非顾颉刚先生所认为的"是一条虫"那么简单。大禹不仅是一条虫，同时也是一条鱼、一只鸟。在古汉语中，"禹"与"鱼"、"羽"读音相同，意义也相通。大禹跟女娲一样，也是一条在水中游来游去的鱼；同时也跟帝尧、帝舜一样，也是一只在空中飞来飞去的太阳鸟。大禹的神格，就体现在"鱼"与"羽"上。在大禹那儿，在天空飞翔也就是在水中游弋，在水中游弋也就是在天空飞翔。对大禹的这两种神性，先秦众多文献记载较多。与所有华夏女神一样，禹也是一位水神、一个女巫。我们先民在这位女神身上，寄予了太多的希望，以致有些沉重了。

同大禹这位女神一样，大禹治水神话也承载了太多的内容，远非表面呈现的直白与简单。同所有传世神话一样，这个神话也是一座布着层层机关的迷宫。也正因为如此，一百多年来，这座迷宫一直像磁石一样吸引着学者们寻找开启它的钥匙，试图破解其中隐藏的奥秘，还原业已变形的历史真相。

在世界上任何一个有足够时间跨度的民族历史和传说中，都有着惊人相似的"大洪水"的传说。这也可能是诺亚方舟的故事起源。对华夏民族而言，周期性泛滥的洪水，始终是一道挥之不去的噩梦，并且屡屡打断华夏文明的进程。"昔"是个会意字，甲骨文上面的水波纹表示洪水，下面的"日"指太阳，合起来就是洪水滔天，快要淹没太阳了。从前的日子就意味着滔天的洪水，这是我们先民对过去洪水泛滥的恐怖回忆。先秦以及秦汉时的文献，将那场滔天洪水基本都锁定在尧舜之时和大禹之时两个节点。儒家经典记忆中的那场滔天洪水都发生在尧舜时期。《尚书》记载尧时"汤汤洪水方割，荡荡怀山襄陵，浩浩滔天，下民其咨"。《孟子》一书的记载是："当尧之时，天下犹未平。洪水横流，泛滥于天下。……尧独忧之，举舜而敷治焉。……民无所定，下者为巢，上者为营窟"。以《庄子》为代表的道家经典虽然将那场滔天洪水锁定在大禹之时，但对水灾造成的惨烈状况的记忆则基本相同。从这些惊魂未定的描述来看，那场史前的滔天洪水，对我们先民的心理以及华夏文明的进程都产生了深远影响。

现代气象和气候学研究成果表明，我们先民对史前大洪水的记忆是真实的。大量的证据表明，洪涝灾害的发生与降水异常有关，而降水异常则与一定的气候背景密切相关。据研究表明，第四纪全新世以来也就是距今 1 万年以来，全球气候变化呈现出温暖湿润与寒冷干燥交替出现的特征。最新研究成果表明，在距今 4270 ~ 4070 年这个时间段，北半球普遍出现了一次降温事件。《竹书纪年》记载的"三苗将亡，天雨血，夏有冰"奇异现象，在跨越两千多年后得到了证实。我国科学工作者通过对贵州董哥洞、湖南莲花洞、湖北神农架山宝洞的石笋记录研究，也证实了这个时间段华夏大地气温异常偏低。降温影响的不仅仅是温度，还有季风环流。按照现代的季风理论推测，这一次降温可以导致东亚夏季风强度减弱，季风北界南移，导致黄河和珠江流域江水减少，而长江流域和黄淮地区降水增加，呈现南北旱、中间涝的格局。现代气象和气候学研究成果明确无误地告诉我们，我们先民记忆中的那场史前大洪水，就发生在南方的长江流域和江淮地区。

黄河流域虽也有发生间歇大洪水的可能，但肯定不是我们先民记忆中的那场滔天洪水。一百多年来的考古成果表明，威胁中原地区先民的是旱灾，而非洪灾。关中平原与河套地区，都是典型的东西长、南北短的地堑式构造平原，不具备形成滔天洪水的条件。三门峡以东虽有可能，但受到北部王屋山和南部中条山限制，泛滥区域很难令先民产生洪水滔天的感受。大量的考古成果显示，这一时间段的中原地区非但不是哀鸿遍野，而是欣欣向荣、人声鼎沸，与南方江汉平原的断崖式衰落形成鲜明反差。下游的华北平原广袤无垠，虽然也有发生洪水的可能，但一直不是华夏文明演进的中心舞台，同时也欠缺考古地层学研究成果的佐证和支撑。黄淮流域文明的中心在地势较高的环泰沂山地区，大洪水的影响极其有限。封闭的四川盆地还一直在渔猎阶段徘徊，蜀人欠缺治理洪水的内在动力。因此，我们先民记忆中的那场滔天洪水，就应该发生在南方的江汉平原。

事实上，共工怒触不周山的神话传说，已透露了这一久远的秘密。这则神话在先秦及秦汉文献中多次提到。这则神话蕴藏的信息弥足珍贵。地势西北高、东南低，河流都流向东南方，这应该是我们先民对某一局部区域的观感。我们先民也不可能有宏观上的视野。符合这一地势地貌、河流走向特点的，唯有江汉平原。这则神话的创作者，显然就是长期生活在南方江汉平原的汉人先民。如果创作者是中原地区的汉人先民，那么这则神话就肯定是另外一种面貌。不周山可能并非山，而是一座祭坛，并且有可能是颛顼部落的昆仑圣山。昆仑圣山本是圆形的，可在这场战争中遭到了毁坏，成为断裂的山、残缺的山。这座祭坛有可能如各地史前遗址发现的昆仑一样，也是一座人工堆砌的山。祭坛被敌方所毁，无疑是颛顼部落的奇耻大辱。于是，便有了不周山这一千古奇山。其实，《山海经·大荒西经》中"西北海之外，大荒之隅，有山而不合，名曰不周"这一记载，已隐隐约约触及到了真实的历史。这应该就是不周山真正的深义。无数学者及有志者反复寻找的不周山，可能早就被江汉平原周期性泛滥的洪水深埋在了地下。这则神话实际上是我们先民对那场大洪水发生原因的解读。《淮南子》一书的另一处记载，正好是对共工怒触不周山神话传说的补充与完善："舜之时，共工振滔洪水……舜乃使禹疏三江五湖，辟伊阙，导廛涧，平通沟陆，流注东海。"从这段记载来看，史前的那场滔天洪水似乎就是共工一怒之下造成的。"三江五湖"正好是江汉平原一带的典型特征，并不是北方的风景。湖北自古以来就有"千湖之省"的美誉，直至今天仍有大小湖泊近千个。大禹治水的故事，只可能发生在南方的江汉平原，而不是北方。

江汉平原由长江与汉江冲积而成，与洞庭湖平原合称两湖平原，面积 4 万余平方公里，平均海拔只有 27 米左右，是我国海拔最低的平原之一，也是我国遭受洪水灾害最严重的地区之一。同成都平原一样，我们现在在江汉平原所看到的沃野千里、良田万顷，也是千万年来众多河流不断冲积的结果。现今江汉平原星罗棋布的湖泊，还依稀可见数千年前云梦大泽的身影。不要说是持续多年的大洪水，就是间歇性一般洪水，就可在江汉平原形成"泛滥于天下"的景观。对我们先民而言，江汉平原既是天堂，也是地狱。天堂与地狱之间，只有一线之隔：频发的洪水。

令人欣喜的是，近几年来，在众多研究人员的努力下，江汉平原的古地层学研究取得了瞩目成就，为我们提供了可靠的大禹时代史前洪水证据。研究人员从考古地层学、沉积学和环境磁学角度，对沙洋钟桥、天门三房湾、仙桃月洲湖、江陵太湖港、松滋桂花树等遗址古洪水层进行研究，表明在屈家岭文化中晚期（距今 4970 ～ 4670 年）和石家河文化末期至夏代（距今 4170 ～ 3870 年）两个时间段，古洪水层在江汉平原及其周边地区普遍存在。2015 年，由安徽师范大学国土资源与旅游学院、中国科学院地球环境研究所黄土与第四纪地质国家重点实验室、南京大学地理与海洋科学学院、中国科学院南京地理与湖泊研究所湖泊与环境国家重点实验室等 6 家单位组成的课题组，对沙洋县钟桥遗址古洪水层进行了调查研究，其成果发表在 2015 年 7 月的《地理学报》上。该课题组的研究成果，进一步证实了江汉平原史前的两次大洪水，并且与全新世大暖期后期气候逐渐恶化过程在时间上高度吻合。如果我们将目光投向广袤的北方地区，我们会发现，仰韶文化和龙山文化的出现，正好在这两个时间节点。

现在可以肯定的是，江汉平原就是大禹治水这一神话产生的文化土壤。大禹在江汉平原治理洪水，不仅顺天时、合地利，而且具有历史逻辑性。

根据传世文献的记载，大禹治水历经了十三个寒暑，"三过家门而不入"，并且"身执耒锸，以为民先，股无胈，胫不生毛"，最后终于取得了成功。大禹治水之所以成功，是因为他采取了疏浚的治水方法，也就是文献记载的"高高下下，疏川导滞"的办法，从而收到了"水由地中行""然后人得平土而居之"的成效，大量的地方变成肥沃的土地。华夏大地又称"禹域"，是因为大禹在治水时划分了九州，也就是我们现在熟知的冀州、青州、徐州、兖州、扬州、梁州、豫州、雍州、荆州。

神话传说越幼稚、越远离现实，表明它产生的时间越早内容也越真实。反之，神话传说越具体、越符合后世的实际，则表明它已经过了后人不断地修改、补充，其实恰恰表明它已失去原来面貌。在大自然面前，人类毕竟是渺小的，甚至是卑微的。大禹的治水方法，从现代的角度来看，即使是局域一般小型洪水，无论是围堵还是疏浚，或者别的方法，都不过是徒劳，结局都是一样的。治理洪水，不是那个时代的人力物力以及技术水平可以实现的。先秦及秦汉文献记载的大禹的种种治水方法，只能是后来治国理政者的现实需要。大禹形象已无限接近儒家心中的圣贤形象了。这是儒家为治国理政者树立的一个榜样。大禹治水"三过家门而不入"的事迹之所以在华夏家喻户晓，深入人心，正是因为像大禹这样的圣贤太少了。从我们先民早期的人水一体、水生万物的思维定式来看，他们也欠缺治理洪水的主观愿望。共工本就是水的化身，作为水神，她只要在滔滔江水中乘舟而行就足够了。大禹作为一条在水中游来游去的鱼，一只在天空飞来飞去的鸟，洪水滔天与她并没有多少关系。同大禹一样，鲧也是一条水中的鱼，洪水滔天她才可以游得更远。

春秋初期齐国的能臣管仲有一句名言："善为国者，必先除害，五害之属，水为最大"。事实上，所有建立在脆弱农业基础上的王朝，一切有所作为的官吏，无不视水灾为心腹之患，并总是魂牵梦绕。神话从诞生之日起，就始终处在被讲述和书写的过程中。在各种力量的推动裹挟下，它沿着时间的河床滚动、流淌，不仅滋润冲刷着沿途的大地，也裹挟着一路的泥沙，沉淀下民族的心理结构和文化传统。西周以后，这个神话的讲述者和书写者，由巫师和平民变成了治国理政者以及心忧天下的儒生。大禹治水的成功及其治水传奇英雄的形象，应该就是这个神话在流传到西周以后，穿在最外面一层的衣服。既然大禹治水传奇英雄的形象是这么深入人心，那么这件华丽的外衣对这个神话来说可能就是最好的归属了。

精卫填海的神话故事，同大禹治水一样也属于洪水神话，也是华夏传世神话中最凄美的一个经典神话。这个神话隐晦曲折地向我们传递了洪灾对我们先民心灵造成的创伤。这个神话最早见于《山海经·北山经》："又北二百里，曰发鸠之山，其上多柘木。有鸟焉，其状如乌，文首、白喙、赤足，名曰精卫，其鸣自啸。是炎帝之少女名曰女娃，女娃游于东海，溺而不返，故为精卫。常衔西山之木石，以堙于东海。"在滔天洪水面前，无论是侥幸逃生的先民，还是在洪水中伤命的冤魂，都化身为一只在低空盘旋悲鸣的小鸟。这只小鸟就叫精卫。精卫所填之东海，其实就是已成水乡泽国的江汉平原。精卫之所以"常衔西山之木石"以填东海，是因为在滔天洪水下面，有她的温暖的家园，她的亲人，她的稻田和桑园，以及她的一切美好回忆。这则神话的叙事角度在鄂西群山，视点在东部的江汉平原。这个经典神话的创作者，有可能是劫后生活在鄂西山地上的汉人先民。同所有传世的华夏上古神话故事一样，这则神话也镌刻着南方江汉平原的鲜明烙印。对于这则神话，许多研究者认为，它反映的是华夏民族不屈不挠的品格，是我们先民向大自然发出的一份宣言。其实恰恰相反。在这则神话中，在滔天洪水面前，我们先民表现出的更多是无奈，是惊悸，是一种深深的无力感。精卫鸟的悲鸣，发自我们先民心灵深处。这个经典神话，呈现的是我们先民在滔天洪水面前的真实心态。

西南地区的苗瑶两个兄弟民族也有洪水的传说，但在他们那里却只有洪水毁灭，而没有洪水治理。关于西南地区流传的"洪水毁灭"的神话，闻一多先生在他的《神话与诗·伏羲考》一文中有详尽论述。苗瑶两个兄弟民族对那场滔天洪水的记忆，可能更接近历史真相。精卫填海神话更接近南方平民创造的神话系统，也更加真实。大量的考古成果显示，在第二次大洪水之后，江汉平原便陷入了持续近两千年的沉寂，直至楚民族的崛起。大洪水给江汉平原所带来的，就是毁灭、灾难、恐慌、黑暗。精卫填海神话和苗瑶民族的"洪水毁灭"神话，是江汉平原这接近两千年黑暗岁月的画外音，是精卫鸟在家园上空的久久盘旋。

对于灾难的记忆，人们总是刻骨铭心的，正如我们对儿时饥饿的记忆一样。

对大禹治水的历史记忆，说到底是华夏民族对苦难的记忆。"昔"这个汉字，应该就是迁徙到北方的汉人先民对江汉平原水灾刻骨铭心的记忆：从前的日子就意味着有洪水的日子。与其说是迁徙，不如说是逃难。劫后余生的难民，在北方的夜晚可能常常被这个噩梦惊醒。这是华夏文明不可触及的痛、无法承受的重。这也是华夏子民的宿命。大禹与其说是治水，不如说是治疗我们先民心灵的巨大创口。几千年来，华夏民族之所以对大禹治水的神话传说深信不疑，之所以反复讲述和书写，正是基于对灾难刻骨铭心的记忆。这也是这个神话穿在里面的第二件衣服。这第二件衣服虽然破破烂烂，但却本真朴实，直击灵魂。这才是华夏文明的隐痛。也许，只有当我们被陷身于汹涌波涛的噩梦惊醒的时候，才会在黑暗中直视这一神话的真正意蕴。

虽说后来巫师和平民的讲述和书写成为边缘化叙述，但其隐藏的真实信息却并未因此而消失。对于这场滔天洪水，即使能聆听到上帝旨意的颛顼，也无法勘破这一大自然的奥秘。我们先民将这场毁灭家园的洪水归咎于共工氏的"失德"和她的雷霆之怒，理解为上帝对我们先民的惩罚。

共工氏是女神，同时也是水神。我们先民最初对洪水的认识，就与共工氏密切相关。在我们先民看来，这场滔天洪水就是共工氏的化身。从"江从工声"与"洪从共声"之间的文化同构关系来看，巫师们对"洪"与"江"这个古老汉字的精心编码，我们可以看成是对大禹治水与共工怒撞不周山神话这两则经典神话的诠释。很显然，我们先民对洪水起因的认识与理解，与西方洪水神话有异曲同工之妙。在西方洪水神话中，洪水的起因是人类的邪恶，从而导致上帝发怒借洪水毁灭世界。东亚大陆的洪水，是因为人神共工氏的雷霆之怒。

颛顼发动的对共工氏的宗教之战，其实质就是神权之争。种种迹象表明，这场神权之争可能持续了很多年，一直到大禹时代才尘埃落定。大禹治理的就是那场由共工氏引发的洪水，也就是颛顼与共工氏之间的宗教战争。大禹与共工氏之间的宗教战争，是颛顼与共工氏之间神权之争的持续发酵，是那场为夏王朝奠基之战的继续。先秦文献记载的"禹伐共工"，以及《山海经·大荒西经》中的"有禹攻共工国山"一句话，虽只有零星片语，但却比遂公盨上的98字铭文更具价值也更加真实：大禹治水神话的历史真相也就是大禹发动的对共工氏部落的宗教战争。另外，《墨子》一书也有大禹讨伐三苗的零星记忆。很可惜的是，近一个世纪以来，这些零星片语并未引我国学界的重视，"禹伐共工"与大禹治水之间的对应关系完全被忽视了。执着于寻找大禹的地方，只能离历史真相越来越远。

这一历史真相，也就是这一神话里面的第三件衣服，只不过这件带有血腥味的衣服被外面两层衣服掩饰起来了。

很多年后，楚国的巫师观射父与楚昭王谈起这一重大事件时，对此仍记忆犹新。现在看来，楚国巫师观射父与楚昭王的那场对话，完全是站在颛顼的立场，是在维护华夏文明的正统与王道。但如站在共工氏的立场，可能就是另一种说法了。如在那场宗教之战中胜利的一方是共工氏，而不是颛顼，共工氏所代表的可能就是华夏文明的正统与王道。光明与黑暗总是交织在一起的。在南方那条熊出没的河流边，熊带给我们先民的，不仅只是光明，也有黑暗。无论是颛顼与共工氏之间的神权之争，还是大禹与共工氏部落之间的宗教战争，实际上都是开了华夏文明同室操戈的先例。华夏文明进程中屡次发生的骨肉相残惨剧，颛顼与大禹可能是始作俑者。大禹治水治的不仅仅是灾难对我们先民心灵造成的创伤，同时也是宗教之争对华夏族群造成的心理裂痕。这也是大禹治水神话第三件衣服上的一块醒目的补丁。这块补丁，其实就是对华夏族群心理裂痕的有意掩饰。

大禹治水神话的历史真相，合理解释了鲧为什么治水失败以及他在华夏文明中负面形象形成的真正原因。大禹治水与鲧治水实际上是同一史实的分化。按照先秦及秦汉文献的记载，大禹治水之所以成功，是因为他吸取了鲧治水失败的教训。鲧治水之所以失败，是因为他一味采取了"堵"的办法。在洪水面前，无论是"堵"还是"疏"，都只能是一个结果：洪水照流不误，洪水依然滔天。鲧治水的传说所隐射的，其实也是华夏族群之间的宗教战争。大禹之所以成功，是因为他态度坚决，对共工氏部落杀伐果断。鲧之所以失败，是因为他对共工氏部落有仁慈之心。当然，这只是颛顼部落对鲧形象的改造。《山海经·海内经》对这一传说的记载是："洪水滔天，鲧窃帝之息壤以堙洪水，不待帝命。帝令祝融杀鲧于羽郊。……""息壤"并非传统理解的一种可以自动生长的神奇土壤，而是熄灭了的灰烬，也就是草木灰。对于视火为生命的部落来说，灰烬就是阴火，也就是睡着的火。掌控火种与火源，是一个部落领袖神权的合法性来源，也是一个部落的核心利益。这则神话传说中的"息壤"，也就是阴火，象征的其实就是一个部落的巫权、神权。"鲧窃帝之息壤以堙洪水"的明喻是鲧偷盗颛顼部落的火种，隐喻则是鲧以及她的部落对颛顼的神权构成了挑战与威胁，以至于让颛顼和她的部落惴惴不安。这一记载其实是对颛顼部落对鲧形象改造的否定。因此，鲧无论怎么治水，失败都是必然的，被部落处死的悲惨结局也在预料之中。鲧是华夏文明的第一个悲剧英雄。对这位悲剧英雄的结局，《国语》《左传》等先秦文献与《山海经》的记载有着截然不同的描述："化为黄熊、入于羽渊。"颛顼、鲧、大禹三位之间的关系，也非先秦文献记载的祖孙三代的血缘关系，而是同一族群不同时代不同部落的女巫。这些南方女巫女神之间的恩怨情仇，以及在江汉平原掀起的滔天巨浪，都已化做滔滔江水东去了。我们只要认定她们是我们的始祖神、我们身上流淌着她们的血脉就足够了。

大禹治水这一神话除了上面三件各自不同的衣服之外，最内层其实还有一件胎衣。这也是一件专属于女神的胎衣。这件胎衣与女性的隐疾有关。如果说先秦文献以及遂公盨关于大禹治水的记载是男性群体的话，那么在更早的时候，则是女性群体。在我们先民到达三峡地区那天起，这个神话故事其实就已经产生了。不过当初这个神话的主角并非大禹，而是女娲。在华夏文明中，关于治水的神话传说是一个传承有序的系列故事，除了大禹治水，还有女娲治水、舜帝治水、共工治水以及鲧治水。可以说，女娲治水是舜帝治水、大禹治水等众多治水神话的总源头、最初版本。

舜帝治水仅有零星记载，但女娲治水则被反复讲述书写。女娲治水的神话在《山海经》与《淮南子》中均有记载。《淮南子》一书的开篇就是女娲治水："往古之时，四极废，九州裂；天不兼覆，地不周载；于是女娲炼五色石以补苍天，断鳌足以立四极，杀黑龙以济冀州，积芦灰以止淫水。"这则神话的点睛之笔是最后一句话："积芦灰以止淫水。"芦灰也就是芦苇烧成的灰烬，也就是鲧治水用的"息壤"。"淫水"指的就是女性生产时的大出血。女娲之所以成功，是因为她并不是真正地治水，而是在止血。"治"与"止"，不仅音同，初始意义也相同：治水之"治"也就是止血之"止"。古代妇女临盆时用草木灰止血的古老方法，在现今的原始部落还在沿用。女娲作为生育女神，不但用这个神奇方法挽救了自己的年轻生命，也挽救了部落众多母亲的宝贵生命。女娲治水之所以被反复讲述书写，是因为女娲就是华夏之母。这应该就是华夏文明所有治水神话最初的意义，也是我们永远无法看到的大禹治水神话最底层的那件散发着女性芳香的胎衣。

女娲治水这个古老神话的叙述者，显然是女性群体。即使到了男权时代，这则神话依然保持着强烈的女性色彩。只有女性群体才懂得这个神话的真正含义。当男性群体成为这个神话的书写者和叙述者的时候，这个神话就失去了最初的意义，扭曲变形了。他们不可能理解生育的艰难。"往古之时，四极废，九州裂；天不兼覆，地不周载"，显然是男性群体对女娲治水这一古老神话的理解与阐释，是男性群体后来补充的。如果我们按照先秦文献的记载来解读这一古老神话，我们就只能永远陷身在南方两湖平原的沼泽和芦苇组成的迷阵之中。女娲与舜帝的烦恼，是华夏众多女神的烦恼，也是无数母亲的隐痛。这也是治水神话在华夏漫长女权时代久传不衰的秘密所在。女娲与共工、鲧在治水的方式及材料上的高度一致性，表明共工、鲧两位女神也遇到了与女娲同样的烦恼。大禹既然与治水神话发生关系，表明这位后来的女神也遭遇了同样的烦恼。没有众多女神和母亲的这一隐痛，也就没有华夏族群在三峡地区的开枝散叶、在江汉平原的枝繁叶茂。这也是大禹治水这则华夏文明的经典神话隐藏的最大秘密。从这个角度而言，这则神话我们可视之为华夏民族的创世史诗。

大禹治水以及众多治水神话传说，其叙述者和书写者由女性转变为男性后造成的歧义以及由此形成的混乱，可以解释华夏文明诸多谜团。

大禹治水这一经典神话传递的信息十分清晰：华夏文明的中心舞台已从湘西北、鄂西南转移到了江汉平原。在这个广阔的舞台上，我国第一个有文字记载的国家政权——夏王朝即将登场了。

Chapter 18
第十八章

王者之城

　　颛顼在南方发动的那场持续多年的宗教战争，为传说中的夏王朝崛起做足了准备。这场神权之争，还带来了一个意想不到的效果：女权时代的衰落，女神的光环不再。战争肯定是擅长狩猎的男人的强项。男性群体在一次又一次的战争中，像熊、虎、豹一样勇猛，他们的权力意识逐步觉醒了。雄性的气息开始在江汉平原四处弥漫，久久不散。当然，这并不意味着父系氏族社会的到来。性别之间权力的转换，肯定是一个渐进的漫长过程。这种转换，从距今约 5700 年的湘西北高庙遗址的夫妻合葬墓就已经开始了。

　　在长期与西边巫山巴人的盐业贸易中，江汉平原上的野猪、鸡、鱼等物品，再也提不起巴人的一点兴致，稻谷则更受巴人的青睐和欢迎。稻谷，在江汉平原汉人先民中的地位逐年渐长，采集和狩猎不知不觉间变得不那么重要了。原先专心在外狩猎的男性，逐步将重心转移到了稻田。种植稻谷不再是女性的专利。时间一长，男人在稻田耕作成为江汉平原一道新的风景线。

　　近几十年来，江汉平原的考古大发现，为这道新风景线下了一个长长的注脚。在湘西北、鄂西南史前墓葬中普遍发现的渔猎工具、动物骨骼，在屈家岭遗址的 14 座墓葬中已难觅踪影。同样的情况也出现在石家河遗址的 68 座墓葬中。在河流湖泊密布的江汉平原，鲜美的鱼和动物肉类似乎再也引不起我们先民的多少兴趣了。这一现象暗示我们：稻作农业在江汉平原已非昔日可比，稻农们在土地上获得了丰厚的回报，食物已基本可以自给，男性群体专事狩猎的使命已经被稻作农耕所取代。

"男"这个汉字就是这种风景线的产物。甲骨文和金文中的"男",由"田"和"力"两个符号组成。"力"这个符号就是最早的农具"耒"。"耒"在甲骨文中就是一根尖木棍,一种形如木叉、上有曲柄、下有犁头的农具。犁的前身就是耒耜。有了耒耜,才有了真正意义上的"耕"和耕播农业。我们先民认为的力量最初可能就来自这种简易原始的农具。"田"和"力"两个符号组合在一起,就是男性在田里耕地,也就是江汉平原那道新的风景线。从耒的木质属性看,这种原始农具显然只适合南方松软的沼泽地带。北方的旱地只有坚硬的石质农具才有用舞之地。相对干旱的关中平原和中原地区,不可能孕育产生这样的木质农具。从考古发现来看,虽然华夏大地都出土过新石器时代的"耒",但最早的"耒"、数量最多的"耒"和质量最精美的"耒",都出土于南方长江流域。河姆渡遗址出土的骨耜,表明南方的稻农早在7000年以前已经掌握了耒耜耕作技术。很显然,耒最初就是用于稻作农业的农具,发明者应该就是南方的稻作先民。潇湘大地的耒阳,应该就是因炎帝神农氏制"耒"的传说而得名。在华夏大地可能再也找不到第二处叫"耒"的地方了。

"男"这个汉字的出现,无疑是华夏文明演进的一个历史拐点。犁耕劳动强度大,也只有男性才能胜任。男性在稻田耕作这幅图像的背后,表明男性在农业生产中的优势地位已经强化固化了,华夏族群两个性别的社会分工已发生了根本性变化。从此,男性从华夏文明演进舞台的幕后走到了前台,由配角变成了主角,华夏文明的男权时代到来了。这其实也是男性权力的回归,但这并不意味着华夏女性的失败。华夏诸位女神的光环,已经照亮了华夏大地,该是她们退居幕后的时候了。

民族志调查表明,约四分之三以上的传统社会采用父系制,也就是实行从夫居,并按父系组成血缘群体。压倒性的证据显示,在直到现代之前的整个人类历史上,父系制始终是主流和常态,母系制只是特殊条件下的例外。父系制的历史甚至可以追溯到人类与黑猩猩的共同祖先。这也是摩尔母系氏族社会理论一直遭到人类学家们质疑和诟病的原因。我们完全有理由相信,一万多年前率领汉人先民由缅甸沿海北上的首领,可能就是男性。

华夏文明进入男权时代,在江汉平原屈家岭、石家河的多次考古中,一再得到验证和呈现。华夏文明最早的夫妻合葬墓出现在南方湘西北的澧水流域,是有必然性的。江汉平原众多成年男女合葬墓、家庭合葬墓,以及男子仰身直肢、女子侧身屈肢等葬式表明，至少在 4500 年前，男性群体已经在华夏大地悄然崛起，取代了女性的主导地位，母权已被颠覆了。这无疑是华夏文明的一个崭新时代。环泰沂山地区大汶口文化中、晚期，环太湖流域的良渚文化时期，也不约而同地进入了父系氏族社会，很有可能是受到了江汉平原的影响。中原地区、燕赵地区、河套地区由于受到北方游牧部落的影响，以及严酷生存环境的考验，我们先民有可能比南方更早进入男权时代。

如果说我们先民在 6000 多年前来到大洪山脚下时，江汉平原还是繁花似锦的春天，那么经过一个多世纪的精心耕耘，江汉平原已是一片稻浪翻滚、稻花飘香的生动景象。湿热的夏季终于如期而至。在太平洋吹来的阵阵暖风中，承载着我们先民一切希望的稻秧在疯狂生长。伴随稻秧一同疯狂生长的，还有水中的鱼、稻田边的桑树，当然也还有男性的权力意识。

在狂热的祭祀活动告一段落后，他们就全身心投入一年的农事了。我们先民的喜怒哀乐，在稻田里生根发芽、开花结果。而与此同时，江汉平原上村庄集镇也越来越多，处处可见人家屋顶上的袅袅炊烟。城镇的陶器作坊整天浓烟滚滚，街市上的喧嚣则终日不断。这一切都让在稻田劳作的先民觉得分外踏实。水利设施的兴修、天气的预测、食盐的可靠保障等等，当然也包括祭祀活动，让他们彼此的命运联系得更加紧密。

所有这一切，都是在为一个人的出场和一个王朝的诞生做准备。这个人就是华夏文明的第一个男性传奇英雄——启；这个王朝就是华夏文明第一个有文献记载的朝代——夏王朝。

启，史称夏启。《山海经·大荒南经》关于夏启的记载是："熊山有穴，恒处神人，夏启而冬闭。是穴若冬启夏闭，乃必有兵。"这两句似是而非的话至少为我们提供了两条有价值的信息：一是启的身世与那条熊出没的河流与山有关，暗示了夏启就是黄帝亦即颛顼部落的后人；二是夏启身逢乱世，汉人各部落之间战争频繁，是一个更早的战国时代。"启"的繁体在甲骨文中就是用手推门的样子，意思就是开门、打开。启生也就意味着夏启是开启而生。现代医学知识告诉我们，这无疑就是剖腹产手术。根据传说，启生下来就失去了母亲。屈原在《天问》中的第 72—74 问，都是关于夏启的问题："何勤子屠母，而死分竟地？"屈原的诘问和质疑，是对夏启出生时难产的旁证。当然，这个久远的传说更有可能是巫师们为后人精心设的一个迷局，我们更愿意将其理解为一种隐喻和暗示：母系氏族社会的终结，男权时代的到来。

　　从炎帝到黄帝，再到大禹，众多华夏女神都是在为夏启铺路。从湘西北沅水流域的高庙古城，到澧水流域的城头山古城，再到沮漳河流域的马家垸古城，也都是在为一座更加宏伟的古城造势。一切似乎都显得水到渠成、瓜熟蒂落。现在夏启需要做的就是，径直走到一个叫云梦泽的北岸，用手推开一座叫石家河古城的城门就行了。夏启开启的不仅是一座城门，也是一个王朝的门，一个属于男性时代的门。

　　考古资料表明，城市源自集镇，而最早的集镇又源自氏族聚落。1987 年以来，长江中游地区发现的史前古城已达 21 处之多，江汉平原达到 15 处，均分布在沅水、澧水、沮漳河、汉水流域台地，与稻谷遗存分布高度吻合，从南到北、由西到东，呈现出清晰的文化传承序列，从根本上动摇了黄河流域中心论的观点。石家河古城出土的太阳神鸟、獠牙神兽、八角星图和玉神人，与高庙遗址高度吻合。夏启就是从湘西北的高庙、澧水的城头山出发，然后跨越长江，由沮漳河流域走到汉水流域的大洪山。这是夏启的祖辈们用了几千年时间为他铺就的道路，这也是夏王朝孕育的轨迹。

　　洪江高庙遗址距今约 7800 年，为我们提供了丰富的远古信息，是一个典型的稻作部落的史前蓝本。高庙地处云贵高原与洞庭湖平原之间，这个坐标注定了其在华夏文明进程中的标志性意义。这个地处水边台地的遗址本身就是一个宗教神庙，大型祭坛、窖穴，极有可能就是我们先民心目中神圣的昆仑。高庙遗址出土的文物创造了 42 个世界之最，颠覆了我们对华夏史前文明的认知。高庙八角星不仅是华夏古代历法的源头，也是周易八卦的源头，后来成为华夏族群的一个经典文化符号。高庙陶器上处处散发着"象耕鸟耘"传说的神秘色彩。如果我们对"象耕鸟耘"这种原始的农耕方式还很陌生的话，那么当我们置身于高庙遗址现场，凝视高庙陶器上"象耕鸟耘"图案，很可能会产生时空错乱的感觉。有一幅图案中间画着一个双颊上有两颗象牙的人面，人面的两旁各有一只神鸟，生动再现了这种最古老的耕作方式。此外，鸟喙形人面图、长着两颗象牙的太阳神生育神鸟图、双鸟簇拥嘉禾图、鸟背上嘴里长着 4 颗象牙的人面图、供奉着长了两颗象牙的太阳神龛图，以及大量由 4 颗象牙、一张嘴组成的抽象符号，反复不断地刺激、提示我们："象耕鸟耘"的历史传说是真实可信的。高庙出土的凤鸟图案刷新了河姆渡凤凰图腾纪录，是学界公认的华夏文明最早的凤凰图腾形象。

　　如果说我们在高庙古城看到的还只是部落文化，那么在城头山我们则依稀看到了王权的影子。城头山遗址见证了华夏文明最早的城，我们也可以视之为石家河古城的雏形。遗址距今约 6000 年，曾两次被评为全国十大考古新发现。这是一座像昆仑圣山一样浑圆的古城，也是中国迄今发现年代最早、保存最完整、内涵最丰富的古城。古城东西南北四个门，门与门之间有道路连接。城外深达 3～4 米的壕沟与城墙连为一体，形成强大的双重防御体系。城区面积达 22 万平方米，城垣内面积近 9 万平方米。城头山不经意间把华夏文明有瓮城、敌台的城池历史提前了近 4000 年。城头山古城分东部祭坛区和稻田区、东北部居住区、西北部墓葬区、西部手工业作坊区，已具有了早期城市的功能。城头山最早最完整的大型祭坛，以及殉葬、陪葬墓，被很多学者认为是"城头山进入古国"的重要依据。城头山所在的澧阳平原史前遗址达到 400 余处，其遗址分布之密集、文化演变之连续、遗存形态之多样，在华夏史前文明中极为罕见。城头山无疑是华夏文明最早的都市。她的辉煌只是被历史的尘埃掩盖了，在南方的云雨之中沉默了 6000 年之久。

如果说高庙古城、城头山古城女权色彩还不够鲜明的话，那么在江汉平原漳水流域的马家垸古城为我们弥补了这一缺憾。马家垸古城距今 4500 年左右，是中南地区规模最大、年代最久、保存较完整的古城遗址之一。这座古城有一个迥异于其他古城的特征：以女性墓葬为主。大量随葬的陶制纺轮表明，这是一座女巫之城、女神之城。这座高扬女性权力与意志的古城，在荆山群峰与江汉平原之间矗立了近两千年的漫长岁月。那时候，石家河古城可能还是一片沧海。

到了江汉平原腹地石家河古城，我们看到的就是膨胀的男性权力意识、强有力的王权。我们先民在南方两湖平原几千年所积攒的家当，几乎全部留在了石家河古城；江汉平原凭借稻作持续了两千多年的繁荣与富庶，也几乎全部留在了石家河古城。

这无疑是一个王者之城。最初的国家形态与氏族部落的权力是紧密联系在一起的，意味着对一个地域的有效统治与管理。距今约 4500 年的石家河遗址，是长江中游地区迄今发现分布面积最大、等级最高、延续时间最长、保存最完整的新石器时代聚落遗址，被评为"中国 20 世纪 100 项考古重大发现之一"。城区面积达 120 万平方米，比城头山古城大了十几倍，是迄今为止我国发现的同时代古城中面积最大的古城。这座史前巨城之大，有点让人目瞪口呆、思维短路，因为它完全颠覆了我们对华夏文明史前古城的认知。石家河遗址总面积达到 800 万平方米，密集地分布着 30 多个新石器时代遗址，为华夏文明史前城址中最大的聚落群。从近几年考古工作者对石家河古城的挖掘情况来看，石家河古城始建于距今约 5000 年，也就是屈家岭文化的中期，在距今约 4000 年的时候，同城头山古城以及江汉平原上的众多古城一起神秘消失了。也就是说，这座古城在江汉平原的大洪山下、云梦泽畔矗立了十个世纪的岁月。这一千年，也是华夏史前文明最为辉煌灿烂的时期。

石家河古城一级城址城墙南北约 1200 米、东西约 1000 米，城墙底宽 50 米、顶宽 8～10 米、墙高 5～6 米；二级城址城濠宽 35～50 米。大溪文化时期的防卫体系以壕沟为主、城垣为辅，表现为壕沟宽深、城墙矮窄。而屈家岭文化时期的防御体系大多以城墙为主、壕沟为辅。石家河古城则是城墙、壕沟并重。石家河古城城墙、壕沟并重的防卫体系表明，夏王朝是建立在对其他汉人部落的讨伐与征服基础之上的，"国"字的产生、形成，始终伴随着兵戎相见、血雨腥风。《山海经》记载的"是穴若冬启夏闭，乃必有兵"，虽近似谶语，但却是真实的。夏启用手推开城门入城，很有可能就是征战后凯旋。

最初的"国"，就是城郭。城郭的壕沟与城墙，就是"国"字中大写"囗"。城头山的壕沟与城墙，已为"国"字的产生做足了准备。石家河古城城墙、壕沟并重的防卫体系，则为这个大写的"囗"字注入了丰富的内涵，也为"国"字的最终定形画上了圆满句号。

石家河的确是一个具有王者气象的古城。在古城核心——谭家岭遗址发现的一个陶罐上面，刻画着一个武士的形象，右手高举着大钺，很有可能就是夏启。钺既是一种兵器，同时也是王者权力的象征。武士右手高举的大钺，表明石家河古城就是一座王者之城。钺不仅是王者权力的象征，同时也是成年男子的象征。200 多件陶塑男性人像表明，在石家河古城，引领风骚的是武士，是成年男性。虽然此时的石家河古城还带有浓厚的母系氏族社会的色彩，但女神时期的温情脉脉已让男性浓烈的雄性气息给完全湮灭了。女神在石家河已走下神坛，巫师也只能屈居二线了。这个王者之城属于成年男性。

"钺"在甲骨文中是没有金字旁的。"钺"中的"金"，显然是青铜时代以后补充的一个符号。戉最初也是一种农具。与耒不一样的是，戉是一种石制农具，是一种用来稻田除草、耕地、挖沟的复合农具，即铝的前身，也就是后来的铧。石钺在全国各地均有发现，但以长江中下游地区居多，最密集的当属南方两湖平原。汨罗江河道、松滋桂花树遗址、监利柳关遗址、新洲阳逻香炉山遗址等地，均发现了距今约 6000 年的石钺。这也是华夏文明最早的一批石钺。最早的玉钺，则发现于距今约 5700 年的湘西北高庙遗址的一对夫妻墓中。钺在长江中下游地区的密集分布，与耒这一农具在长江中下游地区的多次发现，具有逻辑上的内在联系。这也是王权率先在两湖平原出现的前奏。

近一百多年来的考古成果表明，钺的礼仪化过程，是在南方两湖平原完成的。湘西北高庙遗址、城头山遗址出土的玉钺，已经由农具华丽转身为礼器。这两个最早的玉钺，应该就是华夏文明早期神权王朝形成的一个标志。戈的第三次蜕变，就是由礼器成为武器，成为王权的象征。事实上，甲骨文中的"王"，就是一只戈。这一转变是在江汉平原完成的。石家河古城陶罐上武士右手高举的大钺，已经失去了礼器的功能，而是象征军事指挥权的重器。如果说"耒"成就了"男"，那么"戈"则成就了王者。夏王朝孕育于南方江汉平原，"钺"是亲历者、见证者。

同殷商王朝一样，夏朝作为华夏文明有文献记载的第一个王朝，注定了其神权政治的特点，处处透着神秘与诡谲。夏启高举的大钺，既是王权的象征，同时也是神权的象征。对夏王朝而言，神权与王权并没有明确的分界线，神权就是王权，王权也就是神权。

从到达江汉平原那天起，夏人就一直在苦苦寻找并倾其所有搭建一个通天之塔，也就是属于夏人的昆仑圣山。最后，他们锁定了印信台。印信台遗址是个小山包，位于石家河古城西南方向，不仅与石家河西城垣隔护城河相望，也与屈原在郢都频频西望的昆仑圣山遥相呼应。

2014 年 11 月至 2015 年 10 月，湖北省文物考古研究所在对印信台遗址进行发掘时，在 1.4 万平方米的台面发掘出一个面积达 1175 平方米的祭祀场所，共揭露出 4 个人工黄土台基、陶缸遗迹、土坑墓、瓮棺葬等遗迹，其中黄土台基均为长方形，最大的台基东西长 30 米、南北宽 13 米，台基最高处达 4 米。印信台遗址充分表明，昆仑圣山并非山，而是人工堆砌的圆形土丘。印信台遗址是迄今为止所发现的新石器时代长江流域规模最大的祭祀场所，也是华夏史前文明最为壮观的昆仑圣山。印信台遗址最令人瞩目的无疑就是大量陶缸。大量陶缸口底相接、套在一起，数量达到数十万件之巨，其中最长一处套缸遗迹有三四米长，很有可能就是夏人精心搭建的通天之梯。这也是夏启与他创建的夏王朝对周围一百平方公里进行有效统治的合法性来源。"国之大事，唯戎与祀"这句出自《左传·成公十三年》的感慨，似乎就是专为石家河古城而发。

除了大型城邑、大型祭祀场所之外，石家河古城还发现了专门的陶器、玉器、石器作坊，以及青铜冶炼场。这一切表明，社会专业化分工已在这个"国"内出现。因为不论是"戎"还是"祀"，都是需要国力支撑的。社会的专业化分工，表明石家河这座王者之城不是徒有其表，而是腹有诗书，有着丰富深刻的内涵。

夏人对黑色的痴迷，无疑是熊图腾在作祟。黑色就是火熏之色，也就是火的色彩。火是生命的象征，火熏之色为生命的原色。根据传世文献的记载，夏人喜事丧事在黑夜进行，征战乘用黑色的战马，祭献用黑色的牺牲，夏人王者的旌旗、衣服的颜色均为黑色。可以说，夏人对黑色的偏爱到了痴迷的地步。屈家岭以及石家河陶器大部分为黑陶，其次是灰陶，早期屈家岭文化黑陶较灰陶为多，并有蛋壳黑陶与朱绘黑陶，与传世文献记载的夏人尚黑高度吻合。诞生于新石器时代的黑陶艺术，被誉为"瓷器之母"，向有"黑如漆，声如磬，薄如纸，亮如镜，硬如瓷"的美誉。黑陶在大溪文化、屈家岭文化、龙山文化遗址中均有发现，其中以屈家岭黑陶最早。这也是我们推断石家河古城为夏王朝都城的一个有力证据。我们现在所欣赏到的尘封了四五千年岁月的屈家岭及石家河黑陶、灰陶，是汉水对夏人的恩赐，也是华夏黑陶的源头。夏王朝孕育、诞生于江汉平原，屈家岭及石家河的众多黑陶、灰陶是见证者、亲历者。

石家河遗址出土玉器数量之多让人惊喜，工艺水平之高超令人震撼，改写了人们对华夏玉文化的传统认知。石家河玉器普遍使用减地阳刻技术、浅浮雕线刻技术，其工艺水平超过红山文化和良渚文化，代表了史前华夏文明乃至东亚范围内玉器加工工艺的最高水平。石家河玉器的惊艳，让原来学界公认的史前玉器两个高峰，也就是辽西红山文化、长江下游良渚文化相形见绌了。石家河遗址玉器数量达到 240 件之多，这肯定不是一般部落力所能及的事，只能是国家的意志、王权的行为。石家河精美的玉器，还解决了一个困扰考古界多年的问题，即为在中原地区、环泰沂山地区、江淮平原、河套地区等地出土的玉器找到了源头。

青铜器是王权的集中体现。石家河古城多次发现大小不同的绿松石铜矿石块，还出土了 5 件残铜片，表明石家河古城已进入了铜石并用时代。谭家岭陶罐上的武士右手高举的大钺，有可能就是青铜器。这与我国学界推定的夏王朝年代也就是在新石器时代晚期、青铜时代初期，是吻合的。

在浩瀚无际的云梦泽畔，石家河古城并不孤独，陪伴石家河的还有 14 个卫星城。沮漳河畔的荆州阴湘城、荆门马家垸城，云梦泽南边的石首走马岭城、公安鸡叫城，汉水之滨的应城门板湾城和陶家湖城、黄陂盘龙城，鄂东北的叶家庙城等，如众星拱月一般护卫着石家河古城。黄陂盘龙城遗址距今 3800 多年，面积 2.5 平方公里，被考古界公认为"中国古城之标本"。盘龙城具备人类文明的"三大标志"：金属工具的制造和使用、文字的创造、城市的出现。盘龙城出土了大量青铜器皿、玉器、石器、陶器、漆木器，包括礼器、兵器和生产工具等，其中长达94厘米的大玉戈、青铜大圆鼎、雕花钺形器等，都是华夏之最。盘龙城的城池、宫殿建筑艺术，为研究中国早期宫殿营造艺术提供了活标本，其建筑格局影响了近3000年。

截至目前，长江中游地区发现和确认的史前城址共17座，其中，分布在江汉平原的有15处之多。江汉平原史前城址之多，验证了夏王朝时期"万邦林立"的盛况。

种种迹象显示，东亚大陆一个崭新的历史时期已悄然到来。距今5000年以前，在长江流域出现了长江城址带。长江中游的高庙文化、大溪文化、屈家岭文化，长江下游的薛家岗文化、凌家滩文化、龙虬庄文化、北阴阳营文化、河姆渡文化、良渚文化等，共同组成了华夏文明北纬30度文明带。这是一道闪耀着璀璨光芒的文明带。

此时的黄河流域仅发现郑州西山一座古城。在距今5000～4000年之间，江汉平原在长江流域乃至整个华夏大地独领风骚。无论是城址的数量与规模，还是农业生产的成熟技术，以及铜的冶炼和铜器的使用、制玉制陶的工艺水平，江汉平原均早于优于黄河流域。

中国社科院赵春青教授把全国已发现的古城遗址做了一个全面的比较分析，得出如下结论：在新石器时代晚期，以湘西城头山古城为起点，长江中游率先出现城；铜石并用时代早期，长江中游出现城址群，而黄河中游始有单个城的出现；铜石并用时代晚期，长江中游出现中心城址与非中心城址的差别而黄河中游城址群才开始涌现；到了青铜时代早期，长江中游的城址开始衰落，而黄河中游都城开始兴起。

可以说，湘西高庙、澧水城头山、汉水石家河等史前古城的发现，都是颠覆性的发现。每一个发现，都足以改变我们对史前社会和南方两湖平原的认知。如果说在此之前江汉平原是美玉蒙尘的话，那么以石家河古城为中心的15座史前古城的重见天日，我们会发现，原来洪水频发、多灾多难的江汉平原在史前时期竟然是如此惊艳。如果说我们在此之前关于炎帝、黄帝及大禹治水还只是一种逻辑推理，那么以石家河古城为中心的15座史前古城的重见天日，则是对推理结论的有力佐证。我们深信，在肥沃的江汉平原下面，还埋藏着关于华夏文明起源的诸多秘密。在汉水流域，还可能有更多的王者之城。这些在稻田上、桑林中崛起的古城，为我们苦苦寻觅的浮于历史传说和逻辑真实中的华夏文明第一个朝代——夏王朝，提供了可能。

在殷商甲骨未发现之前，我国学界对殷商王朝是持怀疑态度的。殷商甲骨文的发现，证明了司马迁在《史记》中记载的殷商王朝及世袭是完全真实的。古本《竹书纪年》也记载了夏朝的世系。《竹书纪年》记载的商朝世系与甲骨文惊人一致，二者相同之处高于《史记》等文献，说明了《竹书纪年》记载的夏朝世系也是有可信度的。从江汉平原大量史前城址的发现来看，《竹书纪年》与司马迁在《史记》中记载的夏王朝，也应该是真实可信的。据《竹书纪年》及《史记》记载，夏王朝大约从公元前 21 世纪初到公元前 16 世纪初，前后大约有 500 年，先后出现了 17 个帝王。石家河古城很有可能就是传说中的夏王朝都城。当然，这个时期的夏王朝，她的王权所及，就是南方的江汉平原，而不是传统观点认为的中原地区。并且，夏王朝很有可能就是江汉平原众多方国中的一个方国，而非我们所想象的那种大一统的王朝。"普天之下，莫非王土"只是周王朝的观念，并不适用于夏王朝。我国学界认定的中原地区二里头古城，有可能是夏王朝北迁后的都城，当然也有可能就是殷商王朝的早期都城。夏王朝可能没有逃过那场史前大洪水。那场大洪水，毁灭了江汉平原的一切，从此成为华夏民族的一个挥之不去的噩梦。

寻找夏王朝，一直是我国历史学家、考古工作者的一个梦想。我们与其沉溺在北方二里头古城是姓"夏"还是姓"商"的争论之中，还不如在南方的两湖平原寻找夏王朝形成的内在逻辑线索，以及证明这些逻辑线索的实物证据。

在南方两湖平原诸多古城发现之前，由于云梦泽上空飘浮不定的云雾，人们从未将寻找夏王朝都城的视线投向江汉平原。台湾中正大学历史系教授郭静云2013 年出版的《夏商周：从神话到史实》一书，建构起了一个完全不同于既往我国学者认知的古史解释方案，提出了一个大胆而新颖的观点：历史传说中的夏王朝就在江汉平原，以江汉平原为核心的长江中游才是华夏文明的源头。在郭静云看来，如果抛开历史文献构筑的认识误区，而直面考古材料，将中原的伊洛地区与江汉平原的考古材料进行对比，则不难发现，在二里头之前的所谓龙山时代，江汉平原更具备文明演化背后的动力；江汉平原最有可能是孕育夏文化的摇篮。历史传说中的夏王朝就在江汉平原，江汉平原才是华夏文明的发源地，汉水才是华夏民族的母亲河。这是郭静云《夏商周：从神话到史实》一书的核心观点。郭静云的观点，建立在大量考古成果与严谨推论基础之上，颇具说服力，有助于拨开笼罩在云梦泽上空的历史迷雾。

如果年年风调雨顺，我们先民就可能会在江汉平原这个家园长相厮守。可是天有不测风云。江汉平原的稻香鱼肥并不是廉价品，而是昂贵的奢侈品。就在收获稻谷的季节，有两朵不祥的乌云在江汉平原的上空游荡：一朵是洪水，一朵是战争。这两朵不祥的乌云，其中的任何一朵，对我们先民都是致命的。汉人命运的多舛，是注定的。这是汉人的宿命，也是江汉平原的宿命。同时，这两朵飘浮不定的乌云，也为华夏文明的演进与发展埋下了伏笔。

Chapter 19
第十九章

天之骄子

在大量汉人先民陆续北上、东进的时候，有一个部落却留了下来。准确地讲，他们是去而复返。他们在江汉平原的那场史前滔天洪水中，曾经跟随逃难大军一起辗转到了中原地区，并在黄河岸边度过了漫长的漂泊岁月。这支特殊的人群，并没有像大多数难民那样在北方安顿下来，而是老想着返回南方的故土。在他们看来，南方江汉平原才是值得他们长相厮守的家园。江汉平原的稻田、桑林，云梦泽及汉水，以及江汉平原上空的雷雨闪电，始终让他们魂牵梦萦。他们的思乡之情并未因北方的灰色岁月而稍有减轻，相反却是与日俱增。当殷商王朝在北方漳河之滨轰然倒塌的时候，他们一直以来恍恍惚惚做的一个梦变得更加清晰了：重返江汉平原，建立一个属于他们自己的王国。后来，他们辗转迁徙到了南阳盆地，也就是传世文献记载的"辟在荆山"，并由此开始了筚路蓝缕的漫长建国历程。若干年后，楚庄王从泊漳河流域挥师北上、问鼎中原，可以说是重返故地、轻车熟路。

这支特殊的人群就是楚王室成员。他们是颛顼也就是黄帝的直系后人，也是殷商王朝的一个重要部落。同殷商部落一样，他们身上流淌着火神祝融的血脉，并一直引以为傲。与从平民中崛起的其他先民部落相比，楚人的确有骄傲、清高的雄厚资本。在楚人心中，周人就是一支从平民中崛起的汉人部落，并不正统。也正是因为他们有着高贵的血统，丰厚的精神遗产，他们始终不肯低下高傲的头颅，做不了周王朝的顺民。他们从周人那里学会了隐忍，同时也变得更加坚强。

在他们看来，由祝融的直系后人建立的王朝才是正统的。他们在北方的流浪经历，与犹太人在埃及的经历十分相似。那个带领楚王室成员走出中原、重返南方故乡的楚王室首领，就是东方的摩西。楚人的先王熊绎不是楚人的第一个摩西，更不是最后一个摩西。楚人重返故乡的目的，也与摩西带领犹太人走出埃及一样，目的就是重返故土，建立一个有尊严、属于他们自己的光明国，在南方复活北方的殷商王朝。这是他们肩负的神圣历史使命。他们在江汉平原不厌其烦地祭祀那条北方的河流，并非对广袤北方土地的眷恋，而是对殷商王朝与漂泊岁月刻骨铭心的记忆。因为殷商王朝关乎楚人的族源。从某种角度而言，中原地区的漂泊流浪经历，以及殷商王朝的覆灭，成就了后来的楚国。

楚人的身世之谜，多年来一直困扰着我国学界。比较流行的有中原说、关中说、巴蜀说、齐鲁说、荆楚土著说五种观点。这是因为，楚人既有与秦人、赵人相同的族源关系与文化渊源，又有着与巴人、蜀人相同的神秘气质，既有与殷商王朝理不清、剪还乱的紧密关联，也有着与齐鲁人共同的凤鸟情结。其实，在吴越人和江淮人身上，也可以找到很多楚人的影子。高贵的血统和身份，使楚人一直肩负着守护精神家园的神圣使命感。楚人是华夏初始文明薪火的守望者，同时也是继殷商部落之后华夏初始文明的集大成者。这也正是楚人既像巴人、蜀人，又神似殷商人、齐鲁人的原因所在。楚人身世之谜本身就表明，华夏文明自始就是一个源头、高度一统。

楚人的族源名称与夏人有着极其相似的传说：楚人的先祖母是一个与涂山氏一样伟大的女性，为了孩子而牺牲了自己年轻美丽的生命。这个先祖母叫妣厉。妣厉产子死亡后，巫师用荆条将妣厉的腹部包裹后安葬。为了纪念这位为生育后代而献出生命的伟大女性，这个部族从此就以楚作为自己族群的名称。楚也就是荆条的意思。

这只是一个传说，真伪难辨。这个传说，其实是楚人对遥远女神时代的模糊记忆，并不可靠。对有着高贵血统、执着坚守精神家园的楚王室而言，用"楚"作为部族的标志，显然是有深意的。我们现在所看到的"楚"，只有两根木，或者说两株树。但在甲骨文中，"楚"却有着三根木，或者说三株树。这三根木或者三株树，让我们自然联想到城头山祭坛的三个祭坑、三块白石，以及遍布史前遗址中的三足陶器、象征太阳的三足乌。"楚"字中的核心符号"木"，让我们自然联想到炎帝钻木取火的传说，"帝"字中的燃烧的"木"，以及高辛氏中的"辛"、殷商人族号"商"字中燃烧的木柴。三根木或者三株树，已经暗示了楚人的族源可能比屈原历史记忆中的颛顼、祝融要更加久远：燧人氏、炎帝、高辛氏。"楚"字中的核心符号"木"，其实就是燧人氏、炎帝的象征，暗藏了燧人氏也就是炎帝"钻木取火"这一珍贵信息。可以说，"木"就是楚人的族源祖源符号。楚人"不服周"的秘密，也隐藏在这一"木"字之中。甲骨文中"楚"字的另一个符号是"足"。在篝火旁载歌载舞，祭祀太阳神、火神，就是隐藏在"楚"字中的原始信息。楚王室狂热的宗教情绪，一点也不亚于古蜀先民、殷商部落。如果说殷商王朝是在北方复活了的夏王朝，那么楚王朝就是在南方复活了的殷商王朝。

也许，"三"这一神奇数字真的能生成万物。在江汉平原，楚人族源符号上的三株树，真的生成了一片森林：一个强悍的楚王朝在南方江汉平原崛起了。此后，楚人在这块他们先祖曾经生活了数千年的神奇土地上，度过了他们最为美好的时光。可是好景不长。时光定格在公元前278年。这一年，楚国发生了两件大事。一是郢都失陷，二是屈原自投汨罗江而死。这两件事标志着楚国衰败的开始。

在三峡地区、四川盆地，我们曾试图走近早期汉人的精神世界，与他们进行跨时空对话，但我们很快就迷失在了巴蜀山水的云雾之中。因为巴人、蜀人为我们留下的文字记载是一片空白。他们用心镌刻在陶器、玉器、青铜器上的神秘符号，还是襁褓中的汉字，离我们太遥远。北上的殷商部落和其他汉人部落，似乎还没有运用汉字书写族群历史的自觉。在他们看来，创造汉字的唯一目的就是与天地对话。楚人要比他们幸运得多。在楚国所处的战国时代，汉字已开始从神坛上走下来，再也不是巫师的专利了。汉字的功能已不只用于与诸神对话，还可用来记载天象、书写历史。楚人可以像周人一样书写自己族群的历史，从而为后世保留了弥足珍贵的关于华夏文明起源的丰富信息。这要感谢周人。如果没有西周王朝的推行，汉字的神秘光环依旧还会遮蔽汉人的心灵。

当秦人将郢都付之一炬，两千多年来人们只记住了一个抽象的楚国。然而，近一百年来，考古学家为我们复活了一个地下楚国：无与伦比的青铜器，美轮美奂的丝织品，绚烂多彩的漆器以及乐舞。当我们再次翻阅流传了几千年楚辞的时候，我们可能会对楚辞、屈原，以及屈原所代表的楚人有着全新的认识。楚人在时空上离我们并不遥远。在两千多年后的今天，我们依然能强烈感受到他们血脉的偾张、澎湃的心跳。如果说他们在中原是一只怎么也飞不高的鸡的话，那么到了汉水流域，他们已经浴火重生，蜕变成了一只美丽的凤凰，在江汉平原的上空自由翱翔。

感受华夏初始文明的神秘深邃，楚文化可能是一条捷径。华夏初始文化是在南方孕育的。汉人先民踏上东亚大陆后近一万年岁月的长久积累，大部分留在了南方的两湖平原。还原华夏文明起源真相，我们也只能在两湖平原寻找线索和灵感。我们很庆幸楚人重返汉水流域，回到了故园。南方炎热的夏季，开满鲜花的山冈，江汉平原的稻田桑林、河流湖泊，才是他们灵魂栖息的家园。北方漫长的冬季，干旱贫瘠的土地，会慢慢耗尽他们的热情与虔诚。华夏初始文化一旦越过秦岭一线，就可能因水土不服而发生质变。在西汉以前，北方的儒家文化一直很难越过桐柏山一线，这是因为南方有楚人。不管是流落到中原地区，还是回归到江汉平原，楚人始终不甘平庸，一直坚守着从祖先那里传承下来的巫官、巫史制度，以及这个制度所承载的华夏初始文明。楚文化代表的不仅仅是南方文明，更重要的是代表了华夏文明的本源和原点，我们的灵魂故乡。也许我们在楚人身上，可以找到穿越时空的隧道，回到过去，找到故乡。

我们所熟知的华夏诸神，如女娲、炎帝、帝俊、帝尧、帝舜、西王母，以及颛顼、祝融、共工、重华、鲧、禹、羿等，都来自楚辞和楚文物。他们不仅是楚人的始祖神和先祖神，也是华夏各族群的始祖神和先祖神。楚人把颛顼也就是黄帝作为族群的始祖神，为黄帝后来上升为华夏民族的始祖神造足了声势。楚人的荣耀，就来自这些华夏诸神。《山海经》中的华夏诸神，是远离尘世的，神龙见首不见尾。但在楚辞中，华夏诸神不存在人兽同体特征，且与凡人一样有喜怒哀乐、悲欢离合之情，走进了尘世。这些闪耀着太阳光芒的华夏诸神，是楚人精神寻根的源泉，也是他们义无反顾重回故地建立家国的动力。

华夏民族有无创世神话，一直是国际学术界长期争论的问题。楚帛书甲篇的发现，让这一争论画上了句号。楚帛书甲篇是我们现在所能看到的先秦时期唯一完整的创世神话，珍贵无比。在楚帛书甲篇里，是人类创造了自然，而不是自然创造了人类，具有华夏文明浓重的人本主义色彩。楚帛书甲篇描写宇宙形成过程，先写地，后写天；先写日月，后写天盖。世界各民族的创世神话，大多只讲空间的形成，很少讲时间观念的形成，楚帛书甲篇则兼说空间与时间的由来，这可能与南方两湖平原发达的稻作农业有关。楚帛书甲篇的发现，为先秦文献《周易》《老子》中的宇宙生成理论哲学找到了神话原型。如果说《周易》《老子》中的宇宙生成理论在系统性、完整性方面尚付阙如的话，那么在沮漳河流域发现的郭店楚简《太一生水》，则为我们完整展示了一幅先民想象中的宇宙生成模式图景。我们要感谢楚人对华夏文明精神家园的坚守。

屈原的《离骚》就是楚人的史诗，也是华夏族群的史诗，比希腊《荷马史诗》

要早两个世纪。屈原在《离骚》中开章明义："帝高阳之苗裔兮，朕皇考曰伯庸"，明确告诉我们：楚人是太阳神高阳的子民，是大巫祝融的后裔。这与甲骨文中"楚"字所隐藏的信息是吻合的。在当时众多的诸侯国中，没有哪一诸侯国能像楚人一样自豪地标榜自己传之久远且传承脉络清晰的部落史。如果用竹简书写，《离骚》大约需要两百片竹简才能书写完毕。几千年来，这个纪录再也没有人能超越过。屈原在《天问》提出的一连串问题，几乎每一句都是一个远古时期的神话故事。楚辞在人类文化学上所呈现的，就是早期汉人在东亚大陆开创世纪的英雄史诗。后来司马迁的《史记·楚世家》沿用了这一史诗笔法，明显有别于其他世家。这是一种从来没有中断过的古老文明才能具有的自信和担当。只有血统高贵的楚人才能做到这一点。

与龙图腾一样，凤凰图腾由三峡丛林中报晓的鸡、两湖平原上助耕的神鸟，到北方报春的燕子，再到凤凰，无疑经历了一个漫长的历史时期。凤凰图腾的演变史，也是我们先民的心灵秘史。贯穿这一秘史始终的，就是我们先民对光明的执着寻找与追求。凤凰这一集多种鸟兽于一身的神鸟，承载了我们先民太多的情感，已经不仅仅只是太阳鸟、光明鸟这么简单了。在楚人看来，凤凰不仅仅是太阳神鸟，还是风和风神，是引导我们先民灵魂抵达天堂的神鸟。在楚人看来，只有在凤凰的导引下，人的灵魂才有可能像风一样飞登九天、畅游八极，抵达天堂。楚人的这一认知，在屈原的《离骚》中得到生动呈现："吾令凤鸟飞腾兮，继之以日夜；飘风屯其相离兮，帅云霓而来御。"像风或鸟一样自由飞翔只是手段，挣脱尘世、抵达天堂才是目的。

天堂没有悲伤，也没有痛苦，所有梦想都像鲜花一样绽放。这也是楚人崇凤的强大内在动力。在楚人的各种艺术作品中，凤是最常见的主题。这个主题我们也可视之为灵魂飞翔、升天。在楚地出土的各种文物中，以凤为主题的形象到处可见，其中尤以漆木器和丝织品最为鲜明突出。在楚人留下的各式工艺品中，随处可见凤鸟纹样。可以说，楚人把对凤鸟的尊崇发展到了极致。每当我们为楚人艺术作品奇幻的形制、跃动的线条和绚丽的色彩而感慨的时候，我们无不深深地被楚人的创造心智所震撼！我们不能不与那些古老的图式、形象、线条、色彩、韵律产生心灵上的共鸣。我们之所以震撼、共鸣，是因为我们身上都隐藏着这一文化基因，经常做着飞翔的梦。

西周以后，北方中原地区文化从以巫术为特征的自然宗教，逐步发展到以礼乐文化为特征的伦理宗教。当中原的理性精神逐渐突破巫文化的束缚之时，南方的楚人仍沉浸于原始宗教狂热之中。在楚国,巫师的地位很高。同殷商王朝一样,巫师有大小之分,民间的是小巫师,多为女性;在朝廷的则是大巫师,多为男性。大巫师往往是楚王的左膀右臂,被视为国宝。被楚国视作第一国宝的是观射父这个人。观射父就是一位大巫师,同时也是楚国杰出的宗教思想理论家。楚昭王有不明了的天地之事,都要向观射父请教。在楚国,巫官一职是世代相袭的。屈原便出身于巫官世家,他的先祖屈重就是楚国的一位大巫师。屈原在《离骚》中自叙身世时说:"名余曰正则兮,字余曰灵均",是说自己的法名叫"正则",法号叫"灵均",而"正则""灵均"其实都是楚国巫师的法号。很显然,屈原在为自己的大巫身份感到自豪。同观射父一样,屈原也是楚国的国宝级人物,负责执掌举国宗教祭祀大典。

也许,我们一直在误读屈原。屈原首先是虔诚的宗教徒,其次才是伟大的浪漫主义诗人。屈原诗歌的神秘、瑰丽、深邃,来自他的宗教情怀。在华夏众多先贤中,可能再也找不出比屈原更为纯净的人了。屈原的纯净,来自他虔诚的宗教信仰与对传统文化的坚守。如从巫文化的视觉来解读屈原的作品,屈原其实就是楚国的大巫师、宗教领袖。屈原的作品《天问》《离骚》《九歌》《九章》《招魂》,脱胎于巫歌又超越巫歌,是原始巫文化在新时期的升华。屈原在《天问》这篇卜辞占卜文中,一口气提了174个问题,关注天下万物、自然演变、宇宙运行等问题,一般巫师不可能有如此胸襟。《离骚》其实就是祭祀时的祝辞文。屈原自托于女巫,充分运用了巫歌的表达形式和表达方式。诗中描绘主人公的种种事迹都采用了巫事巫语,颇有大巫的见识与风采。《九歌》是一首巫师祭祀歌曲,共十一篇,前十篇分别祭祀十位神祇,末篇《礼魂》是前十篇通用的送神之曲,描写了祭祀时巫觋以歌舞娱神的原始宗教场景。《招魂》和《大招》沿用了民间"招魂词"的形式,其创作目的是用于宗族祭祀、悼念的追悼仪式,它的性质与《九歌》是相同的。

诚如荣格所言,屈原是"一个用原始意象说话的人"。屈原的思维方式,是典型的巫师思维方式。在屈原的作品中,经常有召令神灵为其服务的华丽词句。在《招魂》等作品中,屈原还经常变换主人公的男女性别。这些让普通人难以理解的手法,如果放在巫师的身份上,就能得到合理的解释:身份的变换通常出现在巫师祭神表演时的角色变换中。在《涉江》里,屈原描述自己头戴高冠,长袖大袍,腰配长剑,以奇特的造型引起了楚王的关注。而现代"土老司"跳丧的舞蹈动作,在屈原的《招魂》里也有明确的表现。

　　楚人的前脚虽然早已迈进了以男权为中心的父系氏族的门槛，但后脚却还在女权时代，迟迟挪不动。也正因为如此，楚文化还保留着鲜明的女性色彩。在屈原的潜意识中，深藏着一种挥之不去的女性情结。屈原作品中有大量篇幅描写美女明眸皓齿、娥眉粉颈、优美舞姿的词句。《大招》被认为是屈原作品中描写美女最集中、最生动的一篇。屈原在他的作品中塑造了众多女神形象，湘夫人、山鬼、少司命、云中君、宓妃等光芒四射、超然飘逸的女神形象，成为后世华夏文学艺术创作的母本。曾有人说，屈原的作品是"香草美人"的世界。确切地说，"香草美人"是从史前浓厚的巫文化氛围中生长出来的，是华夏文明的原始意象，是屈原历史记忆中女神形象母亲形象的再现。似乎只有在众多女神、母亲面前，屈原才会有一种安全感。因此，他常以香草美人自喻，其实是将自己的灵魂托付给了众多女神与母亲神。蕙、兰、桂、椒、芙蓉、荪、芷、荷、杜衡、菊等香草构成的意象群，是屈原灵魂的避难所、"诺亚方舟"，而并非传统观点所认为的屈原的高标独立。"美人"在屈原作品一共出现了 10 次。他在《离骚》里的形象就是娥眉美目、峨冠华服、香草花环。这在北方的儒家圣贤们看来，可能就是变态。屈原是一个真正意义上的灵魂行吟者。

　　楚人从来没有把人和自然分离开甚至对立起来，对自然怀有一种宗教性的崇拜与亲近。楚辞为我们呈现的，是一个万物有灵的温馨世界。楚人甚至认为万事万物都有神魔般的生命和力量，这种古老的意识像遗传基因密码一样一直积淀在楚人深层心理之中。在楚人的想象中，人与天地、山川、神灵之间，乃至生者与死者之间，都有着某种不难洞悉而又不可思议的联系。楚人的祭祀，便是这种联系的一种表现方式。而山川、神灵和祖先，则构成了楚人祭祀对象的三维体系。楚君的宗庙与宫室连在一起，除宫室外还有被称为大室的宗庙。每年需祭祀的对象很多，楚国王室格外重视的是祭祀祖先与河流，形成了一整套祭祀仪礼、问卜规范、经典教义。楚人过于偏执，他们从巫教的秘境中永远走不出来了。

　　楚人祭祀多用祷祭。凡是祭祀必有求于神灵，如疾病告神以求痊愈，求雨，求年谷丰收，求战争胜利等，与殷商王朝没有什么两样。龟卜和筮占是楚国巫师所用的两种方法。龟卜就是用龟甲占卜，筮占就是用蓍草以占吉凶。龟卜可能是楚人的久远传统，筮占则是楚人学习周人的结果。楚君选择官员，有时也采用枚卜的办法。可以说，楚人祭祀与祈祷已到了走火入魔的地步。北方中原地区的汉人，无法理解也看不惯南方楚人繁琐的祭祀活动与礼仪，称其为"淫祀"。

　　时光在楚人身上仿佛凝固了，他们是永远长不大的孩子，永远走在寻找光明的旅程中。在这方面，楚人与巴人、蜀人是相通的。当北方的周人、秦人、郑人、赵人、齐人等汉人部落慢慢成长为壮年的时候，南方的楚人还是个痴狂天真的少年。他们狂热的宗教情绪与 5000 年前的早期汉人没有多少区别。如果说代表北方文化的《诗经》是一个勤奋耕作的中年农夫，那么楚辞则是一个年轻美丽的女巫或者是少不更事的少年。《诗经》不仅关注族群的历史，也看重当下，关注农事及农作物的生长及收成。楚辞这个女巫只管沟通天地，只关注精神层面的东西，对于衣食住行是从来不操心的。正如他们走不出汉水流域一样，他们从原始神秘的宗教秘境中怎么也走不出来了。

当然，楚王朝毕竟不是第二个夏王朝，也非在南方复活了的殷商王朝。北方的屈辱经历，重返江汉平原的艰苦，让楚国的权贵们多了一些理性精神。殷商帝王以天干命名的传统已被楚王室抛弃了。从屈原在《天问》中对日月星辰运行以及诸多传说的质疑来看，神权、灵巫的世界已在楚王朝开始衰微、走向崩溃了。楚国的大巫师观射父也已经不再是传统意义的大巫师了。虽然如此，理性精神在楚王朝也仍是风中的烛光，非常脆弱。理性精神要照亮南方的江汉平原，还需要一场劫难，我们也可以称之为浴火。

后来秦人战胜楚国，是符合历史逻辑的。秦楚之间的战争实际上就是一场隔代战争。一个在战前还在靠占卜预测胜负的部落，怎么可能是精于算计的秦人的对手？双方未战实际上胜负已分。楚人这只火中的凤凰折翅于江汉平原，是他们命中的劫数。但这也未尝不是一件好事，因为楚人可能因此再一次脱胎换骨、涅槃重生。十多年之后，楚人痛定思痛，奋发有为，实现了凤凰涅槃式的角色转换，完成了精雕细刻的最后统一程序，建立起长达 400 余年的刘汉王朝。当然，这是后话。

第四部分

出江汉记

Chapter 20
第二十章

红与黑

　　从踏上江汉平原的那天起，汉人先民就开始了北上的进程。他们走出三峡丛林，是因为更加广阔的天地深深吸引了他们；他们走出江汉平原，则是因为周期性泛滥的洪水。三峡连同东边的江汉平原，就是汉人先民的非洲。汉人最终成为东亚大陆的主人，发达的稻作农业与周期性泛滥的洪水，无疑"居功至伟"。当然，先民各部落之间的持续宗教战争，也是导致汉人先民远走他乡的重要原因。这是一场至少持续了八千年的大迁徙，也是一场从根本上改变了东亚大陆面貌的大迁徙。

　　中原地区与江汉平原仅一山之隔。这座山我们现在叫桐柏山，古时则称为余山，《山海经》《尚书》等文献均有记载。从桐柏山古名的读音来看，在史前时期，这座山是一座名山、玉山、羽山，具有与后来的秦岭相媲美的超然地位。桐柏山辉煌的过去，只能永远成为历史之谜了。桐柏山既是与江汉平原与中原地区之间的天然屏障，也是淮河的源头，被称为"天下之中"。相比江汉平原，中原地区地势相对较高，且又近在咫尺，北迁中原然成为我们先民的首选。可以说，是南方的江汉平原成就了北方的中原地区。

　　种种迹象表明，北方黄河流域为迎接他们主人的到来，已做好了充分准备。现代气象学研究表明，在距今约 8000 年的时候，全球气候由寒冷干燥逐渐转为温暖湿润，我国学者称之为仰韶温暖期。在仰韶温暖期，年平均温度比现代要高 2℃～3℃，亚热带北界就由现在的秦岭—淮河一线北移到华北平原北部的京津与关中平原的北山一线，黄河中下游地区呈现出一派亚热带风光。这对擅长稻作的汉人先民而言，中原就是江汉平原的自然延伸，北上不外乎就是将家园从一个村子搬到另一个村子，从一条河边搬到另一条河边。仰韶温暖期的出现和长久持续存在，为华夏文明的辉煌时代也就是仰韶文化的惊艳亮相做足了准备。

从目前中原地区史前文化遗迹分布情况和鄂豫交界地带的地形来看，汉人北上可能有东西两条线路：西部的汉水通道，东部的罗山通道。这两条通道，既是稻作文化、蚕桑文化、陶器及玉石文化的传播之路，同时也是我们先民的生命通道。

在西线的汉水通道上，汉江中上游地区的青龙泉遗址、沟湾遗址是必经之地。这两处遗址，屈家岭、仰韶、龙山三个时期的文化遗存并存，具有地层叠压关系和文化谱系，而且相对年代清楚。很显然，这一带是汉人先民北上的必经之地，也是他们的一处驿站。中原地区发现的绿松石，都出自这处驿站。由此处往北，就是南阳盆地；再往北，就是洛阳盆地。这两个盆地富饶而美丽，已足够容得下这些稀稀落落的南方难民了。但他们仍然继续前行，一部分选择西迁，一部分则铤而走险跨越黄河北上。西迁的一支，经关中平原，最后抵达河套地区。北上的一支，最后在汾水流域安营扎寨。西线的汉水通道，深刻影响了豫西地区、晋南地区以及关中平原与河套地区的史前文明。这是南方的汉水对华夏文明的另一重大贡献。

在东部的罗山通道上，豫中地区的裴李岗文化遗址距今约 8000 年至 7000 年。它是中原地区目前所知年代最早的新石器时代文化遗址，无疑具有标志性意义。在裴李岗文化的众多遗址中，贾湖遗址是一颗璀璨的明珠。贾湖遗址有很多惊人发现，为我们提供了丰富的信息。贾湖遗址的大量甲骨契刻符号，与比它晚四五千年的殷墟甲骨文有着惊人的相似，为寻找殷商甲骨文的源头提供了可靠的证据。同时，贾湖遗址也表明，至少在 8000 年前，我们先民就开始用龟甲进行占卜了。贾湖先民种植的稻种，被称为"贾湖古稻"，与江汉平原屈家岭文化发现的稻种，是同一种尚处于籼、粳分化过程中的栽培稻。发源于南方的瓮棺葬，在贾湖发现了 32 座。贾湖先民用于祭祀活动的七音骨笛，比埃及出土的笛子早 2000 年，把世界音乐史向前推进了三千年。贾湖遗址出土的绿松石，在众多发现中并未引起多少关注。这种汉水中游地区独有的玉石清楚表明，创造裴李岗文化的主人就来自汉水流域。不仅如此，裴李岗文化的双耳高领罐，就是湘西北彭头山双耳高领罐的复制品。我们甚至怀疑，贾湖遗址就是江汉平原的一处史前遗址。

种种迹象表明，裴李岗文化遗址是北上汉人先民迁徙的另一处重要驿站。在这里稍作休整之后，他们重新收拾行囊，继续前行。迁徙队伍在这里分成两支：一支往东北方向迁徙，经燕赵地区的磁山，翻越燕山，最后抵达辽西地区；一支沿淮河河谷东进，最后抵达环泰沂山地区。

事实上，中原的春天并未如约而至。在裴李岗文化昙花一现之后，中原地区沉默了千年岁月。一百多年来的考古发现，向我们呈现出一个残酷事实：距今8000 年至7000 年的史前遗址，中原地区乃至关中平原、华北平原严重偏少，黄河流域的人群始终是稀稀落落的。温暖的气候，广袤的土地，似乎并没有留住我们先民的足迹。中原地区可能让远道而来的南方难民有些失望，因为他们并没有在这里嗅到食盐的咸湿气息。他们之所以不断迁徙，就是为了寻找一个散发着食盐咸湿气味的家园。因此，他们只能继续前行。没有一定数量的人口支撑，中原地区就只能一直保持沉默。这也是中原地区史前文明的春天之所以姗姗来迟的重要原因。中原地区一直在苦苦等待一个重要时刻的到来：河东盐池的发现。

河东盐池也就是晋南运城盐池，因位居黄河以东而史称河东盐池。盐池地处运城盆地之南，中条山北麓，自东北向西南延伸，长约30 公里，宽3～5 公里，面积130 平方公里，形成于新生代第四纪初。由于食盐资源的稀缺性，我们先民各部落之间的食盐之战处然不可避免。河东盐池之所以称"解盐"，就是因为传说蚩尤战争失败而遭到身首分"解"的惩罚。这个传说的背后，就是北上先民各部落之间的食盐之战。河东盐池的发现，对北上的汉人先民无疑具有重要意义。这要归功于那支勇敢跨过黄河的先民部落。

盐池发现于何时，并无明确记载，考古工作者也并没有给我们一个明确答案。鉴于食盐资源对文明形成、发展的高度凝聚、催化作用，以及中原地区、关中平原仰韶文化的井喷式爆发，我们断定，河东盐池的发现大约在距今6000～5000 年。河东盐池的发现，也让南方三峡食盐在华夏文明演化中的重要地位每况愈下，直至被历史遗忘。

河东盐池食盐的咸湿气味，就是中原地区春天的气息。河东盐池这一重要现，意味着北方的春天到了，华夏文明属于中原地区的时代终于来临了。

仰韶文化作为华夏新石器时代最重要考古文化，广泛分布于黄河中下游地区，上限约为公元前5000 年，下限约为公元前3000 年，延续时间长达2000 年之久。从1921 年仰韶村遗址发现到2000 年，全国有统计的仰韶文化遗址共5213处。虽说我国学界对仰韶文化的时空范围一直存在争议，但对仰韶文化的中心地带、核心区域却高度一致。这个中心地带、核心区域就是豫西、晋西南、陕西大部分地区。环嵩山地区是彩陶文化最集中的地区，洛阳盆地则是彩陶文化的核心区域，已发现遗址约 2000 处。很显然，这个中心地带与核心区域是由黄河北岸的河东盐池所决定的。在河东盐池发现之前，仰韶文化只是零星分布。到了距今大约 6000 年的时期，仰韶文化遗址数量开始明显增加，逐步呈现出井喷式发展的喜人景象，在黄河流域遍地开花。

彩陶最早发现于三门峡渑池县仰韶村。这个千百年来默默无闻的小村庄从此名震中外，考古学的历史上从此出现了一个专有名称：仰韶文化。从 1921 年渑池仰韶村遗址发现到目前为止，有统计的仰韶文化遗址共 5013 处，其分布范围东起豫东，西至甘青，南抵江汉，北到河套内蒙古长城一线，南抵江汉，中心地区在豫西、晋南、陕东一带。在仰韶文化遗址发现之前，西方学界一直持"中国文化西来说""中国无石器时代"的偏见。仰韶文化遗址的重大发现，让西方学界这一谬论不攻自破。

又因为仰韶文化陶器主要呈现红色，故也称彩陶文化。我们虽然无法看到 5000 多年前北方温暖的阳光，但是我们却在大量出土的彩陶上感受到了北方炽热的气息。这个炽热的气息就是太阳散发出来的光与热。彩陶文化最突出的特征就是凸现火焰的红色、太阳的炽热。华夏子民一万多年来对红色的偏爱，缘于太阳与火的崇拜。从我们先民的第一次祭日祭火仪式开始，就注定了红色在华夏文明中的神圣地位。我们先民最初就是通过彩陶来表达这种价值取向的。这也是"中国红"最早的呈现形式，是汉人先民在寻找光明的漫长旅程中的精神皈依、动力源泉。彩陶图案丰富多彩，但最基本的主题还是生殖主题，也就是对女性的礼赞、对生命的讴歌。可以说，彩陶艺术取得的巨大成就，在很大程度上奠定了华夏艺术的审美基础，是华夏艺术的母体。

根据彩陶的共同特征，我国学界普遍认为，仰韶文化是独立起源于黄河中上游地区的华夏初始文明。现在看来，这种观点可能失之偏颇，并不符合历史真相。

彩陶并非黄河流域独有，华夏大地史前文化遗址几乎都有彩陶的影子。事实上，我国学界划定的仰韶文化范围就包括了江汉平原。至少在 8000 年前，随着汉人先民的迁徙，"中国红"已遍布华夏大地了。三峡地区、洞庭湖平原、江汉平原、四川盆地、环泰沂山地区、辽西地区、四川盆地、鄱阳湖流域、环太湖流域均不约而同地发现了史前彩陶。从目前考古发现彩陶的情况来看，长江中下游相对较少，只发现了 39 处；黄河中上游占据了绝对优势，达到 240 处。从黄河流域彩陶文化分布情况来看，关中平原、河套地区最早，豫西地区次之，豫中、豫东地区最晚。造成两大流域彩陶差异的主要原因，其实并非文化信仰的差异，而是矿物颜料的限制。

文化生态学的知识告诉我们，汉人先民的生产、生活极大范围、最深程度地受制于地理、气候条件；影响文化风格的形成，最主要的还是受制于自然和物质的因素。与华夏遍地皆彩陶相对应的，是华夏境内的河流也都是红色的。在《山海经》中，赤水共出现十四次以上。《南次二经》《西山经》《西次二经》均有赤水，《海外南经》《海内西经》也出现了赤水，甚至《大荒南经》《大荒西经》《大荒北经》中也出现了赤水。赤水遍布华夏大地，与彩陶遍布华夏大地，是惊人相似。凡是华夏子民足迹所到之处，均有赤水与彩陶。

汉人先民用于制作彩陶的颜料，红色是氧化铁，黑色是氧化锰，均属无机质矿产，也就是古文献记载的赭、丹腾、青腾、丹粟等原料。《山海经》对这种无机质矿产的分布有一个粗略记载，大多分布在今陕、甘、晋、豫四省，小部分在今鄂西、陕南一带。这与彩陶分布的地点是大致吻合的。彩陶之所以在黄河中上游地区独放异彩，主要是因为该区域拥有丰富的无机质矿物颜料。江汉平原是由长江、汉水挟带泥沙充填而成，不可能形成无机质矿料。这也是江汉平原屈家岭、石家河难觅彩陶踪影的重要原因。江汉平原的彩陶主要分布在容易获取无机质矿料的鄂西沮漳河流域。屈家岭、石家河的先民逃脱不掉"适应文化"的法则，只能另辟蹊径，将火熏之色投射在陶器上。火熏之色与火焰之色，在本质上是相通的，可以说殊途同归。黑陶与彩陶，是我们先民对太阳神、火神崇拜的两种不同表达方式。仰韶文化只是南方稻作文化在黄河流域的另外一种呈现，是北上汉人先民吟唱的另外一首《太阳出来喜洋洋》民歌。

仰韶文化的彩陶造型，在南方两湖平原均有迹可寻。庙底沟文化遗址的卷唇盆、敛口钵，均可在江汉平原的关庙山遗址、螺蛳山遗址找到源头。庙底沟彩陶的"西阴纹"最早见于湘西北城头山，在南方汉水流域的中上游地区也时常可见其踪影。仰韶文化彩陶上的花瓣纹，一直被我国学界视为中原地区独有的文化符号。其实这种花瓣纹并非中原独有。因为在江汉平原关庙山遗址的陶器上，也绽放着这种艳丽的花瓣，并且仰韶文化彩陶花瓣纹的旋纹也可在江汉平原螺蛳山遗址找到踪影。关庙山遗址与庙底沟遗址时间大体相同，关庙山遗址略早，南北的花瓣纹可能是源与流的关系。如仔细观察仰韶文化彩陶上的花瓣纹，我们不难发现，这些花瓣纹与鱼纹始终寸步不离，总是出现在鱼纹的鱼头位置，鱼纹才是主角，花瓣纹只是配角。现在看来，这个中原地区独有的文化符号要打一个问号了。此外，南方的人面鱼身、人鱼合首、人面兽身、人面鸟嘴图案以及鸟纹、蛙纹、太阳纹、六角星纹、星月纹、饕餮纹等，均可在仰韶文化彩陶中找到相应的纹饰。当然，北上的汉人同样也逃脱不掉"适应文化"的法则，在种稻的同时，也要慢慢学会在岗地种粟，关庙山的高柄豆器形到了北方，则演变为庙底沟文化惯常见到的深腹盆器形。最能说明仰韶文化南方特色的，是瓮棺葬。瓮棺葬是仰韶文化中普遍流行的一种葬俗。瓮棺葬是典型的南方蚕桑文化，是对蚕破茧而出、化蛹为蝶神奇现象的模仿。

洛阳盆地是彩陶文化的核心区域，目前发现遗址约2000处。这个核心区域其实是由黄河北岸的河东盐池决定的。因为有稳定的食盐保障，汉人北上后长期经营的就是这块宝地。这里有一条像汉水一样的河流，叫洛河。同汉水一样，洛河也是华夏文明史上的一条著名河流。南方的汉水与北方的洛河，就是一对姊妹河。洛阳盆地平坦开阔，土地肥沃，水源充足，无疑就是一个缩小了的江汉平原。据传成书于夏末的农书《夏小正》，是一部描写伊洛河流域农业情况的文献，其中有"三月摄桑，委扬"的记载，意思是指整理桑树，去掉扬出的枝条，使其健康成长。夏历三月，采桑女成了伊洛河边的一道靓丽风景。这幅唯美的劳动画面，在南方汉水流域持续了数千年之久。从《山海经·中山经》对豫西、晋南和关中地区的记述较为翔实、准确的情况看，洛阳盆地有可能就是《山海经》整理加工成书的地方。这个小盆地，产生了深刻影响华夏文明后世的洛书，并成为千年帝都，绝对不是偶然的。

南方稻农的持续迁徙，河东盐池的重大发现，共同成就了北方的仰韶文化。

在距今约4500年的时候，也就是仰韶温暖期中期，彩陶在中原地区、关中平原突然销声匿迹了，取而代之的则是大量黑陶的出现。因为黑陶首次发现于环泰沂地区的章丘龙山镇城子崖遗址，故我国历史学界称其为龙山时期、龙山文化。龙山文化泛指黄河中、下游地区新石器时代晚期的一类文化遗存，标志性遗址有山东城子崖、河南陕县庙底沟，河南安阳后岗、洛阳王湾、汝州煤山、永城王油坊、晋南陶寺遗址等，以中原地区居多。龙山文化的主色调就是黑色。黑陶的出现，标志着仰韶文化的终结，龙山文化的崛起，华夏文明的一个崭新时代的到来。这一时期我国考古学界统称之为龙山文化及二里头文化时期。龙山文化的崛起，同时也标志着华夏文明演进的中心舞台由南方的江汉平原转移到了北方的中原地区。中原地区虽然也有黄河水患，但发生的频率及带来的灾难性后果远低于南方的江汉平原。这也是中原地区中心舞台的地位与角色持续了数千年之久的根本原因。

作为陶类中的极品，黑陶以土与火的艺术诠释着华夏的古老文明，演绎着力与美的结晶，被中外史学家誉为"原始文化的瑰宝"。黑陶端庄优美，细腻润泽，沉着典雅，具有一种如珍珠般的柔雅沉静。对我们先民的高超智慧和精神高度，我们后人唯一可做的就是仰视。正因为如此，黑陶甫一发现，其在火焰中无数次涅槃后的绰约风姿，便在全世界引起了不小的轰动。相比彩陶，黑陶制作工艺更加繁复先进，以至于现代技术仍难仿制。

从色彩学上看，黑色是量度值最小的颜色。但在我们先民看来，却是量度值最大的颜色。这是因为黑色就是红色火焰的另一种呈现形式，也就是火熏之色、彩色的黑。色彩本身无所谓意义，更没有正与邪、贵与贱的分别。色调虽能引起人的一定程度的生物性反应，但作用于人的更主要的是文化的反应，因而色彩在不同的历史社会与文化环境中有着各自的象征意义。在华夏文明中，红色与黑色其实是一枚硬币的两面，象征的都是光明与温暖，两位是一体的。这两种色彩都是我们先民在漫长寻找光明旅程中的精神寄托，是他们前行的动力源泉。这两种色彩既是华夏文明的底色，同时也是主色调。二者的区别就是前者直观，后者则相对委婉。

如果说没有南方的大洪水事件，北方的彩陶文化可能还要持续下去，大放异彩。可是偏偏天不遂人愿。人类的迁徙活动，总是与灾难性事件相伴随。汉人的迁徙也不例外。南方两湖平原周期性暴发的大洪水，是汉人不断迁徙的主要原因。汉人先民持续 8000 年的波澜壮阔的迁徙活动，其背后的根本推力是灾难性事件，特别是水灾。

龙山文化上限为距今约 4500 年，下限为距今约 4000 年，这两个时间节点正好对应了江汉平原屈家岭文化晚期和石家河文化末期两个时间段，也就是在南方发生的两次大洪水时期。北方龙山文化出现时间与南方第一次大洪水时间的高度吻合暗示我们，是南方的大规模移民成就了北方的龙山文化。屈家岭文化以及脆弱的夏王朝，在大洪水面前都难以逃脱毁灭的宿命。这在华夏文明的漫长发展演化进程中，既不是开始，更不是终结。

如果说在这两次大洪水时期之前我们先民是小规模北迁的话，那么这两次大洪水时期则是大规模北迁，甚至是众多方国的举国北迁。随着南方灾民的北迁，强势的南方夏文化一举收复了北方彩陶文化的领地，代表夏文化的黑陶在北方大行其道。那些遍布黄河中上游地区的赭、丹膔、青膔、丹粟等无机质矿产，似乎再也没有用武之地了。龙山文化的典型特征就是黑陶，也就是陶器上的黑色。因此，龙山文化也称"黑陶文化"。北方黑陶的突然出现，是因为大量南方夏人的迁入，或者说夏文化的强势北渐。大洪水事件并没有让夏王朝消亡，而是以另一种形式也就是黑陶，在北方涅槃重生了。可以说，龙山文化是南方夏文化在北方的延续、发酵，夏王朝依然活跃在黑陶上。

严文明先生对这一时期华夏文明在北方特别是中原地区井喷式发展的盛况有一个定量化描述。严文明先生曾用统计学的方法指出黄河流域新石器时代聚落和文化发展之快："以河南省裴李岗、仰韶和龙山三个时期的遗址为例，其数量多为 70 余、800 和 1000 处左右，如果考虑到三个阶段所占时间跨度的差别，则同一时段的遗址数目之比当为 1∶8∶20，可说是以几何级数增长的。"据中国社会科学院赵春青教授的统计，这一时期的龙山聚落遗址总数已达 516 处，比仰韶后期的 357 处增加了 159 处。考虑到郑洛地区龙山时代历时约 500 年，仅及仰韶后期约 1000 年的一半，若取相同的时间段，则龙山时期的聚落总数应是仰韶后期聚落总数的 2.5 倍左右。赵春青教授的这一结论与严文明先生的观点高度一致。

很显然，华夏文明在北方呈现井喷式发展，绝不是北方人口自然增长的结果，只能是南方江汉平原大量移民北迁所致。与此同时，北方的欣欣向荣与南方的每况愈下形成鲜明反差。在中原地区史前遗址如雨后春笋般涌现的时候，南方的江汉平原则是一片沉寂与黑暗。南北方消长的背后，就是历史文献记载的大洪水事件。

在南方第二次大洪水之后，北方中原地区悄然出现了众多城址。在距今约4000 年的时候，中原大地已是遍地炊烟，江汉平原往日繁盛景象在北方重现了。洛阳二里头、襄汾陶寺、安阳后岗、登封王城岗、淮阳平粮台等众多古城址的发现，印证了古文献记载的"万邦时期"。中原地区"万邦时期"的兴起，与江汉平原石家河及众多古城的衰落，在时间节点上正好是对应的。没有南方众多方国的北迁，就不会有北方"万邦时期"的到来。中原地区向我们重述了一遍江汉平原的故事：稻作这一碳水化合物的强大力量在黄河流域开始显现。

洛阳盆地的二里头古城，被我国学界认定为夏王朝的都城。的确，二里头古城有很多发现印证了这一观点。因为二里头古城有太多让我们似曾相识的地方。从某种程度讲，二里头古城就是江汉平原石家河古城的翻版、复制品。纵横交错的道路网、方正规矩的宫城，具有中轴线规划的建筑基址群，表明二里头古城是一处经缜密规划、布局严整的大型都邑，许多形制为后世沿用，说它是"中华第一王都"一点也不为过。玉器、青铜是国之重器，也是王权制度的重要象征。继登封王城岗遗址发现青铜器残片后，二里头古城出土了大量青铜器，其中青铜爵、青铜斝是我国目前发现最早的青铜容器。经冶金史专家分析检测，无论是登封王城岗还是洛阳二里头，抑或是江汉平原石家河城的残铜片，原料均来自遥远的云南。相比中原地区其他古城址，二里头古城的玉器数量还算得上丰富，主要有圭、璋、琮、钺等礼器。贵族墓出土的大型绿松石龙形器，全长逾 70 厘米，由 2000 余片形状各异的细小绿松石片粘嵌而成，在华夏文明早期龙形象文物中十分罕见。二里头古城发现的绿松石，与裴李岗文化遗址发现的绿松石，都来自南方的鄂西地区。不仅如此，二里头古城的众多器物与三峡地区的大溪文化、四川盆地的三星堆、江汉平原的石家河等遗址器物高度相似，陶器以及铜牌饰、玉璋、玉锛等器物甚至是雷同。我国学界将这种相似理解为北方中原地区文化的扩张与影响。其实恰恰相反，二里头古城正好是南方稻作文化扩张与影响的结果。

夏人北迁中原的同时，也将一个王朝最高的礼仪制度带到了北方。观测天象、制定历法、敬授民时，是一个建立在农耕基础上的王朝政治威权的集中体现。黄河北岸的襄汾陶寺观象台，是迄今考古发现的世界上最早的观象台遗址，比英国的巨石阵观测台早近五百年。可以说，没有南方高庙遗址的八角星图，城头山的大型祭坛，屈家岭的太极图和阴阳鱼，石家河古城的罗家柏岭和印信台祭天遗址，也就没有北方的陶寺观象台。陶寺观象台是南方稻农几千年来观测天象成果的一次集中展示。陶寺观象台总计 12 道观测缝，从观测点可观测到一个太阳回归年的 20 个时节的缝中线日切。陶寺观象台的重见天日，证实了《尚书·尧典》的有关记载。观象授时与巫权也就是神权是紧密联系在一起的。从襄汾陶寺观象台兼具观象授时与祭祀的功能来看，襄汾陶寺应该就是当时一个方国的都城所在地，这个小方国仍然沿袭了南方巫师治国的传统。

中原地区陶器相对发达，但玉器相对逊色。无论是数量还是形制，中原地区的玉器均无法与四川盆地、江汉平原、环太湖流域、辽西地区相比，甚至还不及河套地区。造成这一后果的，只能是体现观念形态和精神价值的特别资源——玉石资源的短缺。中原地区的汉人先民只能用彩陶与黑陶来弥补这一缺憾。他们对上天的虔诚与执着，对光明的寻找，并不逊色于四川盆地、江汉平原、环太湖流域、辽西地区的汉人先民。

与红与黑两种太阳之色、火焰之色相对应的，是黄河流域农业如雨后春笋般迅速发展。南方的稻作文化被汉人成功复制到北方，黄河流域处处一派稻香鱼肥的南方景象。

研究结果表明，史前时期秦岭淮河以北地区不具备野生稻的气候条件。近百年来，在北方地区发现的众多史前稻类遗存无一例外为栽培稻。也就是说，北方地区发现的史前稻作遗存只可能是南方稻作农业北传的结果，汉人先民是怀揣稻种从江汉平原出发的。黄河流域除了河套地区、燕赵地区之外，凡是我们先民所到之处，均发现了稻作农业的遗存。南阳盆地社旗、邓州、内乡、淅川，陕南西乡，洛阳盆地西高崖、皂角树，三门峡仰韶、交口，关中平原华县、户县，山西襄汾、太原，驻马店杨庄、舞阳裴李岗、禹州严寒、登封王城岗、新密新砦、郑州大河村，都曾再现过南方风吹稻浪的美景。

当然，这一美景在北方也是昙花一现。中原地区毕竟不是江汉平原。中原地区除了低洼地上在风中翻滚的稻浪之外，还有岗地上粟类作物弥漫的清香。一百多年来北方的考古发现反复向我们呈现这样一个残酷现实：北方风吹稻浪的美景带来的收成极其有限，岗地上粟类作物弥漫的清香远远解不了我们先民的饥饿。饥肠辘辘的他们还必须采集榛子、栗子、松子等，以及水中的螺蛳，甚至连植物块根、鸟蛋、蜂蜜以及昆虫都不放过。

在漫长而寒冷的冬夜，饥肠辘辘的汉人先民围坐在火堆旁，常常想起南方温暖的阳光，在阳光普照的稻田上收获的喜悦，以及河洲上的家园。时间一长，炎热、红色成了代表故乡南方的代名词。对北上汉人而言，红色就象征喜庆、吉祥、温暖、生命力，河流上的洲子就象征家园、部落，于是就有了"赤县""神州"两个古老的汉语词汇。赤县即炎帝统领之地，后成为华夏大地的别称。用赤县、神州指称指华夏、中土，正是家住中原的汉人先民对南方家国记忆的一次不经意流露。

Chapter 21
第二十一章

火与冰

  豫中地区裴李岗文化遗址不仅在中原地区具有标志性意义，而且在华夏文明的发展演化进程中具有标志性意义。该遗址地处淮河源头，东北方向是广阔的华北平原，东南方向则是呈东西走向的淮河流域。如果说三峡地区、江汉平原是我们先民的另一个非洲，那么豫中地区则是华北平原、辽西地区、江淮平原、环泰沂山地区先民的另一个三峡。

  舞阳贾湖一带的稻香鱼肥，并没有让由罗山通道涌入的南方难民在此止步。在这里稍作停留后，他们继续开始了寻找光明的漫长旅程。同由洛阳盆地渡黄河北上或逆黄河而上的先民一样，他们之所以继续迁徙，是为了寻找散发神秘光泽的食盐，以及闪耀着太阳光芒的玉石。往东南方向沿淮河河谷迁徙的一支，经江淮平原、黄淮地区，最后到达环泰山地区，也就是东夷地区。这条通道可称之为淮夷走廊。往东北方向迁徙的一支，在越过黄河后，相继沿着太行山山脉、燕山山脉往东北方向前行。在历尽千辛万苦之后，他们最后在辽河上游的兴隆洼停下了脚步。因为这里有着望不到边的盐碱地。这条通道我们可以称之为豫辽或者燕山走廊。

  现在我们可以肯定的是，这是一支由女神率领的迁徙队伍，这也是一支在浩浩荡荡的汉人迁徙大军中走得最远的一支队伍。他们就是后来燕赵人的祖先。距今约 8000 年的河北武安磁山遗址，被我国考古界誉为"中华远古第一村"，应该是这支远行队伍留下的足迹，或者是这支远行队伍中掉队的一个小部落。这个

"中华远古第一村"不仅有华夏文明最早的粟作遗存，还有大量的石制农具。这显然不是北方逐水草而居的游牧狩猎部落留下的足迹。

这支命运多舛的队伍肯定不是在冬天北上的。我们先民北上之后经受的最严峻考验就是寒冬。到了冬季，食物短缺问题更加突出。因寒冷、饥饿，我们先民一个个倒在北迁的旅程中。能熬过严寒而漫长冬季的，可能只是少数。他们对漫长严寒的冬季心有余悸，不可能选择在这一时期北上。他们应该是在春天出发的。从南方飞回来的燕子有可能就是他们的向导。如果说天亮了依旧还是寒冷刺骨的话，那么日出对他们也就没有多少意义。因此，在漫长的冬季，他们更加盼望春天的到来。对他们而言，报春的燕子与报晓的鸡并没有什么区别，都是光明与温暖的使者，是太阳的化身。很显然，汉人先民的玄鸟——鸡在北方由报春的燕子代替，是迟早的事，也是必然的事。燕山由报春的燕子得名，可能比我们想象的时间要更加古老久远。报春的燕子让他们对未知的前方充满了憧憬与希望。也许，就是在他们行走到了燕山脚下的时候，正好看到了从南方飞来的燕子。翩翩起舞的燕子，意味着温暖春天的到来，普照大地的阳光。燕子让他们想起了南方的家园，以及在黎明前报晓的鸡。

东亚大陆很大，但也很小。这支由女神率领的迁徙队伍，肯定在沿途与北方稀稀落落的游牧狩猎部落有过多次相遇。这种看似偶然的相遇，其实为这一支孤军北上的汉人迁徙队伍的最后命运埋下了伏笔。并且，他们所经过的一些地方，有可能就是游牧狩猎部落曾经的家园。

张家口泥河湾盆地涵盖了从 100 多万年到 1 万年的旧石器时代早、中、晚期各阶段的遗址，被誉为"旧石器时代考古的圣地"。这一考古圣地，要感谢泥河湾盆地周围众多的盐碱地以及盐湖。不论是早期智人，还是现代人类，不论是游牧狩猎部落，还是农耕部落，盐对他们的吸引力都是致命的。这支由女神率领的北上队伍，其实是踩着早期智人、游牧狩猎部落的足迹前行的。不论是在南方，还是在北方，汉人先民都是东亚大陆的后来者。

稻作不仅需要南方充沛的阳光，也同样需要北方更长的生长周期与营养积累。南方湿热的气候，只会使稻这种亲水的湿地作物疯长。不同族群之间，不同文化之间，正如火与冰一样，可以对峙，也可以融化，但最终肯定是相互融化、成为一体。华夏文明的多元与包容，从我们先民在南方桂中盆地与壮侗语系族群不期而遇的那天就注定了。这支由女神率领的迁徙队伍在北方与游牧狩猎部落的相遇，既不是开始，更不是终结。

这一次漫长的北行，他们可能并没有明确的目的地。如果说有一个目的地的话，那就是同时具有食盐、玉石的神秘地方。富饶而广袤的东亚大陆遍地是水和食物，但食盐、玉石却极其稀缺。一处地方只要有了食盐、玉石，就注定会成为我们先民长期经营的家园。食盐是物质层面的，而玉石则是精神层面的，是让我们先民精神得以安宁、心灵有所皈依的灵石。

我们先民梦寐以求的这两样珍宝，辽西地区都有：一个藏在大漠深处，一个则藏在深山的石头之中。他们在翻越燕山之后，终于在这塞外之地寻找到了现代矿物学意义上的玉石——软玉，同时也惊喜地发现了取之不尽的碱盐。我们先民在燕山以北这块肥美之地发现玉石之时，也是红山文化的孕育诞生之日。

如果我们还原 5000 年前以兴隆洼、红山地区为中心的辽西地区的原貌，当时这个地区的地表应该覆盖了广阔的暖温带夏绿阔叶林和针叶混交林，同时也有大面积的山地森林和森林草原景观，气候比现代要更加温暖潮湿，既宜农也宜牧。这对远道而来的汉人先民而言，的确是一块宝地、福地。他们在这块地方从此开始了持续三千多年的渔猎、采集、农耕生活。稻这种喜湿热的南方作物，并不适应这里的气候。我们先民慢慢学会了种植粟和黍这类北方耐旱的作物，并最终以农耕为主。这是华夏文明在寒冷关外的老家。太平洋和印度洋暖流催生的华夏农耕文明，从此与西伯利亚寒流孕育出来的游牧文化展开了几千年的对峙与融合。这种对峙与融合的产物就是灿烂的红山文化，华夏文明发展演化进程中浓墨重彩的一章。

兴隆洼遗址距今约 8000 年，发现房屋遗址 1000 余座、灰坑 30 座。兴隆洼出土的玉器以玉玦居多，玉琮还停留在玉管阶段，而且普遍型制偏小，表明兴隆洼先民的祭祀礼仪还处于初始阶段。兴隆洼遗址出土的骨笛，与中原地区舞阳贾湖遗址出土的骨笛遥相呼应，为我们理解巫、舞同源提供了最早的实证。这两只骨笛吹奏的可能就是传世文献记载的最初的韶乐，也就是祭神时的乐调。考古工作者在兴隆洼还发现了华夏文明北方地区最早的瓮棺葬。15 号墓葬中墓主人的头部正上方有 2 件立置的陶罐，罐体腹壁南侧有一直径 7 厘米的圆孔。这个圆孔既是蚕蛹化蝶的生命通道，也是墓主人生死轮回、灵魂升天的通道。这个通道，也是兴隆洼先民灵魂回到南方故乡的一条密道。

没有兴隆洼遗址几千年的积累，也就不会有后来的红山文化的惊艳。红山文化因发现于内蒙古赤峰红山而得名，距今 5000 ～ 6000 年，与江淮流域凌家滩文化及中原地区仰韶文化大致处于同一时期。红山文化不仅遍布东北全境，而且还大量分布于内蒙古东部和河北北部。红山先民让游牧农耕两种文明的分界线失去了意义。我们先民足迹所到之处，远比我们所知的要更加广阔，华夏农耕文明的影响力，也远比我们所知的要更加深远。

红山先民两侧结辫的发饰，与石家河遗址中玉人发饰高度一致。这种高度一致表明，红山先民的始发地就是南方的江汉平原。红山文化发现的绿松石玉器、套缸以及猪陪葬习俗，一遍又一遍告诉我们：创造红山文化的主人来自遥远的南方稻作区，他们是怀揣着家乡的稻种和绿松石远行的。

沉睡于辽西地区数千年的红山女神，终于被她后人制作的洛阳铲惊醒了，她们在北方的草原上渐渐露出她们那高贵的面孔、丰腴的身姿。大量的女性雕像或女神像以及女神庙，明白无误地告诉我们：华夏文明曾经经历了一个漫长的女权时代。这一久违了的遥远时代，让我们既感到陌生又分外亲切。女性雕像或女神像是红山文化的一个显著特征。辽西地区是我国女神像发现最多、最集中、跨度时间也最长的地区，女性的光辉在这寒冷的关外格外耀眼夺目。

兴隆洼文化的白音长汗石雕女神像，是迄今为止我国发现最早的女神像。牛河梁女神庙是一座多室建筑，已发现的女神像残块分属五六个生命个体，她们形体有大小之分，年龄有老少之别，是一组女神群像。其中一件女神像是彩绘泥塑头像，她的双眼用南方鄂西地区的绿松石镶嵌，散发着太阳的光泽和浓郁的南方气息。这个女神让我们似曾相识，想起了南方那些头戴玉冠、佩戴玉璜的女神、女巫。众多女神雕像，无一例外的都是裸体成熟女性，突出了丰乳肥臀大肚这一显著特征。少数女神雕像如滦平出土的女神雕像还放大了女性的阴部，表明女神崇拜就是建立在生殖崇拜的基础之上，是繁衍后代的重任赋予了女性在部落的至高无上地位。这些女神，既是部落的首领、巫师，也是生殖女神、辽西大地之母。我们现在的确很难想象，就是这些女神，带领她们的族人，在这远离家乡的严寒的关外，在长期与男性为主的游牧部落的对峙中，写就了华夏文明演化进程中浓墨重彩的一章。

玉器是红山文化最惊艳的器物，华夏文化的图腾龙在这塞外之地大放异彩。我们在这里看到了与南方石家河、良渚、凌家滩遗址相似的环块状的玉龙，不同之处在于红山玉龙数量更多、造型更精美。其中最具标志性的是两条C形龙：C形碧玉龙与C形黄玉龙。这两条C形龙兽首、蛇躯、蜷体的造型，后来成为华夏龙的标准形态。其中一条C形龙高26厘米，是史前玉龙中形体最大的一件，被誉为"中华第一龙"。13件玉猪龙以块形的环箍状卷体为特征，高度通常在

10 厘米以上。红山文化 C 形龙的龙头与南方良渚文化的大目兽面纹有着共同的基本构成因素。除了 C 形龙和玉猪龙之外，红山文化还出土了大量我们在石家河、三星堆、良渚、凌家滩遗址所看到过的玉璧、玉环、玉鸟、玉蚕、玉鹰、玉蝉蛹、玉龟、玉鳖、玉凤以及玉勾云形器等。

红山文化玉器惊艳的背后，其实是一片黑暗，是我们先民对死亡的恐惧与焦虑。这一支孤军之所以北行寻求光明，是因为内心总不安宁，是因为如影随形的死亡阴影。他们苦苦寻找闪耀着太阳光芒的玉石，就是要挣脱对死亡与黑暗的恐惧。红山文化玉器虽有鲜明地域特点，但与南方两湖平原、中原地区、河套地区、江淮地区、四川盆地的玉器所表现的主题是共同的：对死亡的恐惧，再生的渴望。红山文化 C 形龙与玉猪龙共同的特征是：身体蜷曲，无足、无爪、无角、无鳞、无鳍，这正是蚕蛹的典型特征。江淮平原凌家滩圆雕玉龙是飞升的形体，红山文化 C 形龙与玉猪龙则是休眠的状态，但他们蕴含的主题是共同的，其功能也是共同的：墓主人灵魂升天的载体。龙的真相、起源之谜，一直是华夏文明史上最大的谜团之一。红山文化的玉龙，让我们向这一华夏文化图腾的深刻内涵迈进了一大步。玉猪龙所表现出的猪形态，可能并非一些学者所认为的现实中的动物，而是二十八星宿中危虚宿的象征，是墓主人渴望到达的灵魂栖息之地。这个栖息之地就是天堂。玉鸟、玉蚕、玉鹰、玉蝉蛹、玉龟、玉鳖、玉凤，这些玉器也是墓主人灵魂升天的载体。蝉蛹与蚕蛹在本质上是相通的，玉鸟、玉鹰都是天空自由飞翔的神鸟。在汉人先民看来，龟是长生不死的神物，这也正是我们先民用龟占卜的重要原因。

以玉为祭、以玉为葬，是华夏玉石文化的精髓。红山文化将这一精髓呈现得淋漓尽致。我们可以在红山文化遗址零距离感受这一奥秘。先秦文献记载的炎帝形象是"牛首玉身"，黄帝形象则是头戴玉冠、身佩玉璜，其实也还是"玉身"。我们在红山文化遗址看到的众多女神，无一例外都是"玉身"。整个红山文化区范围内，凡发现的墓葬，必有玉器。墓葬等级越高，则随葬玉器品类越丰富、做工越精良。

牛河梁 1 号冢共出土玉器 62 件，是出土玉器数量最多的墓葬之一。17 件玉镯均套在墓主左右腕，13 件玉璧系佩在墓主耳、颈、胸及法衣上，5 件玉箍形器主要出于墓主头部，3 件勾云玉佩均置于墓主人胸前。尤其引人关注的是 1 号冢 21 号墓，出土的玉器保持了下葬时的原貌，均有明确的摆放位置。其中菱形玉饰于头部上方，箍形玉器横置于头顶部，勾云玉佩置于左肩上部，双联璧、管籍状器置于右肩部，玉龟则置于左胸部，玉鸟、玉鸮、玉凤则多置于头部。玉器的摆放位置，显然是有讲究的。这些随葬玉器，是引导逝者灵魂通往天堂的信物、使者。我们可以肯定的是，这些闪耀着太阳光芒的玉石，至少让我们的先民在面对死亡时不再感到黑暗与恐惧。有了这天地间精灵的陪伴，死亡就意味着再生、永生，黑暗之后就是一片光明。这些众多长眠于关外、玉石陪伴的女神，是对炎帝、黄帝"玉身"形象的生动诠释：炎帝、黄帝是女神，也是巫师。

南方两湖平原、环泰沂山的汉人先民是将八角星形图案刻画在陶器上，红山先民则将其刻画在玉器上。在红山文化玉器中，有一种八角星形玉器，一般直径10厘米至15厘米，中间有圆孔，外伸8个角，造型生动，但似乎并未引起学界足够的重视。与陶器上的八角星形图案不同的是，红山文化玉器中的八角星形图案有头、有足、有尾，转动起来就像连续的龟。太阳的周而复始与灵龟的长生永寿，巧妙地结合在了一起。红山文化的八角星形玉器与江淮平原上的凌家滩双猪首玉鹰，很有可能就是八卦图的雏形。传世文献记载的"始作八卦"的伏羲，可能并非伏羲，而是众多的女神。从红山文化的八角星形玉器与江淮平原上的凌家滩双猪首玉鹰来看，华夏文明的一整套八卦符号体系，可能并非建立在传统观点认为的天地变化规则基础之上，而是建立在我们先民对死亡的恐惧、永生的渴求之上。人的生存，始终是第一位的。人类关注的两大永恒主题——生与死，在红山文化八角星形玉器得以充分体现。在红山玉器光芒的照射之下，八卦不再散发神秘的幽光。构成《周易》这座神秘殿堂的一砖一瓦，就是人类最基本的欲望。

阴阳观念是我们先民俯察天地万物的利器和法宝。在红山文化的陶器、石器、玉器、骨器、蚌器中，唯独玉器承载阴阳观念。红山文化玉器当中，成对出土的动物类玉器均具有雌雄差异。牛河梁遗址第二地点出土的一对玉猪龙，左侧玉猪龙高10.3厘米，眼睛突出，面部为阳雕工艺，玦形口断开；右侧玉猪龙高7.2厘米，面部为阴刻工艺，玦形口相连。在成对出土的装饰类玉器当中，同样存在着一大一小、一高一矮、一粗一细的分别和差异。兴隆洼文化遗址117号墓出土的一对玉玦，小一大，一阴一阳。左侧玉玦直径2.9厘米，孔径1.4厘米；右侧玉玦直径2.8厘米，孔径1.3厘米。这些成双成对出现的玉器，为我们直观呈现了红山先民朴素的阴阳观念：阴阳是和谐共生的，既对立也统一；死亡也许并不意味着黑暗，而是意味着永生，生与死也是可以相互转化轮回的。如果说生与死之间有一个分界线的话，那只能是玉器。

红山文化的巅峰在牛河梁。牛河梁就是红山先民的圣山——昆仑山。湘西北、鄂西地区的昆仑山，已经深埋在历史的尘埃之中。这座远在关外的昆仑圣山，比江汉平原的昆仑山——印信台遗址要早 1000 多年，虽历经五千年岁月的浸染但仍旧完好如初，为我们还原了华夏文明的圣山——昆仑山的原貌。

在距离牛河梁女神庙一公里的地方，有一个名叫"转山子"的山冈。眼内镶嵌玉石的彩塑女神头像，就发现于这个神秘地方。经考古工作者发掘证实，这座山岗就是人造的山丘，是红山先民经年累月用汗水与执着精心堆砌而成的一处祭坛。祭坛地上部分夯土堆直径近 40 米，高 16 米，外包巨石；内石圈直径为 60 米，外石圈直径约为 100 米。夯土层次分明，估计总土方量在数十万立方米以上。这座人造小山冈，形状为圆锥形，上面是用 3 圈石头围砌起来的，山下面也有 3 圈石头围砌起来。在这座圆形小山岗周围，还发现了 30 多座积石冢。整个积石冢群都是圆锥形，与古埃及金字塔类似。很显然，这座"金字塔"就是红山先民举行祭祀活动的圣地。积石冢周边石台基的内侧，无一例外地摆放着黑彩红陶无底筒形器，与南方江汉平原印信台遗址的大量套缸类似。这有可能是红山先民铺就的一条通往光明的坦途，我们也可以理解为他们的通天之梯。这个人造小山冈，为我们生动再现了传世文献记载的昆仑圣山：昆仑山就是一座低矮的圆形小山丘。昆仑之所以神圣庄严，是因为它就是我们先民与天地对话沟通的场所，是他们灵魂的安放处。

红山文化大型祭坛、女神庙和积石冢群的结构、布局以及玉葬之礼表明：5000 年前红山先民就已形成了较完备的宗教礼制体系。当然，这一套礼制体系并非红山先民的首创，而是他们从南方带过来的。这种坛、庙、冢三合一的布局，处处体现着华夏文明传统建筑沿中轴线布局、天圆地方、东西对称的理念。这种布局深刻影响了华夏文明，一直延续到明清时期北京的天坛、太庙和明十三陵。这一套礼制体系，与国家形态的出现只有一步之遥。如果时间与环境允许的话，红山地区出现一个夏王朝不是不可能的事情。

红山文化区也是一个有熊频频出没的地方。只不过它是以玉雕熊、泥塑熊、陶熊形式出现的，并且遍布红山文化区。在华夏文明史前遗址中，再也没有比红山文化区将熊这一图腾展示得更加酣畅淋漓的了。在这寒冷的关外之地，红山先民更加渴望光明与温暖。熊就意味着光明与温暖，熊就是红山先民心中一团熊熊燃烧的火焰。这也是他们在远离故土的北国赖以生存的精神力量。

人类的需求总是相同的，对光明的寻求是没有性别、部落、地区之分的。红山先民定居的农耕生活以及宗教活动，相比游牧文化无疑要更加先进。从盛行于北方游牧部落的萨满文化来看，红山文化深刻影响了与他们毗邻而居的游牧部落。萨满文化的源头就是华夏文明的石母文化，南方湘西北的石头崇拜。根据音韵考古的成果，"石"的古音就是"萨"；"姆"也就是巫婆、大祖母的意思，萨满也就是石母。南方两湖平原稻农最初的原始图腾就是石头。这是因为石头之中蕴藏着火焰和太阳的光芒，是大地之母。牛河梁的30多座积石冢，继承了湘西北祭坛摆放石头的古老习俗。"灵魂飞翔"是萨满文化的精髓，这与华夏文明巫文化中的灵魂升天在本质上是相通的。从汉人先民深入到塞外的那天起，华夏文明就深深影响了北方的游牧文明，直接催生了北方通古斯部落的萨满文化。后来，萨满文化又深刻影响了北方诸多游牧部落。大和民族、高丽民族这两个脱胎于通古斯部落的游牧民族，后来成功转型为农耕民族，可能就是受到了辽西红山先民的深刻影响。这是汉人先民对东北亚文明的进步做出的伟大贡献。那些众多女神就是传教者、布道者。大和、高丽这两个民族后来一直神往华夏文明，但游牧部落席地而卧的古老习惯却始终没有改变。

众多女神在关外几千年的传教、布道，在北方的游牧部落中持续发酵，为以后华夏文明的演进埋下了诸多伏笔。公元439年，兴起于大兴安岭山脉的鲜卑人入主中原，建立了北魏政权。孝文帝跖跋宏对汉文化表现出异乎寻常的热情，全面强制推行汉化政策，史称"孝文帝改革"。

公元1644年，也就是明崇祯十七年、清顺治元年，满人从东北入关建立大清政权。当多尔衮率领军队进入北京紫禁城的时候，他并没有多少征服者的荣耀，而更多的是对汉人农耕文明的谦逊和臣服。正因为如此，多尔衮断然拒绝了属下屠城的请求。多尔衮在紫禁城对汉人农耕文明的谦逊和臣服，实际是对康熙帝汉化政策的一个铺垫。北魏、清朝两个历史时期，是南方的农耕文明与北方的游牧文明大融合的时期。在北方，华夏民族并非血缘民族，而是文化民族。实际上，世界上也没有一个民族是真正意义上的血缘民族。维系一个民族的，其实并非血缘，而是文化认同。

在长城以外只有一望无际的草原，没有周期性泛滥的洪水。可红山文化仍然在她最灿烂美丽的时候夭折了，同样摆脱不了南方石家河、河姆渡、良渚、凌家滩、三星堆的宿命。游牧部落的南下骚扰、掠夺、对关外的汉人先民而言，是更加可怕的洪水。一般来讲，农耕文明与游牧文明是可以和谐共处的，形成一种微妙的平衡关系和均势。可是当游牧部落遭遇到旱灾、虫灾等自然灾害，这种脆弱的平衡关系和均势就会打破，他们就会像一阵风一样骑马南下，疯狂掠夺农耕部落的财产。

在大约5000年的时候，这微妙的平衡关系打破了，噩运降临到了红山先民头上。从考古工作者发现的红山文化墓葬主人只剩下一只手臂，以及草帽山积石冢女神头像被打碎的情况来看，红山先民与游牧部落之间发生了一场战争。红山文化在正值青春年华的时候，被毁于游牧部落无情之手。北方的这股更可怕洪水，也是周期性的泛滥，屡屡阻断华夏文明的进程。辽西地区红山文化的悲剧性命运还只是开始。

现代文艺复兴的标志性人物理安·艾斯勒在她的《圣杯与剑》一书中向我们揭示了欧洲史前湮没无闻的残酷真相：好战尚武的库尔干人多次大规模入侵，破坏了欧洲母系社会田园诗般的生活；带来了父系社会制度。男神代替了女神，剑代替了圣杯，男性等级统治代替了女性和男性的伙伴关系，整个社会文化转型。艾斯勒揭示的残酷真相，同样适用于辽西地区的红山文化。如果说南方两湖平原男权时代的到来是内力驱动、水到渠成的话，那么辽西地区男权时代的到来很有可能是受到了北方游牧部落的影响，是外力驱动的结果。当红山先民被迫返回燕山以北时，带领这支狼狈溃逃队伍的部落领袖可能已变成了男性，女神和女权时代在北方从此一去不复返了。

当然，红山先民在辽西地区的农耕生活并非艾斯勒所描述的田园诗般的生活，正如其他地区的汉人先民一样，他们同样生活在天堂与地狱之间、黑暗与光明的夹层。与其他地区汉人先民不同的是，红山先民还要经受高纬度地区寒冷气候的严峻考验。漫长的冬季，严寒的气候，呼啸的北风，让这支北行孤军中的无数生命夭折了。瘦弱的人，只能被严酷的生存环境无情淘汰，只有高大健壮的人才能侥幸生存下来，从而使基因得以遗传。寻求光明的大眼睛，注定会在裹挟着风沙的凛冽北风中慢慢变得细小。从这支北上孤军翻越燕山那天起，就注定了华夏子民的身高由东北向西南方向逐步递减的分布格局。华夏民族北方人高大魁梧的背后，是以无数瘦小羸弱北上先民在严寒中的早夭为惨痛代价的。严寒气候对红山先民的生死考验，同样也发生在西北的河套地区。华夏民族人体身高由北向南递减的分布规律，与白色人种身高在欧洲大陆的分布格局是相同的。是气候这只无形的巨手，造成了东西方人体身高由北向南递减的分布规律。

这支北上孤军后来还成就了一个具有图腾意义的汉字：赵。这个字虽不见于甲骨，但并不意味这个字就不古老。这群经受了火与冰洗礼的汉人先民将"赵"字作为自己部族的徽标，显然有着深意。如果我们对这支命运多舛部落的苦难历程有了深切体会，那么我们就会对这个古老的汉字有着全新的解读与认识。

"走"的本义就是善跑。"肖"暨表音也表意，本义就是骨肉相似，后引申为后人、后代。"走"与"肖"两个符号组合在一起，就有了养马、驯马、善御的意思。在华夏先民各部落中，最早与马背上的游牧部落深入接触、密切交往的，有可能就是红山先民。在火与冰的长期对峙与消融中，红山先民从游牧部落那里学会了养马、驯马、骑马，于是创造了这一具有图腾意义的族徽。这应该就是"赵"这一古老汉字所隐藏的秘密。这一古老汉字的背后，是两种文明持续数千年的对峙与融合。

关于赵人的族源，《史记》有明确记载：与楚人秦人同源。清华简的部分破译，证实《史记》的记载是真实的，还为我们补充了赵人与殷商部落之间的深厚渊源关系。红山文化遗址发现的大量熊图腾，我们可以视之为是对《史记》与清华简记载的注释。

唐代韩愈在《送董邵南序》一文中称，"燕赵古称多感慨悲歌之士"。的确如此。燕赵人的感慨悲歌，可能在他们到达辽西红山地区时就已注定了。

Chapter 22
第二十二章

乘舟远行

对汉人先民而言，江汉平原是天堂，但也是地狱。江汉平原虽然富饶，但是灾难频繁。飘浮在江汉平原上空的那两朵不祥的乌云，始终是汉人先民挥之不去的梦魇。战争意味着血雨腥风、流离失所，洪灾就是世界的末日。部落之间的神权之争，是另一种更加可怕的洪灾。

噩运降临之时，就是我们先民逃难之时。鄂西鄂北先民的首选自然就是北方的中原地区，长江以及汉水、澧水边岗地上的先民就只能乘舟顺江而下了。长江流去的方向正好是太阳升起的地方。相比于北行的难民，东行的这一支难民队伍可能要更加从容淡定。因为他们前行的目的地就是日出之地。那里生长着一株茂密的参天大树，我们先民称其为扶桑树。到了扶桑树下，他们就有可能与天地对话，灵魂也有可能飞升上天。总之，虽然劫后余生，但他们仍然对前途充满了希望与憧憬。

这种推测，是建立在考古成果基础之上的。与西湖仅一江之隔的萧山，发现了距今已有 8000 年历史的跨湖桥文化遗址。这个遗址出土的最重要文物就是独木舟。江南潮湿封闭的地下环境，使这只经历了 8000 年岁月的独木舟仍完好如初。这也是目前世界上发现的最早的独木舟。这一次重大发现被称作当时的全国十大考古成果之一。不仅如此，环太湖流域的每一次考古发现，不论是河姆渡还是良渚，总是少不了船的身影。与长江之尾这只独木舟遥相呼应的，是长江中游湘西北高庙遗址出土陶器上绘制的帆船。这只有两扇风帆的船显然比跨湖桥的独木舟要更加先进。这件绘有帆船的陶器虽然距今约7800年，但作为实物帆船出现时间只会比独木舟要早。无独有偶，在秦岭之南的汉中盆地、秦岭之北的关中平原，均发现了距今约7000年的船形彩陶。这些考古成果明确告诉我们，在8000年前，我们先民已熟练掌握了制作舟船的技术，并借助风力在水中来去自如了。

也只有在滔滔江水中乘舟而行的时候，我们才有可能对共工女神有着更深切的认识与了解。共工是女神，也是水神，同时也是杰出的工匠大师。这位女神之所以叫共工，就是因为她发明了战胜洪水的工具——舟船。在滔滔江水中乘舟而行，意味着对洪水的驯服，对自然力的征服。在人类文明进程中，舟船的发明与车辆的发明具有同等重要的意义。在南方周期性泛滥的突发洪水面前，舟船就是我们先民的"诺亚方舟"。正是共工发明的舟船，才使得无数先民幸免于难。更为重要的是，我们先民第一次在无所不能的大自然面前有了自信。我们先民的智慧，远比我们想象的要更加聪明；华夏文明的序幕，也远比我们想象的要更加精彩。

我们之所以断定最早到达环太湖流域的先民来自江汉平原，除了舟船在长江东西的对应关系，还有一个直接证据：绿松石。绿松石因其"形似松球，色近松绿"而得名。据专家考证推论，华夏历史上著名的和氏璧即为绿松石所制。绿松石只是清以后的叫法，在此前叫甸子，远古时期则称之为"青琅"或"琅""琳"。近代以来，虽绿松石在安徽、云南、青海等地均有陆续发现，但在古代绿松石产地仅有汉水中上游地区。元朝称绿松石为"襄阳甸子"或"荆州石"，产地即明确指向鄂西北竹山、郧西一带。《山海经·西山经》《尚书·禹贡》中均提到了"琅""琳"这种球形玉石，虽未明确指出具体产地，但均隐隐指向秦岭东部地区，也就是鄂西北竹山、郧西一带。上世纪八十年代初，湖北省地矿局郝用威、戴相坤两位专家在通过矿物学的初步分析后认为，包括江汉平原屈家岭遗址在内的华夏各地史前遗址出土的绿松石，很可能都是襄阳甸子。从一百多年来的考古发现来看，华夏各地史前遗址均发现了闪耀着天堂色彩的绿松石，其中以中原地区居多。福泉山遗址距今7000～6000年，因涵盖了环太湖流域崧泽文化、良渚文化、马家浜文化、战国时代的遗存，而被誉为"古上海的历史年表"。在这个"古上海的历史年表"的中层，也就是良渚时期，考古工作者在一处墓葬中发现了一块蔚蓝色的绿松石。与其他各地史前遗址相比，环太湖流域是发现绿松石最少的地方。因此，福泉山遗址的绿松石显得弥足珍贵。我们先民乘舟顺江而下的时候，之所以对前途充满了希望与憧憬，肯定是因为舟船上载有一块闪耀着天空与水蔚蓝色彩的玉石。

　　这群从云梦泽乘舟东行的先驱，并没有如愿抵达日出之地。通天神树对他们仍然是遥不可及。他们登岸的是一个现代叫做江南、古时称为吴越的地方，准确地说就是环太湖流域。从此，太平洋东部海岸从此沐浴在华夏文明的曙光之下。此后，一拨又一拨的汉人先民，从江汉平原出发，相继乘舟顺江而下抵达这块地方。大约在 5300 年前，江淮平原上的先民也因洪灾而加入到了这个行列。源源不断的内陆移民，为这片滨海湿地注入了无限生机与活力。华夏文明从来就不欠缺海洋文明的因子。

　　6000 年前的环太湖流域，还是一片河网交织、芦荡成片、水草肥美的滨海湿地。那时的西湖可能还只是一片浅海海湾。除了江汉平原周期性泛滥的洪水，这里还有周期性泛滥的海水以及恶魔般的台风。江南烟雨的诗情画意和梦里水乡的绰约风姿，是我们先民数千年耕耘的结果。也许，我们先民期望抵达的日出之地以及生长着通天神树的桑林，可能就是这种如画美景。但在数千年前，这对我们先民而言还十分遥远而陌生。弃船登岸与离岸上船，对我们先民而言并没有什么区别。在他们看来，那些飘浮在水中的小洲以及水汽中隐隐约约的远山，就是停泊的舟船。这支善于操舟的部落，对于水有着天然的亲和性。

　　最早抵达环太湖流域的开拓者，也就是河姆渡文化的创造者们，无疑就是吴越人的祖先。但他们并不是捷足先登者。在汉人先民到来之前，已经有一支部落在这块湿地艰难生活了几个世纪的岁月。他们就是传世文献记载的古越人。环太湖流域的古越人应该就是南岛语系中沿海岸线北上的一支队伍。他们的大部队沿着大陆桥到达了现在的东南亚群岛。在长江上游、黄河流域以及日本列岛，后来都曾出现过南岛语系部落的身影。"越"这个古老的汉字，为我们保留了珍贵的远古信息。"越"由"走"与"戈"两个符号构成。"走"表明古越人是一支经常迁徙的部落，"戈"不仅表示"越"的读音，还是代表"钺"这个字。钺是一种兵器，也是一种礼器。在甲骨文中，构成"越"这个字的并非"戈"，而是"丝"。"丝"在"越"中表示捆绑的意思。联系到河姆渡遗址出土的古越人陪葬骨骸，我们可以断定，在 7000 年前，汉人先民已经成为环太湖流域的新主人了。

　　"吴"这个古老的汉字，为我们形象地再现了汉人先民初到这片滨海湿地的尴尬境况。"吴"的初始意义就是大声说话。甲骨文中的"吴"字，就是一幅写意画：一个脑袋微偏的人，嘴上说着话，并且肢体在连比带画。到了金文，"吴"上面的"口"移到了旁边。那个脑袋微偏的人就是初到的汉人先民。我们先民之所以脑袋微偏，是在认真聆听对方说话。因为双方语言不通，交流十分困难，我们先民即使大声说话，对方也并不一定领会，于是只能借助肢体语言。之所以出现这种用肢体语言对话的尴尬境况，是因为对话者是古越人，说着我们先民感到陌生的如鸟语般动听的语言。在后来的数千年岁月，这种尴尬境况在这块滨海湿地一遍又一遍重现。因为一茬又一茬迁徙到环太湖流域的汉人移民，总是听不懂当地的语言，只能大声说话，并不断借助肢体语言。所不同的是，最初的古越语慢慢变成了发着古越语声调的汉语，也就是现在吴侬软语的雏形。这种迥异于南方两湖平原及中原地区的汉语方言，在初到的汉人移民听来，实在是与鸟语没有什么区别。"吴"这个古老汉字形成的过程，标志着汉语最早的方言——吴方言的形成。

　　古越语变成吴侬软语，意味着古越人学会了汉语，并由环太湖流域的主人变成了配角。我们先民在这块滨海湿地之所以能后来居上，凭借的并非人数上的优势，而是另有秘密武器。这个秘密武器可能就是人工取火这一法宝。我们先民何时发明人工取火技术虽无法考证，但从我们先民在寒冷的辽西地区、河套地区与北方游猎部落共生共荣的情况推测，从三峡地区及两湖平原远行的先民应该就是怀揣一种秘密武器出发的。这一秘密武器就是人工取火的技术。在潮湿的环太湖流域，天然火种更是可遇而不可求，火种的保存也更加困难。只有掌握了人工取火这一秘密，才有可能在这片潮湿的滨海洼地生存下去。古越人之所以向我们先民学习语言，可能主要目的就是向汉人部落借火种。古越人最初虽然在人数上占据绝对优势，但由于没有掌握利用摩擦力生火的技术，只能求助于汉人部落。火种的重要性，决定了他们在环太湖流域走向衰落的必然命运。英国著名的历史学家汤因比在其长篇巨著《历史研究》中有一著名观点，具有深刻广泛的影响。这一观点就是：在社会演化中，挑战总是不断地出现，一旦应战敌不过挑战，衰落就接踵而至；而衰落文明的出路通常是解体，有时也可能是僵化。最早到达环太湖流域的古越人，很可能就是因为汉人的到来而逐渐走向了衰落和解体。

　　如果说我们先民还有秘器的话，那就是制作并驾驭舟船的技术了。能制作并驾驭舟船，意味着我们先民在河流湖泊密布的环太湖流域可以来去自如，就像天上的飞鸟一样自由。这也可能是古越人主动学习汉语的另一重要原因。如果说我们先民与古越人处在同等的发展水平，那么也就不可能产生现在的吴侬软语。"谁谓河广，一苇杭之"。"一苇"也就是一捆芦苇，指用一捆芦苇做成的一叶小舟；"杭"也就是航，二字原本就是一个字，这也是杭州城得名的原因。古老《诗经》

中的这句诗，道尽了我们先民面对滔滔江水以及古越人时的自信与自豪。的确，"吴"字有着充足的理由成为这片滨海湿地汉人部落的图腾符号。

我们先民之所以在滔滔江水面前如此自信，是因为他们沐浴了阳光。在他们看来，从海上升起的太阳，离他们只有一步之遥。尽管环太湖流域的西部和南部以及东部的陶器在形制上有地区性差异，但在色彩与纹饰上却是高度统一的。环太湖流域陶器的主色调就是红与黑两种太阳与火焰的色彩。这与长江中上游地区、黄河流域、辽西地区、环秦沂山地区是高度一致的。无论是河姆渡文化和马家浜文化时期，还是稍后的崧泽文化和良渚文化时期，陶器均为黑陶、灰陶、红陶，尤以黑陶居多。也正因为如此，我国学界称其为龙山文化一类。从纹饰来看，环太湖流域陶器主要是绳纹、水波纹、鱼纹、鸟纹等，也与长江中上游地区、黄河流域、辽西地区、环秦沂山地区高度一致。华夏文明的高度一统，在 8000 年前从我们先民发明人工取火技术那天起就注定了。对光明与温暖的寻求，对太阳与火的崇拜，是华夏文明的万有引力，不因时空而改变。文化上的地区差异只是我们先民适应环境的结果，是时空在华夏大地泛起的阵阵涟漪，不久就消失殆尽了。

环太湖流域史前文明的精髓尽在良渚玉器。如果说河姆渡文化是环太湖流域史前文明的开篇之作，马家浜和崧泽文化是第二篇章、第三篇章，那么良渚玉器则是巅峰之作，同时也是绝唱、尾声。良渚文化距今 5300 ～ 4000 年，并不比长江中游大溪文化、中原地区仰韶文化、辽西红山文化、江淮流域凌家滩文化早。我国学界一向视良渚文化为"华夏文明的曙光"，我们只能归咎于我国学界对良渚玉器的偏爱与痴迷。良渚遗址发现的显示墓主人身份和地位的权杖，让四川盆地三星堆遗址的金权杖不再孤芳自赏。的确，良渚玉器闪耀着太阳光芒，在这片东方潮湿的滨海洼地显得格外抢眼，视之为"华夏文明的曙光"也并不为过。

扬州之"扬"，在金文中就是一人用双手高捧着"玉"的样子。这个古老的汉字，浓缩了吴越人以玉事神的虔诚与执着。从某种角度而言，玉器也是吴越人的舟船，是承载他们灵魂抵达彼岸的精神之舟。这个彼岸就有一个叫做天堂的地方，或者说就是日出之地。《诗经·大雅·公刘》是周人史诗系列中的一个篇章，追述他们先祖公刘由邰迁至豳开疆拓土的丰功伟业。其中"何以舟之，维玉及瑶"一句诗，与吴越人对玉器的钟情痴迷高度契合。周人只是想象，因为他们一直为在黄土高原和关中平原寻找不到玉石资源而苦恼。吴越人则是直接付诸行动，因为在天目山似乎就有取之不尽的玉石材料。可以说，良渚先民将玉器做到了极致。

与江汉平原、辽西地区的玉器一样，环太湖流域玉器也经历了一个数量由少渐多、制作由粗到精、纹饰由素面到繁复、形体由细小而趋大型化的过程。到良渚时期，环太湖流域玉器一跃而跻身于华夏史前玉文化四座高峰之列，与西边江汉平原的石家河玉器交相辉映，让史前的长江流域笼罩在一片圣洁的气氛之中。良渚玉器不但数量众多、品种丰富，而且工艺先进、雕琢精湛。良渚出土的玉璧、玉琮、玉钺、玉璜以及玉器上的卷云纹、鸟纹，由鸟、鱼、龟、蝉和多种瓣状饰件组成的穿缀饰件，我们都似曾相识。诚然，良渚玉器的确有独到之处，特别是在纹饰上自成体系，其中尤以"三层花"纹饰最为引人瞩目，具有鲜明的艺术风格。时至今日，考古学家们仍然没有揭开良渚玉器"三层花"中阴线刻划痕的秘密。虽然如此，但良渚玉器仍然没有脱离华夏史前玉文化的大传统：以玉为祭、以玉为葬。在长江中游的大溪文化、石家河文化以及江淮流域的凌家滩文化、辽西地区的红山文化中，我们都能找到良渚玉器的影子。良渚玉器与其他地方玉器的共同点远大于它们之间的差异性。这是由华夏文明在我们先民心中的万有引力所决定的。

良渚最精美的玉器当推玉琮。被称为良渚文化标志的"神人兽面纹"，即出自1986年在余杭反山遗址出土的"玉琮王"。"玉琮王"的四个正面均雕刻有完整的神人兽面纹图案。图案上部为人像，脸呈倒梯形，头戴宽大的羽冠，冠上羽毛呈放射状排列；中部是兽面，重圈为眼，双目圆睁，上下两对獠牙露出唇外；下部为兽足，双足呈爪状相对，爪甲尖利弯曲。"神人兽面纹"既像人，又像兽，神秘而诡异。如果经常翻阅《山海经》一书，我们就会发现，良渚"神人兽面纹"的形象并不陌生，其实就是人兽合体的形象，可是那个传说中的神秘羽民国的族徽、祖源符号。

"神人兽面纹"自1986年发现以来，一直是众说纷纭、莫衷一是。"神人兽面纹"是良渚巫师的杰作，也是良渚先民的重器：精神之舟。它与《山海经》一样，是一部"失落的天书"。环太湖流域史前文明之谜，尽在这一精神之舟。破解"神人兽面纹"之谜，也就破解了环太湖流域史前文明之谜。兽面纹在湘西高庙遗址、江汉平原的六合遗址曾反复出现过，并非我国学界所认为的良渚文化独有。所不同的是这件"玉琮王"将神人与兽面纹组合成了一个整体，即神人骑兽图案。这个图案也是破解"神人兽面纹"之谜的关键。

豫、牧两个古老的汉字，是对这一图案最生动最直接的诠释。"豫"是我们先民在稻田牵着大象助耕的再现，"牧"为我们还原的则是我们先民成功驯服野生水牛的生动场景。很显然，"神人兽面纹"中的神兽，指的就是象和牛，而非传统观点所认为的虎。的确，兽面纹经过数千年的演变，其最初的象征意义已十分模糊了。神人骑兽图象征的就是南方稻作部落先民对大象、野生水牛的征服。神兽两侧的两对獠牙，也就是象牙，当然也可视为野猪的獠牙。两对獠牙正是蚩尤与她部落的特有标志。不管是豫、牧，还是象牙、野猪獠牙，最初都是南方稻作部落的文化标记、族源记忆。

"神人兽面纹"只见于玉琮。从"琮"字字义来理解，左边的"王"代表的是玉，右边的"宗"字显然跟部落的始祖神有关。"神人兽面纹"被良渚先民雕刻在玉琮上，应该就是用于祭祀先祖神的。对于从事稻作的环太湖流域的先民而言，他们祭祀的先祖神只可能与稻作有紧密关联。共工或蚩尤是炎帝部落的后人，同时也是南方稻作部落的首领、巫师。"神人兽面纹"的指向，均与共工或蚩尤这两位女神密切相关。"神人兽面纹"中神人的显著特征是头戴羽冠，并且人之双臂如鸟之两翼张开，双腿屈曲蹲踞而以鸟爪收束，鸟的造型十分明显。共工又称帝江、帝鸿。"鸿"也就是江边的鸟，或者在滔滔江水上空飞翔的鸟。"神人兽面纹"与共工或蚩尤的形象完全是吻合的。虽然说华夏文明的始祖神大多具有鸟的神格，但对这支从两湖平原乘舟东下的稻作部落而言，共工或蚩尤这位女神、始祖神可能要更加亲切。

环太湖流域史前文明有一种反常现象，一直未引起我国学界的关注与重视。这一反常现象就是环太湖流域史前文明各类器物龙蛇造型的欠缺。的确，我们在环太湖流域没有感受到先民对死亡的恐惧，恰恰相反，我们感受更多的是我们先民对大自然征服的豪情壮志。这一反常现象，也正好是破解"神人兽面纹"之谜、环太湖流域史前文明之谜的关键。这一反常现象，与颛顼共工之战以及"巴蛇食象""羿斩巴蛇"的神话传说显然有着因果关系。颛顼与共工之战，实际上是宗教之争，"巴蛇食象""羿斩巴蛇"两则神话传说反映的也是宗教信仰之争。这两个传说折射的实际上是同一历史事实。在这场宗教信仰之战中，或者说争帝之战中，共工部落以失败告终，只能远走他乡，乘舟顺江东下。我们基本可以肯定，环太湖流域创造良渚文化的先民大都是在两湖平原那场宗教之战中落败的一方。整个"神人兽面纹"弥漫的狞厉之气，可能是良渚先民对颛顼部落的怨恨、对失败的不甘。现在看来，共工或蚩尤部落既是失败者，同时也是胜利者。因为他们在这片滨海洼地取得了巨大成功。对共工或蚩尤这位华夏文明的另类女英雄，我们有必要重新审视。

有华夏先民的地方，必有昆仑圣山。环太湖流域先民驾驶玉舟远行的出发点就在昆仑圣山。昆山的赵陵山，这是一个现今昆山人再熟悉不过的地方。在5000年前，赵陵山是良渚文化的中心，是良渚先民的圣地。与辽西地区的牛河梁祭坛一样，赵陵山也是一个人工堆筑的大土台，土台四周是墓葬。经过考古工作者的挖掘，共清理墓葬大中小94座，出土各种文物600余件。其中77号大墓不仅人体骨架保存完好，而且出土了丰富的随葬器物，仅玉器就有125件之多。这些随葬品说明，墓主是一位集神权、军权于一身的巫师和部落首领。赵陵山遗址的发现，被评为1992十大考古新发现之一，被誉为"中国的土筑金字塔"。昆山的得名，应该就由赵陵山的昆仑原型而来。

在以昆山为中心的五十里半径内，有很多按顺时针圆周排列的数级（个十百千万亿兆太）地名，如今能够查找到的地名有嘉定，可以解释为过元之出发点；其次是白鹤，第三是千灯，紧接着是张万泾，再就是陷入阳澄湖之中的正亿，其次是已消失的兆良古镇，最后是太仓。十位数级的地名现在已很难寻找了。这些古老的地名，可能源自一个还不为我们所知的久远传统。这个传统肯定与良渚先民的祭祀活动有关，与昆仑神境有关。当然，环太湖流域先民的昆仑圣山不止赵陵山一处。近几十年来，考古工作者陆续在天目山余脉南部发现了瑶山、莫角山、反山、皇坟山等大大小小的祭坛，在上海青浦福泉山遗址也发现了人工堆砌的圆形祭坛，其中莫角山遗址的祭坛面积达30万平方米，动用土方量达到200万立方米。与其他各地史前遗址相比，环太湖流域是发现昆仑圣山最多的地方。为了让灵魂得以安宁，顺利到达彼岸，环太湖流域的先民们是不计成本的。这是信仰的巨大力量。他们既坚强，同时也很脆弱。

苏州之"苏"，或许最初就是我们先民对环太湖流域这一"鱼米之乡"的由衷赞美。"苏"字繁体上面的草字头，不就是这一带一望无际的萋萋芳草和芦苇荡吗？下面左边是"鱼"，右边是"禾"，两个符号组合在一起，不就是"鱼米之乡"吗？鱼与稻米，也正是环太湖流域史前文明持续几千年繁荣的两块基石。也许，"苏"这个古老的汉字，本身就是环太湖流域先民的创造，是对这片滨海洼地最形象最准确的概括。环太湖流域 "鱼米之乡"的美誉，的确有着深厚的历史文化渊源。

早在7700年前，环太湖流域的先民就已经知道利用烧荒筑坝的方式，营造适合种植水稻的土地环境。这是华东师大终身教授陈中原博士、王张华博士为核心的河口海岸地貌学研究团队与华东师大紫江讲座教授、英国达勒姆大学宗永强博士、复旦大学陈淳教授合作，对太湖流域杭州湾附近的新石器时代早期遗址跨湖桥考古的最新发现。地处浙江余姚的河姆渡遗址，距今约 7000 年，是目前发现的长江下游地区最早的稻作农业遗址之一。该遗址出土的陶钵上刻画的稻穗纹饰，无疑具有宗教图腾意义。以后这个稻穗纹饰到了北方连云港将军崖岩画中，已慢慢演变成了由人面纹和禾苗纹组成的谷神形象。河姆渡遗址出土了大量的稻壳，总量达到 150 吨之多，表明水稻栽培已使 7000 年前的河姆渡地区出现余粮屯积。河姆渡遗址大量骨耜的出土，向今天的人们呈现出这样一个事实：7000 年前的河姆渡人，已经脱离了刀耕火种的耕作方法，进入了耜耕农业阶段。司马迁在《货殖列传》中记载的"越楚之地地广人稀，饭稻羹鱼，或火耕而水耨……"之情况与真实历史是相悖的，表明以司马迁为代表的久居北方的汉人对南方已完全陌生了。到了淞泽文化晚期、良渚文化早期，环太湖流域稻作农业已由耜耕发展到犁耕阶段，明显领先于他们的故乡——两湖平原。两地稻作品种的差异，是由两地野生稻品种所决定的，并不意味着两地稻作农业是各自起源和独立发展的。河姆渡的干栏式建筑，在长江西南地区又叫吊脚楼。这也是对环太湖流域先民来源之谜的又一间接证明。文樺卯，这种惊艳华夏几千年的美，在河姆渡的干栏式建筑中找到了源头。

2016 年 3 月，良渚遗址又传来了一项震惊中外的考古发现：古城外围的大型水利系统。这组水利工程位于良渚古城西北部，由 1 座长堤、6 座高坝和 4 座低坝组成，可以在古城西北面拦截出一片面积达 8.5 平方公里的水面。碳 14 测年显示，这组水利工程距今约 5000 年，比传说中的大禹治水的时代还要早 1000 年。良渚先民才是在真正的治水。他们无愧于水神共工后裔之名。

事实上，环太湖流域史前文明的探索考古一直是惊喜不断。随着良渚遗址大型水利系统的发现，良渚先民的圣城轮廓已呼之欲出：中心宫城面积 30 万平方米，王城面积 300 万平方米，外郭内面积 800 万平方米，水利系统规划和影响的范围则超过 100 平方公里，让同一时期的古埃及文明也相形见绌。可以说，这座庞大的古城，是环太湖流域的先民用数千年时间精心制作的一艘巨船。它高高耸立在密如蛛网的河流以及湖泊、芦苇丛中，在时空的长河中破浪远行，创造了一个又一个的奇迹。

环太湖流域的先民并不孤独。继江汉先民到达这块滨海湿地之后，江淮先民接踵而至。与他们一江之隔的江淮平原，也有一群跟他们一样寻找光明的部落。

他们就是江淮先民。大约在 7500 年前，他们顺着淮夷走廊一路向东，去找寻日出之地和参天扶桑神树。可是他们半途而废，在一个像极了江汉平原的一处肥美之地，也就是江淮平原停下了前行的脚步，在此安营扎寨，并创造了灿烂的双墩文化和凌家滩文化。

距今约 7500 年的蚌埠双墩遗址，其重要价值在于发现了 630 多件陶器刻画符号。其数量之多、内容之繁、结构之复杂，包括象形、几何形以及其他类型的陶器刻画符号，是历年来国内遗址所罕见的。这些符号，可分为单体符号、复合符号和组合符号，特别是不少符号反复出现，使用频率较高，具有明显的表意功能和可解释性。正如著名历史学家李学勤先生所说："双墩刻画符号的数量和复杂性，在世界考古学上极为罕见，对探讨中国文字起源以及文明起源问题，都有着重大意义。"与关中平原半坡和临潼姜寨遗址、三峡地区杨家湾和柳林溪遗址以及环泰沂山地区大汶口和环太湖流域良渚遗址的刻画符号相比，双墩刻画符号有诸多相似之处，表明它们拥有共同的源头。双墩陶器刻画再一次向我们证明：汉字起源于祭祀活动，巫师是汉字的集体创造者。

距今 5300 年的凌家滩遗址发现了大量玉器，是上世纪中国 100 处考古遗址大发现之一。从出土的玉器看，凌家滩玉器的选料、设计、磨制、钻孔、雕刻、抛光等工艺技术都达到高度发达的水平。圆雕玉龙强烈而鲜明地表现出华夏龙的传统特征。玉鹰呈三角形，翼为猪首形，腹胸有我们在江汉平原看到的八角星图饰，共同组合成了太阳神鸟。大量的玉猪、玉龟，是二十八星宿中危虚宿的象征，隐喻着古天文学中的龟豕之象。玉龟和原始八卦图版是凌家滩出土玉器中最珍贵的文物，并且是叠压一起同时出土的。两件玉器在出土时，玉版夹放在玉龟的龟甲里面，与古代文献所记载的"元龟衔符""元龟负书出""大龟负图"完全相符。凌家滩遗址再一次向我们证明：八卦起源于龟卜，龟卜也非殷商王朝独有。

继凌家滩文化之后，江淮平原突然沉寂了，几千年一直悄无声息。除了周期性泛滥的洪水，食盐资源的欠缺可能是主要原因。如果有取之不尽的食盐资源，江淮平原可能将成为另一个江汉平原、中原地区。没有凌家滩的辉煌，可能也就没有后来良渚的惊世骇俗。公元前 3400 年凌家滩古城毁灭，到公元前 3300 年良渚文化横空出世，两个年代距离非常之近。因此，我们有理由相信，由于淮河周期性泛滥的洪水，凌家滩人逃难到了江南的良渚。而事实上，良渚文化有着太多的凌家滩元素。良渚先民与凌家滩先民迁徙的线路不同，但最后走到了一起，坐在了同一条舟船上。

同三星堆、石家河遗址一样，河姆渡文化、良渚文化、凌家滩遗址的突然消失，也是由于洪水的泛滥。周期性泛滥的洪水，是华夏文化的一道魔咒。南方长江流域的史前文明似乎都摆脱不了这个宿命。这些盛开在南方沃土上的绚烂之花，在自然法则面前过于脆弱，都免不了过早凋谢、枯萎。

此后的三千多年，长江下游一片沉寂，直至春秋时期木渎古城在太湖北部的兴起。木渎古城的兴起也标志着吴国的兴起。此后，越王勾践仿照吴都建会稽城，揭开了吴越争霸的大幕。至此，环太湖流域的古老文明迎来了它的新纪元。继江淮先民之后，大量中原地区的先民为躲避战乱，南迁到这块滨海湿地之后，诗意江南开始渐入佳境。

Chapter 23
第二十三章

日出东方

　　东方日出之地和扶桑神树的传说，对于苦苦寻求光明的汉人先民有着致命的吸引力。在他们看来，在那遥远的东方，没有周期性泛滥的洪水和干旱，也没有瘟疫与战争，更没有无处不在的毒蛇猛兽。他们甚至幻想，在那遥远的东方，稻子可以疯长到扶桑神树那样高大，稻谷则可以长成如桑葚大小的果实。所有这些幻想，都源于他们内心的脆弱与对黑暗的恐惧。

　　江汉平原以东是连绵不绝的大别山。大别山不仅是长江和淮河的分水岭，同时也是楚地和吴地的分界线。在发现淮夷走廊之前，我们先民可能曾试图翻越山重水复的大别山，但都以失败告终。也许，正是在无数次的翻越大别山的过程中，我们先民发现了这条隐藏在崇山峻岭中曲曲折折流向东方的淮河。淮河就是华夏大地东方的另一条汉水。"淮"在甲骨文中，出现在介绍殷商王朝最后两位国王帝乙、帝辛征伐淮水中下游淮夷过程的卜辞里。这条河流的命名，与汉水、洛水如出一辙，也有着一只自由飞翔的太阳神鸟，具有图腾的意义。如果说没有这条走廊或者说通道，那么江淮平原上的凌家滩文化、环泰沂山地区史前文化有可能要后推几千年。

　　我国学界习惯称环泰沂山史前文化为东夷文化，是因为东夷部落。但东夷部落最初所指并非汉人先民，因为在我们先民到达之前，这里已经有了捷足先登者。他们才是先秦文献记载的真正的"东夷"部落。"夷"在殷商甲骨文中经常出现，由"大"与"弓"两个符号组成，意指这是一个身材高大的狩猎部落。身材高大显然不符合汉人先民的生理特征。只有北方的蒙古人、女真人、通古斯人或者阿尔泰语系的白色人种才符合这一体征。这个身材高大的狩猎部落与汉人先民经常发生冲突，可能是"夷"在甲骨文中频频出现的原因。从环泰沂山地区经常发现的史前白色人种骨骸来看，先秦文献记载的"东夷"部落，最初就是指由中亚地区孤军东进的一支阿尔泰语系白人部落。那支持弓前行并先行到达环泰沂山地区的游牧狩猎部落，在与汉人先民的领土之争中失败了，汉人取代他们成为环泰沂山地区的新主人。于是"东夷"的指向便悄然发生了改变，转而指向这支后来居上的齐鲁先民。"夷"这个字背后隐藏的信息，无意中向我们透露了一个久远的历史真相。我们先民历史记忆中的战争似乎只有宗教战争，没有种族战争。宗教信仰在我们先民的精神世界中，始终是最神圣的殿堂，不可撼动。

环泰沂山地区是仅次于中原地区发现绿松石最多的地区。山东大汶口、兖州王因、荏平岗庄、临沂大范庄、宁阳堡头，以及苏北邳县刘林、皖北金寨等地均相继发现了绿松石饰物，其中有耳坠、指环、管及佩饰等，仅金寨遗址就一次出土绿松石27件。绿松石所闪耀的天空色彩，与太阳的光芒交相辉映，让环泰沂山地区一派祥和。环泰沂山地区自古至今并不产绿松石。大汶口等众多遗址发现的绿松石，只可能来自汉水中上游地区。绿松石圣洁的蔚蓝，既是天堂的色彩，也是环泰沂山先民家乡的色彩。

从8000年前汉人先民的脚步踏上这块土地的时候起，就注定了环泰沂山地区将在华夏文明的演进中发挥极其重要的作用。四川盆地、江汉平原、环太湖流域虽然富饶，但是周期性泛滥的洪水注定了他们不断轮回的宿命：文明的演进常常被自然灾害打断进程。环泰沂山地区虽然不如南方富饶，但却没有周期性泛滥的洪水。环泰沂山地区虽然没有江汉平原那种繁花似锦的春天，但也四季分明，加之粟稻兼作，不至于出现南方那种大起大落、大喜大悲的情况。当游牧狩猎部落退居北方的草原之后，这里北有燕山山脉和黄河作为天然屏障，东有浩瀚的海洋阻挡，红山文化那种昙花一现的悲剧在这里也不会重演。这里有充足的海盐供给保障，中原地区、江汉平原、关中平原经常发生的食盐之战在这里也不可能发生，华夏文明的演进可以持续渐进地往前发展。

而事实上，环泰沂山地区从距今8000年的后李文化，到距今约7400年的北辛文化，再到距今约6500年的大汶口文化，最后到距今约4500年的龙山文化，各文化时期环环相扣，序列清晰。环泰沂山史前文化的这一从无间断的继承性、连续性，在早期华夏文明的发展进程中十分罕见，也是江汉平原、环太湖流域、辽西地区、四川盆地所不具备的。从这个角度讲，环泰沂山地区才是真正意义上的华夏文明的伊甸园，是屡经劫难的华夏文明的避难所和"诺亚方舟"。儒家文化、孔孟两位巨人出现在齐鲁大地，绝对不是偶然的。

事实上，我们先民永远也不可能抵达东方日出之地。从某种程度而言，东方日出之地和那里生长着的参天扶桑神树，只不过是虚无缥缈的海市蜃楼。可是，我们先民对此却深信不疑。当他们疲惫的身影出现在环泰沂山一带的时候，他们想象中的扶桑神树并没有出现，呈现在他们面前的是浩瀚的海洋。我们无法猜测他们当时到底是惊喜还是失望。虽然他们止步于海边，但东方日出之地和扶桑神树的传说对他们的吸引力并未因此减弱。不过，他们经常在眺望东方的时候，还真的在海上偶尔看到了海市蜃楼的奇观。这种奇观在我们今天看来不过是因为光的折射而形成的光学幻景，但我们的先民可并不这样认为。在他们看来，这就是扶桑神树所通向的天堂，是日神、火神的栖居之地，是先祖们死后灵魂到达的星空。"蜃"中的"虫"，指的显然就是蚕。这种偶尔出现的奇观，肯定让环泰沂山的先民震惊了。在此之后，他们无数次伫立海边，面朝大海，期待着这一奇观的再现。

后李文化是环泰沂山文化的底层，其创造者就是最早到达环泰沂山的一批汉人先民。他们应该就是最早的齐人和鲁人。后李文化距今 8000～7000 年，因发现于山东淄博后李遗址而得名。后李文化墓葬流行长方形土坑竖穴，死者头多朝向东方日出之地。日出之地就是后李先民灵魂升天的所在。这种葬俗后来一直延续到北辛文化、大汶口文化、龙山文化时期，成为环泰沂山地区史前文化最鲜明的一个特征。的确，东方日出之地和扶桑神树的传说，对环泰沂山先民的吸引力是致命的，就是生命终结了，也要面朝东方，让灵魂飞升到日出之地。

可能是玉石资源欠缺的缘故，在南北良渚、红山文化两座高峰的挤压之下，环泰沂山文化的玉器显得黯然失色。他们只能另辟蹊径，将所有热情与智慧投入到制作陶器上。而事实上，环泰沂山文化陶器的确是大放异彩，并不逊色于辽西地区、环太湖流域的玉石。二者殊途同归，共同再现了我们先民追求光明的心路历程。

在这块华夏大地最早看到日出的地方，温暖的阳光无处不在。与其他史前文化遗址一样，在龙山文化之前，环泰沂山陶器以红陶为主，彩陶独大，并且多种色彩的表现方式更是令中原仰韶文化彩陶望尘莫及。在整个后李文化、北辛文化、大汶口文化时期，环泰沂山彩陶中圜底器和三足器一直风行不衰。圜底器和三足器最早出现在长江中游的湘西北、鄂西南地区以及江西万年仙人洞遗址，后流行于大江南北，在华夏各史前遗址均可看到踪影。但论圜底器、三足器数量之多、体量之大，非这座"诺亚方舟"莫属。圜底器和三足器是华夏文明最古老的陶器，既是生活用品，同时也是祭祀器具。这两种陶器外形固然有便于烧烤烹煮的考量，但主要还是基于我们先民鲜明的价值取向：对太阳的礼赞与讴歌。

古希腊的毕达哥拉斯学派认为：一切立体图形中，最美的是球形；一切平面图形中，最美的是圆形。这也是华夏民族的思维模式、审美心理，可以说是整个民族的一种集体无意识。这种思维模式、审美心理，要追溯到我们先民的早期太阳崇拜。在这块华夏大地最早看到日出的地方，大量的各种圜底器，让我们感受到了太阳的炽热。圜底器的圆形或椭圆形，既是对太阳的模拟，也是对报晓金鸡的蛋的模拟。卵生神话是华夏传世神话的两大母题之一，并且也是最重要的母题。我们在这种最古老的陶器上，可以寻找到破解这一类神话的灵感。

三足器的三足，是环泰沂山史前文明的底座，也是华夏文明的底座。在这块华夏大地最早看到日出的地方，无处不在的三足器，把我们先民对三这一数字的痴迷表现得酣畅淋漓。其实，我们先民痴迷的并非三这个数字本身，而是其象征意义。在我们先民看来，"三"就是万物生成的基数。天地人这三者就是这个世界最基本的要素，这三要素生成了这个世界的万事万物。这是生成万物的太阳带给我们先民的灵感和启发。我们先民对这个世界的认识，远比我们想象的要深刻。《易经》中用得最多的数字是"三"，共有21处用到"三"。八卦的最基本单位是爻，每卦又有三爻，代表天地人三才；每三爻为一组，两组叠加在一起构成一卦。可以说，八卦正是在三的基础上构建而成的。这是生成万物的太阳带给我们先民的灵感和启发。孔子也似乎特别钟情数字三。在《论语》中，像"吾日三省吾身""三思而后行""三人行，必有我师焉"等等比比皆是，可以说是无三就不成其为《论语》。华夏文明青铜时代的鼎，就是三足器的升级版本。莱布尼茨这位科学天才、数论的开创者，一直希望找到用数学方法解决宇宙中一切问题的办法。后来，他从华夏文明中古老的阴阳两极生万物的宇宙观以及八卦二进制的表达式中得到启发，从而为数论及逻辑代数的发展奠定了基础。其实，莱布尼茨"万物皆数"的观点，华夏的先哲老子早就说过了："道生一，一生二，二生三，三生万物。"在老子看来，从道到万物之间最大的创生飞跃就在于"三"。三足器后来直接催生了象征光明的太阳鸟的造型——三足乌，以及象征皇权的鼎。

只有在这块华夏大地最早看到日出的地方，我们才能深刻感受到"三"这一神奇数字的巨大魔力。

到了大汶口文化时期，也就是距今 6500 ～ 4500 年的时候，太阳纹饰开始在环泰沂山地区大规模出现。出现频率最多的是八角形纹饰。八角形图纹着重表现的是太阳放射出的耀目光芒。大墩子遗址出土的一件彩陶盆，沿器腹一周用白彩绘着多个八角形图纹。大汶口遗址出土的一件彩陶豆上，沿器腹一周也用白彩绘有八角形图纹，无论是布局还是纹样形状，两件器物均高度一致。这两件器物的口沿部位，均有规律地分布着几组象征太阳光芒的放射状线条。相同纹饰的彩陶，后来在野店和西夏侯等遗址又反复出现。很显然，在环泰沂山地区，八角形图纹已经规范化了。如果把八角形图纹两两相对的星角拉平，便形成了规整的十字纹。十字形图纹在全世界范围内，被视为太阳崇拜的象征。环泰沂山地区的十字纹可分为两种基本组合形式，一种由日、火组成，另一种由日、火、山组成。与三足器和圜底器不同的是，这种绘有八角形纹、十字纹的彩陶，完全是祭日的礼器，是环泰沂山先民最神圣的重器。

尖底陶罐一向被我国学界视为环泰沂山地区史前文化的典型器物。这种形似蚕茧的尖底陶罐，是专门用来殉葬的陶器，是瓮棺葬的一种。距今约 5000 年的蒙城尉迟寺遗址出土了大量保存完好的尖底陶罐，里面装的都是早夭的儿童。无独有偶，2008 年，考古工作者在江汉平原距今约 5000 年的叶家庙遗址中发掘出了数量更多的尖底陶罐，里面同样都是早夭儿童的遗骨。江汉平原与环泰沂山地区这种葬俗上的惊人相似，也只有从南方汉人的北迁中才能找到合理的解释。很显然，环泰沂山地区尖底陶罐的源头在江汉平原。环泰沂山先民在生前没有抵达日出之地，也只能死后在形似蚕茧的尖底陶罐中化身为蝶，飞到扶桑神树之上了。

如果比较大汶口文化与石家河文化的陶器刻画符号，我们会发现两者存在诸多相似之处。两地的陶符多见于陶尊，而且文化陶符也高度一致。大汶口文化的第二类符号和石家河文化的第十一类符号，都由两部分构成：上部是一个圆圈，下部为一弧线三角形；大汶口文化的第五类符号和石家河文化第十类符号均为四条内弧线组成的四边形。陶尊器形厚重硕大，不可能是两地贸易的结果。这样的相似性很难用偶然现象来解释，我们恐怕只能在淮夷走廊中寻找答案。种种迹象表明，不论是早期的移民还是中后期的移民——环泰沂山地区史前灿烂文化的创造者，均来自江汉平原。他们沿着前人开辟的这条迁徙通道，朝着太阳升起的地方，义无反顾地一批又一批东迁，为环泰沂山地区注入了不竭生机与活力。

在经过了漫长的等待日出的岁月以后，随着江汉平原第二次大洪水的泛滥以及夏人大规模的迁徙，环泰沂山地区迎来了一个辉煌的时代：以黑陶为代表的龙山文化时期。环泰沂山先民一直想抵达的东方日出之地，以另一种形式呈现了，那就是龙山黑陶。龙山文化本身就是因环泰沂山地区的龙山黑陶而光耀华夏大地。龙山文化的黑陶，达到了华夏史前文明陶器的顶峰，这是我国学界形成的共识。龙山黑陶分有细泥、泥质和夹砂三种，以细泥薄壁黑陶的制作水平最高，胎壁厚仅 0.5 ~ 1 毫米，器表呈现出深黑色光泽，故有蛋壳黑陶之称，堪称绝代之作。龙山文化的精髓尽在环泰沂山地区，可能正是因为这里离日出之地最近。偶尔惊鸿一瞥的海市蜃楼，让我们先民灵智飞扬，寻找到了抵达天堂的捷径：彩色的黑。黑这种色彩，既然吸收一切颜色的光，也就包罗了万象。因此，我们猜想，龙山黑陶深黑色的光泽可能给予了他们以无尽的想象。恍恍惚惚中，他们在其中不仅看到了火焰的升腾，太阳神鸟的自由飞翔，还隐约看到了参天的扶桑神树。

在这块华夏大地最早看到日出的地方，环泰沂山先民对光明的向往似乎更加强烈了。在华夏灿若星河的史前遗址中，将太阳与神鸟的关系揭示如此紧密的，非环泰沂山文化莫属了；将太阳神鸟崇拜表现得淋漓尽致的，也非环泰沂山文化莫属了。在环泰沂山地区的北辛、大汶口、龙山以及岳石文化四个文化时期，均出土了大量以鸟为题材的陶器。仅陵阳河遗址就一次发现 8 件黑陶鬹，姚官庄遗址一地就发现 40 多件鸟嘴形陶鬹和一些鸟头形陶器盖纽。陶鬹这种器形最早出现在环泰沂山地区，可能是环泰沂山先民的首创。陶鬹除了三足和把柄以外，还必须有像鸟嘴一样的流，被国际学界誉为"东方文化中的标准化石"。北辛文化时期的陶鬹，还只是日常炊煮器，以实用为主。到了大汶口文化时期，陶鬹的功能上升为祭祀礼器，近似锥状的足演变成了鸟腿，器盖上的扣子多像鸟头。鬹形器既是一只静默沉思的太阳鸟，也是一只展翅欲飞的太阳鸟。风筝起源于环泰沂山先民的鸟图腾信仰，无疑是对太阳鸟的仿效和模拟。现代风筝千姿百态，但骨子里依然是太阳神鸟的神韵和原型意象。地处环泰沂山腹地的潍坊成为我国发明、放飞风筝最早的地方，是有深厚的历史文化积淀作支撑的。

据先秦历史文献的记载，在传说中的少皞部落统治时期，在环泰沂山地区形成了一个庞大的以鸟为图腾的氏族部落社会。大量以鸟为题材的陶器，验证了环泰沂山先民以鸟为图腾的历史事实。因此，我国学界一直称环泰沂山先民为鸟夷。《左传》昭公十七年曾记载郯国国君郯子向中原地区的汉人讲述东夷部落以鸟名官的有关情况，一直为后世学者所津津乐道、反复引证。郯国就在今山东郯城县。很显然，中原地区的史官以及诸子对华夏文明的史前时代已经很陌生了。火神、太阳神及太阳鸟崇拜，在华夏大地各部落持续了数千年的时间，并非环泰沂山先民独有。太阳神鸟在史前先民心目中的神圣地位，是这些深受儒家思想影响的史官以及诸子无法理解的。他们似乎在向后人讲述、书写一个又一个与他们没有任何关系的来自异域的传奇故事。华夏文明的断层问题，其实在先秦时期就已经凸显出来了。

这座华夏史前文明的避难所——"诺亚方舟"，所隐藏的秘密还远不止这些。考古工作者在这里经常有惊人的发现。在大汶口文化各遗址发掘过程中，考古工作者惊异地发现了一个奇怪的现象：拔牙的习俗。这一习俗从距今6800年前一直延续到距今约5000年前，并且无论男女都有拔牙的习俗。出土的人骨标本表明，拔牙部位高度一致，即上颌两颗切牙也就是侧门牙。这个部位正好是亚洲象的一对獠牙生长的部位。拔牙的年龄大多在15～20岁，女性略多于男性。其实，大汶口先民青春期拔牙的习俗，并非孤例。江汉平原的屈家岭文化、环太湖流域的马家浜文化、良渚文化，中原地区的仰韶文化，均发现了拔牙习俗的遗存，其中以马家浜文化和屈家岭文化最为典型突出。可能是环泰沂山地区土壤偏碱性的缘故，大汶口文化拔牙习俗的遗存数量最多也最为集中。从目前已发现的拔牙习俗遗存来看，各地拔牙习俗在年龄、部位等方面是高度一致的：拔牙年龄均在青春期，女性略多于男性，部位均为上颌的两颗侧门牙。

这一奇特习俗，肯定隐藏了一个不为我们所知的久远秘密。也许，在这块华夏大地最早看到日出的地方，在温暖的阳光下，这一久远秘密以及背后的历史真相，可以逐步浮出水面，变得清晰起来。

对于这一奇特习俗，我国学界一直感到十分困惑，试图破解其背后隐藏的秘密。目前，我国学界有爱美说、成人说、婚姻说、献祭说四种看法。这四种观点中，"献祭说"可能是最接近历史真相的观点。联系到大汶口文化早期墓葬普遍使用獐牙和獐牙钩形器随葬的习俗，我们可以肯定，拔牙习俗其实就是大象崇拜的一种表现形式。我们先民在青春期拔掉的上颌两颗侧门牙，应该就是献给大象与最早驯服大象女神的祭品。獠牙只有雄性大象才有，并且随着年龄增长而生长。我们先民牵着大象，在稻田挥汗如雨，这也是"豫"这个古老的汉字向我们还原的生动场景。这个生动场景较好解释了拔牙习俗何以选择在青春期并且女性略多于男性的现象。很可惜的是，大汶口先民在偶尔出现的海市蜃楼中，渴望看到大象在沼泽地带觅食的情形一直没有出现。他们只能通过这种形式，曲折地表达对大象以及祖先的崇拜。

华夏文明早期发生的一些扑朔迷离的故事，在这块华夏大地最早看到日出的地方，逐渐变得清晰起来。

环泰沂山地区发现的大量的拔牙习俗遗存告诉我们：在大约5000年前，我们先民的确有过大象崇拜与猪崇拜的习俗。猪崇拜只是大象崇拜的延续与转化，其实质仍旧是大象崇拜。蚩尤也是真实存在的一个始祖神。蚩尤这个始祖神的名号所蕴含的深刻含义，在南方的两湖平原消失了，但在相对封闭的在环泰沂山地区以拔牙习俗原汁原味地保存如初。环泰沂山地区也是华夏大地关于蚩尤传说最多的地方。蚩尤这一名号的字面意义，以及其所蕴藏的深刻含义，在环泰沂山地区不再神秘高深，变得通俗易懂了。当大象逐步淡出长江流域时，同样长有一对獠牙的野猪与獐子自然成为最佳替补角色。这也是我们在大汶口文化墓葬中看到大量獐牙、獐牙勾形器以及猪头、猪骨的主要原因。

与此同时，环泰沂山地区的拔牙习俗遗存还向我们表明，先秦历史文献记载的那场宗教神权之战是真实可信的。拔牙也称拔齿，先秦文献中又称"凿齿""折齿"等。环泰沂山地区的拔牙习俗，验证了《山海经》多次提到的"凿齿国"在历史上是真实存在的，并且生动诠释了《山海经·海内南经》的一处记载。这处记载是这样的："羿与凿齿战于寿华之野，羿射杀之，在昆仑墟东，羿持弓矢，凿齿持盾，一曰持戈。" 羿斩巴蛇这一神话传说其实已暗示了羿就是南方稻作部落的一个首领。这个部落的图腾就是大象与生有一对长长獠牙的野猪。北方巫师们的历史记忆在这里显然出现了混乱：斩掉巴蛇的羿本应是凿齿部落的首领，却变成了凿齿部落的敌人。这一记载虽然发生了人物移位的混乱，却正好验证了那场战争的真实性。《山海经·大荒南经》也有类似的记载："有人曰凿齿，有蜮山者，有蜮民之国，桑姓，食黍，射蜮是食"。如果去掉其中的故弄玄虚成分，这一处记载其实是在告诉我们，这个有凿齿习俗的部落是一个视蚕为神虫、视桑为神树的部落。《山海经》的这两处记载，正好对应了巴蛇食象、羿斩巴蛇两则神话传说，也可以说是对这两则神话的隐喻意义最直观的呈现。这两段文字，记载的就是那场宗教神权之战，也就是黄帝与蚩尤的涿鹿之战、颛顼与共工之战、炎帝与黄帝的阪泉之战，这三场战争其实就是一场战争。华夏文明最令人匪夷所思的巴蛇食象神话传说，其背后隐藏的历史真相就是这场宗教战争。这场持续了一个多世纪的宗教信仰礼仪之战，最后以有着"凿齿"习俗的部落失败而告终。

环泰沂山地区的"凿齿"习俗，有可能就是为了祭祀他们的先祖神——蚩尤。从伏羲为东夷部落领袖的诸多记载来看，也进一步证实了我们先前关于伏羲的历史原型就是共工、蚩尤的推断。环泰沂山地区众多关于蚩尤的传说，并非空穴来风，而是有迹可循。"凿齿"部落的失败，也就是蚩尤部落的失败，也标志着拔牙习俗走到了历史尽头。考古资料表明，华夏史前文明拔牙习俗最早可追溯到大汶口文化早期，也就是大约距今 6800 年前。到了龙山文化时期也就是距今约 5000 年前，拔牙习俗开始衰落。拔牙习俗衰落的时间，与颛顼发动的那场宗教战争时间是大致吻合的。环泰沂山地区是这一奇特习俗最后的辉煌。也只有在这座华夏史前文明的"诺亚方舟"，华夏文明的诸多传说才有可能变得清晰起来，让我们触手可及。

环泰沂山地区发现的众多刻在牛骨上的符号，是这一支来自南方稻作部落的另一佐证。环泰沂山先民与秦岭之北的先民不约而同地选择在牛骨灼烤后的纹路上寻找天象，是因为龟资源的欠缺。这一遗憾，只能靠南方的古蜀先民和北上的殷商部落来弥补了。

我们先民虽然没有能如愿抵达东方日出之地，但却意外发现了一座能看到壮观日出的圣山。这座圣山就是泰山。当我们先民疲惫不堪的身影出现在苏北大地的时候，他们一不小心就看到了北方一座耸入天际的山。泰山古称太山，可以说是华夏文明最典型的太阳神之山、东方的奥林匹斯山。这座太阳神之山，地处环泰沂山地区中心是再合适不过了。环泰沂山地区虽然也同样发现了众多人工堆砌的祭坛，但他们都无法与泰山相提并论。泰山是我们先民心中昆仑圣山的另一种呈现形式，不是昆仑圣山但胜似昆仑圣山。因为它离太阳最近，离天堂也最近，可以看到最为壮观的东方日出。在泰山顶上不仅可一睹壮观的日出景象，还可以看到虚无缥缈的海市蜃楼，以及围绕参天扶桑神树飞来飞去的太阳鸟。泰山后来成为商汤、周成王的封禅之地，是有深厚历史文化背景作支撑的。自泰山之后，人工堆砌的昆仑圣山逐渐淡出华夏大地，另外一个叫做凤凰山的圣山慢慢崛起了。凤凰山也就是太阳山。据有关资料记载，在华夏大地有 42 座山叫做凤凰山，分布近二十个省份。这种重名之广，是华夏文明的一大奇观。

太史公司马迁在《史记·五帝本纪》对环泰沂山地区表现出了浓厚兴趣。近代以来，以章太炎、王国维等为代表的学界精英，无不寄厚望于这片厚重的土地，试图破解华夏文明起源之谜。王国维在《殷周制度论》中说："自上古以来，帝王之都皆在东方。"吕思勉、杨向奎、蒙文通等一批学者均认为华夏文明起源于环泰沂山地区。何新在《诸神的起源》一书中也持相同观点。的确，环泰沂山地区有着持续数千年的辉煌灿烂文明，并孕育了深刻影响华夏文明的儒家学说，以及治国安邦的能臣管仲。华夏文明起源于这片东亚大陆最早见到日出的土地，似乎有着充分的理由。如果章太炎、王国维等先贤有幸看到南方长江中上游近几十年来的考古大发现的话，他们肯定会改变这一看法。

无论是苏秉琦先生的"满天星斗"说，还是严文明先生的"重瓣花朵式的向心结构"说，都无法解释环泰沂山地区鲜明的江汉色彩，也无法解释各地史前文明的高度统一性。如果说中原地区、环太湖流域、江淮大地、辽西地区、河套地区的史前文化是满天星斗的话，那么这些璀璨的星斗所围绕的重心，就只能是南方的三峡地区、两湖平原。南方汉人持续数千年的东进、北迁，使得东亚大陆在8000年前就呈现出一种文化大一统的局面，为后来持续数千年并一直不曾中断的华夏文明大一统局面打下了坚实的基础。

环泰沂山地区在华夏文明的演进发展历程中的使命，就是扮演好"伊甸园"和"诺亚方舟"的角色，为后世保存一些华夏初始文明的血脉和记忆，为华夏文明的演化积蓄足够的能量。环泰沂山地区也的确做到了。

第五部分
浓雾中的古蜀人

Chapter 24
第二十四章

金堆玉积

在汉人先民的迁徙旅程中，死亡、掉队是经常发生的事，并伴随了迁徙的全过程。当沿汉水北上中原的迁徙大军行进到汉江中上游地区的时候，就经常发生掉队、走失的问题。青龙泉与沟湾两处遗址表明，这一带是我们先民漫长旅程中的一处驿站。当北上大军在此休整的时候，有一个部落可能有亲人不幸离他们远去。当处理完丧事准备重新出发的时候，他们突然发现大部队早已走远，不见了身影。在短暂的惊慌之后，他们选择了继续沿汉水河谷西迁，涉险翻过重重山脉与狭隘，最后深入到了汉水上游的汉中盆地。自此以后，在这个驿站这样的事情经常发生，一拨又一拨的汉人先民沿汉水河谷西迁，并最终成就了金堆玉积的古蜀文明。

在 5000 年以前，在华夏文明的演化历程中，四川盆地还是一片真空地带。四川盆地史前文化遗址，无论是川西的宝墩村、十二桥、青羊宫等遗址，还是川南的花岩、石柱地等遗址，其上限均没有突破 5000 年。当两湖平原、中原大地、辽西地区、环泰沂山地区和环太湖流域风起云涌之时，四川盆地还是静悄悄的。对这个云遮雾罩、烟波浩渺的陌生世界，我们先民只能望而却步。成都平原就隐藏在这片汪洋世界的底部。上面欢快游动的鱼，要在数千年之后才能变成飞翔的鸟。

在四川盆地的北部，隔着一座东西向绵延的米仓山。在米仓山的北麓，有一个小盆地。这个盆地叫汉中盆地。汉中盆地向有"鱼米之乡、国宝之府"的美誉，其秀美、富饶并不逊色于四川盆地，也没有云遮雾罩的烦恼。汉朝开国皇帝刘邦就是在此被封为汉王。早在 100 万前，这个"国宝之府"就有早期智人在这里生活了。我们先民只是这里的最后一批移民。在 7000 多年以前，我们先民就在这个盆地一直默默等待四川盆地云开雾散、太阳普照的那一刻。

汉中盆地虽然秀美、富饶，但是严重欠缺食盐资源。华夏史前文明的演化舞台，是由食盐这只无形的巨手所导演的。汉中盆地这一致命的欠缺，注定了这块盆地在华夏史前文明的演化历程中不可能有大的作为。这一点与江淮平原是惊人相似。汉中盆地所能发挥的作用，也就是为古蜀文明积蓄足够的能量。

从目前考古发现来看，汉中盆地新石器时代遗址共有 6 处，主要有距今约 7500 年的龙岗寺遗址、距今约 7000 年的李家村遗址、距今约 6000 年的何家湾遗址。汉中盆地史前遗址偏少，似乎与这块富饶的盆地不大般配。这只能归咎于这块盆地食盐资源的短缺。我们先民虽然在 7500 年前就迁徙到了秦岭南麓脚下的这块宝地，却始终人丁不旺，显得孤独而寂寞。辽西地区、环泰沂山地区和环太湖流域部落繁衍、史前遗址密布的情况，并没有在这个秦岭南麓脚下的盆地出现。他们虽然想继续前行寻找食盐，但挡在他们面前的，是连鸟也飞不过的秦岭。站在米仓山上极目南眺，他们看到的是一片汪洋，以及汪洋上面不断蒸腾翻滚的雾气。云遮雾罩的四川盆地，让他们望而却步。可供他们选择的，只有汉中盆地。这支本应北上中原而误打误撞西行的汉人部落，在这个盆地的艰难厮守，我们只能理解为他们是在等待四川盆地云开雾散、太阳普照的那一刻。

三峡地区的高山峻岭，湍急的河流，注定了古蜀先民只可能走一条迂回的北上西进之路。古蜀人从哪里来的问题以及族源问题，汉水上游地区的龙岗寺遗址、李家村化遗址、何家湾遗址给出了明确答案。龙岗寺遗址出土的彩陶、黑陶、白陶、船形壶、人面壶等，以及陶器上的绳纹，李家村遗址发现的圈足陶碗、三足陶器、尖底陶，以及瓮棺葬、屈肢葬的奇特葬俗，何家湾遗址以龟随葬的习俗等诸多文化元素，向我们清楚表明，汉中盆地的先民来自湘西北、鄂西南地区。这也是古蜀人的族源。在大致相同的时间，船形壶在秦岭之北的关中平原姜寨遗址出现。这两支秦岭一南一北的先民部落最初都保留了南方的记忆，但后来他们走上了不同的发展道路。这三个遗址连同汉水中游地区的青龙泉与大寺遗址，为我们勾勒出了一幅古蜀人的迁徙线路图：由鄂西南经江汉平原，再沿汉水河谷逆流而上，到达汉中盆地，最后南上抵达成都平原西北地区。这也是 5000 年前我们先民从三峡出发、经江汉平原、沿汉水河谷逆流而上所能到达的最远地方了。这可能是 7000 多年前我们先民走出三峡丛林时所选择的一条最为艰险的迁徙之路。后来，江汉平原的不少汉人先民也同样选择了这条最为艰险的迁徙之路西上，为古蜀文明注入了源源不断的生机与活力。三星堆遗址发现的大量绿松石神人像，龙冈寺遗址出土的绿松石装饰品，让这条艰险迂回的迁徙之路变得更加清晰。

在大约等待了两千多年的漫长岁月后，汉中盆地的先民终于耐不住寂寞，开始尝试翻越米仓山东部的低矮山脉，再沿米仓山南麓西行，最后在成都平原西北地区停下了前进的脚步。这一推测，是建立在四川盆地史前遗址分布特点基础之上的。成都平原又称盆西平原或川西平原，是西南地区最大的平原和河网稠密地区。成都平原之所以成为西南地区史前遗址年代最早、规模最大、分布最为密集的地区，就是因为这里散发着食盐诱人的咸湿芳香。这种咸湿的芳香就来自岷江的河谷。四川盆地的盐业史，其实比我们想象的要更加古老与久远。没有丰富的食盐资源，也就没有我们现在所看到的金堆玉积的古蜀文明。从我们先民到达成都平原开采卤水那天起，也就是古蜀文明孕育形成之时。四川盆地的春天虽然姗姗来迟，但也不算太晚。

我们假设古蜀先民到达四川盆地的时间是仲春时节，呈现在他们眼前的正好是一片弥漫的浓雾。他们努力睁大眼睛，想看清隐藏在浓雾中的河流、山岚，以及可能潜在的各种风险。可是，他们看到的，除了雾还是雾。

而事实上，四川盆地一年四季总是云遮雾罩的。作为典型的内陆盆地，四川盆地西部和西北部是青藏高原的岷山山系，北面是秦岭山脉，东面是大巴山系，南面则是云贵高原，四周都是崇山峻岭。再加之河流密布、温暖湿润，雾气不易扩散，全年有 300 多天被雾气笼罩，年日照只有 800～1100 小时，为全国日照最少的地区之一。5000 年前的四川盆地，平均气温要比现在高 2℃～3℃，气候要更加湿润，雨量要更加充沛，一年难得有几天能见到太阳。狗常常因偶尔见到太阳而惊叫起来，便形成了后来我们熟知的成语"蜀犬吠日"。从这个角度讲，四川盆地实在称不上"天府之国"。

想看到太阳，却总是看不到太阳。他们只得睁大眼睛继续观察，并在浓雾中摸索着前行。他们认为，浓雾中肯定隐藏着对他们极为不利的风险与挑战。于是，他们极力想看清周边或者更远的地方，以便随时做出判断、迅速采取行动。睁大眼睛前行、生活，成了古蜀先民在四川盆地生活的一种常态。于是，视力的重要性凸显了，他们渴望有一双能洞穿迷雾的眼睛。这也是初到峡江地带汉人先民的尴尬处境。这支最早到达四川盆地的汉人先民队伍，无疑就是蜀人的祖先。他们在四川盆地的最初感受，为后来的蜀人打上了永远的文化标志：一双能洞穿迷雾的眼睛。在云遮雾罩的四川盆地，"眼睛"对于汉人先民无疑具有特殊的意义。

四川盆地古称"蜀"。"蜀"最早见于商代甲骨文。这是一个会意字，由巨大的眼睛"目"和"虫"组成。很显然，这个古老的汉字"蜀"字，就是古蜀人的图腾符号。在汉人各部落中，可能再也没有比古蜀人更加渴望有一双明亮大眼睛的族群了。"蜀"成为他们族群认同的标志，成为地名、族名、国名是再正常不过了。文化的产生，总是与环境密不可分。假设四川盆地与洞庭湖平原、江汉平原一样一年四季艳阳高照的话，那么华夏文明也就不会有这个神秘的图腾符号和"蜀"字了。

在殷商甲骨文中，"蜀"是出现频率最高的汉字之一。这个具有图腾价值的符号，孙海波先生在《甲骨文编》中列出20种写法，徐中舒先生主编的《甲骨文字典》中列出9种变体。有关"蜀"的甲骨卜辞，最早的董作宾先生统计有11条，后来日本学者岛邦男先生统计有42条，姚孝燧先生列出了67条。汉人先民精心创造这个汉字，实际上是在为云遮雾罩的四川盆地量身定做一个符号，也是在为后人破解华夏文明的起源之谜留下的一条线索。

古蜀先民最初到达四川盆地的时候，呈现在他们眼前的，实际是一片河流纵横、湖泊密布的水乡泽国。封闭的盆地，多雾的天气，使四川盆地成为另一个跟三峡类似的史前文化秘境。日照先天不足，也使四川盆地与稻作农耕文化失之交臂。零星的稻作遗址表明，古蜀先民曾经尝试过，但并没有成功。因此，古蜀人一直徘徊在渔猎文明阶段，有时游走在农耕的边缘地带。也许，这一支曲折西行的汉人先民所肩负的历史使命，注定就是为了在西部的成都平原创造令后人震惊的三星堆、金沙古文明，让我们一窥史前渔猎文明的真相与魅力，揭开一些关于华夏民族创世纪的秘密。如果真有一条可以穿越到5000年以前的时空隧道，那么这个时空隧道只可能出现在四川盆地。这可能也是四川盆地在华夏文明演进进程中的历史使命。因为山高谷深的三峡地区为我们留下的线索毕竟极其有限。云遮雾罩的四川盆地正好弥补了湘西北、鄂西南地区的这一缺憾。

当代著名历史学家李学勤先生在几十年前曾断言，如果没有对巴蜀文化的深入研究，便不能构成中国文明起源和发展的完整图像……华夏文明研究中的不少问题，恐怕必须由巴蜀文化求得解决。当代国学大师饶宗颐先生在《西南文化创世纪》一书中，通过对甲骨文中许多字的考释，证明了西南文明远古时的繁荣景象，厘清了一些一直争论不休的问题。两位先生之所以对西南地区充满了期待，是因为巴人、蜀人身上的谜团太多了。三峡地区连同四川盆地上空的云雾散尽之时，有可能就是华夏文明起源破解之日。

四川盆地在沉默了近万年之后，终于来了一次惊人的大迸发。1929年，一位农民在车水溉田时，无意碰醒了沉睡 4000 年之久的三星堆文明。2001 年 2 月，古蜀宝窟大门又一次悄然打开：沉睡了 4000 多年的金沙遗址再次让我们惊艳。三星堆、金沙遗址大量珍贵文物的面世，曾经轰动了中国，震惊了世界。随着广汉三星堆与成都金沙遗址的发现，一种来自远古时期的"全新"的文明样式，让世人惊叹不已！从上世纪初到现在，这种惊叹就一直没有停止过。自三星堆和金沙遗址发现之后，四川盆地的历史一直不断刷新。继距今 5000 年的宝墩村遗址发现之后，紧接着是十二桥、新一村、青羊宫等文化遗址的重见天日，宝墩古城、郫县古城等八个史前古城遗址的相继发现，从而初步构建起了以成都平原为中心的古蜀文化谱系。这个文化谱系将三星堆、金沙文化的历史向前推移了 2000 年。

我国历史学界一向认为，与中原地区相比，古代四川盆地是一个相对封闭的地方，与中原文明没有可比性。而三星堆、金沙遗址的惊艳亮相再一次证明，南方有着比北方更加古老灿烂的文明，华夏文明的源头就在南方。很多学者也都承认，华夏文明的确存在记忆断层的问题，我们的历史记忆是有问题的。

洞庭湖平原、江汉平原、四川盆地周期性泛滥的洪水，是造成华夏史前文明记忆断层的根本原因，而三峡地区除了岩石还是岩石，先天欠缺保存史前遗址的条件。目前我们在三峡地区所看到的，充其量只能算是华夏史前文明的记忆拼图，更多的历史真相还隐藏在层层历史迷雾之中。考古学的资料具有实证性和局限性这双重性格。要正确解读南方三峡地区、两湖平原对华夏文明起源的重要影响，一方面要借助考古成果的实证，以及跨学科的攻关，另一方面还需要我们睁大双眼，更加注重对史实的阐释与逻辑的疏通，看清迷雾中隐藏的历史真相。

在华夏大地灿若繁星的史前文化遗址中，几乎再也找不出比三星堆和金沙遗址更加神秘的了。三星堆和金沙遗址所呈现的神秘世界，对于我们来说的确过于陌生和遥远了，古蜀人好像就是生活在异域星空的人。对这一惊人大发现，我国学界曾经患上集体失语和认知失调症。我们之所以对三星堆、金沙遗址有着种种误读，是因为我们对华夏史前文明认知的肤浅和偏见。三星堆、金沙文明迥异于中原文明的独特气质，以及所传递出来的丰富的华夏文明远古信息，的确让我们着迷而百思不得其解。三星堆和金沙之所以神秘，是因为其所代表的华夏文化的初始面貌，以及我们十分陌生的祖源记忆。尽管我国学界认为三星堆、金沙遗址的发现有着改写华夏文明史的重要价值，验证了古文献中对古蜀国记载的真实性，但其重大意义与价值仍然被严重低估了。三星堆、金沙遗址，可能就是我们走近华夏初始文明的另一个秘境。

四川何以称"蜀"？这个"蜀"字背后隐藏的文化密码又是什么？三星堆、金沙遗址众多眼形器物，为我们破译这一密码提供了宝贵线索。

一代又一代的古蜀先民，从来就没有停止过对这个云遮雾罩世界的观察。在三星堆、金沙遗址，睁大的眼睛，深邃的目光，远望的眼睛，无处不在。三星堆遗址表现"眼睛"的器物不仅数量众多，而且奇特。最让人惊异的是，这些器物眼球呈极度夸张，瞳孔部分呈圆柱状向前纵凸伸出，最长的达到 16.5 厘米。三星堆共出土了 71 件铜眼形器和 5 件眼形饰，均出自二号祭祀坑。其中，A 型"眼形器"为完整的菱形，共 29 件，整体形态像一只抽象化了的大眼睛；B 型"眼形器"23 件，为两器一组，拼合则构成为菱形眼形器；C 型眼形器 19 件，为四件一组，拼合后同样为菱形眼形器。金沙遗址也出土了大量表现人"眼睛"的器物，以铜眼形器居多。A 型眼形器与三星堆造型风格一致，B 型眼形器与三星堆铜眼形饰的风格一致，但表现方式却有所不同。三星堆 B 型眼形器和眼形饰都是用凹凸的方式表现眼睛，而金沙则是用墨绘或穿孔来表现瞳孔、眼眶、眼角。两处遗址均出土大量眼形器物，表明眼睛崇拜在四川盆地是一种普遍现象。眼睛崇拜实际上也就是西南地区四川盆地版本的太阳崇拜。这个新版本，是汉人先民走出三峡地区后的适应环境的结果。

源于三峡地区的太阳崇拜，在云遮雾罩的四川盆地被古蜀先民推到了极致。将太阳描绘成"轮形器"，是世界各国太阳崇拜民族比较通行的做法。三星堆二号坑出土了 6 件青铜"轮形器"，后来被命名为"太阳形器"。已修复的两件直径约为 84 厘米，中心似轮毂的大圆泡直径约 28 厘米，显然就是太阳的象征；5 根似轮辐的放射状与外径相连的直条，无疑就是四射的太阳光芒。这些青铜太阳轮，强烈表达了古蜀先民祈日、盼日的愿望。古蜀先民祭祀太阳几乎是不计成本的，倾其所有，用尽了当时他们最主要的社会财富。对太阳神的崇拜达到如此狂热的地步，恐怕世界上再也找不出第二个民族了。如果当时湘西北、鄂西南地区的汉人部落有幸到四川盆地走一走、看一看的话，他们一定会自叹不如。《太阳出来喜洋洋》这支经典民歌在四川盆地传唱了几千年，绝对不是偶然。或者说，这些太阳器物，就是在为这支经典民歌的出现预热、造势。

在古蜀先民看来，仅仅制作太阳器物，还不足以表达他们对太阳情感的全部。他们制作太阳神鸟图案，同样倾注了全部的热情与智慧。在他们看来，鸟就是太阳的化身，天堂通路的使者，即使倾其所有也是值得的。金沙遗址最具有典型意义和代表性的文物是"太阳神鸟"，即"四鸟绕日金饰"，生动再现了汉人先民"金鸟负日"的神话传说。这是一件让所有人深深震撼的华夏远古文化图案。整个金饰呈一圆环形状，金饰上有复杂的镂空图案，分内外两层，内层为周围等距分布有十二条旋转的齿状光芒，外层图案围绕着内层图案，由四只相同的朝逆时针飞行的鸟组成。四只鸟首足前后相接，朝同一方向飞行，与内层漩涡旋转方向相反。整个金饰呈一圆环形状，外径 12.5 厘米，内径 5.29 厘米，厚度 0.02 厘米，重量 20 克，图案整体呈现出一种奔放、跃动、飘洒的气质，一种繁复富丽的绚烂之美。三星堆的金箔太阳鸟与出土于中原汝州《鹳鱼石斧图》中的太阳鸟之间，虽然相隔重重关山，但造型相似，神韵也惊人的相似，如出一人之手。这种高度相似性，我们恐怕只能从汉人先民早期在三峡地区的经历中去感悟、体会了。2005 年，太阳神鸟金箔图案被国家文物局正式确定为中国文化遗产标志。用太阳神鸟金箔图案代表中国文化遗产，是再合适不过了。

　　三星堆二号坑出土了 8 棵青铜神树，其中最大的青铜神树共有九鸟。这九只鸟显然就是指九个太阳。羿射九日的神话传说只可能产生在稻作发达的两湖平原，四川盆地只可能产生掌控天地明晦的神话人物。在华夏远古神话传说中，有一个人面蛇身、掌控天地明晦的神，叫烛龙，其形象特征就是"纵目"，口中衔烛，是太阳神的化身。"烛"的繁体写作"燭"，"火"与"蜀"两个符号表明，"烛"最初的意义就是火把或火炬。"蜀"既表音也表意，表明这个太阳神就是古蜀先民在特定环境下创造出来的一个驱逐雾气的神。在"傩"仪中行法事的大巫师，可能就是在模仿这个神。这也是文明与环境相互作用的另一个佐证。

　　三星堆、金沙遗址还为我们再现了汉人先民在三峡丛林中对报晓金鸡的崇敬。这只报晓金鸡后来从三峡的丛林中飞到了成都平原，多了些沉静的气质。三星堆出土的青铜鸡，是三星堆青铜文物中最具代表性的作品之一。这只青铜鸡就是太阳和光明的使者。其实，对这只青铜鸡，我们非但不陌生，而且似曾相识。因为在长江流域、环泰沂山地区、辽西地区，相继发现了大量的陶鸡。三峡丛林中那只报晓的鸡，越飞越高、越飞越远，最终蜕变成美丽的凤凰。江汉平原石家河遗址不仅发现了大量陶鸡，还出土了大量鸡形陶壶。鸡形陶壶在长江流域各地史前遗址均有发现，足以说明这种器物遍布长江流域。在距今 5000 年前的环泰沂山地区的大汶口文化中期，也相继发现了大量的鸡形陶器。辽西红山文化的一个彩陶片的图案，是一个鸡的头部正对着太阳的光芒，被称为我国"最早的金鸡拂晓图"。这支北方塞外的陶鸡与四川盆地的青铜鸡，虽远隔千山万水，但神韵息息相通。长江流域、环泰沂山地区出现的鸡形陶器，被考古学家称之为鸡彝，后来成为夏王朝的重要礼器——灌尊。这一切，都源于汉人先民早期在三峡丛中对温暖与光明的向往。这也是凤凰图腾产生、演化的根本力量。

三星堆、金沙遗址的祭祀礼器，为我们进一步理解发源于三峡地区的"傩"仪及巫文化，提供了绝佳机会。可以说，三星堆、金沙遗址为我们还原并再现了古老的"傩"仪和巫文化。三星堆、金沙遗址之所以神秘和诡谲，在于同样神秘和诡谲的古老"傩"仪和巫文化。"傩"这个仪式最突出的特点是巫师必须戴上面具，也就是"变脸"。因此，"傩"戏也称变脸戏。面具是傩戏造型艺术的重要手段，也是傩戏区别于其他戏剧的重要特征。三星堆出土的黄金面具，应该就是巫师作法时所戴的面具，黄金权杖应该就是巫师手持的威严法器。三星堆高达 2.6 米的青铜大立人，金沙遗址近 0.15 米高的青铜小立人像，很显然就是主持"傩"仪的大巫师；三星堆另外的几十个较小的青铜人头像，则是陪同大巫师行法的一众小巫师。川剧变脸的绝活产生在云遮雾罩的四川盆地，看来是有深厚历史文化渊源的。

用金堆玉积四字来形容古蜀文明一点也不为过。如果说三星堆、金沙遗址是用黄金、青铜堆积而成的一座史前文明高峰，那么大量的精美玉器则是这座高峰的基座。三星堆和金沙遗址是目前为止我国出土夏商时期玉器数量最多、种类最丰富的遗址之一。古蜀玉器的重见天日，让红山、良渚玉器不免有些尴尬。因为古蜀玉器种类更繁多、体量更巨大、工艺更高超、制作也更精美，仅制玉工艺就多达十一种。最引人注目的是一件堪称国宝的十节玉琮，高约 22 厘米，青玉质地，四面总计共有多达四十个神面纹，可以说将精雕细琢发挥到了极致。虽然古蜀玉琮在形制风格上与良渚玉琮完全一致，但其精美程度以及玉质却远超良渚玉琮。古蜀先民一念执着，数千年坚守，为华夏玉石文明创造了又一个奇迹。

三星堆和金沙遗址出土的黄金权杖、黄金面具等黄金器物，为华夏史前文明平添了一道艳丽的色彩，让人惊喜交集。毋庸讳言，与西亚、地中海沿岸等地区的史前文明相比，华夏史前文明黄金制品确实比较贫乏，不少学者因此为华夏史前文明色彩的暗淡而扼腕长叹。不少学者曾因此认为，东方重玉石，西方重黄金，是华夏文明与西方古代文明的差异之源。但古蜀文明为我们弥补了这一遗憾。三星堆、金沙遗址出土金器数量之多、制作之精、规格之高，表明黄金在古蜀先民心中的地位并不比玉石低。三星堆遗址的金器，分别出土于一号和二号祭祀坑。一号坑出土金器有金杖、金面罩、金虎形箔各 1 件，另有金料块 1 块，总重量达 650 克以上。二号出土金器可统计的 61 件片均为金箔制品，另还有不少残片、屑，重量共计 191.29 克。另外，该坑还出了 4 件金罩铜人头像，重量不少于 50 克，共计约有 250 克。三星堆金器中最重要的文物就是金杖。金杖全长 1.42 米，直径 2.3 厘米，净重约 500 克。金沙遗址的金器主要是在建设施工中抢救出土的，共清理发现金箔器 31 件，重量约为 150 多克。"太阳神鸟"金箔是金沙遗址出土的最为惊艳的器物，不仅仅是金沙遗址博物馆的"镇馆之宝"，也是华夏前文明的"镇国之宝"。古蜀文明多种金器的密集发现，以及黄金制造工艺的杰出成就，为华夏史前文明最后的辉煌书写了浓墨重彩的一笔。

我们在三星堆、金沙遗址看到的黄金面具，也就是最早的"鬼"字。在甲骨文中，"鬼"字上面是个田字形的大头，下面像一个人跪着的姿势。东汉许慎在《说文解字》这样解释"鬼"字："从人象鬼头"。意思是说，有鬼头的人。"鬼头"就是古代巫师作法时用的面具，至今有些地方还称面具为"鬼脸儿"。看来，最早汉字的"鬼"，并非指冥界的幽灵，而是指那些戴着面具的巫师。

四川盆地近几十年来的考古大发现表明，不论是古城的形制、建筑方法，还是器物上的文化符号，以及蛇图腾、蚕图腾，古蜀国与江汉平原的史前文明均有着割舍不断的同源关系。这也是目前学术界较为流行的一种观点。

成都平原史前古城址群年代距今 4500 ～ 4000 年，年代整体上晚于江汉平原史前古城址群。成都平原目前发现的 8 座史前古城，全部采用的是斜坡堆筑法。这种从底部到顶端渐渐收拢的筑造法，与江汉平原马家垸古城、石家河古城高度相似。我们甚至于怀疑两地古城为同一设计师设计、同一施工队施工。不仅如此，四川盆地史前遗址发现的陶器、玉器楚风浓郁，无不具有江汉平原出土器物的风格特征。四川盆地史前遗址发现的陶器纺轮，与江汉平原屈家岭、马家垸的陶器纺轮，简直就是用同一模具烧制的。如果说汉江平原屈家岭、马家垸的陶器纺轮是源，那么这股小溪并没有如江汉平原的众多河流那样流向东南方向，而是反其道而行之，流向了西北方向。汉水中上游青龙泉一带、汉中盆地相继出现了这种随葬品。陶器纺轮为我们还原了一条清晰的古蜀先民迁徙路线。楚蜀两地文明的高度相似性，恰好对应了古蜀五祖之一的鳖灵从长江逆流而上、死而复生的久远传说。这个传说在《华阳国志》中有记明确记载："荆人鳖灵死，尸化西上，后为蜀帝。"这是古蜀先民的历史记忆，也是他们对故乡的怀念，对族源的追寻。

如果说四川盆地的早期移民来自湘西北、鄂西南地区，那么中后期的移民应该来自江汉平原。三星堆、金沙遗址的主人，可能就是江汉平原的移民。最早那支本应北上中原的移民队伍，可能在汉水中游地区迷路了。他们误打误撞、沿汉水河谷西进，走了一条汉人先民最为艰难曲折的迁徙之路。这支西进的先锋队伍，用生命为江汉平原的洪灾或战争难民持续数千年的西迁踩踏出了一条迂回艰难的进川道路，最终成就了古蜀文明。

　　滞留在四川盆地的汉人，持续了数千年的渔猎生活。古文献记载的蚕丛、柏灌、鱼凫、杜宇时代，还一直过着渔猎生活，并一直持续到商周时期。在三星堆、金沙遗址，大量类似鱼鹰的鸟头柄勺，雕刻有鱼的金杖，以及鱼形牙璋、鱼形玉佩与陶质网坠模型，9件鱼形箔饰挂架和59件鱼形箔饰，是他们持续了数千年渔猎生活的见证。这支滞留在封闭的四川盆地的汉人部落，似乎从渔猎时代怎么也走不出来了。自然条件的封闭性，让四川盆地只能长时间地在神权阶段盘桓、辗转，注定长不成参天大树，也做不了华夏文化的中心和大本营。也正因为如此，古蜀先民担当起了华夏初始文明守望者的重任，为我们保留了弥足珍贵的祖源记忆。

　　三星堆、金沙遗址中的大多数器物要远比遗址本身更加古老，青铜器和玉器更是早达千年以上。而创造这些器物的主人，他们的精神世界则比那些青铜器和玉器还要古老，还停留在5000年以前。长久以来，古蜀国的历史一直云遮雾罩，成为困扰着人们的难解之谜。我国学界有一种流行的观点，即认为蜀人为氐羌族的一支，是经岷江河谷东进到达四川盆地的。氐羌族是从藏人中分离出来的一支游牧部落。可是我们在四川盆地的各史前遗址中，看不到一点游牧部落的文化色彩。云遮雾罩的四川盆地，只适合渔猎，并不适合游牧。这一观点，只是一种主观臆想。我们在睁大眼睛注视由黄金、青铜、玉石所打造器物的时候，只要稍稍留意一下那些不被我们所重视的陶器以及葬俗，我们就不难发现，古蜀文明的所有元素，都可在汉中盆地的三个史前遗址以及江汉平原众多史前遗址找到踪迹。三星堆、金沙遗址出土的陶器也十分丰富，其中圈足陶、尖底陶居多。四川盆地的史前彩陶，并不逊色于中原地区，只不过它的光芒被玉器、青铜器的光芒遮蔽了。瓮棺葬在四川盆地各史前遗址均有发现。屈肢葬这一奇特葬俗，在四川盆地以及西南地区最为盛行，从史前一直延伸到民国时期。潮湿多雾而且封闭的四川盆地，让他们从渔猎时代似乎永远走不出来了。从我们先民翻越米仓山那天起，秦岭之南的广大西南地区高度一致的方言、风俗这一格局就注定了。

　　四川盆地同样逃脱不了江汉平原的宿命。江汉平原的历史悲剧不断在这块云遮雾罩的成都平原上演。以金沙、三星堆为代表的古蜀文明的繁荣在持续了1500多年后，在某一天又突然消失了。在此之后，四川盆地沉寂了2000多年。种种情况表明，金堆玉积的古蜀文明毁于成都平原周期性泛滥的洪水。当历史再一次衔接上时，四川盆地的统治者已由古蜀的巫师变成了北方的秦人。

Chapter 25
第二十五章

生死轮回

　　四川盆地不仅仅只是地理意义上的盆地，也是华夏史前文明的一块盆地。当然，我们也可以视之为华夏史前文明的一座孤岛。当两湖平原、中原地区以及关中平原的文明大步向前迈进、不断蜕变的时候，四川盆地却裹足不前，一直徘徊在渔猎阶段，陶醉于神秘的灵巫境界之中不能自拔。古蜀先民生活的环境是封闭的，他们的视野与心灵也是封闭的。终年不散的云雾，在遮蔽阳光的同时，也遮蔽了他们的视野与心灵。三星堆和金沙遗址所代表的古蜀文明，可能就是华夏史前文明最后的一场狂欢。如果说华夏文明的演化各地有个大致分工的话，那么最适合四川盆地的使命就是：为后世尽可能多地保留一些华夏史前文明最初的历史记忆。事实上，四川盆地也的确做到了。我们应该很庆幸华夏大地有一个云遮雾罩的四川盆地，华夏史前文明中有一金堆玉积的古蜀文明。

　　汉人先民从江汉平原迁徙各地后，尽管环境各自不同，但生存处境却是相似的。宗教情绪的狂热程度，往往与心灵脆弱的程度呈正比的。在这个云遮雾罩的盆地，一切都显得不确定和不可预测，什么事情都有可能发生。古蜀先民的心灵其实是脆弱不堪的，甚至于可以说是惶惶不可终日。以三星堆和金沙遗址所代表的古蜀文明，不仅为后世留下了我们先民狂热而鲜活的太阳崇拜场景，还保留了我们先民对生与死的思考与探索。自从踏上东亚大陆这片广阔无垠的土地，我们先民对生与死的思考与探索就从来没有停止过，并与日俱增。在这场华夏史前文明最后的一场狂欢中，我们感受到的，是古蜀先民对死亡的焦虑不安，对永生的渴望祈求。三星堆、金沙遗址黄金玉石所绽放出的光芒的背后，其实是古蜀先民心灵的黑暗。可以说，古蜀先民是南方的殷商部落、西方的楚人。他们都是狂热的宗教徒，虔诚的太阳神的子民。

四川的简称"蜀"，除了"目"之外，还有一个"虫"字。这个"虫"字，是隐藏在古老"蜀"字背后的另一个秘密。两个符号组合在一起，才是对四川盆地完整的文化性编码。这个编码，在三星堆和金沙遗址中得到了充分的阐释。我们先民对生与死轮回的臆想，尽在这一"虫"字之中。

"虫"的原义就是蛇。在甲骨文中，"虫"就是一条蛇。后来当理性之光开始烛照我们先民心灵的时候，"虫"才慢慢引申为昆虫类。现代汉语庞大的"虫"字部家族，其源头可追溯到我们先民在南方三峡地区、两湖平原对死亡黑暗的恐惧、对蛇的恐惧与征服的矛盾心理。"蜀"字中这个"虫"，可能就是北方汉人为古蜀先民量身定做的一个文化符号。这个文化符号象征的就是蛇图腾。三星堆、金沙遗址是我国现今发现的唯一能证明我们先民曾持续了数千年之久的以蛇为图腾的两个史前遗址。这两个遗址玉蛇数量之大、制作之精、内涵之丰富，为上古时代器物中所罕见。《山海经》记载的珥蛇者、操蛇者、饰蛇者、人首蛇身，在三星堆、金沙遗址的玉器中都有生动形象的艺术再现。早期汉人先民在三峡地区对蛇的恐惧，以及对恐惧的超越，在《山海经》只有笼统含糊的描述，而四川盆地的古蜀先民则给我们留下了鲜活的实证。这也是古蜀先民在成都平原上为《山海经》下的一个生动注脚。时空在云遮雾罩的四川盆地似乎凝固了，找不到时光的年轮痕迹。三星堆、金沙遗址再一次表明，《山海经》的记载是可信的。这也是隐藏在四川简称"蜀"中"虫"字背后的另一个秘密。以蛇为图腾，三峡地区、两湖平原只有《山海经》记载的巴蛇食象与羿斩巴蛇的神话传说，并没有实物证据。只有封闭的四川盆地原汁原味地保留了华夏文明起源的一些真相，填写了三峡地区、两湖平原的历史空白。

事实上，"蜀"中这个"虫"字，还不仅仅只是蛇图腾这么简单。这个"虫"字不仅指蛇，同时也指另一神奇的虫子：蚕。最早走进我们先民精神殿堂的是蚕，而不是蛇。在甲骨文中已大量出现蚕、丝等象形文字。古老的汉字往往具有图腾的意义与价值，寄托着我们先民的精神信仰。《说文》《尔雅》《释名》等古文献均认为，这个"虫"字就是蜀地的一种野蚕。由三星堆、金沙遗址大量的蚕纹青铜器、蚕形玉器和蚕形符号来看，蚕与蛇一样也是我们先民的精神图腾。这两个图腾实际上就是一枚硬币的两面。如果说蛇代表的是恐惧与征服，那么蚕则象征的是阴阳轮回与生死循环。前者是对某种动物的恐惧与征服，后者则是直接对死亡恐惧的征服与超越。这两个图腾合起来才是对"蜀"字中"虫"符号的完整阐述。

关于蚕桑文化的起源，一直众说纷纭，从而成为华夏文明的未解之谜。目前关于蚕桑文化的起源，我国学界集体走进了一个误区，那就是将蚕桑视为一种经济形态、农事活动。或许，我们在云遮雾罩的四川盆地有望寻找到破解这一未解之谜的钥匙。这把钥匙，本应隐藏在三峡地区、江汉平原的某一岗地，但频频发生的洪水让它深埋在了历史的深处。幸好江汉平原的移民复制了一把，并将其带到了云遮雾罩的四川盆地。陶器纺轮虽不是桑林、蚕，但胜似桑林、蚕。四川盆地出的陶器纺轮，其实已为古蜀先民心中的桑林以及桑林中吐丝的蚕的来源问题给出了答案。

古蜀先民虽然离开了三峡，走出了江汉平原，但他们心灵上的云雾并没有因此而消散，而是更加浓郁了。数千年前我们先民在三峡地区的惶恐不安，始终如影随形伴随着他们的每一天。古蜀先民狂热的宗教情绪，就缘于他们心灵的脆弱。神秘的灵巫境界，应该就是在掩饰这种内心的不安，目的就是驱散蒙蔽心灵的云雾。所有古老文明神秘的外表之下，其实都隐藏着一个族群脆弱不堪的心灵。如果我们先民内心足够强大，也就不可能产生巫文化，也就不会有金堆玉积的古蜀文明。三千多年前的三星堆、金沙古蜀文明，就是一座历史的暗桥，可以引导我们通向八千年前三峡地区汉人先民对死亡的恐惧与超越的心路历程。

汉人先民在三峡地区、两湖平原的河流、湖泊边度过短暂而欢乐的童年之后，烦恼便接踵而至。这个烦恼就是对死亡的焦虑、对黑暗的恐惧。死亡的阴影像幽灵一样无处不在，黑暗的恐惧则是三峡地区、两湖平原弥漫不散的云雨。这也是我们先民成长中遇到的最大烦恼，当然这也是整个人类面对的终极问题。死亡焦虑、黑暗恐惧的阴影，是笼罩在汉人先民心灵上永远挥之不去的云雾，也是他们脆弱心灵不能承受的重负。

也就是在这个时候，一种神奇的虫子进入了我们先民的视野。这种神奇的虫子就是蚕，准确地说是野蚕，我们先民称其为"虫"。蚕的一生也的确奇妙，要经历卵、幼虫、蛹、蛾四种生命形态的转换。蚕的这种由生到死、由死再生的转换过程，让汉人先民很自然地联想到了人的生死轮回、灵魂不灭的问题。特别是蚕破茧而出、化蛹为蝶的过程，让汉人先民感到惊叹不已。蚕化蛹为蝶，蝶在空中翩翩起舞，不就是灵魂升天吗？看来，生与死是可以循环的，阴界与阳界之间也是可以打通轮回的，死亡可能并不是他们想象的那么恐惧与黑暗。人是有可能冲破命运之茧的束缚，像蝶一样飞升到天空中的另一世界去的。那个世界就叫天堂。死亡并不可怕，也许只是不灭灵魂与陈旧躯体的分离，是阴阳世界的轮回与转换；死亡可能就是一种解脱，意味着新生。这是我们的先民在蚕的身上得到的重要启示。这个启示，对汉人先民至关重要。这个启示让他们在短时间内如释重负，从死亡的阴影中走了出来，一身轻松。云雨笼罩的三峡地区，雾气蒸腾的两湖平原，也因为这种神奇虫子的出现，一下子敞亮了许多，显得风轻云淡。那是一丝永生的希望之光。

从此，蚕就这样在不经意间走进了汉人先民的精神世界，与华夏文明形影相伴，不离不弃。蚕图腾的出现，象征着我们先民对死亡恐惧的解脱与自我超越，是我们先民自我意识的第一次觉醒。

薄如蝉翼的丝绸最初可能就是我们先民为死者灵魂所做的羽衣，我们也可以视之为死者灵魂的翅膀。这个翅膀就是用来承载死者灵魂升天的。我们猜想，我们先民在离开这个世界时候，应该就是用丝绸将尸体裹起来，然后下葬。死者在插上薄如蝉翼的丝绸这一翅膀后，其灵魂就会像蚕一样飞升上天，获得生命的永恒。当然，死者的灵魂会不会飞升上天也许并不重要，重要的是生者从此不再对死亡感到恐惧了。事实上，考古工作者在史前墓葬中多次发现的丝绸痕迹，也验证了我们的这一猜想。用蚕蛹殉葬的习俗，以及死者口中所含蚕形玉器或身上佩戴的蚕形玉器，其良苦用心也不外乎是希望死者像蚕一样化身为蝶，获得重生。

不仅如此，丝绸还有可能被巫师们用来作为沟通天地的载体。如果我们凝神观察三星堆青铜立人像，我们会发现上面有着清晰的丝绸纹路、蚕的纹路。这两种纹路显然是古蜀先民刻意为之，有着特殊的意义。这个古蜀国的大巫师应该就是穿着用丝绸制成的衮衣，与天地沟通、和神灵对话。这一细节，无疑是对三峡地区、江汉平原的汉人先民在昆仑之巅肃穆庄严祭祀场景的补充与再现。我们真的应该庆幸华夏史前文明中有一个金堆玉积的古蜀文明。

瓮棺葬遍布华夏大地的秘密，也隐藏在这个云遮雾罩的盆地。瓮棺葬这种奇特的丧葬形式，为华夏文明所独有。理解了蚕形器物以及丝绸陪葬的习俗，也就理解了瓮棺葬这一奇特葬式。这一丧葬形式，是对我们先民阴阳轮回、生死循环观念的最生动最直观的诠释。瓮棺葬就是以陶瓮为葬具，一般用2件或3件较大的陶器扣合在一起，整体上形似蚕茧。葬具底部钻有小孔，作为死者灵魂出口的生命通道。我们先民坚信，通过这个小孔，死者可以像蚕一样挣脱死亡的束缚，脱茧而出，获得新生。瓮棺作为一种特殊的葬具，它的使用从新石器时代早期，一直延续到新石器时代晚期。瓮棺葬在三峡地区、江汉平原、四川盆地、关中平原、中原地区、华北平原、辽西地区、环泰沂山地区、环太湖地区、江淮地区均有发现。可以说，凡是我们先民足迹所到之处，都有瓮棺葬这一奇特的丧葬形式。瓮棺葬在华夏大地高度统一的背后，是蚕图腾的高度统一，也是我们先民阴阳轮回、生死循环观念的高度统一。

相比瓮棺葬，悬棺葬可能是一种更加古老的葬式。这种盛行于三峡地区以及西南地区的悬棺葬，所表达的理念与瓮棺葬如出一辙。悬崖之巅，也是离太阳、天堂最近的地方。悬棺葬之所以将死者连同棺材置于高高的悬崖半腰，就是方便死者灵魂升天，更快地到达一个叫天堂的地方。瓮棺葬与悬棺葬，也是一枚硬币的两面，都是阴阳轮回、生死循环观念在葬式上的体现。

我们先民爱对蚕及桑，自然就引申出了对桑树的崇拜。蚕以桑叶为食，在桑树上吐丝成茧，然后化蝶升天。因此，在汉人先民看来，桑树是通灵、通神、通天的神秘之地，桑林便成为他们进行祭祀活动的重要场所。从殷墟卜辞的记载来看，桑林有可能就是殷商部落的昆仑圣地、庄严祭坛、精神家园。以后我们先民在桑林祭祀、求雨、求子，是这一原始宗教活动的进一步演绎和发展。

在桑林祭祀太阳神，汉人先民还是感觉意犹未尽，有些美中不足。于是他们幻想能有一种能直插云霄的高大桑树。这种理想化的桑树就叫扶桑树。扶桑树的"扶"，就是高大的意思。扶桑树是太阳栖息的地方，后来又叫太阳树、通天神树。三星堆青铜神树是世界上最早、最高的青铜神树，高 384 厘米，三簇树枝，每簇三枝，共九枝，我国学界一致认为它就是古神话传说中的扶桑树，是华夏文明古代神话传说中扶桑树的最早物化形态，也是我们先民蚕桑崇拜最具典型意义和代表性的实物标本。在三星堆青铜神树惊艳亮相后，《山海经》关于扶桑树的记载不再晦涩难懂了。《山海经》对扶桑树的记载是："汤谷上有扶桑，十日所浴，在墨齿北。居水中，有大木，九日居下枝，一日居上枝。"三星堆的青铜神树，验证了《山海经》的这段记载。这种汉人先民的登天之树，在江汉平原的楚帛画、江淮流域的凌家滩遗址、环泰沂山地区陵阳河遗址等地，曾经反复出现。扶桑神树，可能是我们先民孜孜以求的一种理想境界。这个灵魂升天的境界虽然如海市蜃楼，但对我们先民却有着致命的诱惑力。

只有在云遮雾罩的四川盆地，我们才有可能对《山海经》众多桑树的描绘有着深切的体会。在《山海经》中，桑树是出现频率最高的一种树。这一神树在《山海经》中有着多种名称，或简洁，或含蓄，或直呼桑，或称空桑、穷桑，或称美桑、三桑，向我们呈现出桑树这一生命之树五彩斑斓的绝世风采。在《山海经·中山经》中，关于桑树的描写多达 14 处，几乎是无桑不成山，山山皆有桑树。毫无疑问，桑树就是我们先民的神树，蚕以及桑林就是我们先民精神的避难所、"诺亚方舟"。根据先秦文献的记载，那个发动宗教战争的颛顼就"生于穷桑，长于若水"，也就是生活在一片桑林之中。这一桑林，其实是她至尊神权的体现。颛顼之所以能"死而复生"，就是因为她有神树的护佑，能像蚕一样打通阴阳两界，来去自如。

当四川盆地的浓雾逐渐消散的时候，"日出扶桑""空桑生人"神话传说便不再神秘莫测。桑还不仅仅是神树，还是生命之树、生育之树，与女性的生殖有着千丝万缕的紧密联系。夏王朝的开国之君以及殷商王朝名相伊尹的出生，就连文化巨人孔子的出生，也均与桑林有关。寻寻常常的桑林，所承载的负担太过沉重了。这艘"诺亚方舟"无疑是超载了。

华夏是世界上最早养蚕缫丝织绸的国家，蚕桑丝织是华夏民族认同的文化标识。这一整个民族的文化标识，可以说是我们先民无心插柳造成的。在汉人先民看来，蚕就是天使的化身。他们对这个娇贵的天使倍加呵护，于是开始筑室采桑养蚕。无论是长江流域、黄河流域，还是环泰沂山地区、辽河流域，均发现了与蚕有关的器物和蚕茧。大量的考古成果表明，至少在 6000 年前，分布在大江南北的各汉人部落已不约而同地开始种桑养蚕。由于蚕的驯化是一个漫长的过程，汉人先民对蚕驯化饲养的时间比我们所知的可能要更加久远。其实种桑养蚕最初并非传统观点认为的农事活动，而是一种肃穆的宗教行为。我们猜想，采桑养蚕的重任是由部落的巫师承担的，养蚕的房间同保存火种的地方一样也是一个部落最神圣的地方。黄帝元妃嫘祖 "始教民育蚕"的久远传说其实是在暗示我们，最早驯化饲养蚕这一神奇虫子的，就是各部落的女巫师。让他们始料不及的是，他们用于与天地沟通、与神灵对话的蚕以及蚕吐出的丝，后来会成就一个托负起一个民族命运的蚕桑产业，以及通向更加广阔外部世界的丝绸之路。

我们甚至怀疑，这支当初从江汉平原出发西行的队伍，肯定肩负了部落所赋予的某种神圣宗教使命：寻找天蚕，寻找通天之树。他们可能就是怀揣蚕茧出发远行的。与华夏远古神话传说大多与四川盆地牵扯在一起一样，关于蚕桑起源的传说，也大多与四川盆地有关。这肯定不是一种偶然现象。这种暗示，可能是在提醒我们，云遮雾罩的四川盆地，在华夏文明的起源中是不可替代的，也是独一无二的。这支西行的汉人队伍，在这块封闭的盆地守住了很多祖源记忆和关于华夏文明起源的一些秘密。用"目"与"虫"两全符号对这个云遮雾罩的盆地进行文化编码，是再恰当不过了。

流经成都平原的一条河流叫岷江，岷江的上游就是岷山。岷山又叫蜀山。岷山之所以叫蜀山，是因为在这座神山发现了一种神奇的虫子：野蚕。传说中的蜀山氏就生活在这座神山上。从古文献的记载来看，"蜀"和"蚕丛"总是联系在一起的。据传说，蚕丛是古蜀国开国君主，"蚕丛"的得名应与"教民蚕桑"有关。三星堆、金沙遗址不仅是我国目前为止发现的唯一一个蛇图腾史前遗址，也是我国目前为止发现的唯一一个蚕图腾史前遗址。三星堆、金沙遗址大量的蚕纹青铜器、蚕形玉器、蚕形符号和陶纺轮、石纺轮充分表明，蚕图腾与鱼图腾、蛇图腾一样地久天长。蜀中丝绸名满天下，以至后来达到"黄润细布，一筒数金"，是有深厚历史文化积淀的。

我们虽然无法断定古蜀先民就是《山海经·大荒南经》记载的那个"桑姓，食黍，射蛹是食"的神秘国度或部落，但有一点我们可以确信：古蜀先民是狂热崇拜蚕桑的一个部落。而事实上，我们先民均与古蜀先民一样，无不视蚕为神虫、视桑为神树。华夏大地处处皆桑林，每条河流皆若水。《山海经·大荒南经》记载的那个"桑姓"国，在史前的华夏大地无处不在，我们先民都是"桑姓"国的子民。

毫无疑问，玉蝉是华夏玉器史上一个经久不衰的创作主题。玉蝉的产生，是因为蝉与蚕一样，具有阴阳轮回、生死转换的神奇本领。汉人先民通过制作玉蝉，寄托着超越生死、永生不灭的梦想。只要这个梦继续做下去，我们先民就有继续前行的动力。蚕蝉之所以同音，是因为内核同质。在若干年后，华夏文明又出现了一个重要观念：禅。禅的观念其实就是与蚕、蝉的升级版本：获得解脱，超越轮回。蚕蝉同音，蝉禅相通，这种跨越时空的内在呼应，是我们先民创造的文化编码规则的一个经典案例。

其实，龙图腾并不神秘。我们每个人对死亡的焦虑与恐惧，对永生的渴求，就是龙图腾孕育的肥沃土壤。龙图腾孕育、演化的原动力，其实就是我们先民对生与死的思考、探索。可以说，华夏文明龙图腾的所有秘密，尽在这一神奇的南方虫子"蚕"的身上。蚕图腾就是龙图腾的内核。理解了蚕图腾，也就理解了龙图腾。蚕图腾的出现，标志着龙图腾已呼之欲出了。在云遮雾罩的四川盆地，也许我们可一窥龙图腾的真相。

"蚕""虫""龙"三个汉字，都是最早的一批汉字。在甲骨文中，这三个具有图腾意义的汉字造型十分接近，都是一只向上爬的虫子。蛇可以在冬眠后醒来，也就是获得重生，与蚕惊人相似。这三个汉字造型之所以如此相似，可能正是因为巫师洞悉了这一奥秘。由此我们基本可以断定，这三个汉字来源于同一种动物形象，那就是蚕。骆宾基先生最早提出蚕是龙的原型。王永礼先生从古文字学角度，对蚕与龙、虫三个字的字形进行了精彩的阐述，并由此得出一个结论：龙的原型就是蚕。其实，龙的原型是不是蚕本身并不重要，重要的是龙图腾所承载的观念：阴阳轮回，生生不息。如果说龙图腾的演化是多线并进的话，那么蚕图腾肯定是其中最重要的一线，甚至可以说就是主线。

音韵考古表明，龙与虫的古韵母本完全相同。从甲骨文中的"宠"字来看，上面是房子，下面是一动物的形象。"宠"字读虫音。东汉许慎对"宠"的释义为：尊居也。意思就是筑室养龙，以示尊崇。蚕是汉人先民唯一驯养、祭祀的动物。很显然，筑室养蚕是符合远古实际的，筑室养蛇或鳄鱼无论无如都是无法想象的。从音韵考古的结果来看，甲骨文"宠"字下面的象形字就是蚕，既表声也表意，"宠"的意思也只能是筑室养蚕。

无论是辽西地区红山文化、江淮流域的凌家滩、江汉平原的石家河，还是稍后的中原地区的妇好墓，其玉龙造型均惊人一致，即所谓 C 型龙，均酷似已进入蚕茧的桑蚕，且无一例外地身上布满了卧蚕纹。龙的形态和生活习性也只有桑蚕能解释。二月二，龙抬头，这一天是龙醒来的日子，也恰好是蚕破卵而出的日子。龙有黑龙、乌龙、白龙、青龙之分，只有桑蚕一生有如此大的颜色跨度。我们所熟知的龙须、龙鼻、龙眼、龙角、龙鳞、龙尾，都可以在蚕的形体上找到。带火焰的龙珠与蚕茧不但形似而且神似。

在华夏远古文化中，夔与龙总是联系在一起。按照《山海经》的描述，夔是只有一足的神兽。如果单就夔而论，我们可能永远也无法寻找到夔的原型。如果将之与蚕进行比较，问题便豁然开朗：夔就是蚕蛹。因为蚕蛹既没有腿，也没有翅膀，只能靠下腹部扭动。这应该就是夔"一足"的来历。殷商部落的先祖帝喾之"喾"，在金文中形似蚕蛹，而并非传统观点认为的鸟。殷商部落视桑为生命之树，视蚕为天堂之虫，其先祖化为蚕蛹再正常不过了。夔门雄踞瞿塘峡之首，素有"夔门天下雄"之称。重庆奉节古属夔州，历来是川东军事重镇、兵家必争之地。现在看来，是蚕图腾与蛇图腾这两个南方的虫子为三峡地区的山山水水赋予了无限生机。

"蜀"中这个"虫"字还暗示我们，"虫"这个字总是与南方紧密联系在一起。这其实是北方汉人先民的模糊历史记忆。"南蛮"是商周时期中原地区汉人对南方汉人部落的泛称。"蛮"字在金文中就是两个"系"中间夹一"言",是一幅一人挑着一担蚕丝的写意画。后来下面加上了"虫"字,指向就更加明确:意指南方从事养蚕缫丝的农业部族。"蛮"这个字透露出的思维惯性十分明确:南方的三峡地区、两湖平原就等同于种桑养蚕缫丝。南方三峡地区有可能就是华夏文明蚕桑文化的源头。联系到汉人先民大规模北迁的历史事实,蚕桑文化起源于南方三峡地区,滥觞于两湖平原,而后扩散到黄河流域、长江下游,可能是最接近历史真相的推测。这一被遮蔽的历史真相,就是"蜀"字隐藏的另一个秘密:即蚕桑文化起源于南方的三峡地区、两湖平原。汉人先民走出三峡丛林,走出沼泽遍布的两湖平原,也顺便将在三峡地区、两湖平原形成的精神信仰镌刻在漫长的迁徙旅程,从而成就了多姿多彩的华夏大地。无论是石蚕、玉蚕、陶蚕、金蚕,还是各种形式的蚕纹,以及蚕茧实物,都是汉人先民阴阳轮回、生生不息观念的物化形态。这也是我们先民不断前行的巨大能量。

不论是"蛮",还是"蜀",均指向炎热潮湿的南方。"蜀"中这个"虫"字,与传说中的大禹以及蚩尤,有着剪不断、理还乱的关系。从字源来看,大禹的"禹"、蚩尤的"蚩"、都有"虫"这个符号。或许,这两个字本就是由"虫"字演变而来,传说中的大禹以及蚩尤本就是南方的部落首领。对这两个古老的汉字,东汉许慎在《说文》中的解释是一样的:禹,虫也;蚩,虫也。传说中的先贤大禹可能是一条蛇、一条蚕,至少在字源上得到了验证。中国现代古史辨学派的创始人顾颉刚先生关于"禹是一条虫"的论断,在当时曾遭到了包括鲁迅、陈立夫在内的全国学者与名人的一致反对和嘲笑。但有时候真理往往并不在多数人那里。顾颉刚先生关于"禹是一条虫"的论断,意思再清楚不过了:"禹"不仅是一条蛇,也是一条蚕,只不过是一个氏族的图腾。作为氏族图腾的"禹",只是一个氏族或者是氏族首领的称号,这正是解开关于"禹"的身份的钥匙。"蜀"中的这个南方的"虫"子也有力表明,古代文献中关于古蜀先民与黄帝、颛顼、大禹及夏的族源关系问题,并非空穴来风、无稽之谈。《史记·五帝本纪》《六国年表》等古代文献中屡屡有黄帝"娶于西陵氏之女,是为嫘祖""昌意降居若水""昌意娶蜀山氏女"及"禹兴于西羌"等记载。这些记载,可能是古蜀先民世代相传的故事,只是一种零星的记忆拼图。但如果将这些传说与三星堆、金沙遗址联系起来看,这幅记忆拼图就是完整的:古蜀先民与夏人同出一源,是颛顼、大禹的子民。不仅如此,古蜀先民可能与殷商部落也是同源。李学勤先生考证了传说中黄帝后裔二系，并联系三星堆出土的玉璋、陶器等器物，认为古蜀国与中原有着更多的联系，蜀、夏同出于颛顼的传说不是偶然的。历史传说、古文献记载、出土器物，都将古蜀先民与颛顼、大禹、殷商部落紧紧捆绑在了一起。

　　死亡恐惧的阴影消散后，四川盆地的浓雾似乎也跟着同时消散了。在温暖阳光的照耀下，古蜀先民照例举行了一场祭祀活动。与以往不同的是，这场祭祀活动显得轻松而短暂。祭祀活动结束后，我们依稀听到了几千年前的古蜀先民在桑林、在河边唱出的美妙歌声。这久违的歌声，表明古蜀先民完成了一次自我超越，心灵归于宁静。但这也只是短暂的宁静。

Chapter 26
第二十六章

青铜之光

"蜀"这个古老的汉字，之所以在殷商甲骨文频繁出现，并散发出迷人的神秘光彩，肯定是有深层次原因的。这个谜底，也只有在云遮雾罩的四川盆地才能找到答案。这个答案就是三星堆、金沙遗址的青铜器。这是"蜀"字背后隐藏的第三个秘密。

青铜是铜、锡、铅等的合金，也是金属冶铸史上最早的合金。因为颜色青灰，故名青铜。青铜器的发明是人类文明演化史上的一大奇迹。青铜铸造业的出现，在科技史上具有里程碑的意义。作为人类文明起源的三大标志之一，由青铜构建的文明基座，标志着人类向石器时代的告别，昂首迈进了一个崭新的时代——青铜时代。追溯青铜器时代的历史，就是追溯华夏文明的一个崭新的时代。

三星堆、金沙遗址横空出世的120多件青铜器，重新改写了中国青铜文明史，同时也改写了世界青铜文明史。三星堆、金沙遗址的青铜器，可与世界范围内的任何青铜器媲美。可以说，青铜器构成了三星堆、金沙最为精彩的华章。其中最神奇最令人惊叹的，便是众多青铜造像了。仅三星堆就出土了22副青铜面具、57个青铜人头像。这些青铜像铸造精美、形态各异，既有夸张的造型，又有优美细腻的写真，组成了一个千姿百态的神秘群体。

三星堆高达260.8厘米的青铜大立人，一举超越中原地区的后母戊鼎，也远远超过了古巴比伦的祭师铜像，成为我国乃至世界上同时期规模最大的青铜器，被誉为"东方巨人"。如此庞大的青铜巨人，迄今为止，在国内出土的商周文物中，尚属首例。

三星堆铜像群一般采用空心铸造，这个方法远比埃及将分段制好的铜像肢体固定在木柱上、再回工制作而成的技术要高明得多。最令专家吃惊的是青铜树还运用了在当时来说更为高超的铜焊技术。我国冶金史学者普遍认为，中原铸焊工艺起源于西周末东周初，到战国才普遍使用。而在这棵青铜树上却体现了非常纯熟的铜焊技术，颠覆了我国冶金史学界的认知。三星堆、金沙遗址众多青铜器，闪烁着古蜀先民的智慧之光，这也是华夏民族的智慧之光。

三星堆、金沙遗址众多青铜像在沉睡 4000 多年后突然惊醒，不但对以前所形成的商周青铜器文化印象是一次彻底的颠覆，也是对国际史学界对华夏上古历史偏见的一次彻底的颠覆，可谓石破天惊。北方商周时期的青铜器，以各种礼器用具为绝对主流，以人的形象为主的器具一个也没有，但三星堆的青铜文化却与之迥异，以人像为绝对的主流。人这个真正意义上的天地之间的精灵，在云遮雾罩的四川盆地被放大了效应。在西方学者的观念中，只有青铜雕像才能代表青铜文明的最高成就。因为制造雕像要求更高的工艺水平，铸造起来更为困难。三星堆、金沙遗址众多青铜造像，让国际史学界一时失语。他们以西方为本位的史学观，一遇到古老的东方文明，总是不够灵验。

华夏青铜文化分布之广、范围之大，举世罕见。东到环泰沂山地区，西至河套地区的甘青一带，南及两广地区，北至辽西地区、内蒙古草原，都有青铜器出土。华夏文明这种辽阔的青铜地域分布，是举世无双的。我国学界一向认为，公元前 2000 年左右是中国青铜时代的上限，华夏青铜文明只有 4000 年的历史，其源头在北方的中原地区和河套地区。河套地区马家窑文化遗址出土的青铜刀是目前已知的我国最古老的冶炼青铜器，同时也是目前世界上最古老的青铜刀，经碳 14 鉴定为公元前 3000 年。三星堆出土的青铜器经碳 14 测定，其年代距今 4800 年左右，比马家窑遗址出土的青铜刀要晚约 200 年，但比中原地区二里头青铜器要更加古老，提前了 1000 年。青铜器也是破解华夏文明起源的一把金钥匙。这个数据有力证明，华夏青铜文明的源头在南方的两湖平原、成都平原，中原的青铜文明是从南方传播过去的。三星堆、金沙遗址众多青铜器在沉睡 4000 多年后的突然惊醒，让中原地区商周王朝的青铜文明为之黯然失色，让我们一直深信不疑的中原青铜文明中心说不攻自破。

更令人奇怪的是，四川盆地虽然多铜矿，但迄今为止仍未发现殷商时期的铜矿遗迹，甚至连西周、春秋时期的铜矿遗迹也没有发现。不仅如此，根据现代地质科学研究资料，成都平原周边区域均未发现具有高放射性的成因铅的铜矿。江汉平原的大冶、长江下游的铜陵两地铜矿的开采，还是商周时期的事。河套地区、中原地区虽有少量铜矿，但开采时间晚于商周时期。锡矿时至今日，长江流域中上游地区及北方各省都未曾发现，一直为地处彩云之南的云南所独有。那么就出现了这样一个问题：三星堆、金沙遗址的众多青铜器、江汉平原的早期青铜器、中原地区的商周青铜器，其矿石原料来自哪里？

在生物学上，常常运用 DNA 比对来确定生物的种属和血缘关系。那么，这些青铜器有没有自己的"基因拼图"呢？我们可不可以通过它们的"基因拼图"来寻找其源头呢？自然界的铅由 4 种稳定的铅同位素组成，其中 3 种是由铀和钍同位素放射性衰变而成。它们随时间而积累，含量会逐渐增多，被称为"高放射性成因铅"。而另一种铅则始终保持着初始丰度，被称为"非放射性成因铅"或"普通铅"。由于地球上铜、锡、铅金属矿床中铀钍浓度都会存在差异，铅同位素组成也各具差异，因此通过对器物中这 4 种铅同位素的测定，便可以得出具有唯一性的含量比率。这就是铅的"DNA"。用它与矿源地矿物做比对，便可确定文物与矿源之间的"血缘关系"。上世纪 60 年代，美国一个科学家首次利用铅同位素的比值特征来寻找文物材料的产地，以此开创了铅同位素示踪方法在考古学研究中的应用。这个具有革命性意义的升级版"基因"鉴定方法，如今被广泛应用于我国青铜器的矿源研究。

我国金属考古专家金正耀教授分别提取了三星堆和金沙青铜器"基因"信息——铅同位素比值。通过研究，他发现，三星堆的铅同位素比值数据较为接近，据此可以判断它们的原料来源于同一个矿产地。他还发现，这些青铜器与江西新干大洋洲商代大墓青铜器具有完全相同的等时年龄关系。这意味着，两地的青铜器原料可能出自同一个矿产地。中国科技大学运用铅同位素比质法，对殷墟 5 号墓所出土的部分青铜器进行测定，发现这些青铜器的矿料来自云南。四川省文物考古研究所运用该方法测定，三星堆、金沙遗址青铜器中的铅也来自云南。我们由此推测，三星堆、金沙遗址青铜器中铜、锡原料，也应离不开这条供应途径。同样通过"基因"比对，专家们发现，无论是金属的化学成分还是青铜器的铅同位素比值，四川盆地青铜器与长江中下游地区的商代青铜器都有惊人的相同之处。这表明，商代青铜器与三星堆、金沙遗址青铜器的原料也来自同一个矿产地。这个矿产地就是地处彩云之南的云南。

这个升级版"基因"鉴定方法为我们带来了一个意想不到的结果，那就是：

不仅三星堆、金沙遗址众多青铜器矿石原料来自云南，江汉平原早期青铜器、中原地区商周青铜器矿石原料也来自云南。也就是说，在北方与南方之间，长江中下游到长江上游之间，肯定有一条被历史尘封已久的青铜之路，并且这条漫长艰险的青铜之路持续了数千年之久。后来这条本来宽广坦荡的青铜之路荒草荆棘丛生，以致被湮灭在了历史尘埃的深处。我们要感谢科技的进步，为我们还原了又一个历史真相：青铜文明起源于南方。从目前的考古实物证据看，四川盆地青铜文明是江汉平原、环太湖流域、中原地区、关中平原、河套地区青铜文明的发源地。

四川盆地高度发达的青铜文明，肯定不是凭空突然出现的。没有漫长的陶器时代，也就不会有青铜时代的到来。我们猜想，肯定是火的燃烧导致土的硬化甚至陶化，启发了汉人先民的制陶灵感。而在烧制陶器的过程中，汉人先民偶然发现了这些奇妙的青铜原料，无意中烧制了华夏大地的第一块粗糙的铜块，直接启发了汉人先民制作青铜器的灵感。绝大多数青铜器的原型是陶器，或由陶器形制发展而来。没有陶器技术装备的创始与积累，就不会有后来的铜器时代。白陶、黑陶的烧制温度与铜的熔点接近，当时使用陶模具制作泥坯和印制花纹等技术与铸铜的模具功能也有相似之处，炼铜用的木炭与烧陶所用的燃料也是一致的。烧制青铜器用的熔炉、水色、型范等都是陶质的用具。正是长期积累的陶器制作方法、装备，为青铜器制作奠定了雄厚的技术基础。不仅如此，从陶器时代到青铜时代，也还应该有一个漫长的金属冶炼技术积累的过程。关中平原姜寨遗址出土的公元前 4700 年的冶炼黄铜片及黄铜圆环，为目前世界上最古老的冶炼黄铜，比西方文明早了 3000 多年，标志着我们先民已初步掌握了金属冶炼技术，为青铜时代的到来打下基础。从关中平原那块黄铜片开始，华夏文明经历了一个漫长的长达 2000 多年的无铜时代。这也是 100 多年来考古成果为我们呈现的严酷事实。

烧制青铜器的器材与技术的原始积累，肯定是一个以千年为单位的漫长过程，在短短几百年时间绝对不可能做到。成都平原众多新石器时代遗址上限并没有突破 5000 年。很显然，这一支从三峡地区、江汉平原西进的汉人部落，也就是古蜀先民，不可能在短短几百年时间内就由陶器时代一步跨越到青铜时代。

世界上最早的陶器、我国最早的白陶，均出自长江中游地区。自距今约 7400 年华夏第一块白陶在湘西北沅水流域高庙遗址出现后，黑陶、蛋壳陶又率先在长江中游地区相继出现。考古成果有力表明，长江中游特别是三峡地区的湘西北、鄂西南地区，制陶业一直在华夏大地遥遥领先。湘西北、鄂西南地区才是华夏陶器文明的源头。没有湘西北、鄂西南地区持续了 6000 年之久的陶器文明，就不可能有四川盆地高度发达的青铜文明。如果说在湘西北、鄂西南地区发现比三星堆、金沙遗址更早的青铜器，我们一点也不会奇怪。从目前考古实物证据看，四川盆地青铜文明是华夏青铜文明的发源地，但如果从青铜文明发展的内在逻辑来审视，三峡地区、江汉平原更有可能是华夏青铜文明的源头。三星堆、金沙遗址出土的青铜器当中，除青铜人像独具地方特征外，其中的青铜尊、青铜罍，与两湖平原华容、岳阳、江陵、沙市、枣阳，江淮地区的六安，汉中盆地的城固，三峡腹地重庆巫山、大昌等地出土的青铜尊、青铜罍，无论是形态还是纹饰，都有着惊人的相似之处。这一相似曾引起了我国学术界普遍的关注。这些惊人相似，似乎在暗示我们，华夏青铜文明的源头就在三峡地区、江汉平原。我们期待着江汉平原有令我们惊喜的重大发现。这可能只是时间问题。

就目前而言，三峡地区、江汉平原的历史空白与遗憾，也只有云遮雾罩的四川盆地才能弥补了。古蜀先民毅然决然地扛起了缝补华夏文明断层的大任，以青铜器为显著标志，华夏史前文明的中心第一次落在了四川盆地。云雨中的巫山再次见证了华夏文明的一个重大转折点。四川盆地熊熊燃烧的炉火，驱散了笼罩上空的云雾。谁说在四川盆地看不到广阔的蓝天？古蜀先民有着一双如青铜立人像那样巨大的眼睛，所以他们能够透过迷雾，看到广阔的蓝天，看到山外面的精彩世界。四川盆地是封闭的，但也是开放的。

但事实上，古蜀先民也并没有走多远。他们虽然发明了比石头更加坚硬的青铜器，但并没有用来制作更加先进的生产工具。三星堆、金沙遗址的青铜器，无一例外的都是祭神的礼器。在古蜀先民看来，仅仅用玉器、陶器、蚕茧及丝绸与神灵沟通，还是远远不够的。因为四川盆地仍旧是云遮雾罩，温暖的阳光对他们总是那么吝啬。唯有用比石头更加坚硬的青铜器来与神灵沟通，才能证明他们的心志是坚定的，也才会获得内心的安宁。他们跋涉千山万水寻找铜矿，用举国之力烧制青铜器，目的只有一个，那就是敬神、礼神。

古蜀文明再一次告诉我们，华夏文明当然也包括人类文明早期的所有发明与创造，其原始动力来自宗教信仰。他们从巫傩文化的神秘氛围中怎么也走不出来了。"国之大事，在祀及戎"。对古蜀先民而言，后面的"戎"字可以省略，因为零零星星的藏人游牧部落不足以成为他们的威胁。只有祭祀，才是他们的大事、要事。当然，过着渔猎生活的古蜀先民，似乎也没必要用青铜器制作更加先进的生产工具。他们没有这个内在动力。即使已进入农耕文明的江汉平原、环太湖流域、中原地区、关中平原、河套地区，所发现的史前青铜器，也无一例外地以礼仪用具为主。到了商周时期，青铜器才慢慢过渡制作礼仪用具和武器并重。就华夏文明而言，文明进步的力量来自原始宗教。青铜器在古代中国之所以格外发达，同我们先民驯化养鸡、种桑养蚕一样，是因为宗教的需要，也是寻找光明的需要。精神信仰的强大力量，是青铜文明产生的根本推力。这一点有别于世界各国青铜器，可能是华夏文明独有的现象。西方关于青铜文明起源的理论并不适合东方这块古老土地。

我们先民其实并没有铜的概念，更没有青铜器这个概念，青铜器只是现在的叫法。青铜器在古代称为"彝"，古人常以"鼎彝、尊彝、宝尊彝"来泛指青铜器。在甲骨文中，"彝"这个字就是一人跪着的姿态。这个古老的汉字向我们透露了两个秘密：一是彝人在与汉人的竞争中失败了，彝族是一个战败了的部落；二是汉人的青铜器制作曾师承彝人，从彝人那里得到很多传承，因此少走了很多弯路，后来更是青出于蓝而胜于蓝。三星堆、金沙遗址的大发现，彝人很快就发现这些文物中包含着他们民族古代的文化元素。事实上，华夏文明的发展演化虽然是独立的，但也始终是开放的。青铜文明就有彝人的卓越贡献。从青铜器的古称及"彝"字的隐藏的信息来看，我们的先民并不封闭，而是兼容并蓄，具有包容的胸襟。封闭的文明，只会慢慢失去生机，走向衰亡，最终被这个世界所淘汰。其实，这个世界也并不存在真正意义上的血缘民族。民族的凝聚力来自文化价值观的认同，而不是血缘。

彝族是华夏最古老的民族之一，也是汉族的兄弟民族，总人口约 800 万人，主要分布在云贵川三省，其核心地区是三省毗连的广大地区。彝族支系繁多，向有黑彝白彝之分，其族源问题一直是众多学者争议不休的问题。彝语属汉藏语系藏缅语支。种种迹象表明，汉人先民并不是东亚大陆的捷足先登者。早在汉人先民到达之前，可能已经有一支操着南岛语系的部落，孤军冒险深入到了长江流域乃至黄河中下游地区。在广袤的东亚大陆，他们显得过于孤独了。他们居无定所，四处漂泊。后来其中一支迁徙到了日本列岛，为大和民族注入了马来人的基因；另一支则辗转迁徙到了长江上游地区，也就是现在的四川凉山一带，成为现今黑彝的祖先。日本人有马来人的血统，是有基因研究成果作支撑的。四川凉山一带的彝人，是不是马来人的后裔，还需要进行基因鉴定才能最终确定。

四川盆地似乎一切都已尘埃落定，只等云开雾散、阳光普照的那一天。可是，我国学界仍有部分专家学者对三星堆、金沙遗址有质疑的杂音。他们认为，四川盆地的古蜀文明完全是外来文明。支撑这一观点的理由有二：一是三星堆、金沙遗址青铜人像是受到了北非西亚文明的影响，因为北非西亚文明青铜人像也很流行；二是三星堆的金质权杖迥异于中原地区以鼎象征王权的做法，而与北非、西亚文明以权杖象征王权类似。这两个理由看似合理，实则幼稚。

不可否认，三星堆、金沙遗址青铜人像与北非西亚文明青铜人像的确类似，但三星堆、金沙遗址的青铜像是神像、巫师像，而北非西亚文明青铜像是世俗人像，两者完全是不同类型的异质文明。三星堆的金质权杖象征的是神权，而非王权。在殷商以前，以权杖象征神权曾盛行于长江流域，并非四川盆地独有。因为在环太湖流域的河姆渡出土了玉质权杖，在上海则发现了象牙权杖。两地权杖材质虽然不同，但象征的都是神权。这两个权杖告诉我们，在华夏文明在王权出现之前，象征巫师神权的就是权杖。在南方各部落巫师手执权杖的时候，三足的青铜鼎还在南方两源平原的胎盘之中，那时它还只是三足陶器、三足鸟。这些专家学者看到的只是表象，触摸到的只是大象的大腿或者长鼻子。排外的文化总是会萎缩甚至消亡的。我们当然也不排除古蜀文明受到域外文明影响的可能性。古蜀先民虽然地处封闭的四川盆地，但他们的精神世界却并不封闭。他们在沐浴印度洋的暖湿气流的同时，肯定也隐隐约约听到了印度洋的波涛声。

"蜀"字背后隐藏的第三个秘密，还远不止这些。

四川盆地的青铜之光，照亮的还不止长江中下游、黄河流域，还照亮了南方的云贵高原，并最终成就了华夏文明的完整版图。这个格局，在5000年前就注定了。是古蜀先民在无数次的寻找、运输铜矿的过程中，或者说在逃避洪灾战难的过程中，重新发现了这个如伊甸园般的迷人世界。这个伊甸园艳阳高照，四季如春，鲜花盛开，与一万多年前我们先民北上时看到的并无二致。这对苦难深重、饱受洪水之灾的古蜀先民而言，就是天堂。从某种程度而言，云贵高原就是四川盆地古蜀先民的后花园。云贵高原之于古蜀先民，正如中原地区之于江汉先民。

事实上，古蜀先民也是这样做的。他们并没有第二个选项。在两湖平原、成都平原，周期性泛滥的洪水，屡屡打断华夏文明的进程。三星堆、金沙古蜀文明就夭折于泛滥的洪水。在此之前和之后，这样的灾难肯定是以同样的方式、在同样的地点周期性发生。周期性泛滥的洪水，应该就是古蜀先民从四川盆地迁徙到云贵高原的主要原因。北边是高耸入云的秦岭，东边是湍急的峡江和陡峭的巫山、巴山山系，西部则是白雪皑皑的青藏高原。他们迁徙的首选只能是云贵高原。"浊"字的繁体中有个"蜀"字符号，意思就是蜀地的洪水。这显然是走出四川盆地的古蜀先民的创造。浓雾弥漫、浊浪滔天，是他们对过去生活的真实记忆。滇人、黔人的祖先，就是逃难的古蜀先民。四川盆地的滔天洪水，成就了云贵高原。大西南地区高度一致的方言、风俗，在 5000 年前就开始形成了。

四川盆地的宿命，与江汉平原是惊人相似。所不同的是，江汉平原的大多数灾民逃到了北方，而四川盆地的难民则选择逃到南方。周期性泛滥的洪水，既是华夏史前区域文明的终结者，同时也是新的区域文明的创造者。没有江汉平原灾民的北上，也就没有中原地区繁荣的仰韶文化时代和龙山文化时代。没有江淮平原灾民的东下，可能良渚文明就是另外一种面貌。如果说那支误打误撞沿汉水河谷西进的先民迁徙队伍最终成就了古蜀文明，那么古蜀先民因洪灾逃难南迁则成就了云贵高原的史前文明。

除了周期性泛滥的洪水，还有战乱。公元前 316 年，秦朝踏灭蜀国，大部分蜀人从蜀国的臣民变成了秦国的百姓，少部分则选择南迁。在《水经·叶榆水注》所引《交州外域记》的史料中，保存了古蜀国王子安阳王南迁的珍贵史料，也是古蜀先民南迁的唯一孤证。更多的因战乱而南迁的悲壮故事，已经永远湮灭在了历史深处。

四川盆地古蜀文明对云贵高原的深刻影响，在考古学上得到了充分验证。云贵高原新石器时代遗址整体晚于四川盆地。上世纪 50 ~ 90 年代先后发掘的滇文化墓葬——晋宁石寨山、江川李家山墓群中，出土了大量青铜器，有着浓厚的古蜀文化色彩。青铜雕像、权杖、无格式青铜剑等等，与三星堆、金沙的青铜器几乎如出一辙，简直就是四川盆地青铜器的翻版。可以说，整个云贵高原的新石器时代遗址，无不散发着浓厚的巴山蜀水的韵味，云贵高原就是隆起的另一个成都平原。云南先民代曾大量使用贝币，这些贝币主要来源于印度洋，并非云南土产。四川三星堆出土的大量白色海贝，也来源于印度洋，显然是经由云南获取的。古蜀先民对珠贝的偏爱，并不亚于殷商部落。两个部落对珠贝情有独钟，要追溯到湘西北、鄂西南地区。古滇人使用贝币，则是古蜀先民的传播。如果不是四川盆地古蜀文明的深刻影响，古蜀先民持续数千年的南迁，云贵高原完全有可能成为壮侗语族与缅藏语族争夺的文化范围。彩云之南的无穷魅力，在 5000 年前就注定了。从这个角度讲，四川盆地居功至伟，古蜀先民居功至伟。

这条延伸到印度洋的海贝之路，准确地讲应该是青铜之路，后来成为一条重要国际商道，即"南方丝绸之路"。这条通道历史文献记载为"步头道"和"进桑道"，俗称茶马古道，时代远远早于经西北出西域的丝绸之路，是华夏文明最古老的国际通道。这条南方的丝绸之路、青铜之路、海贝之路，以成都为起点，经云贵高原，从德宏出境，进入缅甸、泰国，最后到达印度和中东，总长有大约2000公里。东方古老文明，最初就是通过这条通道呈现在西方世界的。这也是古蜀先民对华夏文明的另一重要贡献。

成都平原泥沙最高沉积厚达8000～10500米。我们现在在四川盆地所看到的沃野千里、良田万亩，是数万年来岷江、沱江等几大河流泥沙不断堆积的结果，这是大自然的魅力。当然，古蜀先民可能并不这样看。他们可能认为，是他们的虔诚祭祀活动感动了天地。事实上，早在秦朝的时候，四川盆地便已开始初显"天府之国"的魅力了。

古蜀先民狂热的祭祀活动，倾国倾城地敬奉神明，他们所期待所憧憬的不就是这一喜人景象吗？！

第六部分

粟作与蒹葭

Chapter 27
第二十七章

北方的河

　　我们先民北上之后，惊喜地发现了一条与南方长江、汉水类似的河流，并从此与之结下不解的情缘。这条河流就是黄河。

　　早在汉人先民北上之前，在黄河两岸就已经活跃着数支游牧狩猎部落。他们是东亚大陆北部地区最早的非洲移民。他们经常赶着成群的牛羊，到这条河流边饮水。河两岸成片的芦苇荡，以及岗地上散发着芳香的黍类作物，在他们看来就是肥美的牧草，是理想的牧场。不仅如此，在他们看来，整个中原地区、华北平原就是他们的牧场与猎场。芦苇也就是我们先民在《诗经》中反复吟唱的蒹葭。游牧狩猎部落是不可能吟唱这有着柔弱身段的蒹葭的。他们只崇拜充满了力量的狼或者熊。

　　游牧文明是欧亚大陆北部高原的主导性文化，也是全世界范围内最大的游牧文明区域。从黑海北岸经高加索山脉到里海，再进入天山山脉，最后到蒙古高原，都是这一文化的分布区。在大约 8000 年前的东亚大陆，游牧狩猎文化与农耕文化的分界线可能就是秦岭、桐柏山、淮河一线，也就是现在我国的南北分界线。后来随着汉人先民的陆续北上，这个分界线才逐步北移到长城一线。从某种程度而言，长城也是华夏农耕文明的防卫线。

　　8000 年前的黄河流域虽然水草丰美，但这些捷足先登者并没有因此转型为农耕部落，他们已经习惯了四处漂泊、逐水草而居的游牧生活。自古以来"逐水草迁徙"的游牧经济，对自然界的水草有着无法挣脱的依赖。当冬季到来，黄河流域呈现出一派萧条景象时，他们就会转场北归。更为重要的是，黄河中下游地区严重欠缺食盐资源。他们在蒙古高原司空见惯的盐碱地，在这里却难觅踪影。这让他们十分苦恼。食盐资源的欠缺，注定了游牧部落只能是北方广袤土地的匆匆过客。农耕部落成为这里的新主人，只是早晚的事。

近百年来，在黄河流域，从河套地区到中原地区，再到华北平原，乃至环泰沂山地区，考古工作者发现了大量史前游牧狩猎文化遗址。这是北方马背上的民族曾在华夏大地的北方策马奔腾的有力证据。游牧文明与农耕文明的史前遗址，其实还是泾渭分明的。不论是河套地区的阴山岩画、小桥畔遗址，还是关中平原东部的沙苑文化遗址、中原地区的大岗文化遗址，以及华北平原上的山顶洞遗址和东方广场遗址，都呈现出共同的游牧狩猎文化的鲜明特征：分割肉食的细石器工具。他们不具备制作石器农具的动力。虽然华夏早期文明也陆续发现了部分分割肉食的细石器工具，但更多的是石制农具，以及与之相伴的红陶、黑陶、灰陶，以及上面典型的农耕文明的文化符号。当然，也总伴随着稻或粟的遗迹。这也是我们区分游牧文明与农耕文明的一个显著标志。

大岗遗址地处裴李岗文化底层，与后来北上的汉人先民的农耕文化形成上下叠压的地层关系。大岗遗址除了发现大量动物骨骸之外，还同时发现了大量细石器，包括细石核、砸击石核、锤石核、石片细石叶、多种刮削器、尖状器，其中圆头短身刮削器最多，少量复刃刮削器最为精致。小尖状器为大岗遗址代表器物之一，又可分单尖、双尖两种。这些细石器的功能十分明显，就是用来切割肉类的。这类细石器在整个蒙古高原时有发现。这也是农耕文明与游牧文明的一个显著区别。此外，在关中平原的沙苑文化遗址、华北平原的山顶洞遗址和东方广场遗址，还发现了用于猎杀野兽的石镞和锛状器。小桥畔遗址、大岗遗址、沙苑文化遗址均距今一万年左右。

由于黄河中下游地区食盐资源的严重欠缺，游牧部落始终是稀稀落落的，显得形单影只。如果没有牛羊的陪伴，他们将更加孤独。也可以说，正是牛羊的叫唤声，唤醒了这条沉睡了数千年的河流。可能从游牧狩猎部落第一次赶着牛羊到这条河流边饮水的时候起，这条北方的河流就有了一个名称，叫 gaal。gaal 在蒙古语中的发音相当于汉语中"各""河"的读音。在现代蒙古语中，不论是湖泊，还是河流，均为同一读音：gaal。可能在北方的游牧狩猎部落看来，湖泊或者河流存在的价值都是用于人畜饮水的，二者并没有什么区别，当然也就没必要用不同的读音加以区分。他们似乎只对新鲜的牧草情有独钟，欠缺我们先民对河流的天然亲和感。我们先民对河流、湖泊的命名则不同，每一条河流、每一个湖泊，都有一个个性色彩鲜明的名字、悦耳动听的读音，与北方游牧狩猎部落形成鲜明反差。

在东汉以前，"河"就是黄河的专称。从先秦典籍一直到西汉司马迁的《史记》，黄河一直称"河"。东汉以后，"黄河"这个称呼才逐步代替了"河"的叫法。河后来成为北方河流的通称。已出土发现的甲骨文，"河"出现10次。在《山海经》中，有一个字出现频率竟高达73次之多。这个字就是"河"。《西次二经》《西次三经》《西次四经》《北山经》《北次二经》《中山经》首经、《中次二经》《海外北经》《海内西经》《大荒北经》，均出现了"河"。"河"是《山海经》中出现频率仅次于"帝"的一个汉字，比"巫"高出一倍还多，足以表明这条北方河流在北上先民心中的神圣与超然地位。当然，这73个"河"并不一定都是指黄河。

在我们先民心中，不仅这条北方的河流是神圣的，整个北方都是神圣的。早在江汉平原的时候，我们先民就经常眺望北方。"冀"这个古老的汉字图腾，充分传达了我们先民对北方的敬畏。这个汉字由北田共三个符合组成。北田，也就是北方的土地。游牧部落视为牧场、猎场的芦苇荡，以及生长着黍类作物的岗地，在南方的稻农先民看来就是肥美的田园。在北方广袤土地的上空，有一颗南方稻农经常观测的星辰，那就是北斗七星。"斗北而众星拱之"，意思就是说这颗北斗星有众星环绕。这也就是"拱"的意思。北方在我们先民心中之所以神圣，是因为这颗像勺子形状的北斗七星。北田共三个符号合起来，就是北方神圣的土地。这也是"冀"最初的意义。

在大约距今8000年前的时候，我们先民在北斗七星的指引下，开始陆续北上，到达黄河岸边。他们疲惫的身影，几乎同时出在上游河套地区的大地湾，中原大地的裴李岗，下游华北平原的武安磁山。从裴李岗文化遗址游牧文化与农耕文化的上下叠压地层关系来看，底层与中层相差了2000年的时光。这表明，游牧部落后脚刚走出裴李岗，南方稻农的前脚就踏上了裴李岗的土地。我国学界将大岗遗址认定为裴李岗文化的源头之一，现在看来是错误的。裴李岗文化的源头，只可能是南方的江汉平原。裴李岗两种不同文化的上下叠压地层关系并非孤例。这种两种不同文明的上下叠压地层现象在黄河流域较为常见，特别是河套地区。它向我们生动呈现了在大约8000年黄河流域两种不同文明的消长关系：游牧文化退，农耕文化进。此后，大量汉人先民陆续北上，游牧部落视为牧场、猎场的岗地和芦苇荡，成为南方稻农的田园、桑林。在黄河流域持续了数千年的阿尔泰语系逐渐淡出，汉人先民吟唱的"蒹葭苍苍，白露为霜"的声音开始回荡在这条北方河流的上空。在两种文化的对峙与融合中，黄河逐渐走进华夏文明的演进发展进程之中，并且地位与日俱增，在大约 4000 年前一跃成为夏文明的中心舞台。

土地上的主人换了，这条北方的大河气象为之一新。被北方游牧狩猎部落视为用于牛羊饮水的众多河流，成为汉人先民心中的圣河。黄河岸边的芦苇荡由猎场变成了稻田，岗地上的黍类作物也由牧草变成了庄稼。原先静止或者说缓慢的时间，因为汉人先民的到来而变得像河流一样流淌起来。

陆续北上的汉人先民，视这条河流为第二条长江、第二条汉水，经常在河边举行庄严的祭祀活动。在黄河之滨的殷商人，对黄河的祭祀活动达到近乎狂热的地步。仅在甲骨文中，关于祭河的卜辞就达到 500 余条。从《诗经》《周礼》的记载来看，周人也对这条河流充满了敬畏，经常举行祭河的宗教活动。若干年后，从北方重返故土的楚人，对那条北方的河流总是魂牵梦萦，在祭拜江汉平原众多河流的同时，也总是忘不了遥祭北方的黄河。《九歌·河伯》是楚人专门祭祀河伯的一首祭歌。

南方的稻作先民祭祀山川，是用玉，准确地讲就是玉璋。玉璋如刀如戈，但非玉刀玉戈，其实就是一种礼器。玉璋是在玉圭形制上形成的玉器，或者说它几乎就是玉圭的伴生物，从有玉圭起就有玉璋，后来玉璋成为专用于祭祀山川的礼器。从"祭"在甲骨文中的造型来看，北方的汉人先民选择了用牛羊祭河。"祭"在甲骨文中并没有下面的"示"，只有"夕"和"又"。"夕"就是滴血的肉块，"又"就是手持鲜肉，两个符号组合在一起就是我们先民在用生肉敬供那个神秘的河神。北上的汉人先民用牛羊祭河，并非抛弃了南方用玉祭祀山川的传统，另起炉灶，而是因为北方食物的短缺以及玉石资源的贫乏。黑暗与光明总是相伴的。北上汉人先民的这个无奈之举，也为后世用牛羊献祭开了先河，并为人祭、人殉等残暴行径埋下了伏笔。人殉人祭就是用人殉葬及杀人祭祀。从目前的考古成果看，华夏文明的人殉人祭，大约出现在距今 4000 多年前，并且地点都在北方的黄河流域。很显然，"祭"这个汉字，有着鲜明的北方色彩，是北方巫师的创造。

我们先民对河流山川的命名，其实就是另一种庄严肃穆的宗教仪式。北上先民持续数千年的祭河活动，其实就是在为一个具有图腾意义汉字的出现造势预热。这个汉字就是"河"。

根据汉语上古音韵学研究的成果，"河"的上古音正好读 gaal，相当于现代汉语中"各"的读音。两种不同语系不同文明对同一条河流发出相同的声音，显然大有玄机。两种不同语系不同文明的接触，首先就是语言的接触。从我们先民在黄河岸边与游牧部落不期而遇那天起，汉语借用蒙古语词语就开始了。汉语与蒙古语之间的大量同源词，就是两种不同文明长期相互影响的结果。很显然，汉语中的"河"与现代蒙古语中的 ghol 具有同源关系。"河"这个蒙古语的借词，很有可能是汉语中最早的一个阿尔泰语系借词。

我们猜想，最早北上的汉人先民最初对黄河的叫法，很可能受到了游牧部落的影响，沿用了他们 gaal 这一读音，也就是河。后来陆续北上的先民也并未另起炉灶，仍然习惯性地称这条河为 gaal。北方河流之所以统称为河，而不叫江，显然也是受到了游牧部落的深刻影响。

声音固然重要，但如果没有与之相匹配的字形，声音就显得飘忽不定，有可能被从西伯利亚吹过的凛冽寒风给吹散了。在我们先民称这条河流为 gaal 的若干年之后，"河"这个具有图腾意义的汉字终于出现了。"河"的形旁"水"表示河流，声旁"可"则既表音也表义。"可"在甲骨文中就是一个张大嘴巴的人。这个张大嘴巴的人肯定在发出某种声音。这个声音应该就是我们先民举行祭河活动时吟唱的巫歌。在古汉语中，"可"通"哥"，"哥"则通"歌"，三个字并没有明确的区分。按照我们先民创造的编码规则，"可""哥""歌"三个汉字，不仅音同，义也相同。这三个发音相同的汉字在甲骨文、金文中有一个共同点，那就是突出了张大的嘴巴，也就是纵情歌唱。"哥"就是两个张大嘴巴的人在一起。如果再加上一个"水"，那就是"河"了，也就就是一个人在水边或河边纵情歌唱。很显然，"河"这个具有图腾意义的汉字，向我们呈现出的就是北上的汉人先民在黄河岸边举行祭河仪式的庄严场景。同时，这个具图腾意义的"河"字也在暗示我们，我们先民在黄河岸边的祭祀活动，与南方并没有什么不同，也是载歌载舞，巫与舞与歌是一个有机整体。华夏文明最初的歌唱，就发生在庄严的祭坛上。

虽然两种文明对这条河流的读音相同，但声音所中隐藏的意义却迥然不同、千差万别。如果说"gaal"是北方游牧部落用声音对这条河流的编码，那么"河"则是汉人先民用音和形对这条北方河流的编码。与北方游牧部落不同的是，汉人先民对这条北方河流进行文字编码时，对其赋予了更加丰富的内涵，打上了农耕部落的烙印。因为我们在"河"这一符号上看到的是我们先民在这条河流边庄严的祭河场景，感受到的是这条河流在我们先民心中的神圣地位。从"河"出现的时候，南方的农耕文化与北方的游牧文化已经在开始悄悄融合了。"河"这一汉字，其实就是两种语言的相互纠缠。在汉字的古老家族成员中，"河"同"祭"一样还是年轻者。如果说"豫""牧""巫""帝""傩""江""汉"等汉字是步履蹒跚的花甲老人的话，那么"河"就还只是一个刚刚开口说话的孩子。这个具有阿尔泰语系底色的汉语词汇的出现，标志着华夏文明黄河时代的到来，中原时代的到来。同时，"河"这个蒙古语借词的出现，也是两种不同文化消长关系的间接证据。

北方虽然是神圣的，但同时也是苦难的。黄河毕竟不是长江，北方也毕竟不是南方，中原地区也并非另一个江汉平原。我们先民北上后，他们想象中的美好生活并没有出现。除了食盐和食物的严重短缺，他们还要饱受严寒的漫长煎熬。此外，不同部落之间的食物之争，特别是北方游牧部落的虎视眈眈，更是让他们如履薄冰。严酷的环境，生存的艰难，让男性的优势开始凸显。种种迹象表明，华夏文明属于女神的时代已一去不复返了。

北方是神圣的，也是阳刚的。一百多年来的考古成果表明，华夏北方比南方要更早进入父系氏族社会。发现"中华第一龙"的濮阳西水坡遗址，距今约6400年。这个遗址45号墓的墓主人，也就是那个被蚌塑龙虎图案簇拥着的墓主人，就是一个成年男性。浓重的葬礼表明，这个墓主人生前地位显赫，很可能就是一个部落的首领。西水坡遗址45号墓充分表明，至少在6400年前，北方就已率先进入了男权时代。华夏北方之所以比南方更早进入父系氏族社会，是由严酷的生存环境所决定的。

华夏文明漫长的女权时代都是在南方的河流度过的。华夏文明的众多始祖神，各种不同版本的"三皇五帝"，都是南方的河流孕育的。华夏文明的男权时代在南方江汉平原刚崭露头角的时候，便因为周期性泛滥的洪水而夭折了。北方低效的粟作农耕，让女性的优势失去了用武之地。守护部落的平安，外出狩猎、采集，争夺有限的食物，让北方广袤的大地弥漫着男性的雄性气息。正因为如此，南方的河流更具女性色彩，散发出女性的芳香；而北方的河流则更具阳刚的男性色彩，散发出浓郁的雄性气息。如果说南方的河流是女性淌过的河流，属于女神时代，是母系氏族社会的见证者、参与者，那么北方的河流则是属于男性的河流，属于男权时代，是父系氏族社会的见证者、参与者。

其实，黄河及其北方众多河流与南方的河流并没有实质性区别，同样有着"兼葭苍苍"的湿地，以及游弋的鱼和飞翔的鸟。长江、汉水夏季的浊浪排空、泥沙俱下，并不逊色于黄河。长江与黄河奔腾不息、汹涌澎湃、一泻千里的气势，可以说难分伯仲。华夏大地的每一条河流之所以多姿多彩，是因为我们先民的栖息，他们在河边的劳作、歌唱和创造。

　　除洛河之外，从北方河流命名所呈现出的价值观、思维方式，我们看不到飞翔的神鸟，也嗅不到女神散发出的芳香。在南方沿袭了几千年的用神鸟给河流命名的方式，在大约5000年前的北方似乎戛然而止了。因为女神的时代已经落幕了。南方河流之所以显得灵动、秀丽，北方河流之所以显得凝重、磅礴，其实是因为主宰华夏文明进程的性别角色变了。南方河流之所以称为江，北方河流之所以称为河，也是因为主宰华夏文明进程的性别角色变了。

　　黄河之"河"，就是一幅汉人先民在黄河岸边举行祭河仪式的写意画，直观而生动。黄河的最大支流、周人与秦人的母亲河——渭河，又称渭水，就是一块农田。渭河之"渭"， 上面是一块黍地，下面则是人的身体——肉身，意思就是人身体中的农田，周人重农的观念表达得淋漓尽致。黄河的第二大支流——汾河，也称汾水，是晋人的母亲河。汾水之"汾"，就是大的意思。在晋人的祖先看来，汾水就是一条大河。事实上，汾水也是山西境内最大的河流。我们先民最初就是沿这条河流到达山西腹地的。陶寺遗址就星星点点分布在这条河水的两岸。安阳的母亲河——洹河，古称洹水，也是殷商部落长期经营的地方。神秘的甲骨文也就是最早的汉字，就发现于洹水流域。洹水之"洹"，字如其河，就是一条百转千回、持续不断的河流。《尔雅》中提到的四渎之一的济水，河南济源、山东济南均济水而得名。"济"的形旁"齐"，在甲骨文、金文中就是指生长齐整的黍类作物，加上"水"后就是渡河的意思。很可惜的是，我们现在在华北平原以及济水消失的土地上，看到的是随风翻滚的麦浪，再也难觅黍类的踪影。这些北方河流命名的思维方式以及价值观，呈现出鲜明的男性色彩，很显然是父系氏族社会时代的产物。黄河之水天上来的气势，黄河的阳刚之美，是男权时代赋予的。如换成女性视角，那么黄河与长江、汉水、洛水、淮水可能就并没有什么区别。

　　女神时代虽然在北方黄河流域退出了历史舞台，但华夏文明水的人格化思维原型仍然保持了强大的历史惯性。黄河之"河"，除了指河流外，也指河神。这与江既指长江也指女神共工是一样的。人水合体，水就是水神，水神也是水，在北方仍然保持着蓬勃的生命力，一直延续到殷商王朝末期。水神与先祖神又往往是合体的，水神就是先祖神，先祖神就是水神。只不过这种思维原型的主体在北方由女性逐渐转换为男性，水神也由女性变成了男性，祖先神也悄悄转换了性别角色。我们先民之所以虔诚地祭祀黄河，其实并非传统观点所认为的黄河多灾多难，而是因为水以及化身为水的河神、祖先神。他们祭祀黄河，其实是在祭祀操控主宰黄河的神、他们记忆中的祖先神。南方的楚人之所以祭祀黄河，显然不是因为黄河的多灾多难，而是黄河的河神。

　　黄河的水神是位男神，叫河伯。后来这位河神还有了姓名，叫冯夷。从"河"既指河也指水神来看，河伯的历史原型有可能是一个男巫师，一个北上汉人部落的领袖人物。女权时代是不会产生男性水神的。不过后来这个河伯被妖魔化了，其真实形象已永远深埋在了黄河的泥沙之下。河伯的妖魔化发生在周人入主中原以后。河伯的世俗化妖魔化，既有文明发展的内在逻辑在起作用，也有周人为贬损殷商王朝推波助澜引发的效应。周人对河伯的妖魔化操作，与南方楚人对河伯的浓重祭祀，形成了鲜明反差，无疑耐人寻味。但不管怎么说，在广袤的北方土地上，当理性精神开始烛照我们先民心灵的时候，水的人格化思维原型在北方其实已呈强弩之末，日渐式微了。当河伯被妖魔化为一个翩翩纨绔公子的时候，这种思维原型其实已经走到了历史尽头，水神已经从神坛上走了下来，风光不再。华夏文明的巫文化时代连同神权时代在北方的黄河岸边缓缓落下了帷幕。

　　长江、黄河是华夏民族的圣河，也是两条流过华夏历史的对河。如果说长江是华夏文明的母亲河，那么黄河就是华夏文明的父亲河。确切地讲，长江是华夏文明年迈的母亲，而黄河则是华夏文明年轻的父亲。如果我们将汉人先民到达东亚大陆的时间划定在 15000 年左右，那么华夏文明演进发展的中心舞台在南方的三峡地区、两湖平原至少持续了一万年的岁月。尽管长江依旧奔腾不息，容颜不老，芳华永驻，但她仍然是位年迈的母亲。黄河参与华夏文明演进发展的历程，比长江晚了一万多年。尽管黄河少年老成，已染风霜，但他仍然是位年轻的父亲。而事实上，相比于长江，黄河的地质年代也要晚得多。在距今约 10 万至 1 万年的期间，黄河才逐步演变成为今天这样从河源到海洋上下东西贯通的大河。也就是说，在北方游牧狩猎部落赶着牛羊出现在北方的时候，这条北方的河流才刚刚做好迎接主人的仓促准备。而在距今约 300 万年前，长江就已形成了。当我们先民从缅甸沿海北上到达三峡地区的时候，长江其实已是一位风烛残年的耄耋老人了。这两条流过华夏历史的对河，似乎在冥冥之中就注定了她们各自的定位：一个扮演年迈母亲角色，一个则充当年轻的父亲。

　　黄河的水无疑是混浊的，但我们可以视之为父亲赤铜水般的胸怀。黄河河水季节性的奔腾咆哮，我们也可以视之为父亲的孔武与尊严。富裕的河套地区，渭水流过的关中平原，广袤的中原地区以及华北平原，我们可视之为父亲胸怀的博大和宽广。黄河充当华夏文明的父亲河，是再合适不过了。虽然如此，黄河却已呈现出疲惫衰老之象，显得少年老成。而长江虽然古老，但依旧生机勃勃，充满了青春的活力，如芳华永驻的女神。

我们习惯上称黄河为华夏文明的母亲河，是因为有文字记载的华夏历史，都发生在黄河流域。如果从我国学界认定的夏王朝建都二里头的时间算起，那么历代王朝在黄河流域建都的时间绵延3000多年。更为重要的是，构成华夏文化大厦的基石——先秦典籍，除楚辞之外，都是在黄河岸边成书的。在那个被誉为华夏文明历史上"百家争鸣、百花齐放"的战国时期，孔子、孟子、老子、庄子等诸多圣贤在北方的河流边行吟沉思，著书立说，深刻影响了华夏文明。不论是儒道两家，还是法墨等学派，以及兵家学说，无不是对数千年来华夏文明的反思与总结。现在看来，他们就是在为华夏文明未来的演化发展走向在做顶层设计和长远规划。如果说先秦诸子的思想学说是一株枝繁叶茂的参天大树的话，那么这株参天大树的主根在南方，而不是北方。毕竟我们先民经营北方的时间过于短暂，所能提供的营养还不足以供给、支撑这株参天大树的生长。此后，儒学说在华夏文明的演进中脱颖而出，大放光彩，其实已有了种种征兆。

先秦诸子是华夏文明最早出现的一批"士"，属于当时的贵族精英阶层。如果上溯几百年，这些"士"的祖先可能就是部落的小巫师。先秦诸子由巫师蜕变为"士"，要感谢汉字书写权不断大众化、世俗化的过程，要感谢周王朝加速了这一进程，同时也要感谢这条北方的这条河流，以及河流两岸的粟地。尽管如此，先秦诸子在所处的时代，汉字的书写权仍然还是贵族精英阶层的特权。他们之所以能著书立说、开门授徒，是因为他们久远的巫师家学渊源与从不间断的久远传承。华夏文明异常发达的史学，要归功于我们先民创立的巫史制度与传统。

在北方的先秦诸子纷纷著书立说、开山立派的时候，在秦岭淮河以南，巫师们仍然大行其道，孜孜不倦地在龟背的裂纹以及蓍草中寻找一个部落或王朝的天象与天机。他们的精神世界与数千年前的先祖并没有什么区别。与北方的诸子相比，他们的人生大好年华显得灰暗而逼仄。南方的云雨与浓雾在遮蔽南方河流山川的同时，也遮蔽了他们的心灵。如果三闾大夫屈原生活在北方的黄河岸边，他的人生可能就是另外一种面貌。

不管是北方的河，还是南方的河，都是华夏民族的河流。若干年后，一首叫

《我的祖国》的歌曲，在华夏大地传唱不衰。这首歌曲的歌词头两句是："一条大河波浪宽，风吹稻花香两岸。"这首歌曲中的"一条大河"，很显然不是黄河。因为我们现在在黄河的两岸，看不到"风吹稻花"的美景。这种如诗如画的美景，只有在长江及南方众多河流的两岸才能欣赏到。这条"大河"，应该就是南方的长江及众多河流。当然，我们也可以视之为黄河以及北方的河流。在黄河两岸，是另一幅可以媲美"风吹稻花"的美景：风吹麦浪。这可能并非词作者的笔误。在词作者的心中，在无数吟唱这首歌曲的炎黄子孙心中，长江与黄河是没有什么边界的，南北也是可以转换的，南北的大小河流也是可以转换的，"风吹稻花"与"风吹麦浪"的美景也并没有什么不同。"大河"既是黄河，同时也是长江。也许，在华夏子民的潜意识中，这一对圣河本身就没有彼此之分，长江也是黄河，黄河也是长江。

Chapter 28
第二十八章

死亡焦虑

在人类出现以前，地球上曾发生过五次生物大灭绝事件。距今 6500 万年前白垩纪末期，是目前所知地球史上的第五次生物大灭绝。在这次灾难性事件中，地球上约有 75% 到 80% 的物种灭绝了，统治地球长达 1.4 亿年之久的恐龙时代宣告终结，并为哺乳动物及人类的登场提供了契机。没有第五次生物大灭绝，可能就没有人类。

自从 35 亿年前出现生命以来，已大约有 5 亿种生物在这颗蔚蓝色星球上生存过，可其中绝大多数都只是地球的匆匆过客。在地球的生命历史里，灭绝才是最本质的问题。一个物种长达亿年的漫长演化过程，其实就是走向灭绝的过程，只是在为短暂的壮烈死亡储备能量。所有生物都不过是地球的匆匆过客，就连地球本身也不过是宇宙的匆匆过客。

人的生命，终有一天会结束。如果说我们来到这个世界是偶然，那么离开这个世界则是必然。死亡对每个人都是公平的。死亡意味着一片黑暗、一片沉寂，万劫而不复。对死亡的本能恐惧，也是人类最大的恐惧。这种焦虑与恐惧，伴随着每个人的一生。如果没有强大的精神力量支撑，没有哪个人可以做到视死如归。在华夏的早期先贤中，唯有屈原做到了视死如归。在屈原看来，生与死是没有边界的，生就是死，死是另一种形式的生。屈原选择在洞庭湖平原的汨罗江投水，其次就是选择再生。这是因为屈原有浓厚的宗教情结以及宗教所给予他的强大精神力量。屈原投江之所以显得悲壮，其实只是我们这些对死亡有着焦虑与恐惧的凡夫俗子们自以为是的一种偏见。作为儒家的代表人物,孔子始终刻意回避死亡的问题。相比而言,作为道家的庄子,相对要超脱得多,对死亡看得更淡一些。"生如夏花之灿烂,死如秋叶之静美",只是生者所追求的一种理想境界,真正能达到这种境界的实在是凤毛麟角。

从我们先民深入到东亚大陆腹地那天起,死亡的阴影就始终伴随着他们,如影随形,挥之不去。在恶劣的生存环境下,死亡如同空气一样无处不在,活着本身就是一种奇迹。细菌、病毒、疾病、毒蛇、猛兽、战争,以及各种自然灾害,随时都有可能终结他们脆弱的生命。他们每天都要面临着无数种死亡的可能性,每一天都有可能是他们的末日。死神布下的天罗地网,让他们时时刻刻如履薄冰。

这种推测并非危言耸听、夸大其词。史前人类的年龄,并没有文字记录。但近几十年来考古学与体质人类学的携手合作,已经可以让我们清晰地了解到史前先民死亡的年龄,以及他们的平均寿限。我们先民的一生,比我们想象的要短暂得多。大量研究成果表明,在新石器时代,我们先民平均期望寿命仅为19.99岁;婴儿死亡数一般占总人口的40%左右。在大约3000年的历史进程中,我们先民平均期望寿命仅延长了2.66岁。

中原地区裴李岗文化时代,黄河中下游地区人口平均期望寿命仅为24.17岁,其中男、女分别为24.99岁和22.09岁。到了仰韶文化时代,人口平均期望寿命为25.03岁,其中男、女分别为27.09岁和25.29岁。环泰沂山地区大汶口文化时期,人口平均期望寿命为22.99岁,其中男、女分别为23.5岁和22.89岁。到了龙山文化时代,人口平均期望寿命为21.59岁,其中男、女分别为23.99岁和24.27岁。

研究成果还表明,由于湿热环境,南方长江流域先民的平均期望寿命要比北先民更加短促。早在1984年,中科院就对湘西道县出土的47枚人类牙齿化石进行研究,推测这些个体的死亡年龄在20岁至35岁。如果考虑到婴幼儿的高死亡率,那么南方湘西北、鄂西南早期汉人先民的平均期望寿命要远低于北方的裴李岗文化时代。江汉平原汉水流域城河遗址距今约4300年,是目前为止长江流域发现的最大一座新石器时代墓葬。据考古工作者的初步分析,城河先民的平均寿命仅在30岁左右。

他们生命的全程是仓促而匆忙的,远远没有达到遗传基因决定的自然寿限的三分之一。衰老对他们而言是完全陌生的。我们所熟知的"三皇五帝",以及《山海经》和楚辞记载的众多始祖神,可能并非我们想象的是一群饱经沧桑的老人,而是一群正值如花岁月的青年人。他们的人生虽然很精彩，但也很短暂。他们可能"生如夏花之灿烂"，但却未必"死如秋叶之静美"；并且他们可能都是非正常死亡，死于种种灾难性事件和疾病。在死神降临之前，他们肯定经受了长期的病痛折磨。在他们正值花样年华的时候，在他们开创的事业如日中天的时候，他们的生命戛然而止，走到了尽头。他们的人生像天际划过的流星，绚烂而短暂。他们带着对这个世界和部落的恋恋不舍，永远坠入了那个黑暗寂静的深渊。在弥留之际，当黑暗开始入侵大脑的时候，他们想对她的部落子民说些什么呢？这只能是永远的秘密了。他们的灵魂并没有如后人所想象的那样进入天堂。这个世界也根本不存在所谓的天堂。

面对无处不在的死亡以及死神布下的天罗地网，我们先民似乎并没有失去生活的信心与勇气。他们是那么强烈渴望永生，永远不坠入黑暗而恐惧的死亡深渊。为了减轻死亡焦虑与恐惧的重负，他们幻想着，在他们生活的世界之外，还存在着另一个美好而光明的世界。这个神秘世界在天上，在云端，远离苦难的现实世界。这个世界就叫天堂，是逝去亲人灵魂的避难所，也是苦难现实世界的"诺亚方舟"。我们先民之所以想象有一个天堂存在，那是因为他们身处地狱，被苦难缠身。

也许，那些逝去的亲人，死去的只是肉体，他们的灵魂则飞升到了天堂；生与死不过是阴阳轮回，死亡其实就是再生。凡吻合这一观念的动物，无不成为我们先民的灵物与图腾，在他们的精神世界中如昆仑圣山一样具有神圣超然的地位。在南方的芦苇荡中，一种神奇动物缓慢地爬进了汉人先民的精神世界，那就是在南方湿地随处可看到的龟。龟是华夏文明的一个重要符号，是华夏文明有别于其他文明的独特现象。在汉人先民看来，龟是永生的，因此也是通灵的。我们猜想，龟的长生不老，一定深深震撼了汉人先民。他们在龟的身上，依稀看到了永生的希望，并因此减轻了对死亡的焦虑与恐惧。对无比渴望灵魂不灭的汉人先民而言，龟成为崇拜的对象，是再自然不过的事了。我们在长江中游地区、中原地区、江淮地区、环泰沂山地区、四川盆地，所看到的众多龟随葬习俗，表明"龟有灵"的观念在华夏大地是高度统一的。关中平原、辽西地区之所以没有这一习俗，是因为这两个地方相对干旱，难觅龟的踪影。

蜥蜴的简称就是易。易也就是阴阳变化。蜥蜴之所以称为蜥蜴，是因为其善变，具有断尾再生的神奇功能。蜥蜴纹图案在洞庭湖平原、江汉平原、河套地区、关中平原、中原地区屡次被发现。有学者认为蜥蜴纹图案是龙图腾的原型，或许不无道理。蛇之所以成为我们先民的图腾，除了其恐惧与邪恶之外，蛇还具有冬眠后在春天复苏的神奇。冬眠后复苏，也就是再生、永生，生与死的轮回循环。蝉与蚕之所以成为华夏文明的重要符号，是因为两者可以化蛹为蝶，轻松转换生命的形态。在我们先民看来，这与蛇冬眠后复苏没有什么不同，是死而复活。正是因为蝉与蚕具有生死轮回、阴阳转换的神奇本领，因此这两个汉字发音相同。这也是我们在华夏大地各史前遗址经常看到玉蝉与玉蚕的重要原因。精美的玉蝉与玉蚕，承载的是我们先民渴望灵魂不灭、生死轮回的沉甸甸的重负。

除了蛇、高空坠落两个主题，还有一个主题也经常出现在我们先民的梦境，那就是在空中自由飞翔。这个梦境几乎与蛇、高空坠落一样古老。如果说蛇、高空坠落两个主题是一种人体内在自我保护机制在发生作用的话，那么空中飞翔主题则是我们先民对苦难、黑暗的一种抗争，是对摆脱尘世间一切心灵桎梏枷锁的向往与追求。这是人类在长期进化过程中的一个意外收获，一个惊喜。这也是人性的光辉。空中飞翔这个常常出现在我们先民梦境中的主题，为龙图腾的出现埋下了伏笔。

甲骨文中的"龙"字，尽管写法略有差异，但大同小异，万变不离其宗："天"字下面加个"乙"。"天"是"龙"这个古老汉字或者说龙图腾的点睛之笔，也是我们先民走出死亡焦虑魔咒、超越死亡的精神源泉。"天"是我们先民想象中的灵魂栖息地，是逝去亲人们到达的地方，是一个与现实世界平行的彼岸世界。这个彼岸世界我们现在叫天堂。我们先民持续数千年观测天象，追踪日月星辰运行的轨迹，可能就是为了寻找这个天堂。

"乙"是解读"龙"这个古老汉字或者说龙图腾的关键。东汉许慎解读为初春草木弯弯曲曲长出地面的样子，可能过于迂腐了。"乙"也并非我们传统理解的一根弯曲的绳子，更不是飞升的蛇。渴望飞上天空的不是蛇或者龙，而是我们先民的灵魂。"龙"只不过是灵魂升天的载体。甲骨文中的"乙"，就是水流的形态。在甲骨文中凡用"乙"作部首字的汉字，无不与水流相关。这也是《易经》中"天乙生水"一句的源头。因此，我们可以把"乙"理解为 S 形，也就是水流。水，始终是我们先民体察这个世界的思维原点。"乙"与"易"读音相同，且在天干中居第二位，为阴数。甲骨文中凡与"易"读音相同的汉字，无不隐含变化的义项。"医"之所以读"易"，是因为医者可以打通生与死的边界；"夷"之所以读"易"，是因为这个部落逐水草而居，居无定所；"一"之以读"易"，是因为"道生一，一生二，二生三，三生万物"。按照我们先民遵循的编码规则，我们还可以把"乙"理解为阴阳转换、生死轮回。这也是我们先民在滔滔江水中乘舟而行时顿悟的天地之道。现在看来，甲骨文中"蚕""虫"等古老汉字中的"乙"，并非写实，而是写意，传递的是我们先民生死轮回、阴阳转换的观念。我们也还可以把"乙"理解为飞翔。在甲骨文、金文中，"乙"与"飞"，正如同"玉"与"王"一样，具有文化上的同构关系。在天空飞翔，是我们先民赋予龙图腾的生机与活力。从某种角度而言，龙图腾就是一只展翅的大鸟，就是凤凰。凤凰其实就是龙图腾的另一种形象，或者说龙图腾的化身，也是一枚硬币的两面。

"天"与"乙"组合在一起，也就是灵魂升天，凤凰涅槃，获得新生。《山海经》这部华夏文明起源的"密码本"，曾反复记载乘龙升天的故事。这或许就是在暗示我们："龙"就是我们先民灵魂升天的载体。这也是我们先民通往光明天堂的一条康庄大道。走在这条道路上，死亡就不再黑暗了。

龙图腾的演化史，就是一部华夏民族的心灵秘史。如果说龙图腾主导了华夏文明的演进，那么我们的先民对生与死的思考，渴望生命轮回、灵魂不灭的强烈愿望，则主导了龙图腾的演进。这也是我们先民在死神布下的天罗地网中的自我救赎。凡是符合阴阳转换、生死轮回观念的动物，都参与到了龙图腾的演进历程之中。这无疑是一种强大的推动力量。这也正是龙图腾原型之所以扑朔迷离的重要原因。

龙图腾漫长的演化史以及所承载的重负，注定了其原形不可能有一个公认的定论。不管是鱼、蛇、蚕、蜥蜴，还是鳄鱼、马、熊、猪，以及龙卷风、闪电的云、雨后的彩虹，都难以自圆其说。"龙"字写法的千姿百态本身就表明，我们先民对"龙"的理解也是有所不同的。也许，在我们先民灵魂于昆仑之巅乘龙升天的时候，这条飞升的龙，既像一匹奔驰的白马，展翅飞翔的凤凰，也像一条在水中游弋的大鱼，或者一条在沼泽中翻腾的大鳄，既是一道闪电，也是一阵飓风、一道彩虹，或者太阳运行的轨迹。也许，龙图腾什么也不是，只是一种观念的载体：灵魂不灭，生死轮回。这个观念可以化为凤凰，也可以化为蛇、蚕和蝉。龙图腾的背后，是我们先民对死亡焦虑与恐惧的挣扎，也是对死亡这一黑暗深渊的超越。

近几十年来，考古工作者在湘西北沅水流域辰溪松溪口、江汉平原黄梅焦墩、辽西地区阜新查海、中原地区濮阳西水坡等史前遗址，相继发现了最原始的龙图腾形象，为我们破解龙图腾起源之谜提供了珍贵的实证材料。

松溪口遗址位于高庙文化区。屈原《涉江》"朝发枉渚兮，夕宿辰阳"中的辰阳，就是这个地方。该遗址发现的原始龙形图由蚌壳拼成，因此也称"蚌塑龙"。"蚌塑龙"距地表 3 米以下，位于第 11 文化层，距今约 7800 年，比辽西查海遗址石塑龙要早 100 年。这也是我国目前发现的最早的原始龙图腾形象。在遗址第 9 文化层，还发现了蚌塑虎，长 12 米，宽 8 米，距今约 7000 年。松溪口遗迹虽然发掘有限，这条最早的龙图腾形象展示也并不充分，只发掘出了局部的龙体、龙爪，但也弥足珍贵。从龙背上残存的三角形"龙星"来看，龙图腾与天象密切相关。龙星也就是房、心、尾三个星宿，属于东方青龙七宿。遗址第 9 文化层中的蚌塑虎，则是西方白虎七宿。《山海经》这部华夏文明起源的"密码本"，对龙星星象在每个季节和方位的星象形态和授时功用，都有生动记载。松溪口遗址"蚌塑龙"表明，至少在 7800 年前，我们先民已经在经常仰望星空了。

南方松溪口遗址的缺憾，正好被北方濮阳西水坡遗址给弥补了。西水坡遗址"蚌塑龙"发现于 45 号墓，距今约 6400 年，是我国迄今为止发现的保存最完好、体形最大、形态最逼真的原始龙图腾形象，被誉为"中华第一龙"。从墓葬的平面图来看，中间是墓主人，是一具成年男性骨架，呈头南足北的仰卧直肢姿势。男性骨架的东边，是蚌壳摆塑的龙形图案；右边是用蚌壳摆塑的虎形图案。东青龙，西白虎，与松溪口遗址高度一致。如果认真审视，我们还可以发现，在墓主人的脚下还有一堆蚌壳。用蚌壳堆塑的部分类似斗的勺，两根腿骨的部分则形似斗柄。根据中国社会科学院考古研究所研究员冯时先先生的研究，墓主人的脚下也就是北方，就是北斗七星。在 45 号墓南面 25 米的位置，也有一组蚌塑图，分别是龙、虎、鹿和鸟的图形。北斗七星早期就叫鹿，到后来才改为玄武。由第二组蚌塑图再往南走 5 米，是第三组蚌塑图：一个龙形图和一个虎形图。与第一组墓葬的龙虎图不一样的是，龙的身上还有一个用蚌壳摆放的人。西水坡遗址 45 号墓"蚌塑龙"图案，与江汉平原随州曾侯乙墓里面发现的漆箱上的二十八宿图高度一致，甚至连一些细节都完全吻合。西水坡遗址 45 号墓"蚌塑龙"图案，就是一幅完整的四时天象图。这幅四时天象图，实际上就是对"龙"字中"天"字的诠释。其实，我们将这幅"蚌塑龙"图案看成一幅墓主人乘龙升天图要更为准确。45 号墓的主人才是整个"蚌塑龙"图案的中心、主体，天上的青龙、朱雀、白虎、玄武四象，不过是墓主人灵魂飞升以后要到达的天堂。

北方的西水坡遗址 45 号墓与南方的松溪口遗址，不约而同地使用蚌壳摆放成龙的形态，无疑是耐人寻味的。蚌也就是河蚌，生活在淡水湖泊、河流中的一种软体动物。"蚌"这个汉字在大篆中才出现。在此之前，我们先民统称其为贝。蚌壳其实也就是贝壳。红山文化玉器虽然惊艳，但大量钻孔的海贝其实也并不逊色，仅 17 号灰坑就一次性发现 296 枚海贝。在红山先民的心中，玉器与海贝具有同等重要的地位与价值。这些钻孔的海贝之所以没有引起我们的重视，是因为我们被红山玉器的惊艳给遮蔽了双眼。

其实，在甲骨文中，贝字族汉字远多于玉字族汉字，并且贝多用作祭品。殷墟卜辞中，有几则商王盘庚赏赐大臣贝的记载，但是很少有赏赐玉的记载。"贡"这个字向我们传递的信息是，进贡贝远比进贡玉要更为重要。这种现象告诉我们：在殷商以前，贝的超然地位可能是玉石难以企及的。如果说华夏文明有一个玉石独尊时代的话，那也是在殷商以后。从全世界范围来看，贝、珠在各地各民族往往与水、月亮、妇女等联系在一起，具有神秘的宗教意义，被普遍用于丧葬仪式中。这一原始动机，现在恐怕很难有一个标准答案。

南北先民不约而同选择贝壳作为灵魂乘龙升天的载体，应该与他们渴望灵魂不灭、永生不死的观念密切关联。在我们先民看来，贝壳似乎永远也不会腐烂，始终光鲜如初。贝壳中自然形成的珍珠，闪耀着太阳般的光泽，是阴阳轮回最生动的呈现。湘西高庙遗址有一处保存完好的贝丘遗址，堆积最大厚度达 7 米左右。这是高庙先民长期用贝壳作为陪葬品的结果。联系到甲骨文"龙"字中的"乙"，我们推测，蚌壳除了代表水流之外，同时还隐藏着我们先民阴阳转换、生死轮回的观念。龙图腾的孕育，也应该就是在南方两湖平原的芦苇荡中。龙图腾从诞生之日起，就带着鲜明的南方色彩。我们先民在吟唱"蒹葭苍苍，白露为霜"的背后，其实是对生与死的思考，是对天象的观察。华夏文明天文学的高度发达，除了稻作农业之外，我们先民对死后灵魂栖息地的探寻可能也功不可没。

濮阳位于豫北平原东部，西面有太行山，东面有黄河。6000 年前的濮阳，河流纵横，湖泊密布，就是一个压缩版的江汉平原。在秋天时节，濮阳可能就是一派"蒹葭苍苍"的南方美景。因此，西水坡遗址 45 号墓中的"蚌塑龙"，应该就是就地取材。从 45 号墓的主人男性身份来看，濮阳可能是华夏文明中率先迈进父系氏族社会的地方之一。相传濮阳是帝颛顼之墟，也是商族的发祥地之一，蚩尤的传说一直盛行不衰。濮阳的帝都之誉的确名副其实。

南方的高庙松溪口遗址、北方濮阳西水坡遗址中的"蚌塑龙"，让我们不由联想到南方三峡地区以鱼为葬的习俗。现在看来，遍布大溪文化区的鱼葬习俗，并非鱼崇拜这么简单。既然"天"与"乙"是天堂与水流的完美组合，是一条引领我们先民灵魂升天的阳关大道，那么我们也可以认为南方大溪文化墓葬中的鱼就是流动的水。鱼之与水，珠贝之与水，有着相同的意义。三峡地区的先民选择水流作为灵魂乘龙升天的载体，与这两处遗址墓葬主人选择贝壳作为灵魂乘龙升天的载体，在本质上是相通的，可以说殊途同归。龙可以是水中的蚌，当然也可以是水中的鱼。可以说，三峡地区先民陪葬的鱼，就是他们的亡灵升天所乘的"龙"。

与松溪口遗址、西水坡遗址相比，另外两处发现原始龙图腾形象的地方相对逊色。这两处地方，一个是南方江汉平原黄梅焦墩遗址，另一个是北方辽西阜新查海遗址。这两个史前遗址发现的原始龙图腾均为石龙。焦墩遗址距今约 5200 年。石龙用鹅卵石摆塑而成，全长 7 米，高 2.26 米，头西尾东，石龙龙背上方另有三堆斜向排列的卵石，应该就是龙星星宿，也是这条石龙飞翔的目的地。阜新查海遗址距今约 7600 年。查海石龙用红褐色砾岩摆放而成，全长 19.7 米，龙头部最宽处约 2 米，是我国迄今为止所发现的体形最大的龙。

这四处史前遗址，有一个共同点，那就是遗址本身就是我们先民的墓葬地。可以说，这四个墓葬地的原始龙图腾形象，为我们展示的是就是一幅墓主人乘龙升天图。如果说松溪口遗址、焦墩遗址、查海遗址呈现的是一幅残缺的乘龙升天图，那么西水坡遗址 45 号墓则是一幅清晰完整的乘龙升天图。《山海经》反复记载的乘龙升天的传奇故事，在这四处遗址得到了验证。当然，这也只是我们先民的一幅愿景图。因为人死后并没有灵魂，这个世界也不存在所谓的天堂。这四幅乘龙升天图有力表明，龙图腾的原形其实就是我们先民的一种丧葬仪式；这种丧葬仪式承载的就是我们先民生死轮回、阴阳转换的观念。在至少 6000 年前，无论是南方的芦苇荡，还是北方粟作飘香的岗地，乘龙升天都是一种普遍的丧葬仪式，在华夏大地高度统一。这四幅看似诡异的乘龙升天图，其实是沉甸甸的。因为它承载的是我们先民渴望永生、灵魂不灭的重负。现在看来，《山海经》反复记载的乘龙升天的传奇故事，向我们传递的其实就是我们先民对死亡的焦虑与恐惧。

焦墩遗址地处大别山南部边缘地带。焦墩先民之所以没有采用贝壳摆放龙的形态，很显然是由于贝壳资源的欠缺。他们只能退而求其次，用河流中的鹅卵石代替贝壳。地处干旱地带的阜新地区，一直是游牧兼粟作区，不具备河蚌生存的基础条件。查海先民当然也只能退而求其次，用石头代替贝壳了。这也为后来玉龙的出现埋下了伏笔。

2004 年，考古工作者在中原地区二里头古城发现了一个大型的绿松石龙形图案，年代约距今 3700 年。这个绿松石龙形图案表明，汉人先民北迁以后，由于贝壳资源的严重欠缺，他们只能采用石头代替贝壳摆放龙的形态，或者用玉石雕刻龙的形态。我们现在所看到的各种各样的史前玉龙，无不发现于墓葬。这些精美玉龙，同贝龙、石龙一样，也是墓主人灵魂升天的载体。贝龙、石龙、玉龙并没有本质区别，只是材质不同而已。久而久之，北方的汉人先民对贝龙的记忆越来越模糊，以致淡忘了。玉龙逐渐成为我们先民灵魂升天的主要载体。

四个墓葬的主人绝非平民，而是部落的巫师、领袖人物。乘龙升天是他们死后的最高礼遇，同时也是他们生前神权的象征。这也为后来龙图腾演变成为帝权、皇权的象征埋下了伏笔。这个结局虽然有点例外，但也符合龙图腾演变的内在逻辑。

部落巫师、领袖人物乘龙升天的特权最初是龙葬，后来是玉葬。龙葬、玉葬其实与平民的悬棺葬、瓮棺葬、鱼葬、龟葬并没有本质的区别。悬棺葬盛行于南方山区。因为只有山区才具备这一条件。悬棺葬也就是将木棺悬置于悬崖绝壁的木桩上，或置于崖洞中、崖缝内，或半悬于崖外。木棺位置越高，也就离天堂越近，更能方便死者的灵魂升天。悬棺葬也非南方少数民族的葬式，恰恰相反，它最初就是我们先民的葬式。悬棺多采用整木挖成的船形棺，与"蚌塑龙"、鱼葬有异曲同工之妙。瓮棺葬在华夏大地各地均有发现，是我们先民普遍采用的一种葬式。瓮棺也就是形似蚕茧的大型陶器，一端留有一孔。如果说部落的巫师死后是乘龙升天的话，那么平民死后则是灵魂像蚕一样破茧而出，化蛹为蝶，获得新生，二者是殊途同归的。无论是乘龙升天，还是悬棺葬、瓮棺葬，以及鱼葬，体现的都是我们先民生命轮回、阴阳转换的观念。同乘龙升天葬式一样，悬棺葬、瓮棺葬，只可能起源于南方稻作部落。当鱼葬、龟葬、瓮棺葬逐步淡出华夏大地的时候，继之而起的是延续了数千年的穹顶式墓穴形制。穹顶模拟的是蓝天，象征的也是天堂，是死者灵魂的栖息地，我们可视之为简化版本的龙葬。

龙图腾看似扑朔迷离，实则简单明了。龙图腾的所有秘密，尽在我们先民对死亡焦虑恐惧的心理阴影之中。从一种丧葬仪式慢慢演化为帝权皇权的象征，龙图腾漫长的进化史，浓缩了华夏文明的历史进程、华夏子民的心路历程。

我们无法知道，我们先民是否在这种丧葬仪式中，透过死亡的黑暗看到了无限的光明、永生的希望。也许，乘龙升天，或者悬棺葬、瓮棺葬这种古老的丧葬仪式，并没有减轻我们先民对死亡的焦虑与恐惧。他们在举行这种灵魂升天仪式之后，所获得的只是短暂的内心宁静，永生的希望转瞬即逝，如昙花一现。他们可能依旧生活在死亡的黑暗阴影之中，日复一日，直至永远坠入黑暗的死亡深渊。如果死亡真的是一种新生，是一种解脱，那么我们就无法理解颛顼发动的那场以消灭对方生命为目的的宗教战争了。经过北方粟作农耕与长期战争重塑过的秦始皇，其实已经不再深信人死亡以后有灵魂的存在了。否则他就不会派遣徐福泛舟大海去寻找长生不老仙药了。

　　既然生与死之间没有边界，那么我们先民又何必执着追求永生的境界呢？时至今日，我们也并没有能够超越先民，看淡生死，视死如归。我们先民做不到的，我们也无法做到。对死亡的焦虑与恐惧，注定了将如影随形伴随着人类前行的每一步，直到人类消灭的那一天。这是每个人的宿命。

Chapter 29
第二十九章

龟背上的殷商王朝（一）

　　一百多年前，在河南安阳一个叫小屯村的地方，村民们不经意间在田野挖出了一批又一批"龙骨"。这批"龙骨"，也就是后来我们所熟知的甲骨文。这一发现，惊醒了一个在地下沉睡了 3000 多年的王朝，令整个学术界为之震撼。这一石破天惊的大发现，京城国子监祭酒王懿荣无疑居功至伟。他最先认定这种"龙骨"就是甲骨文，因此被后人尊为"甲骨文之父"。在王懿荣发现甲骨文以后的十年间，无数文人、官宦以及外国人竞相重金收购甲骨文。1903 年，刘鹗编辑出版了我国第一部甲骨文著作——《铁云藏龟》。著名学者罗振玉、王国维、郭沫若、董作宾、唐兰、陈梦家等，都对甲骨文进行了卓有成效的考释和研究，并形成了一门专门的学问——甲骨学。董作宾、罗振玉、王国维、郭沫若并称为"甲骨四堂"，被誉为甲骨学研究的一代宗师。如今，甲骨学已成为一门蔚为壮观的世界性学科。

　　文字的出现，被西方学界界定为史前时代与文明时代的界标。甲骨文是现存华夏文明最古老的文字，是已知汉语言文献的最早形态，大约有 4500 个单字，可识者约三分之一。这些刻在龟甲和牛骨上的文字，几乎颠覆了中国的文字史和纪年史。甲骨文涉及殷商王朝的政治、文化、军事、宗教、文化诸方面，比如干支纪年、天气状况、政治制度、王室活动，以及风俗习惯等。在甲骨文发现之前，人们只能从有限的文献记载中了解殷商王朝，而且这些文献无一成于商代。对于这个传说中的殷商王朝，包括胡适在内的我国部分学者以及西方学界都持置疑态度，认为历史上并不存在殷商王。上世纪初叶，王国维率先成功释读了殷墟出土的甲骨文，有力证明了《史记·殷本纪》所载商王世系表为信史，从而把中国有考据可信的历史提早了一千年，让殷商王朝从历史传说的迷雾中走了出来。殷墟出土的甲骨文，成为一个被历史湮灭了的朝代的见证者。殷商王朝并非传说中的亚特兰特斯，而是一个曾经存在而又消失了的古老王朝。

自殷墟甲骨文发现以来，国内外学界对殷商王朝的研究是深入而充分的，并取得了一系列丰硕成果。可是，这个龟背上的殷商王朝依然神秘而飘忽。我们先民到达东亚大陆后，所创造的文明成果，像一条河流一样，全部汇集到了殷商王朝这一神秘的大泽。甲骨文以及后来发现的大量殷商玉器、陶器、青铜器、城址等，承载的不仅仅只是一个殷商王朝的信息，而是华夏文明漫长神权时代的信息。可以说，殷商王朝所有的秘密，尽在这龟背之上。华夏初始文明的很多秘密，也尽在这龟背之上。殷商部落的欢乐与痛苦，光荣与梦想，从哪里来、到哪里去，也尽在龟背之上。

殷商部落是个经常迁徙的部落，传说有过 8 次大迁徙，因此其族源一直是个历史之谜。自殷墟甲骨文发现以来，关于殷商部落的族源，豫东说、豫北说、晋南说、东夷说、关中说、江浙说以及北方游牧部落说等等，层出不穷，让人眼花缭乱。殷商部落的族源之谜，关乎华夏文明的起源之谜，是一个我们绕不开的母题。其实，殷商部落的族源之谜，就隐藏在"商"字之中。

部落名、族名作为血缘的标识，无疑是一个部落、族群文化最深层的沉淀，也是一个部落、族群对族源的历史记忆。"商"这个古老的汉字，至今仍散发着南方炽热的气息。在甲骨文中，"商"与"帝"字很相似，就是在一处祭坛上焚烧柴火祭天。这个祭坛也就是《山海经》和楚辞中反复提到的昆仑圣山，也叫帝丘、轩辕丘。甲骨文中的"商"主要有三种字形，金文"商"有两种形式。这五种书写形式都有一个核心符号：辛。"辛"也就是后来的"薪"。"辛"的本义也就是木柴，既是祖源的象征，也是火、火神的象征。作为华夏初始文明的核心符号，"辛"同"火"一样，文化意蕴十分深厚。这个大写的"辛"字，以及隐藏其中的"木"字，是破解殷商部落族源之谜的关键。

火的稀缺性与重要性，决定了掌管火种的人就是一个部落的领袖人物，拥有至上权力。"辛"成为火与火神的象征，不仅仅是"辛"作为木柴可以生火，更主要的是其与燧人氏也就是炎帝"钻木取火"的传说有关。在华夏文明的史前时代，"辛"应该就是华夏民族的族源符号，是祖源的象征和标迹。因此，最初汉字中凡是带"辛"字头的，如"凤"、龙的繁体，以及"童""章""音"等，无不与"帝"有着千丝万缕的联系，与神权、巫权以及祭祀活动紧密相关。正因为如此，"辛"字头也称"帝字头"。后来的枷锁刑具、施行酷刑的刀具，以及辛苦和辛酸等义项，均由其所象征的神权引伸而来。族源、神权是"帝字头"汉字、词汇这株参天大树的主根。

"商"字透露出的帝王气象，折射的火焰的炽热，从殷商部落的诞生之日就注定了。在华夏诸神中，有个始祖神叫高辛氏。高辛氏也就是帝喾，也就是先秦文献记载的殷商部落的始祖。高辛氏传说以木德为帝，在司马迁《史记·五帝本纪》中为"五帝"之一。王国维、郭沫若在考释殷墟甲骨卜辞的基础上，得出一致结论：殷商王室先祖高辛氏即帝喾，帝喾即帝俊，也就是殷商部落经常祭祀的高祖夔。闻一多在《天问疏证》中也持相同的观点。在殷墟卜辞中，火神又叫"火日"。"火日"与殷商其他卜辞中的"凤日""先祖日"具有同样的性质："日"也就是神，"火日"也就是火神，"凤日"也就是风神，"先祖日"也就是先祖神。殷墟甲骨文的发现，让我们对殷商部落这位神秘的先祖神的认识朝前迈进了一大步。殷商王室有这样一则卜辞："壬午，扶幸火日，南，雨。"这则卜辞显然是用于祭祖的。这则卜辞中的"南"表明，殷商部落经常祭祀的火神、先祖祖神就在南方的两湖平原。不论是黄帝或颛顼，还是帝喾或帝俊，都是南方的神。这则殷墟卜辞透露出的信息，与《山海经》的诸多暗示是一致的。

中原地区豫北平原、豫东平原有着众多的燧人氏传说与文化遗迹。豫北平原的濮阳相传是帝颛顼之墟，向有帝都的美誉；传说中的燧明国就在豫东平原的商丘地区，商丘的高辛镇传说是高辛氏的长眠之地。而豫北豫东地区正好是殷商部落经营时间长达三百多年的地方，殷商王室的鼎盛时期就是在豫北豫东地区度过的。燧人氏也就是炎帝，是华夏民族的始祖神。种种迹象显示，殷商部落的族源直指炎帝也就是燧人氏，以及传说中的高辛氏、南方火神祝融。殷商王室流淌着火神高贵的血统，肩负的是华夏族群的旗帜。相比楚王室，殷商部落王室的血统可能要更加高贵与纯正。楚王室可能只是殷商部落王室的一个近亲、旁支。楚王室关于族源的记忆可能大多来自殷商部落。

"商"除了"辛"这个符号，下面还有一个"丙"这个重要符号。作为天干的第三位，"丙"的初义一直众说纷纭，鱼尾之形、高架之形、青铜鼎之形、能发出悦耳声音的石片之形等等，不一而足。这些流行的观点，均不能合理解释"火"与"丙"两个符号组合成的"炳"所表达的光明义项。事实上，"丙"就是"炳"

的初文。古汉语中的"付之以丙"也就是投入火中。在天干中，丙不仅是火的象征，而且也代表着南方。这一秘密就隐藏在殷商部落的族源之谜中。按照我们先民的编码规则，"炳"字中的"丙"不仅表音同时也表义。很显然，"丙"的初义应该与我们先民祭祀的火、火神以及不断寻找的光明之间有着紧密的关联。殷商部落王室是炎帝也就是燧人氏的直系后裔，燧人氏钻木取火的传说在殷商部落一直代代相传。这也是华夏民族的薪火，是这个部落生生不息的动力与源泉所在。在甲骨文中，"丙"就是一个有圆窝的木墩、木棍，或者说木片；而"丁"字则像一个木椎。如果把"丙""丁"两个字结合在一起，就是一个钻木取火的工具："燧"。将"丁"插入"丙"，然后旋转摩擦，就会生成火焰。"丙""丁"两个古老汉字，为我们还原了钻木取火的神奇过程。殷墟甲骨文的发现，表明世世代代相传的燧人氏钻木取火的传说是真实可信的。"丙""丁"这两个古老汉字，可能就是殷商部落巫师的创造。在我们先民的五行观念中，"丙"与"丁"都是属火的。甲骨文、金文中的"柄"就是木把手柄，是对"燧"这一钻木取火工具的模拟与引申。"商"下面的"丙"，就是殷商部落一团熊熊燃烧的火焰，也是殷商部落族源的标志与象征。

如果说"辛"字有可能是殷商部落最初的图腾和族徽，那么"商"则是这个部落北上中原后的图腾和族徽。在北上中原的最初艰难岁月，他们可能像南方的楚人巫师屈原一样，频频南望，遥想家园的稻田、桑林、河流与湖泊，以及昆仑圣山上熊熊燃烧的火焰。《山海经》中的"南望昆仑，其光熊熊，其气魂魂"，有可能就出自殷商部落巫师后人之手。在后来不断迁徙的过程中，他们对南方家乡的的稻田、桑林、河流与湖泊的记忆可能慢慢淡化了，但是对昆仑圣山上升腾的火焰的记忆及先祖燧人氏发明钻木取火技术的记忆却历久弥新。甲骨文中的"商"，实际上就是燧人氏也就是炎帝一脉核心文化符号的组合，是殷商部落祖源以及族系发展信息的载体。"商"这一图腾和族徽，向我们清晰地呈现了殷商部落族号演变之谜。它不仅仅属于殷商部落，也属于我们先民的各个部落。从某种程度而言，"商"浓缩了整个华夏族群史前漫长的发展历程。

殷商部落是我们现在所知道的北上汉人部落中最成功的一个部落。现在看来，殷商部落在北方的率先崛起，绝非偶然。《夏商周：从神话到史实》的作者郭静云认为殷商部落来自北方草原的游牧民族，只能说明她对华夏文明的认知是肤浅的。"帝字头"的"商"，只可能作为部落名、族名。也唯有殷商部落，才配得上这一"帝字头"。带"商"的地名、星名、河名、乐器名，只可能是殷商部落的赏赐、惠泽，而非传统认为的殷商部落是因地名、星名、河名而得名。

从殷墟卜辞的记载来看，殷商部落从未有过"殷"的自称，始终自称为"商"，并以此为荣耀。楚辞也一直称"商"，从未有过"殷"的叫法。我们现在叫这个族群为殷商部落，是受了周王朝的影响。"殷"这个称谓就是周人强加给殷商部落的。周人称殷商部落为"殷"而非"商"，可能是出于对殷商王室高贵血统的深深忌惮，是对殷商王室高贵血统的刻意淡化与回避。周人对"商"这一图腾和族徽的深刻内涵与丰富信息应该是心领神会的。周人入主中原要站在道义上的制高点上，除了宣称是天命之外，还要刻意淡化殷商王室身上流淌的炎帝也就是燧人氏的血脉。这可能就是周人称殷商部落为"殷"而非"商"的深层次考量。

南方的楚人一直有"不服周"的传统，现在看来并非楚人胸襟过于狭小、过于狂傲，而是为了维护华夏正统。曾经北上后又重返家园的楚人，在南方忠实地记录了殷商部落的历史。屈原在《天问》中曾对殷商王朝"玄鸟生商"的古史传说、三王传说以及巫术发问，从"舜闵在家，父何以鳏"，到"不胜心伐帝，夫谁使挑之"，共68句，均为殷商王室的兴亡史。如果以楚辞为史料来重新排列殷商王室的世系，我们会发现，楚辞中记载的殷商王族先公世系与殷墟卜辞的记载几乎完全一致，而与《史记·殷本纪》却有一些出入。也就是说，楚辞中的殷商王室世系记载能得到殷墟卜辞的充分证明，其真实性超过了司马迁的记载。殷商王朝是在北方中原地区复活的夏王朝。同南方的江汉平原一样，殷商王朝时期的中原地区，也是一个"满天星斗"的时代、邦国林立的时代。楚人在北方众多方国部落中聚焦殷商王朝，无疑是耐人寻味的。那么，是什么强大力量驱使楚人像记录自己部落的历史一样忠实记录殷商部落的历史呢？现在，我们在"商"字上找到了答案：殷商王室身上流淌的炎帝也就是燧人氏的血脉；与楚人同出一源。楚人心目中的正统，就是炎帝、火神一脉。这也是"楚"字中三个"木"字的深刻内涵。

秦人与楚人一样，同样出自殷商部落。同殷商部落一样，秦人的族源也一直是个历史之谜。秦是秦族的族称。"秦"在金文中由"玄鸟殒卵""双手供奉"和"禾苗"三部分组成，是"玄鸟殒卵"与嘉禾的复合图腾。秦人眼中的"嘉禾"，可能就是南方的稻，而非北方的黍。从《史记·秦本纪》《史记·楚世家》的记载来看，秦、楚均出自高阳氏，同为颛顼之后。太史公司马迁似乎已隐约知道秦、楚同源这一秘密。司马迁《史记》的这一记载，得到了考古成果的验证。

上世纪八十年代，在陕西凤翔县大秦公墓里出土了"高阳有灵"四个字。

《系年》竹简的重见天日，又让我们向秦人族源之谜的真相迈进了一大步。《系年》竹简 2008 年入藏清华大学，因此又称 "清华简"。《系年》竹简详细记载了周武王死后发生的三监之乱，以及周成王平叛的经过。周成王平定三监之乱后，将反周的 "商奄之民" 强迫西迁到河套地区戍边。"商奄" 是殷商王朝的重要组成部分，在今山东曲阜一带。"商奄之民" 均为嬴姓，也就是秦王室的祖先。从1975 年于江汉平原云梦发现的秦简来看，秦人同殷商王朝一样也称火神为 "火日"。不仅如此，秦人的墓葬形式也与殷商部落惊人相似，秦墓殉人、腰坑、殉狗习俗，以及车马埋葬特点，无不显示殷商部落的鲜明特征。《系年》竹简的初步研究成果充分表明，这诸多相似之处，是因为秦人族源出自殷商部落，同楚人一样有着高贵的血统，秦人出自西域游牧族群的观点可以终结了。秦人后来称霸西戎，崛起关中平原，后又兼并列国，完成统一大业，是有种种先兆的。华夏的统一大业由殷商部落的后裔——秦人来完成，似乎有着某种必然性。

在厘清殷商部落族号演变之谜后，我们也许会对这个龟背上的王朝以及殷墟甲骨文，会有一种全新的认识。不仅仅殷商王朝的所有秘密尽隐藏于龟背上，华夏文明起源的诸多谜团也尽在这龟背之上。如果没有殷墟甲骨文的重见天日，我们从哪里来的问题就会一直困乏我们，让我们不得安宁。

龟这种古老的爬行动物之所以走进殷商先民的精神殿堂，主要是因为其生命的活力似乎永远也不会枯竭。龟之所以长寿，是因为其新陈代谢的速度较其他物种要慢。当然，殷商先民不可能有这样的先知先觉，他们只可能认为这是龟通神通灵的原因。《史记·殷本纪》中 "殷人视龟如神" 的历史记忆，是真实可信的。龟背所承载的，其实就是我们先民摆脱死亡焦虑、永葆生命之树常青的希望。这无疑是龟所无法承受的重负。

从我国现有龟类分布情况来看，龟主要分布在秦岭、淮河以南地区。秦岭、淮河以北地区虽然也有龟类分布，但数量偏少，高寒地带、干旱地带还没有发现龟类的踪迹。龟类的这一分布特点，是由龟的水陆两栖生活习性所决定的。南方的湿地，无疑就是龟的天堂。我国现有龟类约 35 种，以淡水龟为主，最常见的是乌龟、黄喉拟水龟和平胸龟三种。乌龟也叫中华草龟、金龟、墨龟、金钱龟，俗称长寿龟，一般生活在河、湖、沼泽、水库和山涧中，有时也上岸活动，主要生活长江中下游地区。除此之外，这种龟还可以变温，当气温过低或过高，就会进入冬眠、夏眠状态，我们先民称之为 "龟息"。当这种龟从冬眠、夏眠状态复苏后，其生命又鲜活如初。龟在生与死之间的轻松转换与轮回，无疑让我们先民看到了永生的一线曙光。我们现在不再对龟感到神秘，是因为我们欠缺了我们先民对大自然的敬畏。

如果没有对龟的长期观察与经验累积，这一切是不可能发生的。符合这一条件的，只可能是南方的两湖平原。殷商部落在北方长期经营的豫北豫东地区，显然无法满足这一前提条件。如果说殷商部落是来自北方的游牧族群，那么龟对他们而言就是完全陌生的。殷商部落对龟的长期观察与深刻认识，对龟的如痴如醉，其实就是对殷商部落族源最生动真实地呈现：殷商部落来自多龟的南方两湖平原。正是殷墟甲骨文的惊天大发现，让我们对"年""苗""重""黎"以及"豫""牧""犁""年"等一批古老的汉字，以及大量的以"水"、"贝"为核心符号的汉字，有了全新的认识。现在看来，这一批散发着南方灼热与潮湿的文字，其实就是殷商部落祖先生活信息的形象载体和隐形书写。这些在南方芦苇荡孕育形成的古老汉字反复提醒我们：殷商部落的祖先就是南方的稻作部落。他们漫长迁徙的起点就是南方两湖平原的芦苇荡、稻田、桑林。殷商部落就是在这个出发点跨上龟背，并在龟背上走遍了华夏大地，深刻影响了华夏文明的走向。

从殷墟卜辞来看，殷商王朝所用龟甲除了本地龟，可能大部分龟来自南方江汉平原。殷墟卜辞有"氐龟""不氐龟"的记载，"氐"的意思就是"来到"，即"龟来到了""龟还没来"。还有几条卜辞则具体说明龟甲来自南方："知贡龟共四九一次，凡贡一二三三四版。"殷商王朝偏爱南方的龟，也严重依赖南方的龟，由此可见一斑。

殷商部落对龟的偏爱达到痴迷的程度，可能还不仅仅是龟长寿这么简单。"龟"之所以与"鬼"读音相同，是因为龟背就像巫师们在祭神仪式中戴的面具。"鬼"在甲骨文中就是一副巫师们在祭祀活动中戴的面具。对这种面具，我们并不陌生，因为四川盆地的三星堆、金沙遗址中巫师戴的黄金面具曾给我们以深深震撼。也许，巫师们在祭祀活动所戴的面具，其灵感就来缘于龟的背甲，是对龟背的复制。如果我们重走殷商部落走过的路，反复观察长寿龟，我们还会有一些惊喜地发现、意想不到的收获。龟隆起的背甲呈椭圆形，腹甲则近似方形，与我们先民天圆地方的观念十分吻合；龟背后缘的三条纵棱，与我们先民对"三"这个数字的偏爱，以及天地人三才的观念，也高度吻合；龟背的中圈有十格，腹甲则有十二格，正好对应了十大天干、十二地支。也许，就是这神奇的龟赋予了殷商先民以灵感，形成了华夏文明独有的天地人三才观念、以及十大天干与十二地支。

天干地支里的每个字，几乎都是最古老、具有图腾意义的汉字。种种迹象表明，它们最初就是在南方的两湖平原孕育的。居十大天干之首的"甲"，也就是龟甲；居第二位的"乙"，也就是龟的家园——水流。"丙"与"丁"也就是钻木取火。"戊"，也就是农具——犁。"己"是我们先民耕地时连接犁和绳子之间的挂钩。从"犁"与"黎"读音相同来看，"犁"这种由耒耜发展演变而成的农具，以及"己"，显然就是南方稻农的创造。因为"黎"就是北方汉人对南方稻作部落的专称。十大天干与十二地支的创造者，可能就是南方稻作部落的巫师。十大天干与十二地支再一次向我们证明，汉字的创造者就是历代巫师。汉语之所以没有像其他语种一样转型为拼音书写的道路，是因为我们先民在这些方块字上承载了太多的内容、寄托了太多的希望。每个古老的汉字，都是沉甸甸的。

　　殷商王朝是唯一一个自始至终用天干地支为历代商王命名的朝代。翻开殷商王朝纪元表，我们会发现，除开国之君成汤以外，其他殷商先祖先妣的名号依次是：外丙、仲壬、太甲、沃丁、太庚、小甲、雍己、太戊、仲丁、外壬、河亶甲、祖乙、祖辛、沃甲、祖丁、南庚、阳甲、盘庚、小辛、小乙、武丁、祖庚、祖甲、廪辛、庚丁、武乙、太丁、帝乙、帝辛。为了弥补成汤的缺憾，殷商王朝后来专为他取了天乙、太乙的名号。夏王朝部分帝王也用天干为号，如孔甲、胤甲、履癸，但是断断续续，并没有形成传统。周人入主中原后，抛弃了殷商部落的这一传统，另起炉灶，其实也还是出于对殷商部落的忌惮。不仅如此，殷商部落的巫师们还用天干地支创造性组合成了一批神名、人名、地名和族名，与十大天干与十二地支形成了一整套文化编码体系。用天干纪时，很有可能也是殷商部落巫师的首创。这足以表明，十大天干与十二地支与龟一样，在殷商先民心中的神圣地位。种种迹象表明，这一构建在龟背之上的一整套文化编码符号，也就是华夏文明的核心符号，殷商部落是首创者，也是领衔者、主导者。正如有的学者所说，华夏文明的整部历史就是用 22 个干支写成的。可以说，十大天干与十二地支，就是对华夏文明历史的隐形书写，是解读华夏文明起源的密码。陆星原编著的《汉字的天文学起源与广义先商文明：殷墟卜辞所见干支二十二字考》一书，对此有详尽考察与论证，充满了智慧与烛见，给我们以诸多启示。但该书将殷商部落的族源指向环泰沂山地区，未免可惜了。

　　在大约 8000 年前，我们先民就已萌生了龟有灵的观念。在中原地区贾湖遗址发现的 349 座墓葬中，就有 23 座随葬龟甲，是我国迄今为止发现的最早的龟葬墓。1987 年，考古工作者在江淮平原凌家滩遗址的 4 号墓中，发现了一只刻有八角星纹和八卦图的精美玉龟。这个深埋在地下 5300 多年的玉龟，是我国迄今为止发现的最早的八卦图。这件刻纹版玉龟表明，八卦就起源于巫师的卜筮活动。至少在 5000 年前，龟有灵的观念已遍及华夏大地。哪里有我们先民迁徙的足迹，哪里就有龟卜龟葬的习俗。在南方的大溪文化遗址、江汉平原石家河遗址、四川盆地三星堆与金沙遗址、环泰沂山地区大汶口遗址、环太湖流域的河姆渡遗址、汉中盆地龙岗寺遗址、中原地区下王岗遗址以及二里头遗址、辽西红山文化遗址，以及关中平原、河套地区等，均发现了龟葬习俗和龟甲。"龟"之所以读"归"，就是因为"龟"背上承载了我们先民灵魂不灭、灵魂归来的观念。

将龟卜发展到登峰造极的，无疑非殷商部落莫属。占卜是殷商先民与天地对话的主要形式。龟在殷商先民精神世界中的超然地位，决定了其成为他们占卜吉凶的最佳选项。他们通过对龟甲的一面进行钻凿和烧灼，然后根据另一面产生的裂纹来判断吉凶。龟甲上产生的裂纹，殷商先民称为兆象，也就是天象。天象的解释权，就是巫师，也就是"贞人"。可以说，他们对龟卜达到了近乎狂热的程度。从殷墟卜辞来看，这个龟背上的王朝，几乎是无事不卜不筮，无神不祭祀。战事、农事、自然灾害、疾病疑难等等，殷商部落均要问计于先知先觉者——龟。如果说商王是大巫，那么太卜、太史就是小巫。大巫与小巫，不仅是殷商王朝的政治精英，更是文化精英。我们现在所看到的殷墟卜辞，也就是我们现在所看到的最早汉字，殷商王朝称为"契文"或"刻辞""书契"，就出自他们之手。甲骨文占绝对数量的都是关于占卜的记载。如果没有这些刻在甲骨上的文字，华夏文明的诸多起源之谜将会成为永远埋在历史深处。

殷墟卜辞，既是我们现在所能看到的最早汉字，也是我们现在所能看到的最早的汉语书面语，也就是我们现在所熟知的文言文。龟背有限的面积、龟背如石头般的坚硬，以及烧灼后的时间限制，决定了卜辞的高度凝练与简洁。再加之卜辞事关部落的兴衰存亡，这些先知先觉者必须咬文嚼字，字斟句酌，慎之又慎。让殷商王朝的大小巫师们没有想到的是，他们在龟背上精心雕刻的"契文"，让汉语的书面语与口头语分离了数千年的漫长岁月，深刻影响了华夏文明的走向。先秦文献的作者当然也包括先秦诸子，其实就是沿袭了殷商王朝巫师们的传统。

殷商先民除了龟卜，还有骨卜。骨卜就是用牛、猪或羊的肩胛骨占卜。据统计，甲骨文中约有百分之七十五的甲骨都是龟甲。这一"骨甲比"表明，龟卜始终是我们先民占卜的优先选项，骨卜只是对龟卜的补充。从考古发现的骨卜情况来看，骨卜均出土于北方，以环泰沂山地区、关中平原居多。很显然，这是因为北方龟资源的短缺所致。周人后来弃卜改筮，也就是用蓍草来占卜，也是因为龟资源的短缺。甲骨大家董作宾在《商代龟卜之推测》一文中写道："初本完全用龟。龟甲不敷用，然后取牛胛骨以代之"，无疑是一语中的。

中原地区贾湖遗址发现的 9 个刻有符号的龟甲，一向被学界视为甲骨文的源头。在殷墟以外，刻有符号的龟甲在北方的河套地区、关中平原、燕赵地区、晋南地区、环泰沂山地区均有发现。自上世纪五十年代以来，刻有符号的龟甲在南方三峡地区时有发现，但由于数量较少，并未引起我国学界足够的重视。直到 1987 年鄂西南修建清江隔河岩水利枢纽工程时，特别是三峡工程的大规模兴修，三峡地区的甲骨始有惊人的出土和发现，逐渐引起我国考古学界、历史学界的浓厚兴趣。南方三峡地区甲骨的大量发现，我们可视之为殷商部落起源于南方的间接证据。如果说今后听到江汉平原发现大量甲骨的消息，我们可能会并不奇怪，因为这里就是我们先民各部落的最初家园，是殷商部落的出发点，也是龟卜的源头所在地。我们先民最初就是在这个布满了芦苇荡的地方发现龟并跨上龟背的。是江汉平原的龟，背负着他们走遍了华夏大地。江汉平原发现甲骨，只是时间问题。

矗立在龟背上的，不仅仅只是殷商王朝，而是整个华夏族群，以及华夏文明漫长的神权时代。龟在古代也叫"鼋"。天鼋也就是大龟。昆仑圣山也叫轩辕丘。轩辕除了星宿名外，还有天鼋的意思。承载我们先民所有希望的昆仑圣山之所以高耸入云，是因为它矗立在神龟的背上，并有着一条通天的秘密通道。

Chapter 30
第三十章

龟背上的殷商王朝（二）

与"商"字紧紧相伴的，还有个"章"与"桑"。

在华夏文明的传世神话中，精卫填海是继大禹治水之后又一个影响深远的神话。这一则神话，将殷商部落、漳河以及象征再生的桑树紧紧捆绑了在一起。

"章"的"帝字头"与读音，决定了"商"与"章"之间绝非古汉语通假这样简单。在我们先民的五行观念中，"章"同"商"一样，也属火。只不过，"章"字中这团熊熊燃烧的火焰所呈现的方式有些特别。汉字从产生之日起，就一直没有停止过进化。"章"上面的"刀"，是从"辛"字进化而来的。"辛"也就是"薪"、木柴、火。"章"上面的"辛"之所以演变成"刀"，可能是殷商王室的祭祀礼仪更加繁琐了，或者说殷商王室的权力意识日益膨胀了。在金文中，"章"上面就是一把刀，下面的田字形，我们可以理解为玉石，也可以理解为龟甲，当然也可以理解为一块能发出悦耳声音的石头。不管是龟甲，还是玉石，以及石头，都是为殷商部落的祭祀活动服务的，是为那团熊熊燃烧的火焰造势的。在龟甲、玉石、石头上用刀雕刻图腾符号或卜辞，是巫师的特权。"章"上面的"刀"，既是木柴、火的象征，也是巫师权力的象征。

殷商王室的一位先祖叫契，也称阏伯。"契"中的"刀"，也就是"章"字上面的"刀"。"契"的本义就是用刀雕刻，"章"的本义就是通过雕刻在玉石或者龟甲上留下标记，意思大体相同。"契"字的本义表明，殷商王室的先祖契就是一个巫师。这个先祖经常在龟背的裂纹中寻找天象、天机，并将其雕刻在龟背上，因此殷商后人称其为"契"。我们现在所能看到的殷墟卜辞中，也许就有契的杰作。从殷商部落的先祖在玉石或龟背上刻下的第一个符号那天起，"章"就与这个部落的喜怒兴衰紧密联系在了一起。

正如同殷墟甲骨文与漳河一样，"商"与"章"总是形影相伴，如一对双子星座。"章"似乎就是专为"商"而生的的隐形伴侣。在"章"字的背后，隐藏着殷商部落的诸多秘密。

在发现殷墟甲骨文的地方，有一条河流叫漳河。这条古老的河流被我国学界称为殷商部落的母亲河。其实，这条河流最初并不叫漳水，而是叫商水。在殷墟卜辞中，这条河流叫"商"，而非"章"。这条河流之所以叫商，很显然是因为殷商部落。这条河流改称漳河，是西周时期的事。当周人入主中原、殷商王室淡出历史舞台之后，这个隐形伴侣就从后台走到了前台，充当了"商"的角色，填补了"商"留下的空白。周人虽然对"商"有着深深的忌讳，但对"章"却似乎网开了一面。"商"与"章"之间的转换，虽有周人政治上的考量，倒也合情合理，因为二者本就是一对双子星座。

在华夏大地，叫漳水的河流之多，堪称一大文化奇观。这一文化奇观似乎并未引起人们的重视。最大的漳水有三条：一是北方发源于太行山，流经山西、河北、河南的漳河；二是南方发源于鄂西北荆山，流经江汉平原西部的漳河；三是东南地区福建的漳江。东南地区的漳江只是一条年轻的河流，她的得名与"五胡乱华"时期中原地区汉人大规模南迁有关，还不足以与另外两条漳水相提并论。稍小一点的漳水，有江西赣江源头的漳水，安徽亳州的漳水、徽州的漳水，江苏无锡的漳水，甘肃天水的漳水，等等。如此众多漳水的滋润，使华夏大地丰腴而厚重，绚丽而神奇。虽然山川同名在全世界是一普遍文化现象，但如此众多的河流共用一个温暖的名字，在华夏大地乃至全世界的河流中并不多见。漳水一不小心可能创造了一个世界之最。这是因为，漳水之"漳"有一个显赫的"帝字头"，是殷商部落的母亲河。这也是华夏无数河流中唯一有着"帝字头"的河流。华夏文明之所以有如此众多的漳水，只有一个原因可以解释：漳水关乎我们先民的族源记忆。

正如南方的楚王室与北方的殷商王室是惊人相似一样，北方的漳河与南方的漳河的确是有着剪不断、理还乱的千丝万缕的联系。这两条河流几乎同样古老。北方的漳河最早出自《尚书》，南方的漳河最早出自《左传》。《尚书》一直被认为是华夏文明现存最早的史书，但是清华简证明传世的《尚书》实为伪书，并非"上古之书"。因此，仅从先秦文献已无法断定哪条漳河得名孰先孰后了。江汉平原的漳水可能最初也叫商水，后因周人的忌讳而改称漳水。南北两条商水同时改为漳水，无疑耐人寻味。这条南方的漳水很可能也与殷商部落有关。编撰《山海经》的巫师们对南北的两条漳水可以说如数家珍，非常熟悉。也许，在北方巫师们的心中，这两条河流可能本就没什么区别。

南方的沮漳河流域，与屈家岭文化遗址、石家河古城，仅一条汉水之隔。截至目前，南方的沮漳河流域新石器时代遗址已发现 64 处，其中，距今约 8000 年的遗址 1 处，距今 6500 ~ 5000 年的 17 处，距今 5000 ~ 4600 年的 18 处，距今 4600 ~ 4000 年的 27 处。在沮漳河流域，还发现了一座中南地区规模最大、年代最久、保存较完整的古城。这座古城叫马家垸古城。马家垸古城在江汉平原的淤泥之下已深埋了大约 4500 年，为全国重点文物保护单位。从时间上看，马家垸古城比中原地区最早的史前古城——郑州西山古城要早近千年。马家垸古城总面积约 50 万平方米，而西山古城面积仅为 3 万平方米，还不及前者的零头。这座古城比石家河古城要更加古老久远，同样具有城墙、护城河，而且还有内河。在 4500 年以前，这座古城矗立在鄂西群山与江汉平原之间，形单影只，在华夏大地无疑显得十分孤独。在沮漳河流域，还有一座叫阴湘的古城，比马家垸要更加古老。这座古城出土的漆木钺柄，是目前我国新石器时代唯一的一件保存完好、且色泽艳丽如新的漆木器。无论是史前遗址分布的密度，还是时间的久远，以及文化谱系的连续性，北方的漳河流域均无法与南方的沮漳河流域相提并论。如果联系到因江汉平原大洪水事件而致使我们先民大规模北迁的背景，江汉平原的漳河有可能就是华夏大地众多漳水的母亲河，是一条比北方漳河要更加古老的河流。

这条南方的漳水，最初可能也是因为两岸长满了神圣的桑树，因此而称为商水。这一名称无疑具有鲜明的殷商部落的文化色彩。这条南方的漳水最初之所以叫"商"，可能并不仅仅是河流两岸长满了神圣的桑树。殷商部落的部落名之所称"商"，除了象征祖源符号的帝字头，还有一个重要原因就是桑树在殷商部落精神殿堂的至上地位。漳水之所以叫商水，也是因为神圣的桑树。商水就是桑水，也就是若水。传说中颛顼帝出生的地方，很有可能就是这条南方的漳水。四川盆地的雅砻江古称若水，应该就是古蜀先民对家乡地各的复制。从"漳"所隐藏的丰富信息来看，江汉平原的沮漳河流域，有可能就是殷商部落最初的家园。殷商部落应该就是南方的漳河流域，跨上龟背，并在龟背上沿汉水河谷北上中原地区的。

伴随着龟背上殷商部落的，始终有一片蓊蓊郁郁的桑林。如果说"商"是一团熊熊燃烧的火焰，是殷商部落的族源符号，那么"桑"则是殷商部落的一条升天秘道，是殷商部落的隐形符号。殷商之"商"，扶桑之"桑"，其美妙的声音并未因岁月的流逝而有所改变，仍然清晰如初。蚕、蚕丝、桑树以及通天的扶桑神树，是殷商部落的精神殿堂中最为神圣的部分。他们同天干地支一样，是殷商部落精心编制的一套文化密码，或者说价值体系。在殷墟卜辞中，有大量在桑林祈雨以及祭祀蚕神的记载。华夏文明蔚为大观的丝字族汉字及词汇，其原点就是殷墟卜辞中的"丝"，以及被殷商部落视为神树的桑。这个"丝"就是蚕丝。桑树、桑林，是蚕的天堂，也是殷商部落精神世界中的净土。如果说"商"与"章"是一对双子星座，那么"桑"就是"商"的影子，或者说"商"就是"桑"的影子。"桑"之于"商"，"商"之于"桑"，可以说如影随形。"商"之所以发出"桑"的天籁之声，是由桑树在殷商部落心中的神圣地位所决定的。殷商部落的很多秘密，不仅隐藏在龟背之上，也隐藏在桑林之中。殷商部落不仅是一个龟背上的部落，也是一个在桑林中穿行的部落。

不论是龟背，还是桑林，其所承载的一个部落或王朝的重负，均在精卫填海这一神话中有着或明或暗或隐或现的生动呈现。

这个神话最初见于《山海经·北山经》："又北二百里，曰发鸠之山，其上多柘木。有鸟焉，其状如乌；文首、白喙、赤足，名曰精卫，其名自詨。是炎帝之少女名曰女娃，女娃游于东海，溺而不返，故为精卫。常衔西山之木石，以堙于东海。"这一记载也是我们所能看到的这则神话的最后版本。

从构成这个神话的"炎帝之少女"、玄鸟图腾、大洪水事件、石头、木块、白色与红色、柘树等核心要素来看，这个神话传说的创造者、叙述者，就是殷商部落。可以说，殷商部落的所有文化元素，尽浓缩于这则神话之中；殷商部落的艰难迁徙历程，也尽浓缩于这则神话之中。对这则神话的还原性解读，其实就是回到了华夏文明起源的原点。

炎帝虽不是主角，但在这则神话中却胜似主角。精卫所衔的木石，其实就是炎帝的化身。这个"木"，就是炎帝"钻木取火"之木，"帝"与"商"中隐藏的那团熊熊燃烧的火焰。这个"石"，就是炎帝击石生火之石，是我们先民在湘西北祭坛摆放的石头。女娲补天用的是石，精卫填海用的也是石，看似偶然，实则必然。这就是精卫衔木石的重要原因和强大动力。精卫鸟的外形，也就是太阳鸟。精卫鸟虽不是太阳鸟，但其双足却闪耀着太阳和火焰的色彩。因为太阳也称为金乌，同时也叫太阳鸟。女娃只可能化身为鸟，而不可能是熊和鱼以及龙。华夏诸神很多死后化身为熊和鱼以及龙，表面上是再生，其实也还是死亡。女娃化身为鸟，表面上死亡，其实是重生。可以说，炎帝就是这则神话的灵魂。

无论这则神话在时间的河流之中如何变化，其内核始终并没有改变，那就是女性的主体地位。这则神话与女娲补天神话有着高度相似性，故事的主人翁都是女性，而非男性。这也是华夏文明传世神话中仅有的两则以女性为主角的神话。在精卫填海这则传说中，不论是生前的女娃，还是死后的雌性精卫鸟，均凸显了女性的至上地位。"炎帝之少女"虽带有强烈的父系氏族社会的色彩，但还是掩饰不了女性在这则神话中所散发的人性光辉。

在北方，由于受生产方式及北方游牧文明的影响，加之频繁的战争，男权时代大约在 6000 年前就到来了。这则神话发生在雄性气息弥漫的北方是不可想象的。在中原地区，只可能产生类似愚公移山、夸父逐日这样的男性神话。无论是二里头古城，还是目前我国学界认定的北方几个殷商王朝早期都城，都是弥漫了男性荷尔蒙气息的雄性阳刚之城。精卫填海神话产生的文化背景，只可能是南方诸位女神引领风骚的女权时代，只可能是洪水频发的南方两湖平原。干旱半干旱的北方，殷商部落经常在桑林祈雨的北方，显然不具备产生填海神话的客观条件与主观动机。

这只鸟之所以叫精卫，可能并非"其名自詨"这么简单。玄鸟之所以成为殷商部落的图腾，不仅与象耕鸟耘的传说有关，与玄鸟象征的光明有关，而且也与殷商部落的族源紧密关联。殷商部落的族源符号除了"帝""商""木"之外，还有一只玄鸟。根据《山海经·大荒东经》的记载，殷商部落先祖王亥的形象就是"两手操鸟"。"天命玄鸟，降而生商"的传说，一直在殷商部落流传不衰。这个传说在《诗经·商颂·玄鸟》《史记·殷本纪》、屈原的《天问》《离骚》均有记载，足见这个传说影响之深远。我国学界传统上将这一传说归为卵生神话类型，可能过于偏颇了。其实，"天命玄鸟，降而生商"中的"商"，并不仅仅是指殷商部落的先祖，也指殷商部落。女娃化身为玄鸟，其隐喻十分明确：在遭受洪水灾难之后的殷商部落，希望那只"降而生商"的玄鸟再一次奇迹般地出现，拯救危难中的殷商部落。虽然精卫鸟并非玄鸟，但也肩负了殷商部落的神圣"天命"：保卫家园的精灵、守护部落的天使。

精卫所填之海，并非真正的东海，而是江汉平原上淹没家园、夺走女娃无数亲人生命的滔天大洪水。"海"的初义，本就是指大片的水域。它之所以发出"海"的读音，可能就是我们先民在面对大片水域时所发出的感叹。"海"的这个初义，在封闭的四川盆地、云贵高原得以完好保存。至今，川西地区的人们仍习惯称大片水域为海子，而不是湖泊，让人格外亲切。云南的洱海，其实就是湖。东海指的其实就是滔天洪水。称泛滥的洪水为海，可能是这则神话最初的本真面貌。因为一场滔天的大洪水，马家垸古城连同江汉平原的众多史前古城，以及繁若星辰的村落，无一例外地在 4000 多年前的夏天突然消失了。在第二天早上，映入幸存者眼帘的，原先繁华的古城、村庄全部变成了一片汪洋、泽国。殷墟卜辞中的"昔"，是对这则经典神话最生动的诠释：上面是草丛、树林，下面是昏暗的太阳，意思就是洪水快要淹没天上的太阳了。这就是我们先民心中的滔天洪水。过去的繁华与喧嚣他们都淡忘了，唯独这场大洪水让他们刻骨铭心。"昔"这个古老的汉字，其实就是我们先民对那场大洪水事件的历史记忆。只有读懂了殷墟卜辞中的"昔"，才有可能走近殷商部落的精神世界，也才有可能读懂这则神话。

女娲化身为另类的太阳鸟，而不是熊和鱼以及龙，除了关乎殷商部落的族源，可能还因为鸟可以在滔天洪水上自由飞翔，当然也可能是殷商部落对大洪水的深深恐惧与忌惮。精卫鸟在洪水滔天的上空飞来飞去，是我们先民对大洪水恐惧的挣扎与释放。大洪水让殷商部落失去亲人和家园，他们甚至于怀疑自己的部落受到天神的诅咒。精卫之所以填海，是他们失去亲人和家园后的万分悲痛和万般无奈。在灾难面前，他们有一种深深的无力感。

华夏文明的众多重生神话，其实就是蚕蛹变为蝶的翻版。这些重生神话有一个共同的舞台背景：那就是桑林。同"木"与"石"一样，桑柘树出现在精卫填海神话中，看似偶然，实则必然；看似不经意，实则用心良苦。

殷墟卜辞和先秦文献关于殷商部落的记载反复告诉我们，每当危机降临殷商部落，桑林也必然同时如约而至。精卫填海神话也有一个舞台背景：那就是西山的柘树林。柘树虽不是桑树，但柘树的树叶对蚕而言与桑叶并没有什么区别。正因为如此，柘树在北方也叫桑柘树。桑树的神树地位其实是由蚕图腾所决定的。蚕图腾能赋予桑树的神树地位，同样也能赋予柘树的神树地位。在这则神话中，桑林形象是由柘林形象替代的，柘树也就是桑树，柘林也就是桑林。可以说，桑林出现在这则神话中，具有必然性。桑树化身为桑柘树，可能是殷商部落的后人有意为之。改"桑"为"柘"，与改"商"为"殷"、改"商"为"章"，有异曲同工之妙。

正如女娲的神话发生在南方的芦苇荡一样，这则以女性为主角的神话发生在女巫之城、蚕桑之城才是正常的。在从目前的考古发现来看，南方江汉平原漳水流域的马家垸古城，是最符合这一女性神话生成条件的。马家垸古城可以说就是一座典型的女巫之城、蚕桑之城。虽然说主这座古城的考古挖掘虽并不充分，但初步结果表明，这是一座女巫之城，是属于女神时代的古城。这也是我国截至目前为止发现的唯一座女巫之城、女神之城。这座专属于女神时代的古城清楚向我们表明，至少在 4500 年前，南方两湖平原还停留在女权时代。马家垸古城的墓地随葬器物有一个非常引人瞩目的独特现象，那就是 204 座墓中只有一座墓里面发现有石器，其他墓葬随葬的器物全部是纺轮，随葬的纺轮一般都有几个，有的甚至十几个，多则二十几个。这些纺轮的主人、使用者，只可能是女性。考古工作者由此推测，这些墓葬的主人均为女性，马家垸古城是一座以女性为中心的古城。蚕丝庄严神圣的宗教使命，决定了纺轮的重要性。马家垸古城随葬的纺轮，与其说是生产工具，不如说是宗教用品。这也是马家垸古城的女巫们用此陪葬的原因。我们坚信，伴随这些纺轮随葬的，是更多的精美蚕丝。其实，随葬纺轮与随葬龟，以及鱼葬、贝葬、玉葬并没有什么区别，只不过是灵魂升天载体的差异。她们与其说是在纺织蚕丝，不如说是在为自己的灵魂安上一对会飞的翅膀。与纺轮、蚕丝相互陪伴的，应该就是马家垸古城周围的一片片桑林。这一片片的桑林，应该就是这则神话中"多柘木"的发鸠山的历史原型。马家垸古城的纺轮，腐乱的蚕丝，早已消失了的桑林，正好吻合殷商部落精心构建的一套蚕桑价值体系。

近几十年来，江汉平原上的每一次考古发现，可以说都是对这则神话的验证。因为江汉平原的每一座史前古城和遗址，都深埋在淤泥之下，并且往往有多层不含任何文化器物的泥沙淤积层。仅地处沮漳河与汉水之间的钟桥遗址，就曾经历了三次大的洪水事件，并相应堆积了古洪水沉积层自然淤积层。江汉平原成为鱼米之乡，并享有"湖广熟，天下足"的美誉，其实是几十万年来江汉平原大小河流洪水多次泛滥、泥沙不断淤积的结果。

这则神话还有一个往往被人们所忽视的暗线：东西视角。这个东西视角没有隐喻，没有象征，应该就是写实，很有可能就是这则神话的原貌。这则神话中的"东海"与"西山"构成的东西视角，看似不经意，其实暗藏玄机。精卫鸟不仅是一只幽怨的小鸟，也是一只执着的小鸟。精卫鸟一遍又一遍在西山与东海之间来回飞翔，用西山上的柘木、石头，意图填平淹没家园的大洪水，既是对痛失家园与亲人的悲愤，也是对大洪水的诅咒。如果没有对大洪水刻骨铭心的记忆，就不会有精卫鸟一遍又一遍在西山与东海之间的来回飞翔。精卫鸟一遍又一遍在西与东之间来回飞翔，既是在不断刺激我们的神经，也是在反复向我们暗示什么。

在华夏大地，最符合这一东西视角的，无疑就是鄂西的群山与东部的云梦大泽。如再加上江汉平原的滔天洪水，这则神话中的"东海"与"西山"的历史原形就浮出了水面。当然，这个理由还并不充分。幸好华夏文明还有一个共工怒触不周山的神话。共工怒触不周山的神话也与大洪水事件有关。按照我们先民的理解，就是共工造成了那次大洪水事件。共工怒触不周山神话中也有一个东西视角：西部的不周山轰然倒塌后，大小河流均流向了东南方向。可以说，共工怒触不周山这则神话就是为江汉平原西部地区量身定做的。可以说，这则神话就是对精卫填海神话的一个旁证。联系共工怒触不周山的神话，精卫填海神话的"西山"与"东海"的指向就更加清晰了。

如果精卫填海神话发生在屈家岭、石家河，应该就是南北视觉。屈家岭、石家河的北部是大洪山，南部是云梦泽。这两则神话中的东西视角虽然也貌似吻合北方漳水的发源地，但发鸠山东部的上党盆地面积仅仅 2000 平方公里，远远不足以形成滔天洪水的场景与气势，也欠缺大小河流流向东南方向的实景。近百年来的中原地区的每一次考古发现，我们也可以视之为是对这两则神话发生于南方漳水的旁证。无论是二里头古城，还是发现殷墟卜辞的殷商遗址，以及其他遗址，均没有发现洪水形成的自然淤积层，反而发现更多的是水井遗迹。众多水井遗迹充分表明，在北方，我们先民遭遇的，主要是旱灾，而非洪灾。

这个神话传说就是炎帝部落后人也就是殷商部落对于先前发生的大洪水事件刻骨铭心的记忆。这个记忆也是我们先民对往事的不堪回忆。女娃是殷商部落在那场大洪水中逝去生命的众多亲人的化身。这个让我们心灵深深震撼、具有悲剧情结的凄美神话故事，在华夏诸多传世神话中无疑显得有些另类。也许，我们可能一直在误读这个变形神话。

如果说要用两个字来概括这则神话的精髓，那只能是苦难两个大字。宗教情绪与苦难经历是一对孪生姊妹，总是形影不离。苦难是孕育、产生宗教的沃土。没有苦难，也就没有宗教。只有经历了大苦难、大悲痛，才可能产生狂热的宗教情绪，两者是呈正比例的。只有理解了精卫填海神话的真正含义，我们才能深刻理解殷商部落狂热的宗教情绪，以及他们对蚕桑、龟卜的痴迷。可以说，精卫填海神话就是殷商部落的心灵秘史。

具有狂热宗教情绪的殷商部落，内心始终是脆弱的，也是阴暗的。他们一遍又一遍地祭祀太阳、火神，但太阳的光芒似乎并没有照亮他们的心灵。精卫鸟一遍又一遍在西山与东海之间来回飞翔，用西山上的柘木、石头，意图填平淹没家园的洪水，其实就是殷商部落在劫难后举行的一场又一场的祭祀活动。

大洪水之后，北上中原是他们的唯一选择。殷商部落携带着龟、蚕丝，告别还是一片泽国的家乡，一步一回头，顺汉水河谷踏上了北上的旅程。这同样也是一次苦难的历程。精卫填海的神话故事并没有结束，恰恰相反，只是开端。

古蜀先民有可能就是在这次北上旅程中迷路，在汉江中上游地区的青龙泉遗址与沟湾遗址与北上迁徙大军分离的。他们误打误撞顺汉水河谷深入到了汉水上游的汉中盆地。他们并没有迷途知返，而是南下四川盆地，在成都平原西部重建了在江汉平原被洪水淹没的家园：以宝墩遗址为中心的成都平原史前古城址群。我国学界很早就注意到了古蜀文明与中原殷商文明的高度相似性，两者如同一对孪生兄弟。三星堆、金沙遗址出土的一件卜甲，长 46.4 厘米，是我国迄今为止发现的最大的卜甲。如果殷商王朝的巫师们有幸看到这件卜甲，可能会自惭形秽。在殷墟卜辞中，"蜀"是出现频率最高的汉字之一。现在看来，这是殷商部落对这支中途走失部族的牵肠挂肚。也许，古蜀先民在四川盆地并不孤独。

殷商部落在汉水中上游的青龙泉遗址、大寺址遗址与沟湾遗址一带可能有过短暂停留，并在这里留下了他们漫长迁徙旅程的足迹。

2008 年，因为南水北调工程，考古工作者再一次对青龙泉遗址进行抢救性发掘，结果意外地发现了一种特殊的丧葬习俗：腰坑葬。在墓葬中设置腰坑的习俗，是殷商墓葬的重要特征，被不少学者视为殷商文化的标志性符号。就目前的考古发现来看，墓葬内腰坑的出现，最早可上溯到屈家岭文化时期，最早的腰坑均发现于江汉平原及汉水中游地区。直至唐宋时期，这种腰坑葬俗在大西南地区仍十分流行。不仅如此，在这三处遗址也发现了在屈家岭、马家垸古城出现过的陶轮。以后，这种陶轮又相继在汉中盆地、成都平原出现。陶轮的背后，肯定就是一片片的桑林。腰坑与陶轮，也许就是殷商部落有意为后人留下的一条线索。此外，他们还在连绵的鄂西北群山中发现了一种珍贵的玉石：绿松石。这也是殷商部落在汉水中游地区短暂停留的最大收获。于是，他们怀揣着绿松石，以及龟和蚕丝，继续北上。

他们在南阳盆地稍事休息后，又继续北上，最后到达环嵩山地区的洛阳盆地。这也是一条无数先民之前走过的北上线路。在这块陌生而新奇的土地上，殷商部落为一条从关中平原流经过来的河流举行了一场祭祀活动。这条河就是洛河。从此，这条北方的河流打上了南方玄鸟图腾的鲜明烙印，与洛水女神翩若惊鸿的美丽身影始终如影随形。

　　站在北方开满粟花的岗地上，他们不仅可以看到伊河和洛河，还可以依稀看到北方的那条大河。那条河后来叫黄河。可是这种新奇和轻松转瞬即逝。因为他们难以寻找可充饥的食物。与此同时，一批又一批的汉人部落也陆续北上。偶尔一遇的北方游牧部落策马奔腾，也让他们隐隐不安。就在这个艰难的时期，精卫填海神话中的桑林又出现了。

　　据殷商部落世代相传，殷商王朝的开国名相伊尹，就是采桑女在伊河上游的桑林中发现的一个弃婴。在殷墟卜辞中，伊尹的名号曾反复出现，有"伊尹""伊""伊奭""黄尹"等多种称呼。这位开国名相曾先后辅佐商汤、外丙、仲壬三个商王，被后世儒家尊称为"元圣"，是孟子"天下为公"思想精髓的源头。这个传说向我们暗示了伊尹在殷商部落中的重要地位并不逊于历代商王。从某种程度而言，伊尹就是殷商部落的周公。从伊尹对殷商王朝的卓越贡献以及对后世的深远影响来看，我们有理由推测，作为洛河的支流，伊河就是因伊尹而得名。伊河流域出土文物众多，其中最具特色的是"伊川缸"。这种泥质红陶缸，其实就是模拟蚕茧的瓮棺，上面绘有黑白色彩的图案。这两种色彩，也就是熊身上的黑白两种色彩，代表的就是阴阳两界，象征着亡者灵魂的阴阳轮回。

　　精卫填海神话中精卫鸟的"白喙"，以往并没有引起我们足够的关注。当殷商部落出现在由男性河神——河伯掌管的黄河南岸的时候，我们可能会发现，他们世世代代反复讲述的这个故事，其实处处有玄机。在我们先民各部落中，唯有殷商部落"尚白"，先秦文献以及《史记》均有明确记载。从殷墟卜辞来看，也时有"十白豕""获白鹿"的记载。殷商部落陶器有彩陶、灰陶，也有白陶。虽然说白陶在北方环泰沂山地区、中原地区均有发现，但远不如殷商部落的精美。白色作为一种底色，在殷商部落看来可能就与红色一样，意味着黑夜的结束，白天的来临。湘西北不仅是华夏文明稻作的发源地、炎帝部落的肇兴之地，同时也是白陶的总源头。可以说，白色也是华夏文明的底色。这个底色，就是稻米圣洁的色彩、食盐迷人的光彩，也是白昼的底色。殷墟卜辞的发现，让我们得以还原"白"的初始意义：稻种萌发状态的籽粒。殷商部落"尚白"的秘密，可能就与殷商部落的族源密切相关。殷商部落的先祖叫契，因其在诸兄中为长，因此也称为阏伯。殷墟卜辞记载了众多的"方伯"。"方伯"也就是方国的首领。"白"这个古老的汉字，由最初稻种萌发状态的籽粒，进化为伯仲之伯、王伯之伯，至少经历了四千年的漫长岁月。而这一切，都发生在殷商部落漫长的迁徙旅程。由殷商部落的先祖阏伯这个名称我们推断，黄河的河神——河伯可能也与殷商部落密切相关。殷商部落对华夏文明的重要影响，比我们现在所知的要更加深远。这种影响无疑是主导性的，也是开创性的。

苦难总是如影随形，似乎永远没有尽头。当殷商部落迁徙到北方洛阳盆地的时候，正赶上北方持续数百年的干旱时期。对于这场罕见的旱灾，先秦文献均有记载。《墨子·七患》的记载是："汤五年旱。"《庄子·外篇》的记载是："汤之时，八年七旱，……"近几十年来的洛阳盆地环境考古工作成果，充分验证了先秦文献记载的真实性。这场持续数百年的干旱，并不亚于南方的大洪水。龟裂的土地寸草不生，让殷商部落感到惶恐。就在这一时期，桑林再一次出现了。

殷墟卜辞中记载的"桑林祈雨"的史实，就发生在这一持续了数年的干旱时期。与这个史实相伴的，还有一个"汤祷桑林"的历史传说。据传说，殷商王朝最早的君主汤在位的时候，连续几年大旱，他就带领部落成员在桑林祈祷求雨。为了表示真诚，他们不用猪羊做祭品，而是把自己做祭品。商汤在桑林祈雨的诚意，终于感动了上天，果然下了一场大雨。殷墟卜辞中"桑林祈雨"的记载与"汤祷桑林"的历史传说，让我们自然联想到精卫填海传说中的西山。也许，环嵩山地区就是殷商部落记忆中长满了桑树的西山。或者说，正是"汤祷桑林"的历史传说，进一步强化了殷商部落对西部群山桑林的历史记忆。有了殷墟卜辞记载的"桑林祈雨"和"汤祷桑林"的传说，桑林在精卫神话中出现就是必然的了。在殷商部落心目中，桑林也就是昆仑圣山，昆仑圣山也就是桑林。种种迹象表明，华夏文明到了殷商时期，昆仑圣山的超然地位似由桑林取代了。

因为那一片桑林，在北方持续数百年的干旱时期，殷商部落顽强地生存了下来，并在洛阳盆地先后建立了几个都城。这些殷商王朝早期的都城，我国学界统称其为西亳。不论是殷商王朝早期的都城，还是中原地区的其他史前古城，无不带着南方江汉平原史前古城的影子：方形平面形态，具有防御性质的城墙。可以说，南方江汉平原的马家垸、石家河等古城，为北方众多古城提供了一种基础性的原生模式。

北依邙山、背靠黄河的二里头古城，可能就是殷商王朝早期众多都城中的一座。多年来，二里头究竟"姓夏"还是"姓商"，一直争论不休。但可以肯定的是，二里头古城的主人来自南方江汉平原。无论是城址的形态，还是发现的青铜器、玉器、绿松石、珠贝、白陶等器物，无不散发着南方潮湿而又灼热的气息。

也许，我们在这座古城下面的诸多水井中会有意想不到的收获，为这座古城到底是"姓夏"还是"姓商"的争论，画上一个并不圆满的句号。

近几十年来，通过多次发掘，考古工作者在这座古城深处发现了大量的水井。不仅如此，考古工作者还在殷商王朝早期的另外两座都城——偃师商城、郑州商城也发现了大量水井。这些水井，不仅仅向我们揭示了殷商王朝早期严重干旱的史事，同时也暗示了殷商王朝不断迁徙的一个重要原因：严重干旱。二里头古城，偃师商城、郑州商城，都是因严重干旱而被殷商部落所放弃的城址。殷商王朝不断迁徙，就是为了寻找水源。

殷商王朝不断迁徙的过程，可能也是十天干、十二地支形成成熟的过程。在殷墟卜辞中，我们可以依稀看到这些众多深埋在地下水井的影子，以及天干地支形成的脉络。在殷墟卜辞中，"庚"就是钻井的工具。这种工具由支架和钻杆两部分组成，其实也还是精卫填海所衔的"木"。殷商部落这种古老的钻井方式，至今仍保持着旺盛的生命力。在十天干中，"辛"紧随"庚"之后，共同向我们还原了北上先民钻井的艰辛劳动场景。在北方干旱的土地上，"辛"依然还是一把刀，只不过这把"刀"已变成了凿井的"刀"，并与"言"紧紧绑在了一起。甲骨文中的"言"，上面是"辛"，也就是凿井的工具；下面的"口"，也就是凿出的井口。殷商部落这种古老的钻井方式，无疑受到了他们的先祖燧人氏钻木取火的启示。钻井取水与钻木取火一样，都是殷商部落发展历程中的重大事件。这也是"庚"与"辛"成为十大天干的重要原因。从某种程度而言，殷商部落就是在用钻木取火的方法从地底深处获取生命之水。从殷墟卜辞中"庚"与"辛"两个古老汉字所蕴藏的原始信息来看，二里头古城不仅"姓商"，而且也"姓章"。更为重要的是，这两个古老汉字还为精卫填海的神话发生于南方洪水频发的沮漳河流域提供了有力旁证。

不断迁徙，是殷商部落的宿命。如果说在南方江汉平原，殷商部落是因水患而北迁，那么，在北方洛阳盆地，殷商部落则是因旱灾而东迁。正如同众多漳水日夜流淌一样，精卫填海的神话传说也在殷商部落在漫长的迁徙旅程中，在时光的河流中被不断叙述、书写。到了北方豫东北的漳水边，这个神话传说最终定型，于是就有了"漳水出焉，东流注于河"的北方标记。精卫鸟的"文首"形象，其实已打上了周人的印迹。由"漳水"二字我们推测，这则神话最终定型的时间是西周时期，而非殷商时代。

精卫填海神话不仅是殷商部落的心灵秘史，也是他们的迁徙史、苦难史。当然，这个神话不仅属于殷商部落，也属于华夏各族群。

在长达数百年的干冷气候结束之后，北方又进入了一个温暖湿润的蜜月时期。在北方的漳水流域，殷商部落亦稻亦粟，在低洼的芦苇荡与长满了粟作的岗地上，度过了他们最为光辉荣耀的岁月。但是好景并不长久，又一轮干冷气候接踵而至了。他们开始为龟的紧张而犯愁了。他们并不清楚，这不仅仅是大自然的"兆象"，也是历史规则的"兆象"。人口和粮食之间脆弱的平衡，一旦因为自然灾害等原因而被打破，一个王朝覆灭的命运就即将来临了。这是历史的定律。

建立在脆弱农业基础上的殷商王朝，同样摆脱不了这个历史定律。站立在龟背上的殷商王朝，其实从一开始就注定了从龟背上跌落下来的最终命运。可以说，龟甲甚至还不如牛的肩胛骨坚韧。也许，通过龟甲产生的裂纹，最终有可能寻找到摆脱黑暗的天象，到达光明之地，但历史留给殷商部落的时间已经不多了。因为在北方广袤的土地上，不仅仅只有殷商部落，还有众多的北上先民部落。

穿行在桑林中的殷商部落，也并没有盼来王朝的江山永固。虽说殷商王朝晚期已是"邦畿千里，维民所止、肇域四海"的强大方国，已无限接近我们心目中的中央帝国形象了，但仍然摆脱不了轰然倒塌的命运。因为构建这个王朝的基础是龟甲所象征的神权，是桑林中翩翩起舞的蚕蛾。被神的光辉遮蔽了心灵的殷商部落，其实是封闭的，也是黑暗的。在漳水流域上空日夜响彻的精卫鸟的鸣叫声，并没有能唤醒殷商部落封闭的心灵，却召唤来了一个朝气蓬勃的西方部落：周人。在龟背上摇摇欲坠的殷商王朝气数已尽，周人只不过是顺势推了一把。

殷商王朝在在桑林中的迷失，在龟背上的轰然跌落，标志着华夏文明漫长神权时代的终结，理性时代的到来。这个因龟而兴亦因龟而亡的部落，在南方漳水边而兴、在北方漳水边而亡的王朝，浓缩了华夏史前文明的发展历程。

Chapter 31
第三十一章

秦岭之北

从我们先民深入东亚大陆那天起，秦岭就一直是一道横亘在南北方之间的天然屏障，深深影响了他们的迁徙线路。每当南方两湖平原发生洪灾或宗教战争，他们只能沿汉水河谷北上，取道中原，再辗转西上关中平原。当然，也不排除有少数先民，冒险翻越秦岭东部低矮的丘陵地带，到达秦岭之北。关中平原虽然富饶，但是严重欠缺食盐资源。他们只能继续北上，最后止步于河套地区。再往西或北，就是游牧部落的牧场了。从8000年前起，我们先民的西北大迁徙之旅就一直没有停止过。可以说，秦岭之北的史前先民都是南方洪灾或战争的难民。这场持续了数千年的西北大迁徙，直到周人的突然崛起并入主中原，其对华夏文明的深远影响才显露端倪。在千年之后，另一个叫秦人的部落再一次在秦岭之北强势崛起，并一统华夏。现在看来，这一切都可以追溯到我们先民始于8000年前的那场西北大迁徙。他们在秦岭之北的传奇经历，其实已为华夏文明后来的走向埋下了诸多伏笔。

秦岭只是西汉以后的称呼。在此之前，北上的先民称其为南山。秦岭一直被尊为华夏文明的龙脉，视为国运的象征，这不仅仅是因为秦岭是中国的中央地理标志、我国南北的天然分界线，更主要是其造就了周、秦、汉、唐几个王朝的绝代风华。可以说，从未有一座山脉，像秦岭这样厚重而多彩。这道龙脉似乎只对其以北的先民格外青睐或偏爱，而对南方的成都平原却显得有些吝啬。其实，华夏并没有所谓的龙脉。如果说有的话，那也只在一代又一代的华夏子民的精神世界之中。八百里秦川虽然美丽与富饶，但论及物产的丰富，与南方的两湖平原、成都平原、环太湖流域相比，还是相对逊色。华夏历史再三选择八百里秦川，肯定有不为我们所知的秘密。这个秘密可能就隐藏在粟这一我们感到十分陌生的旱地农作物身上。

这个分界线就是秦岭与淮河一线。粟，我们先民也称为稷，现在的北方农民俗称谷子，在中唐之前一直高居五谷之首，是最早为北上先民所熟识的农作物之一。从8000年前汉人先民北上那天起，华夏南稻北粟的格局就形成了。粟株高60～120厘米，花期为5～8月，11～1月盛产。粟茎虽细而直，但却能支撑沉甸甸的粟粒，柔软而又坚韧。粟每穗结实数在百至上千粒，籽粒很小，直径仅为0.1厘米左右，故又名小米。"沧海一粟"这个出自南方人苏东坡诗句的成语，就是以脱粒后的粟子作比，极言渺小而微不足道。可是在北上先民心中，粟却是神草、神谷，不仅不渺小，而是高大伟岸。

在干旱半干旱地区的物竞天择中，只有最耐旱的植物才能生长繁衍，在植物群中取得竞争优势。粟作为一种耐旱的作物，之所以能生长于干旱半干旱的北方地区，主要是它对缺水的高强度适应性。美国有一个植物学家，曾选取粟、小麦、玉米等6种作物进行试验，结果表明，粟对水分的利用率最高。这一实验证明，在干旱半干旱地区，粟是得地独宜的粮食作物。北方向有"只有青山干死竹，未见地上旱死粟"的农谚，可见粟的抗旱能力非其他农作物可比。粟不仅耐旱，而且也耐贫瘠，耐盐碱，在黄河两岸的高台、沙地、山坡上随处可以生长。粟虽是一种喜温的短日照植物，但生命力顽强，具有抗寒性，在北纬50°的高纬度地区仍可觅其踪影，因此粟被誉为世界上最耐寒的农作物。粟似乎就是一种专为我国北方土地而生的一种农作物，或者说，正是我国北方土地的干旱、贫瘠、盐碱，成就了粟这一神奇的农作物。

在北方半干旱而贫瘠的土地上，还有另一种我们更为陌生的农作物始终与粟形影不离。这种农作物就是黍。黍是五谷中另一重要的粮食作物，与粟统称为小米。哪里有粟，哪里就一定会有黍。因为黍与粟一样，也是禾本作物，同样耐旱、耐贫瘠、耐盐碱，生命力顽强。粟与黍在甲骨文中字形上是大体一样的，区别在于粟突出的是成熟时的籽粒，而黍的籽粒则是未成熟的样子。可以说，黍就是粟的孪生兄弟或姐妹，或者说粟与黍就是一对难兄难弟。因此，《诗经》一直是黍稷并提，黍不离稷，稷不离黍。没有黍，华夏文明史前粟作农业就是不完整的。在麦子从西域传入我国之前，粟与黍一直是北上先民的主要粮食作物。

有充分的证据表明，粟是属于黄河流域的原生植物，粟作农业起源于黄河流域。截至目前，华夏史前粟作遗存发现有 40 处，主要集中在黄河流域。与南方稻作农业相比，北方粟作农业至少晚到了四千年。目前发现栽培粟的最早年代是华北平原的武安磁山遗址。这个遗址距今约 8000 年。磁山不仅出土了大量与粟作文化有关的石镰、石磨盘、石磨棒等生产工具，而且发现了 80 余座储藏粟的窖穴，窖穴内一般堆积厚达 0.3 ~ 2 米，出土时部分粟粒仍然清晰可辨。没有我们先民的大量北上，粟也就只是被北方游牧部落视为牧草的狗尾草。经过北上先民数千年的培育驯化，这种北方遍地都是的狗尾草，发生了脱胎换骨的质变，真正成为了有五彩之色的粮食作物。如果说真有凤凰涅槃的奇迹，那也只能是这种北方狗尾草的蜕变。

殷墟卜辞中的"禾"，一直被我国学界认定为"粟"。的确，甲骨文中的"禾"形似粟成熟下垂的禾穗，我们既可以视之为稻，也可以视之为粟与黍。还原"禾"的本义，不但要看形，更要看音。相比利用形体，人类使用语音传递信息的历史要更加久远。从人类产生之日起，人类语言就一直诉之于听觉，而不是视觉。可以说，语音就是人类对现实世界最初的编码。因此，古老汉字的读音更接近我们先民的编码意图，蕴藏的原始信息也更加丰富。稻与水的关系，正如鱼与水的依存关系。根据我们先民创造的文化编码规则，"禾"字之所以发出"河"的读音，是因为"禾"就生长在河边，生长于水中，与河流如影相随。联系到中原地区的众多稻作遗存，以及殷墟卜辞中关于种稻时间与收获季节的记载，我们可以肯定，殷墟卜辞中的"禾"，就是殷商部落所钟爱的稻，而并非粟。苏州之"苏"繁体字右下角的"禾"，散发的正是稻米的芳香，而非粟米的芳香。粟并非亲水的作物，远离河流的岗地才是它的乐土。甲骨文中的粟与黍，以及稷、粱等农作物之所以从禾，是由北上的南方稻农的习惯性思维所决定的。因为所有北方农作物的命名，无不带着南方稻的湿热气息与婀娜身姿。

相比狩猎、采集生活来说，种植粟类作物所付出的劳动及其复杂程度要高得多，因为我们先民不仅要掌握栽培对象的生活习性和生长发育规律，而且还要懂得播种、收获、加工以及天文气象等方面的知识。如果周围的天然食物像南方江汉平原一样唾手可得，那么我们先民就不会去尝试栽培种植粟类作物了。正是因为秦岭之北食物资源的严重匮乏，才使我们先民走上艰苦而漫长的粟作之路。

有一项科研成果充分证实了秦岭之北食物资源严重短缺的残酷现实。由中国社科院考古研究所、中科院大学科技史与科技考古系、陕西考古研究所组成的项目组，采取碳、氮稳定同位素分析方法，对陕北神木木柱柱梁遗址出土的人骨进行分析，以重构北上先民的食物结构。研究结果显示，木柱柱梁遗址先民基本以粟作为食，粟类食物占比达到 84.2%，肉食消费严重偏低。这项研究成果与《诗经·国风》中的"硕鼠硕鼠，无食我黍"的诗句恰好对应吻合，表明粟类食物就是我们北上先民的主粮；秦岭之北先民走上粟作之路是不得已而为之。

与中原地区相比，关中平原稻作遗存少得可怜。在秦岭南北，南稻北粟这个分界线是泾渭分明的：秦岭以南是稻作区，秦岭以北则是粟作区。秦岭之北的先民从南方携带的稻种，在这片黄土地水土不服，他们的尝试只能以失败告终。来自印度洋、太平洋两大洋的暖湿气流，被高耸入云的秦岭挡住了。在秦岭以北的黄土地上，南方的稻只可能是昙花一现。如果说中原地区的殷商部落是稻粟兼作，那么秦岭之北的周人则是唯粟是作。因为这片黄土地除此之外，再也没有别的选项可供他们选择的了。与同样是北上的殷商先民相比，秦岭之北的周人以及其他部落的先民面临的生存环境要更加艰难困苦。从到达秦岭之北的那天起，周人就要为填饱肚子发愁。粟与黍的生存环境，也是周人的生存环境。周人要生存下去，并维系部落的繁衍，首先要学会像粟一样顽强生存下来，具备粟的坚韧。这是大自然对周人的考验。可以说，粟作农业的孕育、发展、形成，也是周部落孕育、发展、形成的过程。我们如果把《诗经》中的《生民》《公刘》《绵》《皇矣》《文王》《大明》等具有史诗性质的诗作串联起来，就可以大致绘制出周人自后稷诞生至武王伐纣这样一部恢宏的历史画卷。

粟作农业从最初的采集，到有意识地种植培育和驯化粟，可能经历了数千年的时间。在大约距今 5500 年的时候，随着江汉平原汉人先民的大量北上，南方稻作农业的耜耕、犁耕等先进技术在北方开始推广普及、遍地开花，但粟的亩产量增长仍然如蜗牛一样缓慢。由于史前各地度量衡不一致的问题，以及文献记载数据的可信度问题和粮食堆密度的推定问题，我国学界对战国时期粟的亩产量一直存在争议。研究历史的学者们认为战国时期粟的亩产大约接今天的 80 市斤，可能是最接近历史真相的。考虑到西周以后铁制农具的使用以及品种的不断改良，特别是水利设施的改善，在西周之前粟的亩产量可能更低，应该不会超过 50 市斤。《汉书·食货志》记载了战国时期法家重要代表人物李悝的一段话："今一夫挟五口，治田百亩，岁收一石半。"战国时的 1 亩相当于现在的 0.328 亩。按照李悝的推测，在战国时期的中原地区，一家 5 口一年至少要种 31 亩地，才能勉强维持一家人的生计。联系到管子的"一农之事，终岁耕百亩，百亩之收，不过二十锺"的观点，李悝的话还是可信的。与中原地区相比，更加干旱的关中平原、河套地区没有更好，只有更差。李悝的推测，是建立在风调雨顺这一前提之上的。秦岭之北的先民，如要勉强维持一家5口的生计，一年至少要种50亩地，这还是乐观的估计。

论效益，北方的粟的确远远不如南方的稻。在华夏史前城址中，关中平原无疑是黯然失色的，甚至是尴尬的。因为截至目前，关中平原还没有发现一座史前古城。这是由粟作的低效所决定的。没有人口的持续增长，就不可能有城镇的产生。很显然，在关中平原，持续数千年的粟作农业并没有如我们想象的那样带来人口的持续增长，万家灯火的景象并没有在秦岭之北出现。如论出土的器物，关中平原更是捉襟见肘、乏善可陈。在华夏史前各遗址中，最寒碜的莫过于周墓了。近百年来发现的每一处周人贵族墓葬，可以说与其他地区的史前遗址中平民墓葬没有任何区别，屡屡让考古工作者大跌眼镜。这与其说是周人贵族的节俭，不如说是秦岭之北黄土地的贫瘠、粟作农业的低效。

华夏文明的重农观念，始于周人。如果食物唾手可得，也就不可能有重农观念的产生。摆在饥肠辘辘的周人先民面前的头等大事，就是想方设法向黄土地要效益，不断增加粟的产量，以填饱肚子。在富庶的南方，在中原地区的漳水流域，在环泰沂山地区，对我们先民而言最重要的"祀"，在秦岭之北则变成了"农"。《臣工》是《诗经》中年代最早的一首诗，向我们还原了周人在渭河流域耕作的火热场景："嗟嗟臣工！敬尔在公。王厘尔成，来咨来茹。嗟嗟保介！维莫之春，亦又何求？如何新畲。于皇来牟，将受厥明。明昭上帝，迄用康年。……"《诗经》中另一首叫《皇矣》的诗歌，生动描绘了周人在周原地区开荒种地的情形："作之屏之，其菑其翳；修之平之，其灌其栵；启之辟之，其柽其椐；攘之剔之，其檿其柘。"这两首诗其实就是农事活动的赞美诗，周人重农的思想在其中得到淋漓尽致的表现。这两首诗的字里行间，洋溢着劳动的欢乐与愉悦，以及"春种一粒粟，秋收万颗籽"的希望与憧憬。这种情形在殷商部落、楚人、古蜀人那里是不可想象的事情。另外，我们从这两首诗中还可以看到，休耕制度，钱、镈这种新的农具，以及"耦耕"的劳动形式，已开始在秦岭之北出现。

周人当然也是敬神的，同殷商部落、古蜀人、楚人一样也要举行祭神活动，热衷于占卜，但他们最初狂热的宗教情绪，在贫瘠干旱的黄土地上，在北方寒冷而漫长的夜晚，慢慢降温了。在饥寒交迫中，他们逐渐意识到，神也许并不是万能的，至少不能解决他们的饥饿问题。而黄土地则不同，只要辛勤耕耘，就一定会有所收获。在长期人与土地的对话中，天神的光环在周人那里开始慢慢变得黯淡了，人与土地的紧密依存关系逐渐超越人与神的关系。

如果将代表南方稻作文化的楚辞与代表北方粟作文化的《诗经》作一比较，我们会发现，楚辞似乎对农事与农作物不屑一顾，而《诗经》则对农事与农作物表现出浓厚的兴趣，仅黍和稷就分别出现 28 次和 10 次之多。不仅如此，在长期人与土地的对话中，周人与粟与黍之间建立起了深厚感情。《诗经》中有一篇名为《黍离》的诗作，历来被视为悲悼故国的代表作。这首诗的开头一段是这样的："彼黍离离，彼稷之苗。行迈靡靡，中心摇摇。知我者谓我心忧，不知我者，谓我何求。……"这首诗两千年来不断被传唱，以至于后来国破家亡之叹、之痛被称为"黍离之悲"。没有周人对黄土地的鱼水深情，对粟与黍的依赖厚爱，也就没有这"黍离之悲"的千古绝唱。

在华夏史前先民各部落中，可能没有哪一个部落像周人一样，与一种农作物的关系如此紧密而亲切，与土地的关系如此紧密而亲切。华夏文明的社稷观就形成于周人。"社"即指土地神，而"稷"则指主管粮食丰歉的谷神。后来"社稷"成为国家的象征。在周人看来，没有土地的慷慨，没有五谷丰登，也就不成其为部落与方国。周人的社稷观，其实就是土地与粮食之间的辩证关系。在华夏史前先民各部落中，可能没有哪一个部落像周人一样，用一种农作物来为部落的先祖神命名的。周人的始祖叫弃，也叫后稷。"后"是帝王的意思，"稷"也就是粟与黍，"后稷"也就是小米之王、谷神的意思。《诗经》中的《生民》，就是一首讴歌后稷的祀歌。从这首祀歌我们可以看出，在周人心中，后稷与神一样具有同等重要的神圣地位。陕北的黄帝陵，有可能就是周人始祖后稷的长眠之地。

北方粟作与南方稻作的持续数千年的对峙与竞争，并非凭借效益，而是凭借坚韧与耐力，凭借其对我们先民精神世界的改造与重塑。从到达秦岭之北的那天起，严酷的生存环境就注定周人走上了一条迥异于殷商部落的发展道路。可以说，周人就是凭借粟与黍，在秦岭之北逐步发展壮大的。周人后来所迸发的惊人力量，就来自粟与黍。粟，深深影响了周人的思维和人文情怀。正是粟这种毫不起眼的农作物，赋予了周人务实理性的民族精神，如粟的茎秆一样坚韧的性格。从某种程度而言，是粟重塑了周人，并最终成就了周人的伟业。

被列为十三经之一的《礼记》中有一段话，对殷商人与周人对神的态度进行了比较："殷人尊神，率民以事神，先鬼而后礼……周人尊礼尚施，事鬼敬神而远之，近人忠焉。"两个部落高下立判的鬼神观，其实已暗示了商亡周兴的历史逻辑与大势。在周人心目中，天神的神圣光环不再，其实已经逐渐失去了宗教的意味，而是变成了一尊社会公正与秩序的化身。更为重要的是，周人把天神的意志与民情联系在一起，认为天意是以民众的意志为转移的，是民意的体现。周人的这一观念后来直接催生了西周王朝民为邦本的思想，对华夏文明进程的影响可以说是无远弗届、无孔不入。

粟所经历的，周人都经历了；粟没有经历过的，周人也都经历了。那就是农耕部落与北方游牧部落之间旷日持久的拉锯式战争。在中原地区与华北地区，还有太行山与燕山这道天然屏障，但河套地区、关中平原就没有这么幸运了。一旦西方北方的游牧部落遇到灾年，他们就会像西北风一样长驱直入，肆虐秦岭以北的农耕地区，掠夺我们先民的财富。西北方的游牧部落，在殷墟卜辞中称为"鬼方"，西周战国时期称之为西戎，两汉时期则叫匈奴。殷商部落最初建都于洛阳盆地的时候，就曾多次发动讨伐"鬼方"的战争。殷墟卜辞中"鬼方易"的意思，就是"鬼方"向远方逃走了。在东亚地区，秦岭以北的河套地区、关中平原，其实就处在农耕文明与游牧文明对峙的前线。两种文明之间的冲突，与南方周期性泛滥的洪水一样，屡屡阻断华夏文明的进程。

河套地区曾出土过大量玉器的喇家村遗址，地处黄河北岸二级阶地，是大西北地区少见的富庶之地。但是在4000年前左右，喇家村的繁荣与安宁突然消失了。长期以来，当地村民们经常在农田里挖出死人的尸骨，而且这些尸骨大多身首异处。2000年，考古工作者在喇家村遗址的发掘中，发掘出4座房址，其中3座房址内都发现非正常死亡的先民遗骸。在4号房址内，发现人骨多达14具。14具人骨，有的匍匐在地，有的侧卧在一旁，有的相拥而死，有的倒地而亡。遗址的中心灶址处一成年人两手高举过头顶，双腿为弓步，死亡时身体还未完全着地。西南部有5人集中死在一处，多为年少的孩童。在相距不过2米的3号房址中的一对母子，母亲双膝着地跪在地上，臀部落坐在脚跟上，用双手搂抱着一个幼儿。在4号房址东面不远的7号房址中，也发现一对母子，母亲也是坐在地上，用她的身体保护着孩子。这是封存了4000年岁月的一幕人间悲剧。种种迹象表明，他们死于一场突如其来的战争，而非自然灾害与瘟疫。喇家村的悲剧，只不过是秦岭之北广袤土地上的冰山一角。类似悲剧，应该在河套地区乃至关中平原周期性地上演。

这就是周人面临的严酷生存环境。"国之大事，在祀与戎"对周人是不适用的。对周人而言，这句话要改成："国之大事，唯农与戎"。周人之所以能在秦岭之北的众多先民部落中脱颖而出，所凭借的显然不仅仅是粟作农耕，还有英勇善战，以及在长期的生存危中形成的一整套战争的动员、组织机制。《汉书·地理志》记载的秦人由于"迫近戎狄"，从而形成了"修习战备，高尚气力"民族性格，同样适用于周人。因为秦人只不过是重走了一遍当年周人走过的路。这一点，我们可从周人与殷商人的牧野之战中一窥端倪。

在这场战争中，周人除了领头的300辆战车及车上的贵族武士之外，周军的核心还包括了3000名精锐的虎贲和45000名其他各类步兵。虎贲都装备了镶嵌有铜片的胸甲，也就是早期的甲胄。步兵则佩带了中原地区从没有过的新式武器——剑。在战争发动之际，战车首先对商军阵地发动猛攻，精锐的甲士稍后跟进，余下部队在甲士取得成果后乘势而上，扫荡残敌。这种战术需要参战人员是专业化的武士，并且要经过严格的训练。这场战争从一开始就注定了战争的结局：周胜商败。无论是战争形式，还是武器装备，以及训练有素、专业化分工的将士，都是殷商王朝难以望其项背的。如果说没有长期的与北方游牧部落的实战考验，周人是做不到这一点的。

周人形成的这一整套战争动员、组织机制，为后来周公推出的礼乐制度做足了准备。礼乐制度就是华夏文明最早的社会管理形式与机制。周公依靠宗法血缘关系，建立起了周王朝高度统一的统治秩序，从而架构了几千年中国传统社会的格局。

在华夏文明的历朝历代中，周王朝统治的时间最长，长达八百多年。周人如同粟一样的顽强的韧性，令后来者黯然失色。周人对华夏文明的深远影响或者说主要贡献，就在于将我们先民从神权的桎梏中解放了出来，为华夏大地注入了理性精神的基因或者说种子。自周王朝开始，神权日益式微，理性精神的光芒开始普照华夏大地。周人跨出的这一小步，其实是华夏文明往前迈出的一大步。

没有周文化，也就没有后来的儒家文化，没有孔子这一圣人。孔子本为殷商王室的后裔。如果没有周人取代殷商王朝，孔子可能就是一个以占卜为业的巫师。但周文化让这个殷商后人脱胎换骨，一生"不语怪力乱神"，并以继承和传播周文化为自己的终身使命。孔子说："吾从周"。"吾从周"就是我追随周、追随周公。可以说，周公就是孔子的精神导师。孔子创立的儒家学说，对华夏文明和世界的深远影响，已是后话。

与辽西地区的红山文化一样，秦岭之北的齐家文化、石峁古城，在昙花一现之后也突然消失了。种种迹象表明，齐家文化、石峁古城也应该是夭折于游牧部落之手。

联系到粟作的低效，河套地区的长久沉默，齐家文化、石峁古城的惊艳亮相，无疑显得有些突兀。其实，河套地区升起华夏史前文明的这最后一缕曙光并非北方粟作农业长期积累所致，而是南方江汉平原大量灾民的迁徙所成就的。

齐家文化因上世纪初发现于甘肃广河齐家坪而得名，被我国学界誉为史前文明的最后一座巅峰。齐家文化距今 4100 年至 3700 年，与南方江汉平原众多古城突然消失的时间正好吻合，也与北方龙山文化出现的时间节点大致吻合。齐家文化在河套地区惊艳亮相后，就引起了我国学界的浓厚兴趣，取得了大量的研究成果。研究齐家文化的专家学者们发现，除了红铜器与青铜器，齐家文化遗址区出土的玉器、陶器，无不具有江汉平原石家河的风格，可以说，齐家文化的玉器、陶器，就是南方石家河文化的复制品。更为重要的是，与其他史前遗址的玉器就地取材不同，齐家文化玉器材质来自四面八方，其中就包括了南方鄂西地区独有的绿松石。当然，齐家文化也有着鲜明的地域特色，兼收并蓄了游牧部落的文化。可以说，齐家文化是南方稻作文化与北方粟作文化的融合、农耕文明与游牧文明的碰撞而催生的文化奇迹。华夏文明从来就不是封闭的。这也是齐家文化的价值所在。麦子这一高产的农作物，有可能就是齐家先民从西域引进的。

没有齐家文化，也就没有石峁古城。石峁古城因发现于陕北神木高家堡镇石峁村而得名。这座用石头筑成的古城，高高耸立于陕北黄土高原绵延的山梁上，的确让人惊叹和震撼。石峁古城面积约 425 万平方米，是目前所知国内规模最大的新石器晚期城址。石峁古城距今 4000 年左右，正好与南方江汉平原众多古城突然消失的时间高度吻合。石峁古城的城墙、城门、角楼以及外城和内城结构，与江汉平原、中原地区的众多古城高度相似，出土的玉器、陶器残片以及石雕人头像残块，也让我们似曾相识。石峁先民的昆仑圣山——皇城台遗址，同其他史前遗址发现的祭坛一样，也是一座人工堆砌的圆形山丘。不同的是，这座形似"金字塔"的祭坛高达 70 米，是目前为止所发现的最高的昆仑圣山。石峁古城的建造者有可能是来自江汉平原的一个方国。只有一个强大的方国或部落，才能有如此大气派与大手笔。至于这个方国的名称，只能是永远的秘密了。

齐家文化、石峁古城在西北地区的惊艳亮相，与其说齐家文化、石峁古城是史前文明的最后一缕曙光，还不如说是周人在华夏文明演进舞台闪亮登场的前兆。自此之后，秦岭以及秦岭之北的广袤土地在华夏文明演化历程中的地位与日俱增。

除了粟的坚韧，周人还有不为我们所知的柔弱的另一面。在周人的精神世界，不仅有粟与黍，还有湿地与蒹葭。这与周人的族源有关。在周人身上，粟的坚韧与稻的柔弱和谐共生，相映成趣，浑然一体。

从《诗经》中关于周人的诗作来看，周人的族源记忆始于后稷。在后稷为他的子孙开创基业的时候，周人还在贫瘠干旱的黄土高原上艰难求生，在整个秦岭之北还是一个毫不起眼的小部落。再加之周人迥异于殷商部落的文化面貌与气质，我国学界多年来一直认定周人的族源为西北地区的游牧部落。但十几年来，这一传统观点似乎开始动摇了。在朱弘先生的《中国古代居民体质人类学研究》一书中，有一章专门对殷商人与周人的体质类型进行了比较。作者选取安阳殷墟两组中小墓与关中平原西村周墓出土的颅骨进行了比对，得出如下结论：殷商人与周人在体质上十分接近，均属于蒙古东亚人种。不同的是，殷墟少部分颅骨带有蒙古北亚人种的特征，而西村周人少部分颅骨则具有蒙古南亚人种的特征。这一不同之处，应该与两个部落俘获的陪葬战俘有关。朱弘先生的这一结论虽然远不如人类分子学研究成果那么精准，但仍具有一定说服力，为周人西北游牧族源说画上了并不圆满的句号。

周人从哪里来，我们恐怕只能在语言学上寻找一些蛛丝马迹了。也许，周人的"周"这一族名，可以引领我们回到过去，回到周人的始发地。

长期以来，我国学界一直认为"周"这个族名是周人从黄土高原南迁到周原一带之后产生的。从殷墟以及周原卜辞中均有"周"字来看，"周"这一族名可能比我们想象的要更加古老久远。在共工怒触不周山这一神话产生之前，"周"这一族名可能就已形成。周人并非因周原而得名，恰恰相反，周原是因周人而得名。殷墟卜辞中的"周"，也非传统观点认为的田野、田间禾稼，而是周人北迁时的始发地：南方河流中的小洲。

互联网技术的发展与普及，让我们对语言的本质有了更深刻的认识。语言其实就是对现实世界的编码，是人类认知现实的一种符号系统。每一种语言其实都只是一种编码体系。汉语也就是我们先民从缅甸沿海深入到东亚大陆后形成的一整套对现实世界的编码体系。我们先民都是华夏文明的编程员。人类的语言首先是以语音的形式形成。世界上有无文字的语言，但没有无语音的语言。侗语就只有语音，没有文字。可以说，语音在语言中起着决定性的支撑作用。同世界其他语言一样，汉语同样是先有语音，然后才有汉字。从某种程度而言，方块汉字其实就是充当了录音机的功能，是我们对这个大千世界的第二次编码。音近义通，是我们先民遵循的一条重要编码规则：凡读音相同或相近的古老的汉字，往往意义也是相近的。这是因为在汉字出现之前，我们先民对这个大千世界的认知以及编码，唯一可采用的方法就是语音标识。这也可能是人类早期语言所遵循的共同规则。彼此之间联系紧密的，往往采用同一声音符号。这也是汉语中存在大量同音字的重要原因。音近义通这一汉语独有的现象，最初是由我国古汉语学家王力先生发现的。但王力先生并非历史学家和文化人类学家，因此他对这一现象背后隐藏的秘密也就无从知晓。汉语中大量的音近义通语言现象，正是我们先民用语音对现实世界编码的"活化石"。智能翻译译机的出现，显示了语音编码功能的强大生命力。越是古老的编码，越是接近远古的文化密码。古老汉字的读音，暗藏着我们先民们对现实世界的认知与分类，是我们解读古老汉字初义的一把金钥匙，同时也是我们还原周人族源的一条捷径。

在汉字产生之前，"周"与"州""洲""舟"这些读音相同的汉字，所表达的意义可能并没有明显的区别。制作"舟"的目的是为了到达芳草萋萋的河中小"洲"；乘"舟"是为了抵达河中小"州"或"洲"子；乘"舟"沿"洲"或"州"绕行一圈，也就是"周"。殷墟以及周原卜辞中的"周"，模拟的其实就是河中小洲的形状，而非传统观点认为的田地形状。否则由"周"引申出来的环绕、曲折等义项就无法理解了。金文中的"周"，是周人改造后的"周"，南方的河中小洲变成了北方岗地上的粟田。"周"字的进化舞台，就在秦岭之北。"周"字的进化，其实也是周人的进化。由"周"字最初的南方色彩推断，周人的族源，应该就是南方发明舟船的共工部落，周人就是共工氏的后人。在那场深刻影响了华文明进程的宗教战争中，共工部落失败了，不得不四处迁徙。从伏羲遗迹以及蚩尤传说分布的特点来看，那场战争中的失败者均不约而同地选择了远走他乡，要么是秦岭之北的广袤大地，要么是燕赵大地或环泰沂山地区，或者环太湖地区，总之是越远越好。周人就是众多战争难民中的一支，他们辗转迁徙到了秦岭之北。周人的始发地，可能就是江汉平原众多河流中的一个"洲"子。周人曾多次自称夏人。夏是南方的象征，夏人也就是南方人。周人由南方人变成北方人后，最初可能就生活在河套地区一带。这个地方除了黄河，还有两条小河，一条叫沮水，一条叫漳水。在江汉平原西部，也有两条小河，一条叫沮水，一条叫漳水。河套地区的沮水与漳水，很可能就是南方移民从家乡捎带过去的。

有关周人起源的重要文献《诗经·大雅·生民》《小雅·斯干》两篇，均叙述了后稷母亲姜嫄"履大人之迹"而生后稷的神话传说。姜嫄所履之迹，其实就是图腾之迹。这也是华夏文明典型的感生神话。不但周的祖先有这样神奇的身世，华夏诸神都有类似的感生传说。后稷的神话传说，其实就是周人部落的图腾记述。这一图腾记述暗示我们，周人就来自南方。

鱼的宗教意象和民俗符号，不仅仅属于我们先民各部落，也属于周人。据传说，周人的始祖后稷死后就化为了一条鱼，与颛顼化鱼有着异曲同工之妙。这个属于周人的神话传说，其实是在暗示我们，鱼与周人的族源是割舍不断的。后来鱼的宗教意象在周人中逐步淡化，并转变成为周人的祥瑞象征。据司马迁在《史记·周本纪》中的记载，周武王伐商纣王途中，当行至洛水时，有一条白鱼跃入他所乘的舟船中，周武王认为是祥瑞，后来果然伐纣告捷。其实，这个在周人中代代相传的传说其历史真实性本身并不重要，其重要意义在于：鱼的原始宗教意象一直隐藏在周人心灵深处。一个由游牧部落转型的农耕部落，鱼是不会这样神奇的。

同其他先民部落一样，周人也有龟卜的习俗。近几十年来，在岐山周公庙遗址多次发现龟甲与甲骨卜辞。1977年，在岐山周公庙遗址一次就出土了一万七千多片甲骨，卜辞内容涉及周人早期的祭告、祈年、田猎、征伐等活动。目前，周公庙遗址出土的甲骨卜辞发现的文字超过2200个，仅次于殷墟。周人对龟卜的狂热，其实并不亚于殷商部落，只不过是干旱的秦岭之北龟甲资源过于紧张，严重制约了周人。很显然，周人的这一悠久文化传统，源于南方的江汉平原。一个由游牧部落转型为农耕部落的氏族，热衷于龟卜是不可想象的。

这个大千世界，无不有着因果联系。我们现在所熟知的周人取代殷商王朝的历史，其实是周人自己书写的历史，后来又被儒家学说进行了强化，只是我们表面看到的果。周商之争深层的原因，还在于数千年前的南方两湖平原。作为胜利者书写的历史，并不一定就是信史。殷墟出土的甲骨表明，殷商王朝只是中原地区的一个强大方国，并非我们想象的大一统的中央帝国。在殷商王朝时期，中原地区是方国林立、万邦并存，并非只有一个殷商王朝。但是我们在周人书写的历史中，只看到了周灭商的记录，其他众多方国则完全被周人所忽略了。或许在周人看来，其他方国的存在是可以忽略不计的，只有殷商王朝才是心腹大患。周灭商之战，并非只有牧野一役，而是经过了长达一个多世纪的精心谋划，可谓处心积虑、殚精竭虑。近几十年来的考古学成果表明，被周人贬损的殷商王朝的最后一个帝王也就是纣王，并非荒淫无度，暴虐不仁，宠信妲己。真实历史恰恰相反，纣王是一个颇有作为的部落领袖。很显然，周灭商，周人有意贬损商纣王，另有不被后人所知的秘密。这一秘密就隐藏在周人对殷商王朝的称谓上：改商为殷。这一称谓的改变，向我们传递的信息十分明确：周人内心深处对殷商部落的忌惮与防范。

周人入主中原，显然并非为了土地的扩张，也非宗教信仰之争。严重依赖低效粟作的周人，人口数量极其有限，欠缺土地扩张的内在动力。事实上，周人同殷商部落一样，也热衷于龟卜，也有殉人的残酷一面。周人与殷商部落之也并没有什么爱恨情仇，相反殷商部落还有恩于周部落。如果我们视殷商部落为颛顼也就是黄帝的后人，周人为共工也就是蚩尤部落的后人，那么这一切似是而非的历史现象就可迎刃而解、真相大白。周商之争，其实就是数千年之前颛顼与共工之战的翻版。忙于在龟背上寻找天机的殷商部落或许早已淡忘了两个部落之间的千年恩怨，但周人却一直耿耿于怀，不能释然。周人部落在秦岭之北隐忍了数千年之后，终于在牧野一战雪洗了久远的败逃之耻。历史总是惊人相似，只不过这次胜利者与失败者的角色互换了，地点改在了北方。

"蒹葭苍苍，白露为霜。所谓伊人，在水一方。溯洄从之，道阻且长；溯游从之，宛在水中央。……"白露时节，也正是大雁南飞的时节。看到田间压满枝头的粟子，周人本应是喜悦的，可是他们却倍感惆怅，高兴不起来。南飞的大雁让他们隐隐约约想起了南方的故园。"在水一方"的，应该就是一个芳草萋萋的小洲。"所谓伊人"，就生活在那个河中的小洲上。那是周人祖先生活过的地方。《蒹葭》一诗，与其说是一首爱情诗篇，不如说是一首思恋南方故乡的诗篇。无论如何，在树叶凋零、秋气肃杀的时节，思恋心中的那个"伊人"，都显得有些不伦不类。周人虽然理性，但还不至于沉溺于儿女情长而不能自拔。

周人在《诗经》中不厌其烦地讴歌湿地，显然是有深意的。整个《诗经》就是湿漉漉的，一派南国水乡风光。当我们在吟诵《诗经》中的《关雎》《蒹葭》等千古名篇时，我们会发现，周人坚韧的外表下，其实还隐藏着柔弱的另一面：那是周人潜意识深处对家乡的怀念，对族源的模糊记忆。这是周人的乡愁。

在又一个千年之后，在秦岭之北，秦人重新演绎了一遍周人的故事：一统华夏。秦人其实就是浴火重生的殷商人。只不过这一只涅槃后的凤凰，并没有飞多远就折翅陨落了。

Chapter 32
第三十二章

汉语方言的底层（一）

　　东亚大陆就是一片汉语方言的汪洋大海。世界上再也没有比这片更加浩瀚壮阔的语言之海了。

　　假设 400 多年前那支荷兰商船的水手们在华夏大地来一次体验汉语的"航海之旅"，他们可能将更加困惑。假设他们从云南热带雨林西双版纳出发，穿过云贵高原的崇山峻岭，到达四川盆地，再穿越三峡到达两湖平原，再北上中原地区，直抵太行山麓，再东进、北上直达大兴安岭，或者在中原地区溯黄河而上，直抵祁连山下，在这一如此广大的地区，他们所途经之处，所听到的竟然是同一种方言：汉语中的北方方言。在这片广袤的区域，如此众多的人口，如此众多的地形与气候，说着同一种几乎没有任何差别的语言，这一现象的确堪称世界语言的奇迹。他们没有理由不感到困惑。当这支水手队伍调转方向往东南方向航行至环太湖流域的时候，他们的困惑加深了：同样的民族与生活习惯，但这里的人们却说着另一种迥异于他们先前听到的语言。他们甚至于怀疑走错了地方，误闯到了另一个国度或者说民族。如果继续往东南方向行驶，他们可能不仅仅是困惑，还有惊奇。在到达环武夷山后，再穿越武夷山区，西行到赣水流域，他们会发现已经穿越了两个说着不同语言的国度或民族。在翻越南岭之后，他们的困惑与惊奇更甚从前：因为他们在岭南听到的既不是北方方言，也不是吴侬软语，更不是闽语与赣语，而是另一种完全陌生的语言：粤语。

　　世界上再也没有哪一种语言像汉语内部这样纷繁复杂的了。的确，汉语方言就像一座迷宫。一旦走进这个迷宫，就会迷失方向。近一百多年来，我国语言学家们尝试着根据语言特征对汉语方言进行划分，竟然有五种以上的划分法。上世纪七十年代以来，我国语言学界逐步形成了现代汉语七大方言的分区法：北方官话、赣语、吴语、湘语、粤语、客家话、闽语。这种划分只是区分了主要特征，还一直存在争议。即便是同一方言区，其内部差异也大于一些欧洲的不同语言。在每一个方言区，又还有很多次方言区，更是让人眼花缭乱。仅北方官话就有八种次方言，也就是东北官话、北京官话、冀鲁官话、胶辽官话、中原官话、兰银官话、江淮官话、西南官话。闽语区的福州话、厦门话、莆田话、闽西话等，彼此差异甚至大到无法交流的地步。如果以系统的语音出入计算，全国方言可能有一两千种。如果不是汉字这一坚定的基石，我们真不知道华夏大地还会演化出多少语种。面对这片浩瀚壮阔的汉语之海，这支荷兰商船的水手们400多年后的困惑与惊奇，同样也触碰到了一个汉人从哪里来、到哪里去的核心秘密。

　　语言就是活着的历史，我们每个人都是历史的延续。每一种语言都是古老的，像老人一样沧桑，同时又像孩子一样充满了勃勃生机。如果说语言谱系关系是人类迁徙、接触、分化、融合等诸多历史变革的反映，那么一个语言内部的方言则是一个民族迁徙、分化并与其他语言接触融合的结果。可以说，汉语方言的纷繁复杂与瑰丽多姿，正是华夏文明波澜壮阔演化历程的一个缩影。

　　我们无法也不可能听到我们先民说话的美妙声音了。因为我们先民不可能也没必要建立一个音标系统。如果说有这样一个音标系统，那也只能是为太阳神、火神而建。华夏诸神与天地对话的声音，已永远随风逝去。的确，语音是飘忽不定的，它在流动的空气中刚刚翩跹起舞，一眨眼就又倏忽消失了。它的生命太过短促了，从我们口腔中发出之时也就是它生命终结之时。从某种程度而言，文字就是录音机。当然，这个录音机质量并不太好，播放的效果也有点差强人意。因为不同时代、不同方言区的人从中听到的声音总是有些不同，甚至大相径庭。其实，我们也不能责怪汉字的录音效果，因为这个世界每天都是新的，一切都在发生变化，语言也是如此。

　　语言学与生物学很相似，语言的分化与生物的分化一样，也有一个亲疏远近的关系。在演化生物学的体系中，所有生物都有一个共同的祖先。语言学家们由此推测，同样的情况或许发生在语言的演变上。那么，古老的汉语有没有类似生物个体的"基因"呢？在现代汉语众多方言中，哪种方言相对保留了较多上古汉语的特色呢？或者说哪种方言最接近燧人氏、女娲等众多女神的语言呢？

对于第一个问题，我国语言学家给了我们一个明确答案：古老的汉语存在大量鲜活的"基因"。语言学家们的自信，是建立在华夏发达的音韵学基础之上的。这个"基因"就隐藏在先秦文献中的押韵字、韵语、韵文以及形声字中的声符之中，以及南方方言中的吴语、粤语、客家话之中。在语言学家们看来，古老汉语的"基因"似乎无处不在。这也是语言学家之所以能聆听到汉语两千多年前声音的秘密所在。其实，这个答案也还是一个似是而非而又含混模糊的答案，只能让我们更加困惑。因为孔子、老子等先哲所发出的声音，也就是语言学家所认定的上古音，也还只是两千多年前的声音。如果视汉语产生的时间仅为10天的话，那么这个"上古音"还只是两天前的声音。很显然，这个"基因"的生命太过年少了，我们只能视之为先秦诸子语言的"基因"。如果我们试图在这个"基因"上寻找到汉语更多的远古信息，那么这个"遗传因子"恐怕只能保持沉默。

我国语言学家关于第一个问题的答案，其实已暗含了第二第三个问题的答案：北方方言中的中原官话。

如果从昆明到哈尔滨画一条长达3000多千米的直线，那么我们就会发现，在这条直线的以西、以北地区，以及以东的陛邻地区，是一片面积广大辽阔的北方方言区，也就是官话区。横亘在华夏南北之间的秦岭、淮河，虽然阻断了南方两大洋的暖湿气流，但并没有阻断这种方言的传播。在这个方言区，语法基本一致，词汇也大同小异，声调也大体相似。这个方言区，占了汉语地区的四分之三，使用人口7亿以上，容纳了70%以上的中国人口。华夏文明的所有经典文献，无不昂首挺立在这块方言区的沃土上。也正因为如此，北方方言在汉语众多方言中地位特殊，一直有着官话的地位，说是汉民族的共同语一点也不为过。

在这片广大辽阔的北方方言区，我国语言学家们一直对中原官话情有独钟。因为中原官话就是汉语音韵学的基座。这个基座无疑是坚实的。因为江汉平原的汉人大量北上后，这个次方言区就一直是华夏文明的中心舞台，南宋以前的历代王朝均建都于此，奠定华夏文明基石的经典文献也均成书于此。中原官话又分为13个片区，使用人口达到1.67亿，仅次于西南官话。的确，中原官话影响不可谓不大不广不深。种种迹象似乎表明，中原官话就处于汉语众多方言的最底层，就是汉语众多方言的母语，很有可能就是燧人氏、女娲等华夏文明的众多始祖神最初发出的美妙声音。这个答案，似乎就是我国语言学家们给出的标准答案，我们也一直深信不疑。可是这个标准答案，只可能让我们迷失于汉语方言的迷宫，永远也不可能走出来。在东亚大陆这片汉语方言的汪洋大海，的确容易迷失方向，即使是语言学家也是如此。

汉语方言虽如一片汪洋，但如置身于人类的语言之海，也就是一个湖泊、一条河流。寻找汉语众多方言母语的蛛丝马迹，我们恐怕还得跳出汉语方言区，在更为广阔的人类语言地图中去寻找答案。

在人类的语言中，也隐藏着一幅人类走出非洲的历史地图。新西兰奥克兰大学生物学家昆丁·阿特金森发现的语音系统多样性的分布规律，即人类语音多样性最为复杂的地区是非洲与其他热带地区，然后是亚热带地区，最后是干旱的寒冷地区，与人类基因多样性的分布情况是吻合的。这种吻合的背后，肯定隐藏了一个还不为我们所知的秘密。

不仅如此，昆丁·阿特金森发现的这一现象或者说规律，与语言学家们划定的声调语言与非声调语言两大类语言的分布情况也是大体重合的。声调语言在发同一个语音的时候，不同长短、不同高低的声调会表达不同的意思，而非声调语言在发同一个语音的时候，不同长短、不同高低的声调只表示语气、不表示语义。炎热潮湿的地区，大多是声调语言的家园。非洲撒哈拉沙漠以南地区的语言均为声调语言，南岛语系、南亚语系中的诸多语言大多属于声调语言。仅南亚语系中的越南语音素就达到 149 个之多，是英语（48 个音素）的三倍，声调达到六个。整个汉藏语系除了藏语，均属于声调语言。而在干旱严寒的北方地区，声调语言似乎一下子失去了踪迹，我们在语言地图上看到的基本上都是非声调语言。印欧语系中的英语、法语、德语、俄语等，大多属于非声调语言，阿尔泰语系中的蒙古语也属于非声调语。

一直以来，语言学中有一个标准假设，就是人类的发声系统不受环境条件的影响。可是，众多语言学家为我们绘制的这幅声调语言与非声调语言分布地图，似乎对这一标准假设提出了质疑，昆丁·阿特金森发现的语音系统多样性分布规律更是对这一标准假设的挑战。气候既然塑造了人类，也应该同步塑造了人类的语言。美国迈阿密大学的一个语言学家，通过研究全世界的 3700 种语言，进行相应的气候学和音韵学统计，他发现了这样一个规律：声调复杂鲜明的语言，多源于气候炎热潮湿的地区，如南亚语系，非洲撒哈拉沙漠以南地区的刚果语等诸语种；而声调单一的语言，多源于气候寒冷干燥的地区，如整个印欧语系。这一结论表明：气候在一定程度左右了语言的进化。这也是语音系统多样性与人类基因多样性分布情况吻合背后隐藏的秘密。

越南语之所以音素是英语的三倍之多，显然是他们长期适应南方炎热潮湿气候的结果。印欧语系多为于非声调语言，显然与白色人种先民长期生活于寒冷干燥的高加索山区有密切关系。汉藏语系中的藏语之所以显得另类，我们恐怕也只能从高寒的青藏高原上寻找答案了。昆丁·阿特金森发现的人类语音系统多样性的分布规律，以及声调语言与非声调语言分布情况，其实是气候重塑人类语言的结果。现在看来，语言学家们可能犯了一个历史性错误，与一些语言演化的真相失之交臂。当然，影响语言进化的原因错综复杂，气候只是影响语言进化的要素之一。

汉语作为声调语言的显著特征，以及与缅语、藏语的亲缘关系，其实是在暗示我们，燧人氏、女娲等华夏文明的众多始祖神所发出的美妙声音，就是在南方炎热潮湿的气候中孕育形成的，并铺就了后来汉语众多方言的最底层。汉语音韵学的基座——中原官话虽然也是声调语言，但不可能是北方的原产。半干旱而寒冷的关中平原、中原地区，不可能孕育并形成多声调的语言。

人类语言的演化与生物的演化并没有什么不同，都要受到进化规则的制约。人类语音系统多样性分布规律、声调语言与非声调语言两大类语言分布规律，同样适用于汉语。数千年来，虽然汉语的演化一直没有停止过，但支撑其演化的内在规律却始终如一。

西南官话与其他北方方言的分界线，正好是稻作与粟作的分界线，也是我国南北的分界线。西南官话隐藏的诸多秘密，以及西南官话与其他北方方言之间的差异，尽在这一分界线上。

如果以秦岭 – 淮河为分界线，我们会发现，南方的西南官话、江淮官话两种北方官话次方言的声调都达到了 5 种，是北方方言中声调最多的两种次方言；而其他北方方言均只有 4 个调，其中西北端的兰银官话只有 3 个声调，兰州红古方言只有两个声调，在汉语中极为罕见。如果最年轻的东北方言再多一个千年的风霜，也可能只有三种声调。就声调调值而言，西南官话多达十种，是北方方言中声调调值最多的一个次方言。在这条分界线以南，不论是南方方言，还是苗语瑶语，以及壮侗语，声调均在 6 个以上，粤语更是多达 9 个，是汉语方言中声调最多的方言。不论是汉语方言，还是苗语瑶语、壮侗语，似乎都在隐隐之中收到了某种指令，无一例外地遵循了声调由南往北逐步递减的规则。这一规则，与全世界语言声调的分布规律是高度吻合的。迈阿密大学的研究成果，同样适用于汉语的演化：北方严寒干燥的气候，悄无声息地影响了汉语。

西南官话与其他北方方言在声调上的区别，同样也适用于缅语与藏语的分化。

藏语最初同缅语一样，也是多声调的语言，但后来却进化成了像英语、德语、蒙古语一样的非声调语言。高寒缺氧的青藏高原，气候条件要比黄河流域更加严酷，甚至连说话就十分困难。藏语进化成非声调语言，与其说是气候重塑了藏语，不如说是气候改变了藏人说话的方式与习惯。

西南官话与其他北方方言在声调上的区别，以及其声调调值数量在北方方言中的龙头地位，其实是在暗示我们，与中原官话相比，西南官话可能是最接近燧人氏、女娲等华夏文明的众多始祖神所发出的美妙声音，相对保留了较多的汉语最初的本真面貌。看来，我们有必要重新审视这一我们再熟悉不过的西南官话了。

西南官话是北方方言的一个次方言区，又称上江官话，流行于西南部四川、重庆、贵州、云南、湖北、广西中西部等地，以及湖南北部和西部、陕西南部、缅甸果敢地区，使用人口接近 3 亿，占全国人口的四分之一、整个官话人口的一半，是北方官话中分布范围最广、使用人口最多的次方言区。如果将其划出北方官话，其使用者将仅次于汉语、西班牙语、英语、印度语，在全世界所有语言中排第 5 位。

西南官话跨越热带与亚热带，跨越高原、盆地，高山、河谷、平原，如此广大的范围，如此众多的人口，堪称人类语言的一大奇观。"十里不同音"的语言现象在这一广袤的南方地区是失灵的。与此同时，西南官话内部的一致性在汉语众多方言中也是最高的。一个彩云之南的昆明人与秦岭之南的汉中人对话，就像是一个村落中的两个邻居站在田边说家常话。这种情况发生在其他方言区是不可想象的事情，但在西南官话区却再正常不过了。

如纯粹从区位来看，将西南官话划进北方方言区的确显得不伦不类、令人费解。西南官话之所以划进北方方言区，主要是依据西南官话与其他北方方言之间在语法、词汇、语调等方面的一致性。西南官话基本上没有方言词，文与语以及语与文之间的转换很轻松，与普通话没有什么区别，不存在吴语、闽语、粤语语文现代化的困境。不仅如此，在大多数汉语方言感叹由于推广普通话而引起方言生态危机的时候，西南官话非但没有受到普通话的威胁而萎缩，反而在传统的湘语、壮语、侗语、苗语、瑶语、藏语地区攻城略地，不断扩大地盘，显示出强大的生命力。不管是北方官话区的人，还是南方非官话区的人，只要置身于这片方言的汪洋大海中，很容易受到感染，轻轻松松就学会了西南官话。不仅如此，西南官话区内饮食习惯、风俗也大同小异。西南官话强大的影响力，完全可与南方的稻作比肩。

在如此广袤而且地形气候多样的地区，在如此众多的人口中，是什么强大力量让西南官话呈现出高度的一致性？南方西南官话在语法、词汇、语调等方面与其他北方方言的高度一致性，难道仅仅只是北方方言的影响吗？西南官话强大的生命力与亲和力之间有什么秘密？我们的语言学家给我们的答案，其实只能让我们更加迷惑。造成这一人类语言奇观的，恐怕只有一个原因：那就是西南官话本就为汉语众多方言的母语。如果视汉语层层叠加的历史层次为地层结构的话，那么中原官话以及其他北方方言只能算是第二次层次。处于最底层次的只可是南方的西南官话。汉语方言迷宫的入口处，可能就在河流湖泊密布的南方两湖平原的稻田之中、巫山的云雨之中。

一直以来，我国学界试图用北方移民影响说来解释这一语言学上的壮观景象，但显得过于肤浅和苍白。在大部分语言学家看来，西南官话形成于明代中期，属于较晚层次的官话次方言。这一观点，其实是华夏文明黄河流域中心说在语言学上的翻版。的确，从历史文献记载来看，西南官话区有过多次移民，但移民并不来自北方，而是以东部南部的湖广移民为主。明洪武年间，出现了"江西填湖广"和第一次"湖广填四川"的移民潮。清代顺治、康熙年间又相继两次从湖广地区向四川大量移民。云南的移民主要是军事移民，其来源也是湖广地区，人数极其有限。如果说是移民促使了西南官话的形成，那么西南官话区应该成为另外一种南方方言区才是正常的，可是这种情况并没有出现。事实上，历史上的数次移民所带来的其他方言，在西南官话的汪洋大海之中，显得形单影只，孤立无援，不久就投入了西南官话母语温暖的怀抱之中。

西南官话区正好与 A 型血在汉人中的分布大致重合。血型具有遗传学上的意义与价值。A 型血也叫作农耕血型，很有可能就是我们先民最初的血型，占全国人口比重不低于40%。初步的血型取样资料显示，A 型血主要分布于云南、贵州、四川、重庆、湖北、湖南，也就是西南官话区。由西南官话区往东、往北，A 型血的分布则逐步递减。A 型血的这一分布特点说明，从我们先民到达三峡地区那天起，西南官话雏形就已初显端倪；在他们往东一步步走到两湖平原后，西南官话便与湿地上的芦苇、田间的稻秧、河流边的桑林一同生长、开花，并开始向四处扩散。

西南官话区内部的高度一致性，主要来自西南官话区内部的扩散式移民。从我们先民到达三峡地区那天起，这种区域内部的扩散式移民就从没有间断过。四川盆地之所以后来成为西南官话的大本营，是因为一支从江汉平原北上的移民队伍迷失了方向，误打误撞闯进了汉水上游的汉中盆地，继而又南上四川盆地，西南官话的种子从此开始在大西南地区生根发芽。云贵高原上的西南官话，则来自成都平原数千年持续不断的移民。云贵高原就是古蜀先民的后花园、避难所。每当四川盆地发生自然灾害或战乱，古蜀先民的首选就是这一安宁的后花园。当然，这一切都建立在两湖平原发达的稻作农业这一基础之上。没有发达的稻作农业，也就没有人口数量的持续增长与大规模迁徙。西南官话的高度一致性、超稳定结构，以及强大生命力与亲和力，来自南方稻作农耕文明的万有引力。大山形成的瓶颈效应，在秦岭以南的广大西南地区失灵了。

同处大西南地区的苗语，其内部一致性远不如西南官话。苗语分三大方言，也就是湘西方言、黔东方言、川黔滇方言，每个方言区又分多种次方言区，其中渝黔滇方言分为 8 个次方言。苗语各方言及次方言之间差异较大，以致达到基本上不能用各自苗语通话的地步。大山形成的瓶颈效应在苗人那里再一次验证了。

语言就是一条永不停息的河流，河流的生命就是日夜不停地奔走。从汉语产生之日起，就一直没有停止过进化。西南官话虽然也无时无刻不在发生变化，但与其他北方方言相比，显然更多地保留了汉语最初的原汁原味。

我国的语言学家们很早就注意到了"鸡公""公鸡"与"鸡母""母鸡"两种类型在汉语方言中地理分布上的差异。"鸡公""鸡母"型主要分布在长江以南的非官话区，也就是吴方言、闽方言、粤方言、赣方言区；而"公鸡""母鸡"型则主要分布在我国南北分界线以北的北方官话区。而西南官话区，则是两种类型并存，川西地区则仍然保留了"鸡公""鸡母"的最初叫法，堪称汉语的"活化石"。从汉语分化出去的苗语、瑶语，至今仍保留了"鸡公""鸡母"这一他们祖先的叫法。

如果认真分析这一特殊的语言现象，我们可以发现很多珍贵的信息。现代语言学研究成果告诉我们，"鸡公""鸡母"型是汉语固有的叫法，而"公鸡""母鸡"型则是受到了北方阿尔泰语系的影响。两种不同语系的不同叫法只是表象，其本质则是两种不同文明对鸡的不同情感不同态度。我们先民注重的是鸡呼唤日出的神奇本领，其次才是雌雄之别；北方游牧狩猎先民注重的是鸡的可食用性，因此雌雄之别放在了首位。在长江以南的非官话区流行的"鸡公""鸡母"型叫法表明，在吴方言、闽方言、粤方言、赣方言形成之前，汉语还保留着"鸡公""鸡母"型的传统叫法；秦岭淮河以北的北方官话区的"公鸡""母鸡"型，是北方阿尔泰语系长期影响的结果。当秦岭淮河以北的北方官话区"公鸡""母鸡"型叫法一统北方的时候，吴方言、闽方言、粤方言、赣方言已经形成了，"鸡公""鸡母"型在环太湖地区、八闽大地、环鄱阳湖地区、珠江流域已深深扎根了。西南官话两种类型并存本身就表明，西南官话虽然受到了北方方言的强势影响，在不断丢失固有的特色，但与其他北方方言相比，西南官话更多地保留了汉语最初的韵味，更有资格担当汉语众多方言母语的角色。

"鸡公""公鸡"与"鸡母""母鸡"两种类型在汉语方言中地理分布上的差异向我们传递的信息十分清晰："鸡公""鸡母"型是久远的传统，是汉语的底层；"公鸡""母鸡"型则是受到了北方阿尔泰语系的影响，是汉语的表层。汉语的底层只可能在南方的稻作区。很显然，南方的"鸡公""鸡母"型叫法更有资格担当古汉语的"基因"样本。

类似"鸡公"型的"活化石"，在西南官话还不仅仅是吉光片羽，可以说比比皆是。西南官话一个重要特征是古入声没有发生分化，整体保留或整体混入了其他声调。川西地区的岷江小片则整体保留了上古时代的入声。江淮官话虽然也保留了入声，但同吴语一样表现为非常短促的一个音，显然是受到了吴语的影响。而分界线以北的官话区，古入声则完全消失了，现在读成了舒声。不仅如此，西南官话的声母系统还保留了大部分上古时代的 ng 声母，与苗语瑶语十分相似。西南官话的主流虽然古浊音清化了，但部分地区仍然保留浊音，如四川遂宁一带的拦江话。一些汉字五千多年前的美妙声音，如"解""六""蹲""家""去"等，仍在西南官话部分片区中保留如初。

也许，只有在西南官话区，我们才有可望依稀听到华夏诸神数千年前在昆仑之巅与天地对话的美妙声音。

Chapter 33
第三十三章
汉语方言的底层（二）

一种语言的演变，核心是语音的演变。西南官话与其他北方方言的区别，主要区别在于语音。西南官话的音系之所以在汉语方言中最为简单，按照语言学家的观点，除了入声派入阳平调之外，还包括没有翘舌音，不分前鼻音与后鼻音，大部分地区不分鼻音与边音，部分地区无尖团音对立，等等。而这些特点，正是西南官话与其他北方方言的主要区别。南方人学说普通话感到最苦恼的，莫过于翘舌音与平舌音之别、鼻音与后鼻音之分、鼻音与边音之辨。这同时也是南方方言区的人共同的苦恼。他们甚至于抱怨北方人纯粹是多此一举。

如果说西南官话是南方的稻作语言、芦苇语言，那么其他官话则是北方的粟作语言。北方的粟作不仅重塑了周人，也重塑了北上先民的语言。

在凛冽的西北风中，在漫长的冬季，北上先民突然发现，他们说话变得格外困难了，冻得麻木的口腔总是不听使唤，原先伸展自如的舌头也变得僵硬了，陌生的北方似乎处处在刁难他们，显得不够友好。原先在南方轻易就能发出的声音现在怎么也发不出去了，或者说发出去的声音老是走样变调。对于饥肠辘辘的北上先民来说，用不同长短、不同高低的声调表达不同的意思已显得过于繁琐与奢侈了。他们再也没有了这份闲情逸致。他们需要的是效率，需要的是保存体力。因为等待他们的，还要远比说话更加重要的事：寻找食物，防范虎视眈眈的其他部落，特别是偶尔一现的北方游牧部落。他们必须少说话，能不说话就不说话，尽可能减少进入口腔的刺骨寒气。虽然如此， 我们先民还是慢慢习惯了干旱寒冷的北方。北方，广袤而厚重，残酷而温暖。在似水年华的抚慰下，一切都开始变得顺理成章、平平常常。于是，汉语在北方的土地上悄无声息地开始了她的缓慢而沉重的演化进程。若干年后，因洪灾或战乱北上的先民，听到的已经是一种让他们既熟悉而又陌生的汉语了。

的确，气候的炎热与寒冷，使人们在说话时发音部位也有所不同。这并非说话者有意为之，而是身体的自我保护机制在起作用。正如同每当殷商部落遇到危机，桑林总是如约而至一样，每当身体遇到危机时，身体的自我保护机制也总是如约而至、挺身而出，让身体尽可能减少伤害。可以说，身体的自我保护机制就是每个生命个体的桑林。

与寒冷、干燥地区相比，在炎热、湿润的气候条件下生活的族群，其语言会发展出更加复杂的音调。基于喉科学的调查数据显示，干旱对声带的运动是有不良影响的，因此复杂的声调模式不太可能在干旱气候中得到进化。的确，潮湿地区的人更加伶牙俐齿，而寒冷地区的人则显得笨嘴笨舌。声调复杂鲜明的语言之所以多源于气候炎热潮湿的地区，是因为潮湿使声带更富有弹性，有利于声调的变化；声调单一的语言之所以多源于气候寒冷干燥的地区，是因为寒冷干燥会使声带干涩僵硬，因此缺乏弹性，从而较难发出复杂的声调。北上先民最初遭遇的语言困惑与恐慌，其幕后操盘手就是气候。可以说，人类语音系统多样性的分布规律，以及声调语言与非声调语言的分布情况，无不是气候这位幕后导演的杰作。西南官话与其他北方言的所有区别，均可以在北方的严寒干燥气候中寻找到原因。

气候对汉语演化的影响，不仅让如音乐般动听的多声调汉语逐渐变得单调乏味，而且还改变了我们先民说话的方式与习惯。我们说话的口腔既是参与者，也是见证者。

在寒冷的北方，人们往往不愿意轻易开口说话，说话时会尽量缩小口腔，发音部位尽可能靠前，以避免寒冷气流进入口腔。翘舌音又称卷舌音，也就是语言学家所说的舌尖后音。发出这种声音，需要将舌尖向上翘起并与硬腭前部相接触，形成一道寒气进入口腔的屏障。这一屏障无疑使气流受到了阻碍，大大减少了寒气的进入。舌头自然后缩、向上翘起，显然是我们先民的一种应急反应，是一种身体的自我保护机制发生了作用。而发平舌音则既不需要卷舌，当然也更没必要将舌尖与硬腭前部接触。因为温暖的南方没有刺骨的寒气，南方稻农无须多此一举。此外，舌头后缩、向上翘起后，口腔空间自然变小了，舌头也不能再自由伸展，于是声音开始变得浑浊不清。而在在炎热潮湿的南方，就不存在这个问题，发音部位全体上阵，人们说话嘴巴想张多大就张多大，舌头也不受空间的限制，活动自如，舌头完全无须后缩，自然就不可能发出浑浊的卷舌音。不仅如此，在气候严寒的东北欧地区、蒙古高原，俄语、蒙古语的发音比汉语的北方方言要更加浑浊、有着更多的卷舌音。事实上，几乎所有的印欧语系均带浑浊的卷舌音。而在气候炎热潮湿的东南亚，越南语等南亚语种中是听不到浑浊卷舌音的。分界线以北的北方方言之所以有卷舌与不卷舌音之分，正是北上汉人先民长期适应寒冷干燥气候的结果。看来，南方人是错怪北方人了。

后鼻音其实就是后鼻腔的共鸣之声。要发出这种后鼻腔的共鸣之声，必须使气流从后口腔进入鼻腔。而要让气流从后口腔进入鼻腔，则要使舌根与软腭形成一道屏障。这道屏障让本应进入肺部的寒气改道进入了鼻腔，从而减少了寒气对肺部的伤害。虽然说鼻子的形状对于每个人来说都是独一无二的，但整体而言仍然是人类适应气候的结果。科学家发现，生活在热带地区的人，鼻孔一般是宽阔的；而生活在寒冷地区的人，则鼻子较长而突出。寒冷地区的人之所以是高鼻梁，是因为生存的需要，要对进入的冷空气先进行暖化再进入肺部，以减少对肺部的伤害。白色人种的高鼻梁其实是对寒冷干燥气候适应的结果。热带地区的多声调语言很少有后鼻音，而寒冷地区的非声调语言鼻音特别是后鼻音则特别明显。分界线以北的北方方言的后鼻音，也是北上汉人先民长期适应寒冷气候的结果。看来，南方人还不仅仅是错怪北方人的问题，而是有些冤枉他们了。

如果我们将视野扩展到南方方言与北方方言，我们会发现，气候对汉语演化的影响更加直观。说话就需要吸气与呼气。在炎热的南方与寒冷的北方，人们说话时吸气与呼气是有明显区别的。在寒冷的北方，人们说话时要尽量避免寒冷气流进入口腔，往往呼出的气流比较大，因此大量使用送气音；而在炎热的南方，外部空气进入口腔有利于散热，人们说话时呼出的气流较小，因此大量使用吸气音。如果比较北方的普通话与南方海南闽语，我们会发现，普通话有送气音与不送气音，而海南闽语有吸气音与不送气音。这一南北显著差别，是由两个地方的不同气候所决定的。也就是说，语音系统是有气候特征的，汉语各方言也是有气候特征的。

类似的情况同样也表现在从汉语分离出去的苗语、瑶语之中。总体而言，现代苗语声调多于西南官话，并且声调大体呈现由北往南递减的规律。由于没有受到北方严寒干燥气候与阿尔泰语系的影响，苗语仍然保留了大量的单音节词，与西南官话一样没有卷舌音等高纬度地区语言的特有现象。瑶语也呈现与苗语相同的诸多特征。从语音角度而言，苗语、瑶语与西南官话更具亲和性。现代苗瑶语的语音特征向我们间接证明，汉语方言的底层不在北方的粟作区，而是在南方的稻作区，也就是西南官话区。

当然，影响北方方言的还不仅仅只是气候，还有阿尔泰语系的渗透与融合。其中，对汉语影响最为显著的是蒙古语与满语。汉语全浊音声母的消失，送气清音和不送气清音的悄然出现，双音节词的大量涌现，以及部分词汇与儿化音、弹舌音等现象，均是这两种语言影响的结果。由于有黄河流域广袤的土地这一缓冲带，阿尔泰语系对西南官话以及其他南方方言的影响极其有限。

语言学家区分西南官话与其他北方方言的这些语音识别的技术性指标，无疑是专业的，但绝大多数说西南官话的南方人对北方话的判断则是靠直觉。北方人只要一开口，他们很容易就能判断说话者来自北方。在他们看来，北方话硬朗粗犷、干脆利落，并且显得大大咧咧、不拘小节，缺少西南官话以及其他南方方言的细腻、柔和、婉转、亲昵。当然，这在北方人看来就是拖泥带水。北方人说话好像是在旷野上，显得粗门大嗓、风风火火；而西南官话以及其他南方方言区的人说话则像是在茶馆拉家常，轻言细语，显得从容镇定。这种直觉，在南方可能非常普遍。

如果说北方人说话的对象像是一群陌生人，那么西南人说话的对象则更像是邻里乡亲。北方话与西南官话的这种语言空间上的开放与封闭之别，其实也是由气候决定的。北方话之所以显得硬朗豪爽，也是寒冷干燥气候长期塑造的结果。黄河流域不仅严寒干燥，而且风沙大。由于粟作的低效，北方一直人烟稀少。如果北方人说话像南方人一样温婉细声，就根本不可能听清楚。北方人说话粗门大嗓，其实是气候在起作用。而在稻作发达的南方，风和日丽，人烟稠密，人们说话不需要像北方人一样大嗓门，轻言细语就足够了。

西南官话与其他北方方言语音上的主要区别，或者说南方稻作汉语的"基因"之所以在北方发生变异，就是因为气候这只隐形的巨手。其他北方方言就是西南官话被我们先民带到北方后长期适应干旱寒冷气候的结果。从某一角度而言，北方方言就是西南官话在北方的变异。当然，这一变异过程是渐进的、缓慢的，也是间接的、隐秘的。如果说其他北方方言是干旱的粟地，那么西南话则是湿漉漉的稻田、芦苇荡。北方方言的形成过程，也就是汉人先民不断北迁的过程。没有西南官话这一母语，也就没有其他北方方言。西南官话与其他北方方言，不是子与父的关系，而是母与子的北系。它们只不过是西南官话的"黄河版""燕山版""泰山版""东北版""江淮版"。干旱寒冷气候对北上先民语言重塑的同时，也让华夏文明在粟作飘香的黄河流域脱胎换骨，获得了新生。

8000年前的东亚大陆，大部分地方还是荒无人烟、一片寂静。在湘西北、鄂西南的芦苇荡捕鱼、种植野生稻的燧人氏、女娲部落虽然形单影只，但并不孤独，因为在东部的环太湖流域、赣江流域，以及更南的八闽大地、珠江流域，早已有了一批捷足先登者。他们是东亚大陆最早的非洲移民。先秦文献统称其为"百越。北方的游牧部落还是后来者。对神秘的日出之地充满了向往的汉人先民，与"百越"的相遇是早晚的事。如果没有这支部落众多的百越族群，也就没有后来的吴语、闽语、赣语、粤语等南方方言。南方方言的底层，是这些众多的"百越"部落用数千年的岁月铺就的。

在南方方言中，吴语是最早产生的方言。早在春秋战国战国时期，吴语就已引起了北方的关注，并被孟子视为"鸟语"。吴语的悠久历史可以上溯到距今约8000年的河姆渡文化时期。当第一批汉人先民从两湖平原到达环太湖流域的时候，也同时带来了火种以及人工取火与制作舟船的先进技术。在此之前，南岛语系的几个部落已在环太湖流域生活了数千年的岁月。他们就是先秦文献记载的越人。他们视汉人先民为贵宾，虔诚地学习汉人先民的语言，以方便向汉人部落借火种、学习人工取火与制作舟船的技术。一种语言一旦成为强势语言，就会散发出迷人的光彩。我们猜想，越人学习汉语肯定是一种时尚之举。汉人先民虽然在人数上是绝对少数，但他们却站在文明的制高点上。这是吴语产生的关键。当地越人与汉人移民互融的过程，像磁带消磁一样，"洗"掉了原来的古越语与汉语，催生了一种新的语言——吴语。吴语从此成为环太湖流域的通行语。被誉为"汉语言学之父"的赵元任先生，曾对杭州话有一个经典的说法，那就是：杭州话就是吴语的声调再加上北方话的词汇。赵元任先生对杭州话的这一洞见，同样适用于吴语：吴语也就是南岛语系的声调加上汉的词汇。后来，一批又一批的汉人先民沿着前人的足迹迁徙到环太湖流域此。他们初到时的最大苦恼就是听不懂当地人唱歌一样的语言。如果不靠手势，不仔细聆听，根本就无法交流。于是"吴"这个汉字应运而生。殷墟卜辞中的"吴"，生动再现了新移民初到环太湖流域的窘态。正因为如此，后来源源不断涌入的汉人移民为融入当地，只能努力学习吴语。吴语形成的过程，也是越人与汉人数量此消彼长的过程。后来汉人成为了环太湖流域的新主人，越人反倒成了弱势族群，以至于后来销声匿迹了。

近几十年来的考古成果以及语系研究成果表明，环太湖流域的最早主人——

越人，其实就是南岛语系的一个族群。南岛语族是一个海洋族群，他们有着共同的海洋文化。南岛语系也叫马来－波利尼西亚语系，是目前世界上最大的一个语系，也是目前世界上唯一主要分布在岛屿上的一个语系。基因研究结果显示，属于南岛语族群的波利尼西亚人与台湾高山族、平埔族的基因相似度高。以福建沿海为中心的中国沿海区域，很有可能就是南岛语系的最早栖息地。南岛语系的多声调加上汉语的语法和词汇，就是我们现在所听到的吴侬软语。吴语中的缩气音、"侬"这一特定称谓，就是南岛语系的遗留。"你先走"说成"你走先"，正好是南岛语系的语序。

西晋末年的"永嘉丧乱"，引发了北方汉人的大量南迁。这是中国历史上第一次有文献明确记载的人口大迁徙。这次北方汉人南迁的队伍中，包括了一大批士族阶层，如一代书圣王羲之的王氏家族，山水诗人谢灵运的谢氏家族等。这些久居北方的大家族，陶醉于江南的山水烟雨，赋诗作画，为吴越文化的空灵秀美铺上了一层浓浓的底色，吴侬软语从此成为汉语方言中最美的语言。

在南方方言中，吴语与闽语最具亲缘关系。大量的语言事实表明，闽语与吴语曾有共同发生的关系。吴语与闽语的深层联系，一直是我国语言学界研究的热门话题，并也取得了丰硕的成果，形成了共识。没有吴人的南迁，也就没有闽语的产生；没有吴语，也就没有闽语。闽语形成的过程，与吴语形成的过程是类似的。不同之处在于，吴语是从西南官话中分离出来的，而闽语则是从吴语中分离出来的。而八闽大地的南岛语系族群学习的不是西南官话，而是吴语。我们现在听到的闽语，也就是南岛语系的多声调加上吴语的语法和词汇。闽语与吴语最初就像姐妹，就如同现在的浙南吴语与闽语的诸多相似之处一样。闽语与吴语现在之所以不再像一对姐妹，是因为吴语这个姐姐后来深受北方官话的影响，而闽语这个妹妹却由于山高水长，保持了较多本真面貌，并或多或少受到了相邻赣语、粤语的影响。环太湖流域越人与汉人数量此消彼长的情况，也同样发生在八闽大地。从目前汉族占福建总人口 97.84% 的情况来看，在汉人成为新主人之后，南岛语系族群也在八闽大地也销声匿迹了。海洋才是他们的家园。与吴语相比，闽语的南岛语系底色要更加明显。闽语中的缩气音是这一底色的显著标志。

赵元任先生关于杭州话的睿智之言，不仅适用于吴语、闽语，同样也适应于赣语、粤语。

赣语是最接近北方官话的南方方言。赣语的形成，比吴语要晚得多。环鄱阳湖地区虽然河流湖泊星罗棋布，但由于欠缺食盐资源的滋润并没有对我们先民产生吸引力，他们在鄱阳湖边短暂停留后只能抱憾良去。赣江之"赣"，也就是现在江西的简称，为我们留下了赣语形成的珍贵信息。"赣"字的左右，正好是赣江的两个源流：章水与贡水。"章"是殷商部落的隐形符号。这个隐型符号表明，赣南的漳水流域有可能是殷商部落中的一支南逃后经营的家园。至于贡水，则是因其作为向朝庭进献贡品的通道而得名。奇怪的是，"赣"既不读"章"音，也不读"贡"音，而是读"干"音。"干"就是指赣南的土著干越人。干越人是先秦文献记载的"百越"中的一支，也就是现今侗族的祖先。赣江流域古称余干，应该就与这个族群密切相关。干越部落是壮侗语族群中的一支。他们很有可能是沿着南岭北麓，从桂中盆地东迁而来的。正如赣江有两个源头，赣语也有两个源头：中原地区的汉语与干越人的侗语。最初的赣语就是侗语的多声调加中原汉语的词汇与语法。赣语形成的过程，与吴语的形成过程惊人相似；赣江流域两个族群人口数量的此消彼长，也是惊人相似。最后的结果是汉人成为赣江流域的主人，而侗人则西迁至现今的西南山区一带。

相对于吴语、闽语、赣语，粤语形成时间最晚，是最年轻的南方方言。粤语也叫广东话，主要集中在珠江三角洲和广西东部。南岭以南，素称岭南。因为南岭这道天然屏障，在汉人到达之前，岭南一直是南亚语系族群的家园，并创造了灿烂的岭南古文明。他们也是先秦文献记载的"百越"中的一支。他们与越南语、高棉语、壮侗语族群更具亲缘关系，与老族人、傣族人、掸族人、壮族人就像兄弟。粤语的产生，始于秦人南征。这是秦人的一个重要历史贡献。根据历史文献的记载，秦人南征就是沿着早期汉人的北迁之路反向而行，在到达桂中盆地后，再沿珠江挥师东下。后来南征的五十万官兵全部留在了岭南戍边，娶妻生子，再也没有回到故乡。秦将赵陀于秦末汉初成立南越国，实行"从越俗""大量举用越人官吏"的和睦政策，再加之汉人带来了先进的生产方式、精良的武器装备，当地土著开始学习汉语。西汉时期，汉武帝在岭南设立官府，并开始推广汉语，于是粤语逐步形成。粤语就是南亚语系的多声调加汉语的词汇和语法。粤语的"九声六调"，与越南话没有什么区别。粤语的南亚语系底层词现今仍有 700 多个。粤语形成的过程，是岭南南亚语系族群逐步汉化的过程，也是两种文化消长关系的生动呈现。

南方客家这一特殊群体，是因战乱从北方中原地区迁徙到南方的汉人。目前全国的客家住地主要分布在粤东、粤北、闽西、赣南这一片相连的地区。由于客家人与外界交流相对较少，客家方言因此得以较为完整地保存至今，仍然保留了汉语最初的六个声调、以及大量的古汉语词汇。如"吃饭"的表述，客家人仍用名词"食"表示；"吃早饭"则说成"食朝"。虽然如此，在粤方言、闽方言的汪洋大海中，客家方言不可避免地受到了同化，丢失了很多原有的韵味。

湘语是一种特殊的方言。在说吴语闽语的人听来，湘语就是西南官话。的确，湘语与西南官话并没什么大的区别，词汇高度一致，声调也相似，彼此交流也没有困难。由于长江与洞庭湖的阻隔，相比西南官话，湘语更多保留了古汉语的特征与韵味，较少受到中原地区北方方言的影响。湘语作为一种方言区的存在，无疑有些尴尬。湘语的娄邵片、长益片部分地区保留了较完整的古浊音系统，永全片保留了较多的古全浊声母，辰溪片则保留了六个声调。湘语与西南官话的区别，在于较多受到了赣语的影响。如"细伢子""鸡婆""崽"等词汇在湘语与赣语两种方言中字音和字义一样，量词"只"在两种方言中都被广泛使用，这一现象在其他方言中都比较少见。

没有北方方言，也就没有多声调的南方方言。每一种南方方言形成过程的背后，总是伴随着无数悲欢离合的故事。由于历史上的多次移民，并且每次移民的地区、时代、方言又各不相同，使得这些南方方言的历史层次五彩斑斓，如万花筒一般，让我们眼花缭乱。如果说汉语众多方言是一个历史迷宫，那么每种南方方言则是这个大迷宫中的众多小迷宫。这也正是汉语的魅力之所在。

这座迷宫清晰的结构示意图，可能已经永远消失了。如果要为这座汉语方言迷宫画一个简明示意图的话，那么，处于迷宫最底层的非西南官话莫属，第二层才是中原官话。长江以南非官话区的基座很难说是建在底层之上还是第二层之上。这已经不重要了。我们只要明确进入这座迷宫的入口处就在历史最底层的西南官话区就足够了。

Chapter 34
第三十四章

南方！南方！

"葬我于高山之上兮，望我大陆；大陆不可见兮，只有痛哭。葬我于高山之上兮，望我故乡；故乡不可见兮，永不能忘。……"于右任先生在这首《望故乡》一诗中发出的撕心裂肺的呼声，曾触动了无数在外漂泊的炎黄子孙灵魂深处的隐痛。于右任先生浓浓的家国情怀，无疑具有普遍性。

在 4000 多年前，因洪灾或战乱北上的汉人先民，也顺便将华夏文明演进的舞台带到了中原地区。北方的土地虽然神圣，但稻花飘香的南方却让北上的汉人先民始终难以忘怀、魂牵梦绕。不论是边远的辽西地区、河套地区，还是中原地区、关中平原，我们先民心中的家园都拥有一个共同的温暖名字，这个名字叫南方。在北上的最初岁月，我们先民曾无数次站在长满了粟子的岗地上，远望南方的家园，充满了无尽的惆怅。在流逝的似水年华中，他们渐渐淡忘了他们最初曾经出发的地方，但南方却始终对他们有着致命的诱惑，磁铁般的吸引力。

我们只要身处红山文化各地遗址，就会发现红山先民有种很深的执念：南方。1994 年，考古工作者在对辽西地区查海遗址的第 7 次发掘过程中，在该遗址中部的石脉上，意外发现了一条西南至东北走向的石堆塑龙，为该遗址的发掘工作画上了一个圆满句号。这一条沉睡了约 8000 年的巨龙，虽历经岁月沧桑，但仍栩栩如生。石堆塑龙龙头朝向西南方向，龙尾朝东北方向，全长约 20 米。查海遗址发现的半地穴式房址、墓葬等遗迹，也大多呈南北向排列，仅有少数呈东西向排列。在红山先民的圣地——牛河梁祭坛，方圆 50 平方公里的山头上，以女神庙为中心，分布着 20 多处遗址，高低起伏，错落有致，无一例外地遵循着南北轴线对称的布局。东山嘴遗址是红山先民晚期的另一处圣地——昆仑祭坛，遗址中的圆形祭坛和方形祭坛象征天圆地方，总体布局按南北轴线分布，有中心和两翼主次之分，布局类似北京的天坛、太庙和明十三陵。南方，始终是红山先民神圣的方向。辽西红山文化区这种持续时间长达两千多年之久的南方方位观，无疑耐人寻味。我们坚信，查海遗址的那条巨龙没有辜负墓主人和她子民的期望，肯定将红山早期先民的灵魂从遥远的北国带回到了南方的故乡。

较之红山先民，中原先民的这一执念似乎更深。1988 年，考古工作者在黄河之北的濮阳西水坡遗址 45 号墓，惊喜地发现了一条蚌塑龙。墓葬主人头朝南，脚朝北。在其身体的左侧，是一幅用蚌壳摆成的龙形图案；右侧是则用蚌壳摆成的虎形图案。脚边正北有用两根人胫骨和蚌壳摆成的勺形图案。距 45 号墓南 20 米外的第二组地穴中，有一幅用蚌壳砌成的龙、虎、鹿和蜘蛛图案。45 号墓从南到北的四组遗迹，完全按照正南正北的子午线摆设，南北之间大约有 100 米的距离。午爷庙是西水坡北面村子里的一座古庙，与 45 号墓也正好位于正南正北的同一条子午线上。6000 多年前的豫北先民，为了让死者灵魂飞回南方的故乡，可谓用心良苦。在他们看来，只有在神圣的南方，死者的灵魂才有可能安息。

子午线我们现在叫作经线，和纬线一样是人类为度量方便而假设出来的辅助线，其连接的两端就是地球的南北两极。当然这只是现代人的认知。在我们先民看来，子午线就是用来标示南北方向的，确切地说就是标示南方方位的。北方只不过是参照方向，南方才是神圣方位。或许，我们先民眼中的子午线就是指南线。

晋西南汾河下游的陶寺遗址群，距今在 4500 年到 4000 年之间，被我国学界认为是最早的"中国"。陶寺古城的城址、建筑基址均呈东南—西北方位走向。陶寺城址东南的 1000 余座墓葬，绝大多数头朝向东南方向或南方，与城址方向一致。陶寺古城东南是太行山，西北是吕梁山，两山平行夹峙的中间是汾河盆地，陶寺古城正好处于两山之间的汾河盆地上。两山的走势是西北—东南向，差不多接近 45°，而陶寺城的中轴正好与山势垂直。如果考虑到山势走向这一地理因素，那么陶寺古城的东南—西北方位与辽西红山文化、豫北西水坡遗址的南—北方位并没有什么实质区别。南方，对陶寺先民肯定有着特殊的意义。他们坚信，他们死后的灵魂是能回到南方故乡的。

　　在整个中原地区的史前遗迹，无论是墓葬，还是城址，基本上都不约而同地遵循了南—北这一方位。最早的裴李岗文化，主向为南略偏西。密县莪沟北岗遗址发现的 68 座墓葬，绝大多数为南北向，头向朝南。郑州大河村遗址 37 座不同时期的墓葬，也基本为南北向。洛阳东马沟遗址墓葬，约 82% 以上的呈南北向，头向南方。关中平原姜寨遗址墓葬大部分也是头向西南方位。久居北方中原地区的先民，彼此之间似乎有个高度默契：死后灵魂一定要回到南方的故乡。登封王城岗古城、淮阳平粮台古城、新密寨龙山古城等的主轴，均为南北向，只不过受地势影响，有的略为偏东，有的则略为偏西。神圣的南方，主导了这些古城的形制。

　　越过嵩山，就是豫西的洛阳盆地。二里头古城就矗立在洛阳盆地东部的一块岗地之上，距今在 3800 ～ 3500 年，是迄今为止我国发现的最早的宫殿建筑基址群。这是一个倾注了无数考古工作者心血的遗址。作为中华文明探源工程重点都邑之一，二里头古城被我国学界公认为中国最引人瞩目的史前遗址之一，向有"中华第一王都"的美誉。虽然二里头古城时间跨度超过 300 年，且有一、二、三、四期之分，但早、晚期的建筑基本上保持着统一的建筑方向和建筑规划轴线，也就是南—北方向。"井"字形道路的中心是 12 万平方米的宫殿区。这个长方形的区域几乎为正南正北方向，只是略向西北方向偏 6 度。宫殿和南门南北相对，宫殿在院落北部中央，南门在院落南墙或南廊中央。从整体都邑布局看，二里头古城也有一条南北中轴线，宫城居中，北面是祭祀区，南面是手工业作坊区，三大区块沿中轴线依次展开。后世中国古代都邑营建制度的许多方面，都可以追溯至二里头遗址。与此相对应的是，二里头遗址历年发现的大量墓葬，基本都呈南北向，头向主要有北方和南方两类。与其说二里头"姓夏"或是"姓商"，不如说是姓"南"。南方，是二里头先民的神圣方位，也是他们的基准方向。

　　殷商王朝其实也是"姓南"的。殷商王朝各个时期的都城，无一例外地都遵循了东北—西南这一方位，数百年从没改变过。1983 年，考古工作者在偃师发现的早期商城，由宫城、内城、外城组成，宫城位于内城南北轴线上。后来的郑州商城、洹北商城、安阳朝歌商城，莫不如此。"南门"对殷商王朝而言，既是宗庙宫室之门，也是方向的称谓。殷商王朝第 18 代商王号"南庚"。南庚在位之时，正是殷商王朝国运再度衰落之时。在王朝危急存亡的非常时期，神圣的南方为殷商王朝注入了强大的精神动力。不仅如此，殷商王朝还将"二南""三南"作为数字的称谓。殷商王朝对南方这一方位的痴迷，完全可与其对龟甲的痴迷相媲美；南方在殷商王朝中的超然地位，甚至于超过了桑林的地位。

南方不仅是殷商部落的神圣方位，也是他们的行动制导方向。殷商部落还有一个奇特的习俗：以狗为牲，也就是墓葬殉狗。近百年来发现的殷商墓葬中，殉人墓约占7.2%，殉狗墓约占32.5%。凡人狗同殉的墓，均为贵族墓。一般贵族墓中殉狗一般不超过两条，而妇好墓中的殉狗竟多达6条，可见武丁对妻子妇好的感情之深。殷商部落殉狗有两种形式：一种是在死者棺椁或者尸体下挖一个腰坑，殉狗就埋在腰坑里；另一种是将殉狗安放在棺椁四周的高台上，一般有殉人相伴随。在殷商宫殿、宗庙等建筑基址和祭祀坑中，也陆续发现了不少填埋狗的坑。

对殷商部落这一特有的殉狗习俗，我国学界一直众说纷纭，先后有守卫、驱邪、陪伴、奠基、祭祀等多种说法。这些观点可能都进入了一个误区。殷商部落殉狗习俗的秘密，我们恐怕只能在殷墟卜辞中寻找答案。从殷墟卜辞的记载来看，殉狗主要用来献祭"四方神"。殷墟卜辞传递的信息十分明确：不论是墓葬殉狗，还是用城址用狗奠基，目的都是辨别方向。这个方向就是神圣的南方。狗之所以走进殷商人的精神殿堂，应该就与其灵敏的嗅觉与辨别方向的神奇本领密切相关。在狗的眼睛里，世界只有黑白两种色彩。在黑暗中，狗的视力要比人好上3～4倍。狗对方向的辨别能力是人类的2倍。狗只是现在的叫法，在古文中只有"犬"。"犬"之所以发出"泉"的读音，很可能隐藏着一个不为我们所知的秘密。这个秘密应该与方向、方位有关，与狗的灵敏嗅觉有关。我们先民发现食盐的过程，是从三峡地区的盐泉开始的。我们先民最初理解的"泉"，就是泉水中隐藏的盐颗粒。北方解州盐池的发现，有可能就是狗灵敏的嗅觉立了首功。这很可能就是"犬"之所以发出"泉"读音的秘密所在。殷商部落殉狗的奇特习俗，说到底也与南方方位有关。他们坚信，凭借狗辨别方向的神奇本领，殷商部落就不会迷失方向，亡灵也一定会顺利到达南方的天国。如果哪一天南方方位变得模糊了，殷商部落可能会集体陷入恐慌之中。

不仅北方是如此，在南方的三峡地区、四川盆地，南方在我们先民心中也是神圣的。与殷商部落一样，南方先民对南方这一方位近乎痴迷。近几十年来，考古工作者先后4次在瞿塘峡东口长江南岸与大溪交会处的三级台地上进行发掘，清理墓葬210座，年代距今6400～5300年，死者头向一律朝南。这种丧葬习俗在大溪文化区各地均有发现，屡见不鲜。南向似乎是他们的共同约定。

在云遮雾罩的四川盆地，新津宝墩、郫县古城、温江鱼凫等古城，一律呈东北—西南方向布列。三星堆城址一、二号祭祀坑均为东北—西南走向。三星堆古城、金沙遗址的若干大型建筑基址和数十座一般居址、1000 余座墓葬，均呈现西北—东南方向。宝墩文化时期的 19 座墓葬，除一座为东西向外，均为西北—东南方向。我国有部分学者由此认为，古蜀先民存在一种不同于中原地区的特别的斜向方位系统：要么是东北—西南方向，要么就是西北—东南方向。其实，这一斜向方位系统是因为古蜀先民受到了河流、山脉走势的限制。因为成都平原西部地区的山脉、河流，都是西北—东南走向。其实，在华夏文明史前各地的城址、墓葬中，严格的正南方向还并不多见。我们不能对我们先民过于苛刻了。他们在标示南方方位的时候，总是要受到山脉、河流走向的无形制约与影响。华夏文明史前各地城址、墓葬，不论是南偏东的，还是南偏西的，大方向仍然是神圣的南方。古蜀先民的这一斜向方位系统与其他地区并没有什么不同。

在华夏文明的传世神话中，黄帝与蚩尤的涿鹿之战最能体现华夏文明独有的南方方位观。按照后世的理解，黄帝之所以成为胜利者，是因为黄帝发明了能辨别南方方位的指南车；蚩尤之所以失败，是因为蚩尤迷失了方向。蚩尤迷失的方向，只可能是南方。《周礼》开篇的"惟王建国，辨方正位，体国经野"这几句话，其实就是对这场战争胜负双方经验的总结。在我们先民心中，南方始终神圣的。在四方之中，黄帝单取南方来为这种车命名，表明了南方方位在我们先民心中的至上地位。

没有指南线，也就没有指南车；没有指南车，也就没有指南针。指南针的前身是古代四大发明之一的司南，因此指南针又称司南。指南针最早出现在华夏大地，是有深厚文化背景的。指南针的发明暗示我们，我们先民狂热的原始宗教情绪，对死后灵魂安放的焦虑，有可能是华夏文明天文学高度发达的重要动力之一。

我们先民对南方的神圣感情，集中体现在《周易》这一居十三经之首的经典里。《周易》被誉为"纲纪群伦"，几乎浸润了华夏文明的每一个角落。不论是孔子的"礼"、老子的"道"，朱熹的"理"，无不源出《周易》。《周易》的方位审视是上南下北，正好和现在的上北下南相反。在《周易》的六十四卦中，离卦代表南方方位，象征熊熊燃烧的烈火，象征光明与希望。华夏历代帝王取法离卦，向南而坐，位置都是坐北朝南的，称为"南面称王"或"南面称帝"。后来面南背北不仅成为华夏风水的第一要诀，更成为帝王的朝觐形式。巽卦代表东南方位，象征风，象征木，象征明亮。坤卦代表西南方位，象征火焰，象征红色，象征闪电。总之，在《周易》一书中，南方方位充满了生机与活力，有着无限的希望与多种可能性。这不仅仅是《周易》一书的价值取向，也是我们历代先民的价值取向。

当然，《周易》不可能也无法包罗万象。《周易》只不过是我们历代先民观察这个世界奥秘所积累经验的总结与升华。一个民族的智慧所能达到的高度，在几千年前也莫过于此了。但是几千年来对这部元典的过度神秘化、玄学化解读，其实反倒束缚了整个民族的活力与生机。也许，《周易》的六十四卦，还不如荀况的"人定胜天"四个大字更具价值。可以说，《周易》既是我们宝贵的精神财富，同时也是我们心灵的桎梏。也许，我们将其作为先民的心灵秘史来解读可能会获得更多的启示。如果认为这个大千世界的所有奥秘都隐藏在《周易》的六十四卦之中，一个民族的活力与生机就窒息了。

虽然我们先民普遍遵循的是正南向的方位系统，但也有例外。这个例外，集中在关中平原、河套地区以及靠近海岸的大汶口文化、崧泽文化。这些地方的墓地，要么以日出的东方作为墓葬的主要方向，要么以日落的西方为墓葬的主要方向。这一例外凸显的是太阳崇拜，与我们先民南方的神圣方位观其实并不矛盾。

南方并非日出之地，而且炎热潮湿、洪水频发。南方作为我们先民的神圣方位，似乎不合情理。作为一个崇拜太阳的民族，日出的东方成为其子民的基准方向才是正常的，而不应该是南方。可是，东方这一基准方向以及东方这一神圣方位观并没有在华夏文明出现。一直以来，我国学界普遍认为，南方之所以成为华夏文明的基准方向，是因为东亚大陆的季风特点所致。日出为东，日落为西，辨方正位对史前各个部落来说并非难事。其实，对一个民族而言，东南西北不仅是个方位问题这么简单。一个民族的神圣方位，与所处大陆的形状、主轴线走向以及季风特点也不无直接关系。一个方位之所以成为一个民族的神圣方位，往往与一个民族的迁徙经历、心路历程密切相关，关乎这个民族的族源。

早期蒙古人的方位观念特别简单，并没有"东、西、南、北"四个词汇，而是用"左、右、前、后"四个词表示这四个方向，后来又用"日出之处、日中之处、日落之处、午夜之处"表示东、南、西、北四个方向。在蒙古的早期文化中，日落的西方代表着光明与善良，而日出的东方却往往代表着黑暗与罪恶。西方的天是保佑人畜的好方向，而东方的天则是坏人畜的坏方向。时至今日，蒙古人一直保持以西为尊的基本方位观。在他们看来，西方为正面，东方为反面。从古至今，不论是贵族宫殿，还是普通牧民，在屋内绝对是男性、首领、前辈、尊贵客人的位置在西面，而女性的位置则在东面；前辈、首领的房屋建在西面，晚辈、佣人的房屋则按顺序建在东面。他们认为天有 99 个，其中西方的天有 55 个，而东方的天只有 44 个。蒙古早期文化的西方神圣方位观，与蒙古部落的迁徙历程、民族形成过程密不可分。因为蒙古部落就是从中亚地区慢慢东迁过来的。西方，是他们的故乡，是他们祖先生活的地方，也是这个部落逐渐形成壮大的地方。这个民族的很多美好回忆全部留在了西方。而日出的东方，对这个游牧部落而言，是完全陌生的，甚至是凶险的地方。

早期蒙古人对西方方位的尊崇，对东方方位的排斥，与我们先民对南方与北方两个方位迥然不同的态度，如出一辙。对我们先民而言，南方是基准方向、制导方向，也是历史方位、精神方位；南方不仅是太阳升起的地方，更是灵魂的栖居之地。

与南方的至尊地位相反的是，北方往往象征着失败、臣服，象征着寒冷、战乱。从"北"与"卑"的相同读音来看，在我们先民的潜意识中，北方无疑就是卑位。"北"的本义是"背"或"相背"。在殷墟卜辞中，"北"就是两人背靠背的样子。两人背靠背，其实就是相互取暖。这是我们先民初到北方时对寒冷的直接感受与御寒方法。由"北"引申出失利、失败的义项，是再正常不过的了。在先秦传世文献中，"北"已有了败逃的意义。如《商君书·战法》中"大战胜，逐北无过十里"。北方意味着失利、失败，其实是我们先民与北方游牧部落数千年拉锯战的惨痛经历与体验。秦汉以后，"败北"成为一个双音节的常用词。再后来，"败北"除了指军事失败或失利之外，还引申为在各种竞赛中的失败。"北"意味着寒冷、失败，与"昔"意味着洪水、灾难有异曲同工之妙。"南"与"北"象征意义的巨大反差，浓缩了华夏民族的喜与悲、爱与恨。我们先民对南方方位的迷恋，对北方方位的排斥，与早期蒙古人对西方方位的尊崇、对东方方位的排斥，是高度类似的。

那么，到底"南"字的背后隐藏着华夏文明的什么惊天秘密呢？其背后的玄机到底又是什么？这个答案可能就隐藏在《山海经》这部华夏文明的"密码本"之中。

《山海经》除《荒经》之外，《五藏山经》《海外四经》和《海内四经》三部分全是按照先南后西、再北后东的顺序展开叙述的。《山海经》中最原始、最古老的《五藏山经》，也是先写南，后写西，再是北与东，最后是中部，依次组成了我们现在所看到的《南山经》《西山经》《北山经》《东山经》和《中山经》。《山经》共记录了550座山，可谓群山连绵、峰峦起伏。在这个峰峦连绵的世界中，最引人注目的是东方和西方各有7座日月所出之山和日月所入之山。这7座山，也是按照从南到北的顺序排列的。

在《山海经》中，"昆仑"是一个至关重要的地理名词，也是《山海经》这一华夏文明"密码本"的地理原点、叙事原点。正是"昆仑"这一原点，决定了《山海经》看似怪诞的叙事顺序。从《山海经》众多记载来看，南方的昆仑山就是华夏文明所有传世神话的摇篮，是华夏文明的"万山之祖""万神之乡"，是我们先民的精神家园，灵魂栖息之所。在这个圆形的祭坛上，始终有着一团熊熊燃烧的火焰。这团不灭的火焰，不仅是华夏民族形成的鲜明标志、华夏民族的神圣符号，也是华夏子民前行的动力。华夏文明的诸位女神，我们的众多始祖神，就是在昆仑这座祭坛上与天地对话，聆听神的旨意，为我们先民搭建了一个灵魂通往天堂的天梯，或者说灵魂飞升的秘道。

昆仑山不仅仅是《山海经》的地理原点、叙事原点，也是华夏文明的精神原点、华夏民族的历史原点。我们先民就是从这个历史原点出发，迁徙到北方的。南方这一神圣方位，是由昆仑圣山在华夏文明的至尊地位所决定的。《山海经》从南到北的序列，看似怪诞，实则有其内在逻辑。这个内在逻辑就是华夏民族的形成历程、迁徙历程，我们先民的苦难历程、心路历程。在殷墟卜辞中，"华"就是南方太阳的光辉，"夏"就是面向南方。这个精神原点、历史原点深刻影响了华夏文明，并且左右了华夏民族的历史命运与性格特质。这座昆仑山，有着我们先民太多的家国记忆与情怀。

我们先民最先认识的可能是东、西两个方位，然后才是南、北两个方位。"南"可能是我们先民大规模北上以后才出现的一个具有图腾意义的汉字。在南方的两湖平原，对我们先民而言，南与北可能就是前与后、左与右，与蒙古先民并没有什么区别。随着我们先民的持续北迁，南方方位的神圣地位逐渐凸显，并与日俱增。因为在南方，有他们的精神家园、灵魂栖息地。

北方先民的南方情结，就隐藏在殷墟卜辞中的"南"字之中。在殷墟卜辞中，"南"就是一种打击乐器。近半个世纪以来，在三峡地区特别是鄂西一带，出土了大量形似"南"字形的一种打击乐器，我国学界称其为錞于。这种打击乐器在周代用青铜制作，《礼记·文王世子》称其为"胥鼓南"。鼓，也就是敲打的意思。从殷墟卜辞中"南"的字形来看，这是一种顶端有钮的乐器，使用时显然不能从上方敲击，只能旁敲侧击。而錞于的使用方法正好是旁敲侧击。若干年后，久居北方的汉人先民，耳旁仍然回荡着南方昆仑山上这种打击乐器发出的激昂声响。久而久之，錞于便成为南方方位的象征，成为昆仑圣山的象征。当然，从"南"发出的雄性阳刚的"男"字读音来看，久居北方的汉人先民对南方的记忆已经发生了偏差。在他们看来，在昆仑山上敲打錞于这一宗教乐器的，不是女神，而是男神。

在《山海经》这部华夏文明的"密码本"中，北方的历代巫师们经常"南望昆仑"。他们心中的昆仑山一片圣洁，是圣火燃烧的地方，是天神降临的地方。"其光熊熊，其气魂魂"，是北上的汉人先民对南方精神家园历久弥新的记忆。在南方的昆仑圣山，华夏文明的诸位女神、始祖神，围绕那团熊熊燃烧的火焰，翩翩起舞。她们佩戴的玉器，在火光的映射下熠熠生辉。与此同时，錞于发出的雷鸣般的激昂声响，让南方的大地为之震撼。昆仑圣山及其周围，弥漫着稻花的芳香，环绕着密布的河流与湖泊，以及蓊蓊郁郁的桑林。在河流与湖泊中，不仅有成片的芦苇，龟与鱼，出没的熊，更有着无数闪耀着太阳般光泽的珠贝与玉石。在成片的桑林中，蚕在吐丝，鸟在歌唱。沐浴在温暖阳光下的昆仑圣山、两湖平原，一派祥和。这幅图景，应该就是我们先民经常眺望南方昆仑时所看到的生动而又肃穆的景象。

这就是我们先民心中神圣的南方。